臺灣研究叢刊

海洋與殖民地臺灣論集

周婉窈◎著

序

　　這本論文集收了十篇論文，加上附錄的兩篇小文，共十二篇。這些論文發表的年份從一八九九年到二○○七年，在性質上分屬海洋臺灣(maritime Taiwan)和殖民地臺灣(colonial Taiwan)的研究範疇，也因此這本論文集取名爲「海洋與殖民地臺灣論集」。

　　殖民地臺灣是我投入臺灣史研究最初的大範疇，海洋臺灣則是後來延伸出來的研究興趣。回想個人決定以臺灣歷史作爲碩士論文的題材，已經是三十餘年前的事了。當時在臺灣學界還沒有「臺灣史」這個領域，研究臺灣史必得掛在中國清史或近代史的車廂，往往給人附驥尾之感。一九九四年我從加拿大返回臺灣工作，臺灣史已經是學院正式承認的歷史學門的一個領域。在國外苦無充分材料的我，突然見證臺灣史資料大量且迅速出土，彷彿看到長期被壓制在地底下的豐沛潛流突然迸湧而出，分享到社會群體的興奮之感。當然，爲數更多的珍貴材料早已因「時代的關係」，不復可尋了。

　　本書分爲海洋篇和殖民地篇。海洋篇收有四篇論文，主題依序爲：明朝人對臺灣的認識、一五八二年美麗島船難事件、陳第〈東番記〉的介紹與分析，以及明清文獻中「臺灣非明版圖」的例證。論文的排列基本上按照主題的「歷史時間」，而非發表的先後。

　　對於尚無文字的臺灣島居民而言，有文字的「鄰居」的記載當然

很值得整理出來；關於明朝人的臺灣認識，不少論著都零星提到，但本文是第一篇專論，也看出前人沒注意到現象。截至目前為止，若以確實登陸臺灣而留下記錄來說，我們知道的最早的西方文獻是一五八二年三位耶穌會士的書信，分別以葡萄牙文和西班牙文寫成。中文文獻稍微晚出，是一六○三年陳第的〈東番記〉。我先寫關於〈東番記〉的論文，後來覺得一五八二年的船難事件很有意思，又是最早的文獻，怎能「白白放過」？惟不諳原文，勉力為之，幸有良師益友惠予協助，總算能寫出來和國人分享。臺灣首度收入中國版圖，在清康熙二十三年(1684)，實則正確來說，應該說：臺灣島約三分之一收入中國版圖。全島劃入版圖在牡丹社事件之後的一八七五年。鄭成功於一六六二年占領臺灣，但因為南明不是中國的「正統王朝」，所以一般不從那個時點算起。臺灣在一六八四年以前不屬於中國，是歷史的通識，但由於數十年來盛行的政治論述主張：「臺灣自古以來就是中國神聖不可分割的領土」，因此才有這篇拙文，以史料中不勝枚舉的例證來說明「臺灣非明版圖」。這四篇都是關於來自海洋的人群活動對臺灣的衝擊，附錄一是一篇相關的考證文章。

殖民地篇收有六篇論文，四篇和日本殖民地教育相關，其一，是公學校制度、教科和教科書的總說；其二，討論公學校修身書中的日本人典範；其三，是比較研究，以日本帝國圈內臺灣、朝鮮和滿洲的「國史」教育為分析對象；其四，則從五期公學校國語(日文)讀本的插畫看殖民者所呈現的臺灣人形象的變化。附錄二則是有關作者母校的小品文。這幾篇文章，是個人研究日本殖民教育的系列作品中的一部分，其他已收入拙著《海行兮的年代──日本殖民統治末期臺灣史論集》(允晨文化，2002)。

我個人對文化和藝術深感興趣，江文也美麗的音樂及其莫可如何

的生命際遇深深感動我。除了在江文也逝世二十周年舉辦學術研討會和紀念音樂會外，收在本書的這篇論文，試圖從江文也的文字作品探討他的民族認同和想像，是個人以文字（可惜無法用音樂）向我們流落在外的音樂家致敬。林獻堂是臺灣反殖民運動的最重要的領導者之一，他的兒子林攀龍可以說是當時臺灣學歷最高、最具「國際觀」的知識人，父子兩人在霧峰認真從事地方文化啓蒙運動，伊等的精神和眼界，即使在今天仍很難企及。今年暑假我到霧峰夏季學校講課，感覺先人仍在守護著家國故園。

　　過去這二十年，臺灣史的研究在質量上都很可觀，這本論文集若能躋身這個集體努力的成果行列，就是個人最大的榮幸了。臺灣人，在有近代教育以來，將近百年被剝奪了解自己歷史的機會（或權利），我也是這百年的犧牲者。我們這個世代的人，雖然研究臺灣史，但和一般正常國家的研究者不一樣，他們是在共同的認知上更上一層樓，而我們則每天都在補課，甚至從零學起。如果我的研究有任何成績可言，那也就是我補課的成績。

　　人文學科的研究雖然比較像個體戶，看來是單打獨鬥，實際上是受到很多人啓發、提攜、指教、協助的綜合結果。在我的研究生涯中，要感謝的人士實在很多。讓我在這裡特別感謝先父周進國先生，以及家母周林碧華女士。先父的突然過世，讓我在傷痛之餘，更深切感受到不能背離自己所從出的土地。已故前輩學者王世慶先生是我一生難忘的人格者。劉元孝老師、曹永和老師、黃天橫先生、鄭欽仁老師和師母、李永熾老師、余英時老師和師母、史景遷（Jonathan Spence）教授、白彬菊（Beatrice Bartlett）教授，以及濱島敦俊老師，都在我的學習路途中給予無可估量的教導和照顧。比我高半輩或同輩的學者（包括我的先生），容我在此不一一言謝，學海浩瀚，航行靠學

恩。聯經出版公司願意將我的論文集列入《臺灣研究叢刊》，讓我深感榮幸，編輯同仁的耐心協助，更令人感銘在心。

　　「山、海、平原」是臺灣自然景觀的意象，私意認爲也是臺灣史研究者應該蓄於心的意象。我們必須整合山、海、平原的研究，在以臺灣爲主體的歷史書寫中呈現她的多元脈絡和多樣性。這本論文集，基本上只觸及海和平原，但願將來我交出來的補課成績，不是論文集，而是書寫臺灣山、海、平原的書。

周婉窈 謹誌

2011年8月8日

目次

圖表目次

海洋篇

第一章

山在瑤波碧浪中——
總論明人的臺灣認識

引子

　　稱海上的島為山，是沿襲甚久的習慣。讀過中國詩詞的人，大都記得白居易〈長恨歌〉的詩句：「忽聞海上有仙山，山在虛無縹緲間。」這裡的仙山指海上神仙居住的島嶼。然而，不是神仙居住的島嶼才叫做山，舉凡海上諸島都可以稱山。我們或可推測，當人們搭船浮沉於茫茫大海中，遠遠望見島嶼時，不管大小，它的樣子總像是一座浮在水面上的山。

　　我們不知道稱海島為山，起源於何時，可以確定的是，明代海上行船人約定俗成稱島為山。例如，明嘉靖十一年(1532)吏科左給事中陳侃，奉命出使琉球(沖繩，今屬日本)，經過兩年的準備，他和隨員在嘉靖十三年五月五日(陰曆)從福建福州長樂縣廣石出海。由於逆風，船隻航行速度很慢，三天後(5月8日)出海口，「方一望汪洋矣」；他從船艙出來觀望，「四顧廓然，茫無山際，惟天光與水光相接耳。雲物變幻無窮，日月出沒可駭，誠一奇觀也。雖若可樂，終不能釋然於懷。九日，隱隱見一小山，乃小琉球也」。第二天(5月10日)，「南風甚速，舟行如飛」，他們「過平嘉山、過釣魚嶼、過黃

毛嶼、過赤嶼，目不暇接」。[1] 從以上的敘述，我們得知明嘉靖年間，海上通稱島嶼為山，有時也稱為嶼。[2] 當船駛近島嶼，人們說「山將近矣」、「山近矣」。[3]

陳侃出海後不久，看到的「小山」小琉球，如果按照第二天他們即經過平嘉山(彭佳嶼)、釣魚嶼等島嶼來看，他所望見的「小山」是臺灣島的一部分，從方位來看是北臺灣。這個時候的臺灣，還是「鮮為人知」，人們似乎還不清楚它是一個大島嶼，還是分成幾個小山。

在這裡，我們有必要了解臺灣的「身影」如何慢慢浮現在明人的視野中，由遠而近，由不熟悉而逐漸熟悉，由幾個島逐漸「合成」一個大島。然而，明朝之前，文獻上一直有讓後人爭論不休的疑似臺灣的記載。三國時代的夷洲、隋代的流求、宋朝的流求、元代的瑠求、琉球，都是難解之謎。讓我們先回顧這些說法吧。

一、夷洲與流求之謎

要談中國對臺灣的認識，一般總是從《三國志‧吳書》〈吳主傳第二〉(孫權傳)和《隋書‧東夷列傳》〈流求國〉談起，這是中

1 英美殖民醫學史研究發展的史學回顧，可參見Warwick Anderson, "Postcolonial Histories of Medicine," in Frank Huisman and John Harley Warner eds., *Locating Medical History: The Stories and Their Meaning* (Baltimore: Johns Hopkins University Press, 2004), pp. 286-306.
2 如夏子陽云：「遠而望之而稍有巍然、蒼然者，曰是某嶼、某山也。」夏子陽、王士禎，《使琉球錄》，收於屈萬里主編，《明代史籍彙刊》第7種(臺北：臺灣學生書局，1969)，頁37。
3 陳侃，《使琉球錄‧夷語夷字附》〔國立北平圖書館善本叢書 第一集〕(四部叢刊續編；據明嘉靖刻本影印；臺北：臺灣商務印書館，1966景印)，頁21b、39b。

文文獻中疑似臺灣的記載。已故的人類學家凌純聲先生甚至主張應該從《史記》〈東越列傳〉談起，認爲臺灣可能是東越人所移殖的地方。[4] 這可能又太遙遠了。

關於《三國志》中的夷洲和《隋書》中的流求是否爲臺灣，學者之間看法不同，說法時斷時續，算是個百年以上的爭論。[5] 我們先不去談爭論的內容，讓我們看看文獻本身的記載。

《三國志·吳書》〈吳主傳第二〉云[6]：

> 〔黃龍〕二年春正月，……。遣將軍衛溫、諸葛直將甲士萬人浮海求夷洲及亶洲。亶洲在海中，長老傳言秦始皇帝遣方士徐福將童男童女數千人入海，求蓬萊神山及仙藥，止此洲不還。世相承有數萬家，其上人民，時有至會稽貨布，會稽東縣人海行，亦有遭風流移至亶洲者。所在絕遠，卒不可得至，但得夷洲數千人還。

---

4 《史記》載東越人「不勝即亡入海」，凌純聲認爲由於東越海外最近的島嶼爲澎湖臺灣，因此，「所謂亡入海，不能不疑及澎臺諸島，早爲越人所移殖之地」。凌純聲，〈古代閩越人與臺灣土著族〉，《學術季刊》1卷2期(1952年12月)，頁42。

5 最初指出中國文獻之「琉球」爲臺灣，是法國漢學者聖第尼艾耳維侯爵(Le Marquis Léon d'Hervey de Saint-Denys, 1822-1892)，事在1874年，從此引發國際漢學界夷洲、流求是臺灣還是琉球的爭論。梁嘉彬，〈隋書流求國傳逐句考證(初稿)〉，收於杜維運等編，《中國史學論文選集》(臺北：幼獅文化，1976)，頁220-227。梁氏此文原刊於《大陸雜誌》45卷6期(1972年12月)，頁1-38。曹永和亦指出這個爭論「已超過一百年」，見曹永和，〈明洪武朝的中琉關係〉，收於氏著，《中國海洋史論集》(臺北：聯經出版公司，2000)，頁197。

6 陳壽，《三國志》(北京：中華書局，1994)，卷47，頁1136。

孫權「求」夷洲、亶洲的動機不清楚，或許仿秦始皇故事也未可知。
其結果是，大軍無法抵達亶洲，卻到達夷洲，虜了數千人回來。亶洲
傳言是秦始皇派徐福浮海求神山、仙藥最後所抵達的地方，這地方的
人民常到會稽買布；會稽人出海也有遭風漂流到此地，這在在令人想
起日本。我們知道後來日本遣隋使、遣唐使到中國是從長江口附近登
陸，以此，日本人到會稽買布，也算合理。根據這份文獻，夷洲、亶
洲一開始並舉，可見在人們的認知上，相距不遠。但是，實際浮海訪
尋，亶洲又顯得遙不可及，大軍以抵達夷洲作結。

　　從以上如此簡短的文獻，要判斷夷洲是否為臺灣，其實並不具有
太大的意義。倒是《三國志》其他兩個地方也提及「夷州」(此處
「州」字無三點水，然根據文脈應即為上引之「夷洲」)，這兩條都
在列傳，與孫權想「遣偏師取夷州及朱崖(珠崖)」而遭到大臣勸阻有
關，勸阻遣分軍遠征夷州分別為陸遜和全琮。[7] 據此，夷州和珠崖應
有地理上的親近性(〈全琮傳〉云：「權將圍珠崖及夷州。」)。三國
時的珠崖郡即海南島，孫權的夷州之役「士眾疾疫死者十有八九」，
「得不補失」，「權深悔之」。除了地理可能鄰近海南島之外，文獻
遠不足以讓我們具體指夷州即臺灣。

　　如果《三國志》關於夷洲的記載過於簡略，《隋書‧東夷列傳》
〈流求國〉所記該國情況則相當詳盡。〈流求國〉起頭云：「流求
國，居海島之中，當建安郡東，水行五日而至。土多山洞。其王姓歡
斯氏，名渴剌兜，不知其由來，有國代數也。彼土人呼之為可老羊，
妻曰多拔茶。」[8] 以下是很長的一大段文字，描寫流求國的風土人

7　陳壽，《三國志‧吳書》，卷58，〈陸遜傳〉頁1350；卷60，〈全琮
　　傳〉，頁1383。
8　魏徵等，《隋書》(北京：中華書局，1987)，卷81，〈流求國〉，頁

情，包羅甚廣，不遜同書對日本的描寫，若全文迻錄，恐過於冗贅，在此僅引最後一段。文末云[9]：

> 大業元年，海師何蠻等，每春秋二時，天清風靜，東望依稀，似有煙霧之氣，亦不知幾千里。三年，煬帝令羽騎尉朱寬入海求訪異俗，何蠻言之，遂與蠻俱往，因到流求國。言不通，掠一人而返。明年，帝復令寬慰撫之，流求不從，寬取其布甲而還。時倭國使來朝，見之曰：「此夷邪久國人所用也。」帝遣武賁郎將陳稜、朝請大夫張鎮州率兵自義安浮海擊之。至高華嶼，又東行二日至䵀鼊嶼，又一日便至流求。初，稜將南方諸國人從軍，有崑崙人頗解其語，遣人慰諭之，流求不從，拒逆官軍。稜擊走之，進至其都，頻戰皆敗，焚其宮室，虜其男女數千人，載軍實而還。自爾遂絕。

這是個「屢勸不聽」的故事。流求至少兩度拒絕隋的招撫，最後隋煬帝派大軍遠征，予以痛擊，帶回男女數千人。

　　孫權遣將浮海求夷洲、亶洲在黃龍二年(230)，隋煬帝遣將浮海痛擊流求國，事在大業四年(608)，前後相隔二百七十八年。三國時代的「夷洲」是不是隋代的「流求國」，本身就是個問題。在這裡我們不能不討論沈瑩《臨海水土志》中的「夷洲」。《臨海水土志》已佚，我們知道該書關於夷洲的記載，是因為《後漢書·東夷列傳》唐章懷太子注中引用該書[10]：

(續)——————
　　　1822-1823。
　9　魏徵等，《隋書》，卷81，〈流求國〉，頁1824-1825。
　10　范曄，《後漢書》(北京：中華書局，1965)，卷85，〈東夷列傳〉，頁

> 沈瑩《臨海水土志》曰「夷洲在臨海東南，去郡二千里。土
> 地無霜雪，草木不死。四面是山谿。人皆髡髮穿耳，女人不
> 穿耳。土地饒沃，既生五穀，又多魚肉。有犬，尾短如麕尾
> 狀。此夷舅姑子婦臥息共一大牀，略不相避。地有銅鐵，唯
> 用鹿格爲矛以戰鬪，磨礪青石以作（弓）矢〔鏃〕。取生魚
> 肉雜貯大瓦器中，以鹽鹵之，歷月所日，乃啖食之，以爲上
> 肴」也。

沈瑩是三國時代吳國人，孫亮於太平二年(257)以會稽東部爲臨海
郡。今天的會稽市約當北緯30°，從地圖上來看，琉球群島在其東南
方，臺灣在其南方。雖然沈瑩是三國時代的人，這段關於「夷洲」的
記載，並未被採入《三國志》。《三國志》作者陳壽(233-297)以近
乎當代人的身分撰寫三國歷史，可以說「去古未遠」。陳壽在《三國
志》中提到夷洲時，未採用沈瑩《臨海水土志》，原因不明，可能有
以下兩種情況：一、陳壽編撰《三國志》時，未得見《臨海水土
志》；二、陳壽得見此書，但不認爲沈瑩的「夷洲」就是孫權派遣將
軍衛溫、諸葛直遠征的「夷洲」，因而未予採用。總之，我們是否可
以拿沈瑩筆下的「夷洲」來「實化」孫權派兵攻打的「夷洲」，還是
個問題。

　　沈瑩的《臨海水土志》也收入北宋李昉等編纂的《太平御覽》，
見於卷七八○「叙東夷」條，內容遠較《後漢書》章懷太子注詳盡。
由於《太平御覽》全文較長，茲迻錄註中，以供參考(惟請注意此一

(續)—————————
　　2822。

版本中「夷洲」作「夷州」）。[11] 如果我們比對沈瑩《臨海水土志》
的夷洲以及《隋書》〈流求國〉，可以獲致這樣一個結論：夷洲和流
求國鮮少共通之處，雖然兩處居民都分別具有東南亞古文化的某些特
徵。換句話說，我們很難說沈瑩的夷洲和《隋書》流求國必然是關於
同一地理空間的紀錄，兩者在文化上未必具有相承的關係；至於《三
國志》的夷洲，則因爲記載過於簡略，無法和《隋書》作有意義的比
對。

　　《隋書》關於流求國的記載，相對於當時關於其他「東夷」的記
載，不能不說頗爲詳盡，連該地動植物都有所描述。然而，如上所
述，問題出在〈流求國〉似乎是個孤立的民族誌文獻，缺乏可資比
對、輔證的其他材料，孤伶伶地懸在史書裡，無法進一步攷查，不像

11　「叙東夷」條云：「《臨海水土志》曰：夷州在臨海東南，去郡二千
　　里，土地無雪霜，草木不死，四面是山　，眾山夷所居。山頂有越王
　　射的正白，乃是石也。此夷各號爲王，分畫土地人民，各自別異。人
　　皆髡頭穿耳，女人不穿耳。作室居，種荊爲蕃鄣。土地饒沃，既生五
　　穀，又多魚肉。舅姑子婦男女臥息共一大牀，交會之時，各不相避。
　　能作細布，亦作班文布，刻畫其內，有文章，以爲飾好也。其地亦出
　　銅鐵，唯用鹿觡矛以戰鬪耳。磨礪青石以作矢鏃、刃斧、鐶貫、珠
　　璫。飲食不潔，取生魚肉，雜貯大器中以滷之，歷日月乃啖食之，以
　　爲上餚。呼民人爲彌麟。如有所召，取大空材，材十餘文（丈？），以
　　着中庭，又以大杵旁舂之，聞四五里如鼓。民人聞之，皆徃馳赴會。
　　飲食皆踞相對，鑿牀作器如稀槽狀，以魚肉腥臊安中，十十五五共食
　　之。以粟爲酒，木槽貯之，用大竹筒長七寸許飲之。歌似犬嘷，以相
　　娛樂。得人頭，斫去腦，駮其面肉，留置骨，取犬毛染之，以作鬢眉
　　髮，編具齒以作口，自臨戰鬪時用之，如假面狀，此是夷王所服。戰
　　得頭，著首還，於中庭建一大材高十餘丈，以所得頭，差次挂之，歷
　　年不下，彰示其功。又卑（甲？）家有女，乙家有男，仍委父母往就之
　　居，與作夫妻，同牢而食。女以嫁皆缺去前上一齒。」見李昉等纂，
　　《太平御覽》（北京：中華書局，1960據上海涵芬樓影印宋本復製重
　　印），卷780，〈四夷部一‧東夷一〉，「叙東夷」條，頁3455-3456。

高麗、新羅、百濟,以及倭國(日本)有其他的史料可資參照。這份孤懸的文獻本身是個謎,流求國到底是臺灣、沖繩,實難獲得確論。以下幾個面向,是我們可以加以思考的。

首先,就地理位置來看,流求國「當建安郡東,水行五日而至」,建安郡在隋代約等於今天的福建一地,建安郡治所在地即今天的福州。福州在北緯26°稍北,如果沿著北緯26°,往正東前進,可以抵達今天沖繩首府那霸;這條直線掠過臺灣北端,臺灣本島最北端的富貴角位於北緯26°18'20"。換句話說,如果所謂「當建安郡東」是以郡治為準,那麼沖繩是最佳候選者。然而,我們是否一定非得把文獻的「當……東」看成正東呢?

其次,讓我們看看距離。流求國是「水行五日而至」的地方;一般說水行幾日可到,是指順風情況。隋煬帝遣將出海征伐流求國,大軍從義安出海,隋代的義安在今天廣東潮州。從潮州出海,至少經過兩個島嶼(高華嶼、𪚩鼊嶼;兩島距離二日水程),五日可到的地方,到底在哪裡?海上航行的速度,與船隻之大小、形制關係重大,不能一概視之。隋代一般遠洋船隻速度如何,實在缺乏資料,很難判斷水行五日可抵何處。根據史料,明代從福州出海到琉球,順風約四至五天,可進入琉球國界,不久即可抵達那霸港;[12] 清初廈門出海到鹿耳

---

12 根據蕭崇業,《使琉球錄・琉球過海圖》,從福州梅花所放洋,順風到馬齒山,共需四十二更,也就是四天多一點(一日夜為十更)。蕭崇業、謝杰,《使琉球錄・附皇華唱和詩》(臺北:臺灣學生書局,1969),頁11-17。又根據夏子陽,〈琉球過海圖〉,順風四十三更可抵達馬齒山,圖版見夏子陽、王士禎撰,《使琉球錄》,收於黃潤華、薛英編,《國家圖書館藏琉球資料匯編》(北京:北京圖書館出版社,2000),上冊,卷上,〈琉球過海圖〉,頁325-343。實際上「一路順風」的情況很少見,通常遠遠超過四、五天;以實例而言,大約需九天至二旬。又,海上航行若抵達古米山(今沖繩久米島)即是抵達琉球國

門，約一天多。[13] 如果明代的航速可供參考的話，「水行五日而至」的地方，恐怕琉球比臺灣的可能性高。另外，〈流求國〉云：「至高華嶼，又東行二日至𪚧𪚦嶼，又一日便至流求。」換句話說，高華嶼和𪚧𪚦嶼相距有兩天的航程。以流求為臺灣者，如藤田豐八，把這兩個島嶼比定為澎湖群島的兩個島嶼[14]，這又太不符實際了。我們實在很難想像澎湖群島的兩個島嶼之間需水行二日。

其三，根據〈流求國〉所述，這個地方已經有初步的政治社會組織，有類似「國」的規模，國王類似共主，有宮室，有軍隊，有因視需要的非常態稅徵，有簡單的司法系統。更引人注目的是，流求國具有一些「印度尼西安古文化」(東南亞古文化)的特質[15]，例如，男子拔毛，女子黥手，以骷髏為珍。以此，臺灣似乎比較符合。文獻又說，將軍陳稜曾以「崑崙人」當「通譯」，前往招撫流求。「崑崙

(續)───────────────

　　界；古米山之後，抵達馬齒山，即今慶良間諸島(群島)。

13　郁永河云：「向謂廈門至臺灣，水程十一更半；自大旦門七更至澎湖，自澎湖四更半至鹿耳門。」郁永河，《裨海紀遊》〔臺灣文獻叢刊第四四種〕(臺北：臺灣銀行經濟研究室，1959)，卷上，頁8。黃叔璥云：「廈門至澎湖水程七更，澎湖至鹿耳門水程五更。」黃叔璥，《臺海使槎錄》〔臺灣文獻叢刊第四種〕(臺北：臺灣銀行經濟研究室，1957)，頁15。陳盛韶云：「廈門至鹿兒門水程十二更。」陳盛韶著、劉卓英標點，《問俗錄》(北京：書目文獻出版社，1983)，〈鹿港廳‧海道〉，頁118。然陳第《東番記》云：「從烈嶼諸澳，乘北風航海，一晝夜至彭湖，又一晝夜至加老灣，近矣。」方豪，〈陳第東番記考證〉，收於氏著，《方豪六十自定稿》(臺北：方豪自印，1969)，上冊，頁842。由於陳第大員之航遇風，不準，似以十二更左右為合理。

14　轉引自梁嘉彬，〈隋書流求國傳逐句考證(初稿)〉，頁226。

15　凌純聲指出，臺灣土著保持很多印度尼西安古文化(即東南亞古文化)的特質，如文身、缺齒、拔毛、口琴、織貝、卉服、貫頭衣、腰機紡織、父子連名、親族外婚、老人政治、年齡分級、獵首、鳥占、靈魂崇拜、室內葬等。凌純聲，〈古代閩越人與臺灣土著族〉，頁36。

人」是東南亞或廣東一帶的土著，其語言有屬於「南島語系」者，既然「崑崙人」的語言與流求國可通(或被認爲可通)，流求國應也屬於南島語族，而今天的琉球，語言屬於日本語系，此點不相符合。

其四，就目前我們對臺灣土著民族的了解，似乎尚未見出現具有〈流求國〉所描述之文化程度的土著社群，臺灣考古發掘亦尚無可資證明的發現。然而，我們也不能排除臺灣土著民族曾有某一社群發展到如此程度的可能性，最後這個社群消失了。臺灣是孤島，如果某些土著社群發展出比較高度的社會政治組織，後來無法維持而消失，也不是不可能。我們不能假定特定地理空間的文化一定是直線地向上發展，南美洲的印加文明就是一例。就近取譬，明初鄭和可以率領二百餘艘船組成的船隊七次下西洋，遠至非洲東岸，其造船和航海技術在當時舉世無雙，然而不到一百年，到了嘉靖年間出使琉球，人人視爲畏途，造船技術十分低落，「種種皆不如法，不久即壞」[16]。其後似乎每下愈況，萬曆七年(1579)蕭崇業出使琉球時，花鉅款造船，卻有致命的缺點，幸而臨時改造，否則早就瓦解了。[17]

其五，流求國和日本有密切的關係，日本的使者一看到流求國的「布甲」，就說這是「夷邪久國」的東西，可見對其文物相當熟悉。根據〈流求國〉本文，流求國人「編苧爲甲」，也就是用麻繩編結成甲冑，這裡的「布甲」應即指此。日本人之所以熟悉，可能來自於地緣，也就是說，流求國可能靠近日本，有交通或貿易往來。這個時點是隋朝大業年間，西元七世紀初，就此而言，琉球比臺灣似乎更有可能是流求國。

16　陳侃，《使琉球錄‧夷語夷字附》，頁22b。
17　蕭崇業、謝杰，《使琉球錄‧附皇華唱和詩》，頁111-114。

　　總之，《隋書》〈流求國〉是一篇孤立的文獻，很難從中推斷出到底是今天的琉球或臺灣。從方位、水程，以及和日本有密切關係等來看，比較像琉球，但是若從氣候風土與文化來看，又比較像臺灣。或許這原本是兩份文獻，但在傳抄收入史館的過程中，兩份文獻混成一份，也不是沒有可能。但是這都是猜測而已，無從證明其為真或為假。

　　關於宋朝文獻中的「流求」，學者間也是聚訟紛紜，或主張是琉球，或主張是臺灣。然而，文獻實不足徵。根據零星的資料，宋文獻中，多於《隋書》〈流求國〉的訊息是，「流求」在北宋與福州有貿易關係，南宋時和海南島也有貿易關係。[18] 值得注意的是，在「流求」之外，南宋時增加了有關「毗舍耶」的訊息。從宋人有關「毗舍耶」的記載，我們可以看出當時人對「毗舍耶」的認識不及「流求」；對宋人而言，「毗舍耶」言語不通，商旅不行，經常侵犯閩粵沿海(平湖、泉州、潮、惠)，對鐵器有特殊的喜好，他們以竹筏為主要的海上工具。[19] 關於「毗舍耶」是臺灣，還是菲律賓，學者之間也是莫衷一是。

　　我們在此無意涉入宋朝的「流求」到底是臺灣，還是琉球(沖繩)的爭論；也無意討論「毗舍耶」是臺灣，還是菲律賓。究實而言，文獻過於單薄，實不足作出確論。

　　纂修於元朝的《宋史》，在〈外國傳七〉首列〈流求國〉，云[20]：

18　黃寬重，〈南宋「流求」與「毗舍耶」的新文獻〉，《中央研究院歷史語言研究所集刊》57本3分(1986年9月)，頁505。
19　黃寬重，〈南宋「流求」與「毗舍耶」的新文獻〉，頁506、508。
20　脫脫，《宋史》(北京：中華書局，1985)，卷491，頁14127。

流求國在泉州之東，有海島曰彭湖，烟火相望。其國塹柵三
重，環以流水，植棘爲藩，以刀稍弓矢劍鈹爲兵器，眎月盈
虧以紀時。無他奇貨，商賈不通，厥土沃壤，無賦斂，有事
則均稅。旁有毗舍邪國……。

《宋史》關於流求國的記載，相當簡略，不超過《隋書》〈流求
國〉。值得注意的是，流求國的地理位置，比起《隋書》所言「居海
島之中，當建安郡東，水行五日而至」，更爲具體，指出流求國「在
泉州之東，有海島曰彭湖，烟火相望」。換句話說，流求國是彭湖
（澎湖）可以望見的地方。不過，我們不能太拘泥於所謂的「烟火相
望」。這可能是一種世代因襲的傳說或想像。舉例來說，到了明代琉
球指今天的琉球（沖繩）已經再確定不過的了；崇禎年間，茅瑞徵（萬
曆二十九年〔1601〕進士）仍稱琉球「與彭湖諸島相對，天氣清明，
望之隱約若烟霧。其遠不知幾千里……」[21]。

　　元朝汪大淵(1311-？)《島夷誌略》所記「琉球」，以地理位置
來說，很可能是臺灣。「琉球」條云：「地勢盤穹，林木合抱，山曰
翠麓，曰重曼，曰斧頭，曰大崎，其崎山極高峻，自彭湖望之甚近。
余登此山則觀海潮之消長，夜半則望暘谷之出，紅光燭天，山頂爲之
俱明。」[22] 顯然他親履「琉球」之山。(此處的「山」應否當「島」

21　茅瑞徵，《皇明象胥錄》，收於《四部叢刊‧三編‧史部》(臺北：臺
　　灣商務印書館，1966景印明崇禎刻本)，卷1，「琉球」條，頁17b。
22　汪大淵，《島夷誌略》，《欽定四庫全書》〔史部十一地理類十〕，
　　收於王雲五主編，《四庫全書珍本十集》，頁1b-2a。此一刻本之「夜
　　半則望暘谷之出」疑有缺字，或當爲「夜半則望暘谷之日出」，見汪
　　大淵著，蘇繼廎校釋，《島夷誌略校釋》(北京：中華書局，2000)，
　　頁16-17。

解？若作島解，或將別有所見)從彭湖「望之甚近」的地方，似乎非臺灣莫屬。然而，汪大淵所記「琉球」之風土民情，如「以花布爲衫」、「煮海水爲鹽」、「釀蔗漿爲酒」等，和日後我們得知的臺灣西南沿岸土著文化不相符合。[23] 以此，要確指汪大淵筆下的「琉球」就是臺灣，還是有問題。此外，我們也很難確知他登陸的地方在哪裡。

綜而言之，宋朝的「流求」和元朝的「琉球」，從地理位置來看，越來越「逼近」臺灣，不過，有趣的是，到了明朝，「琉球」一詞有了具體而實際的內容，專指今天的琉球(沖繩)，不再是臺灣了。

在明代，由於琉球前來朝貢，且明朝朝廷十二次派遣使者出使琉球，中國關於琉球的知識大增。讓我們來看看，隨著中國和琉球往來密切，臺灣這個島嶼如何逐漸浮現在明人的視野中。

二、作爲航標的小琉球和雞籠嶼

臺灣在明代文獻中，最初以「小琉球」的稱呼出現。曹永和先生認爲《明實錄》洪武二十五年(1392)五月己丑條所記載，是最早有關小琉球的文獻。[24] 小琉球是相對於大琉球而言，大琉球即今天的琉球

23　臺灣西南沿海土著民，直至十七世紀初，尚未穿衣，釀米爲酒。陳第，〈東番記〉，參見方豪，〈陳第東番記考證〉，頁836。他們不懂得製鹽，須向華人購買。Leonard Blussé and Marius P. H. Roessingh, "A Visit to the Past: Soulang, a Formosan Village Anno 1623," *Archipel* 27 (1984), p. 72；干治士(Georgius Candidius)著，葉春榮譯註，〈荷據初期的西拉雅平埔族〉，《臺灣風物》44卷3期(1994年9月)，頁221。

24　曹永和，〈歐洲古地圖上之臺灣〉，收於氏著，《臺灣早期歷史研究》(臺北：聯經出版公司，1997)，頁318。

群島。到了十五世紀，又有兩條小琉球資料，不過，這都是內容含糊、朦朧不清的記載。[25] 小琉球之「具體形象」進入明人的視野，最重要的還是因爲出使琉球的明朝官員的記載。

明太祖於洪武五年(1372)正月「遣楊載持詔諭琉球國」，同年十二月，琉球中山王察度(1321-1395)遣弟泰期等奉表貢方物，開啓了中國和琉球的正式邦交，琉球也因此加入以中國爲宗主國的東亞國際秩序。[26] 自宣德三年(1428)起，明朝皇帝屢次遣使浮海敕封琉球國王，前後共十二次。[27] 使者中留下出使紀錄的，以陳侃爲第一人，其後成爲慣例，現存至少有四本《使琉球錄》。由於明朝使者親履其地，明代的琉球就是今天的琉球(沖繩)群島，毫無疑義。

不管我們認爲文獻中的流求國是琉球還是臺灣，在明人的認知中，《隋書》中的「流求國」就是「琉球」，不是臺灣。如前所述，陳侃於嘉靖十三年(1534)出使琉球。他根據個人親履其地的經驗，認定史書中的流求國就是琉球。陳侃具實事求是的精神，在滯留琉球的一百十五天(5月25日至9月20日)中，他一一比對考查文獻所載，發現「是誌所載者，皆訛也」。此處的「是誌」指《大明一統誌》，實則本自《隋書》。他曾認眞「按圖索驥」，想印證文獻的記載，例如文獻云「王所居壁下多聚髑髏，以爲佳」，他仔細留意，然未能有所發現。[28] 至於其他文獻，陳侃評論道：「凡載琉球事者，詢之百無一

25　明代早期文獻中有關「小琉球」的記載，見陳宗仁，《雞籠山與淡水洋：東亞海域與台灣早期史研究，1400-1700》(臺北：聯經出版公司，2005)，頁57-59。

26　曹永和，〈明洪武朝的中琉關係〉，頁195-196。

27　夏子陽、王士禎，《使琉球錄》，〈歷朝使琉球姓氏考〉，頁15-19。

28　陳侃指出：「又云王所居壁下多聚髑髏，以爲佳，⋯⋯至王宮時，遍觀壁下，亦皆累石，⋯⋯又何嘗以髑髏爲佳哉？是誌之所載者，皆訛

實。」[29] 換句話說，從方位和水程而言，琉球(沖繩)符合流求國的地理位置。但是，拿〈流求國〉所記的文化內涵來看，卻又一一不符。這又回到我們在第一節所討論的不可解之謎。

明人認爲《隋書》所載之「流求國」是今天的琉球，還有一條重要的證據。鄭若曾(1503-1570)《琉球圖說》所附「琉球國圖」中，繪有三個島嶼，分別寫著：「鼀鼊嶼東離琉球水程一日」、「高華嶼東離琉球水程三日」、「彭湖島東離琉球五日」。[30] 這分明是把《隋書》所云「流求國，居海島之中，當建安郡東，水行五日而至。……至高華嶼，又東行二日至鼀鼊嶼，又一日便至流求」化爲圖畫。換句話說，鄭若曾認爲彼「流求」即此「琉球」。

不管明朝以前的「流求」或「琉球」是臺灣還是琉球，最晚從明洪武五年起，琉球就是指今天的琉球。至於我們現在居住的臺灣本島，在明人的認知中，尚不是如我們今天所知道的連成一氣的島嶼，他們對臺灣的認識是從「點」開始。此話從何說起？

生活在「後帆船」時代的我們，可能很難了解帆船時代的一些基本海上知識。在橫渡大洋的西洋大帆船崛起之前，海上航行，大抵是靠近海岸航行，但又不能眞正沿著海岸，因爲「大舟畏淺」[31]，最怕觸礁。根據郁永河(康熙年間人士)《裨海紀遊》，十七世紀末，從今天的臺南要到淡水，走陸路遠比沿海岸航行安全多了。郁永河走陸路，但和他同時出發、沿海岸線行走的兩艘船，一艘安全抵達目的

(續)————————
　　也。」陳侃，《使琉球錄‧夷語夷字附》，頁13b。
29　陳侃，《使琉球錄‧夷語夷字附》，頁13b。
30　圖版見鄭若曾，《琉球圖說》，收於黃潤華、薛英編，《國家圖書館藏琉球資料匯編》，上冊，頁1108。
31　陳侃，《使琉球錄‧夷語夷字附》，頁6a。

地，一艘則遭風全毀。另外，如所周知，鄭和下西洋的航線，基本上還是近海航行居多。十六世紀海上強權葡萄牙也是經過近乎一世紀的嘗試和努力，才得以克服大洋航行的種種困難。在這裡讓我們先簡單討論中國人相信的「落漈」傳說，以及西方類似的觀念。

中國海上航行者相信，海水到了澎湖逐漸降低，靠近流求的地方稱爲「落漈」，《元史》載云：「漈者水趨下而不回也。凡西岸漁舟到彭湖已下，遇颶風發作，漂流落漈，回者百一。」[32] 關於落漈，到了十七世紀末，或許因爲橫渡臺灣海峽雖然驚險，證明並無「落漈」，因此，落漈的地點移至「雞籠山下」，且增加「萬水朝東」的意象。郁永河《裨海紀遊》云：「而雞籠山下，實近弱水，秋毫不載，舟至即沉；或云：名爲『萬水朝東』，水勢傾瀉，捲入地底，滔滔東逝，流而不返。」[33] 換言之，人們認爲大洋中有像斷崖的所在，船若不幸誤入此處，則萬劫不復。

十五世紀，當葡萄牙進行非洲西海岸的航路探險時，西方人也相信：如果離海岸太遠，會掉落地球的邊界——fall off the edge of a flat earth。當時人們普遍相信地球是平的。如所周知，希臘羅馬時代豐富卓越的知識，包括地球圓說以及托勒密(Ptolemy，約85-165)的學說，淹沒於基督教世界約八百年，一直要到中世紀快結束時，才又逐漸普及。由於人們相信地球有邊界，因此，航海者通常不敢離開陸地太遠，以一天之內仍能看到陸地爲安全之航。

明代實行海禁，禁止民間百姓以私人方式從事海上活動；朝廷方面，成祖至宣宗宣德八年雖有鄭和七次下西洋(1405-1433)之盛舉，

32　宋濂等，《元史·外夷列傳》(北京：中華書局，1995)，卷210，〈瑠求〉，頁4667。

33　郁永河，《裨海紀遊》，卷下，頁29。

但此後停止「通番」，以中央爲主導的海上發展至此全然停滯，民間只剩下走私活動。無法公然航海、造船，其後果之一是，航海與造船技術大爲衰退。根據文獻，明時期從福建出洋往返琉球，風險極大，海上航標十分緊要。臺灣的一個「側面」──小琉球、雞籠嶼，也因「過海」琉球的關係，出現在官方的航海文獻中。

讓我們來看看一個具體的例子。萬曆七年(1578)，蕭崇業出使琉球，他在福州募集了航海者，然而，臨行前才發現沒有一個懂得航海之道，都是一些想賺招募費用(募值)的「河口無賴」。在地方賢達(諸公)的建議之下，他趕緊派人到漳州「抓公差」。讀者須知，明代實施海禁，「片板不許入海」，但在隆慶元年(1567)局部開放海禁，准販東西二洋，取得官方「文引」即能合法出洋，然引數有限，因此絕大多數販洋者都是違法走私。當時南風已吹起了，「通番者」都已出海，只有一艘船正等著第二天出海。被官兵抓到的三個航海者，驚惶無措，以爲事敗要受嚴懲。經說明之後，才知道是出使琉球的天使(天子之使者)要招募他們來駕船。這三個人分別叫作謝敦齊、張保、李全曾。一問之下，他們都沒到過琉球，是專跑東南亞的走私集團。雖然如此，謝敦齊跟蕭崇業說：「僕雖未至其地，然海外之國所到者，不下數十，操舟之法亦頗諳之。海舶在吾掌中，針路在吾目中，較之河口全不知者，逕庭矣。」[34] 也就是說，他雖然沒到過琉球，但自信具有必要的知識和技能。

我們前面提到，此次所造之船有致命的缺點，這是謝敦齊指出的，改造之法也是根據他的建議。此次封舟前往琉球，一路順風，但是回程卻遇到暴風，船身幾乎破毀，驚險萬分，全船四、五百人咸以

34　蕭崇業、謝杰，《使琉球錄・附皇華唱和詩》，頁110-111。

爲無生還之日。[35] 事後連航海老手謝敦齊都深感「不死者，天幸也」，論道：「詎知琉球之行，若是其險哉！蓋西南諸國，行不二三日，即有小港以避風。豈若琉球，去閩萬里，殊無止宿之地，惡能保其行不遇風，風不爲害也哉！一舟之人，不死者，眞天幸也！」[36]

由此可知，航行東南亞諸國比起航行琉球容易多了，因爲東南亞是近海航行，而且二、三天就有個小港口，可以避風。至於琉球，在全然順風的情況下，需要四天以上的水程。然而，這四天多水程是一路航行，沒有港口可以停泊，沿途須以山(即島嶼)爲指標。從地圖上看，從福州直接向正東航行即可抵達琉球，何以必須先往東南航行，往北，再往東航行呢？清康熙五十八年(1719)出使琉球的徐葆光(1671-1740)，說得最清楚：「琉球在海中，本與浙閩地勢<u>東西相值</u>，但其中平衍無山。船行海中，<u>全以山爲準</u>。福州往琉球，出五虎門，必取雞籠、彭家等山。諸山皆偏在南，故夏至乘西南風，參用辰、巽等針，衺繞南行，以漸折而正東。……雖彼此地勢東西相值，不能純用卯、酉針徑直相往來者，皆以山爲準；且行船必貴占上風故也。」(底線爲筆者所加)[37] 所謂「東西相值」，是東西相等的意思，用現代的話來說，就是緯度一樣高的意思(當然，當時沒有緯度觀念)。除了以海上島嶼爲指標之外，風向也是一個主要因素。

實際上，從福州到琉球一般如何「靠山」航行呢？在這裡，我們有必要介紹幾本《使琉球錄》所記航路。茲根據陳侃《使琉球錄》與

---

35 蕭崇業、謝杰，《使琉球錄·附皇華唱和詩》，頁109-115。

36 蕭崇業、謝杰，《使琉球錄·附皇華唱和詩》，頁115-116。

37 徐葆光，《中山傳信錄》，收於黃潤華、薛英編，《國家圖書館藏琉球資料匯編》，中冊，頁35。

郭汝霖《重編使琉球錄》[38] 正文所記，以及蕭崇業、夏子陽〈琉球過
海圖〉，將從福建廣石出海到琉球沿途望見或「應該」望見的島嶼表
列如下：

表1-1-1 四種《使琉球錄》所記福州至那霸港沿途島嶼

出使年代	作者／書名	正文所記 或〈琉球過海圖〉所繪島嶼
1534 嘉靖十三年	陳侃／ 《使琉球錄》	廣石—小琉球—平嘉山—釣魚嶼—黃毛嶼—赤嶼—古米山……(遭風漂泊)……那霸港
1561 嘉靖四十年	郭汝霖／ 《重編使琉球錄》	廣石—梅花—東湧—小琉球—黃茅—釣嶼—赤嶼—土納己山—小姑米山—哪嚙港
1579 萬曆七年	蕭崇業／ 《使琉球錄》	廣石—東牆山—平佳山—小琉球—雞籠嶼—花瓶嶼—彭佳山—釣魚嶼—黃尾嶼—赤嶼—粘米山—馬齒山—□□末—那霸港
1606 萬曆三十四年	夏子陽／ 《使琉球錄》	……梅花所—白犬嶼—東沙山—小琉球—雞籠嶼—彭佳山—花瓶嶼—釣魚嶼—黃尾嶼—粘米山—翁居山—馬齒山(直到琉球那霸港大吉)

此外，嘉靖末鄭若曾《琉球圖說》一書亦記錄從福州出海到琉球
的航路[39]：

38　郭汝霖，《重編使琉球錄》，收於《四庫全書存目叢書》(臺南：莊嚴
文化，1996影印中央民族大學圖書館藏明鈔本)，史部・雜史類，第49
冊，頁史49：667。

39　鄭若曾，《琉球圖說》，收於氏著，《鄭開陽雜著》(臺北：成文出版
社，1971影印清康熙三十一年版本)，卷7，「福建使往大琉球鍼路」
條，頁563-565；另參鄭若曾，《琉球圖說》，收於氏著，《鄭開陽雜
著》，《景印文淵閣四庫全書》(臺北：臺灣商務印書館，1983景印國
立故宮博物院藏本)，第584冊，史部地理類，卷7，頁584：615-616。
鄭若曾編纂《籌海圖編》，有胡宗憲嘉靖四十年(1561)序，刊刻時間
可能在嘉靖四十一年。《琉球圖說》原似收於《四陸圖論》中，其刊
刻似在《籌海圖編》之後。四庫全書著錄作者為胡宗憲，實際上係鄭
若曾所編纂。

表1-1-2 　《琉球圖說》所記福州至那霸港沿途島嶼

1562之後？ 不詳 (嘉靖四十一年以後)	鄭若曾／ 《琉球圖說》	梅花—小琉球—雞籠嶼、花瓶嶼—彭嘉山— 釣魚嶼—黃麻嶼—赤嶼—赤坎嶼—古米山— 馬齒山—大琉球那霸港

　　從上二表中，我們可以看出「小琉球」、「雞籠嶼」、「彭佳山」(平嘉山)、「釣魚嶼」、「黃尾嶼」、「赤嶼」等島嶼是從廣石出發到琉球沿路望見的島嶼，它們是琉球航線上的指標。

圖1-1
　　說明：記有方向和水程更數，並繪有海舶望山的「琉球過海圖」(局部)。
　　　　　輯自夏子陽，《使琉球錄》(1606)。

　　我們知道，臺灣本島以小琉球的名稱出現在明代四本《使琉球錄》中。由於封舟從位於閩江河口的廣石啓航，並未經過臺灣海峽，因此，從船上所望見的臺灣不是全島，應只是臺灣島的西北端。蕭崇業《使琉球錄》「琉球過海圖」中所繪的小琉球，固然比雞籠嶼大，

但在夏子陽《使琉球錄》「琉球過海圖」中則比雞籠嶼小，可見當時所謂小琉球，只是臺灣島的一端，不是全島。

我們在前面提過，海上航行最怕「落漈」，由於當時人們認為靠近琉球的地方有落漈，因此很害怕「漂流落漈」。陳侃率領使舟，已經望見古米山，抵達琉球國境了，卻又因為逆風，進退不得，無法停泊。該船幾經周折，大桅幾乎分崩離析，船破入水，有人提議乾脆順風飄盪，以求一時之平順，但是有經驗的舵手警告說：「海以山為路，一失此山，將無所歸，漂於他國未可知也，漂於落漈未可知也。守此尚可以生，失此恐無以救。」[40] 換句話說，海上航行，緊跟住島嶼是最安全的作法，否則失掉指標，大海茫茫，不知要被吹到何處，萬一掉入落漈，將是萬劫不復。這是琉球之航困難所在。其實舵手的憂慮是有道理的，帆船一旦駛過琉球群島，往東就是了無涯涘的太平洋了。以中國典型的雙桅尖底遠洋帆船而言，太平洋之為落漈，可以說再恰當不過了。

綜上可知，在明代，臺灣主要是作為中國——琉球航道的海舶望山(海上航行指標)，以小琉球、雞籠嶼的名字出現在文獻中。臺灣不只是中琉航線的指標，也是海禁時期民間各種航線的指標。這些航線包括：福建往琉球、日本航線、松浦(日本)往呂宋等。[41]

作為海上航行的小琉球，還有一個名稱。根據鄭舜功《日本一鑑·窮河話海》，小琉球也稱為「小東島」，日本人稱之為「大惠島」。[42]

---

40 陳侃，《使琉球錄·夷語夷字附》，頁9b。

41 向達校注，《兩種海道針經》(北京：中華書局，2006)，頁91、95-96。

42 鄭舜功，《日本一鑑·窮河話海》(臺北：臺灣大學，1939影印舊鈔本)，卷1，頁5a-b。

　　小琉球、雞籠嶼是中琉航線的指標，臺灣西南部的「虎仔山」
（或作虎尾山、虎頭山，即打狗仔，今高雄），以及最南端的「沙馬岐
頭」（或作沙馬頭、沙馬岐頭門，今鵝鑾鼻），也是民間船舶航往東南
亞地區的海舶望山。根據民間航海用書《順風相送》與《指南正
法》，這些航路包括「太武往呂宋」、「泉州往彭家施闌」、「雙口
針路」、「浯嶼往雙口針」、「〔圭嶼〕回浯嶼針」。太武指金門太
武山；彭家施闌在菲律賓北部；雙口即呂宋港（今馬尼拉）；圭嶼在呂
宋港口。[43] 此外，臺灣最北端的雞籠嶼（圭籠頭）也是廣東和福建航往
日本的海舶望山。如「廣東往長崎針」、「廈門往長崎」所示。[44]

　　由於是海上望山，一般並不登陸。無論是雞籠嶼、小琉球、虎仔
山或沙馬岐頭，在明季，它們都是孤立地存在，人們似乎尚未把這些
海舶望山看成連成一氣的一座大島。當時並無從沙馬岐頭沿著臺灣海
峽往北航經雞籠嶼的航線，人們在認知上，沒有理由想像臺灣為一個
大島。究實而言，對絕大多數只從海上眺望臺灣的航海人，把臺灣當

43　「太武往呂宋」航路是：「太武開船，辰巽七更取彭湖山。巳丙五更
　　見虎仔山。單丙及巳丙六更取沙馬岐頭。」；「泉州往彭家施闌」
　　航路是：「長枝開船，丙巳七更取彭湖。丙午七更取虎尾山。沿山
　　五更取沙馬頭，……。」長枝是福建泉州，亦名長枝頭；「雙口針
　　路」云：「大担開船，用辰巽七更取彭湖。丙巳針七更取虎頭山。
　　單丙六更取沙馬岐頭門。」；「浯嶼往雙口針」云：「浯嶼開舡，
　　用辰巽七更取彭湖。用丙巳五更取虎仔山。用單丙及丙巳六更取沙
　　馬岐頭。」；「回浯嶼針」云：「圭嶼放洋，……若表上放洋，用
　　壬子十七更取浯嶼洋。癸丑八更取沙馬岐頭。用單癸十一更取彭
　　湖。」向達校注，《兩種海道針經》，頁88、94、140、160、165、
　　166、215、237、270。
44　「廣東往長崎針」云：「尖筆羅開駕，……艮寅十五更取南澳，單寅十
　　五更取圭籠頭大山。」；「廈門往長崎」云：「大担開舡，用甲卯離
　　山。用艮寅七更取烏坵，內是湄州媽祖，往祭獻。用艮寅及單寅七更
　　取雞籠頭。」向達校注，《兩種海道針經》，頁179-180。

成幾個島嶼毋寧比想成一個大島更自然。帆船時代的人們，把未曾登陸的島嶼的河口看成海灣似乎很正常，更何況臺灣西海岸的河口大都很寬闊；就算東海岸河口較窄，也不見得不生出這類的淆混。明季日本朱印船有經過臺灣東海岸往呂宋的航線，但不登岸、不停泊。即使到了十八世紀上半葉，歐洲人對臺灣已經有很具體的了解，一幅法國人繪製的刊印於一七三○年的臺灣地圖，西海岸相當詳實，但東海岸約當今天花蓮的地方卻畫成南北毗鄰的三個島，顯然把四個河口想成環繞三個島的海灣。[45]（見圖1-2）以此，明人無法認識臺灣為一大島，可說一點都不奇怪。當然我們無法排除有個別的個人因緣際會，認識到臺灣是個大島，只是在文獻上，我們看不到明末以前，明人認為臺灣是個大島。

　　臺灣的幾個點（或側影）除了作為海上航線的指標之外，在波濤洶湧的東亞海上情勢中，還扮演怎樣的角色呢？想了解這一點，還須從倭寇談起。

三、海寇的巢穴：東番

　　我們在上一節提到，臺灣的小琉球和雞籠是作為海舶望山而浮現於明人的視野中。海舶望山是海上航行的指標，船隻不必然靠泊上

45　圖版見呂理政、魏德文主編，《經緯福爾摩沙——16-19世紀西方人繪製臺灣相關地圖》（臺北：南天書局；臺南：國立臺灣歷史博物館籌備處，2006），頁88-89。值得一提的是，此圖係根據荷蘭人繪製的臺灣地圖，在荷蘭統治臺灣期間把花蓮一帶畫成三島（或二島），相當常見，可參考格斯・冉福立（Kees Zandvliet）著，江樹生譯，《十七世紀荷蘭人繪製的臺灣老地圖・圖版篇・解讀篇》上冊（臺北：漢聲雜誌社，1997），圖版27（頁58-59）、圖版29（頁62-63）、圖版34（頁72-73）。

圖1-2
說明：1730年法國人將當時「所知甚少」的臺灣東岸畫成毗鄰的三個島。
（局部）輯自呂理政、魏德文主編，《經緯福爾摩沙——16-19世紀西
方人繪製臺灣相關地圖》，頁88-89。（南天書局提供）

岸，但在嘉靖年間，由於倭寇猖獗，臺灣(小琉球)也成爲倭寇入侵中
國沿海地區的中途站。鄭若曾在《籌海圖編》說，倭寇入寇，「隨風
所之，東北風猛，則由薩摩或由五島至大小琉球」，之後再看風向變
化，北風多則侵犯廣東，東風多則侵犯福建。倭寇侵犯福建，是在澎
湖島分船隊，或往泉州等處，或往梅花所、長樂等處。正東風猛，則

侵犯溫州、定海等地。[46] 此處的「薩摩」約指今天的鹿兒島縣和宮崎縣的一部分，五島則指五島群島，曾經是著名倭寇王直(？-1559)的根據地。《籌海圖編》刊刻於嘉靖四十一年(1562)，附有「日本島夷入寇之圖」，共有三條主要路線，即「倭寇至閩廣總路」、「倭寇至直浙山東總路」以及「倭寇至朝鮮遼東總路」。總路之下各有分途，可侵擾特定地區。[47]「倭寇至閩廣總路」由薩摩州出發，經過大琉球和小琉球，再分途進攻。這張圖所畫的小琉球離中國海岸甚遠。然或可不用把它當成是實際距離的反映。

　　倭寇可以上溯至十三世紀初，一般分為前期與後期，前期從十三世紀初到十五世紀，也就是到明朝初期，侵擾地域以朝鮮為主，次及中國；後期主要指十六世紀，侵擾地域從中國、東中國海，一直到南洋一帶。[48] 在此讓我們以明朝為探討的範圍。[49] 一三六八年朱元璋建立明朝之後，派遣使者至日本要求壓制倭寇，並冊封南朝懷良親王為「日本國王」，建立了中國和日本的朝貢關係。一四○一年，日本室町幕府第三代將軍足利義滿接受明朝的冊封，並以朝貢的形式開始對明貿易；由於貿易時需要核對「勘合符」，因此又稱為勘合貿易。中日之間的朝貢貿易，雖然一度中斷，前後進行了約一百五十年(1401-1549)。[50] 由於日本內部的問題，終於在十六世紀中葉結束(1551，嘉靖30年)。在朝貢貿易進行期間，倭寇的活動沉寂下來，朝貢貿易中

46　鄭若曾，《籌海圖編》，《景印文淵閣四庫全書》，第584冊，頁60。

47　鄭若曾，《籌海圖編》，頁41。

48　石原道博，《倭寇》(東京：吉川弘文館，1996)，頁67。

49　明朝倭寇年表，可參考石原道博，《倭寇》，〈略年表〉，頁342-356。

50　關於明朝和日本的勘合貿易，可參考田中健夫，《倭寇と勘合貿易》(東京：至文堂，1966)，頁51-67、89-134。

斷之後，由於走私貿易興盛，倭寇再度活躍起來。

　　明代的倭寇問題和海禁關係密切。明代實施海禁始於太祖，起初禁止人民不得「私出海」，如領有「文引」或「公憑」仍可出海，但成祖、宣宗之後，「片板不許入海」成為定制。[51] 嘉靖年間，沿海倭患慘重，官員中頗有主張開放海禁的[52]，嘉靖末年倭患大致平息，隆慶元年(1567)朝廷終於決定開放海禁。所謂開放海禁，究實而言，只是局部開放——僅開放漳州月港(海澄)一個港口，而且只「准販東西洋」，仍禁止與日本貿易。此時的「東西洋」約等於今天的東南亞。明代的東洋主要指今天菲律賓、婆羅洲一帶；西洋則包括今天爪哇、蘇門達臘、馬來西亞、泰國、越南等地。[53] 然而，由於中日之間的貿易乃是東亞海域上至為緊要的一環，走私貿易仍然持續進行，海寇的禍患也無法斷絕。

　　如所周知，所謂「倭寇」的成員，其實當地人往往比日本人多。騷擾朝鮮半島的倭寇以本地人居多，史載「真倭」(真正的日本人)不過一、二成[54]；騷擾中國沿岸的非法集團，「動以倭寇為名，其實真

51　張增信，《明季東南中國的海上活動》(臺北：私立東吳大學中國學術著作獎助委員會，1988)，頁7-11；曹永和，〈試論明太祖的海洋交通政策〉，收於氏著，《中國海洋史論集》，頁149、151。「片板不許入海」或作「寸板不許下海」。

52　張增信認為：代表沿海通商利益的鄉紳巨室在中央朝廷形成新生力量(以閩人為主)，與代表內地反對沿海通商的傳統官僚、地主勢力互爭，結果前者獲勝。張增信，《明季東南中國的海上活動》，頁21。

53　對此，陳國棟簡明地指出：「……『西洋』與『東洋』，合起來其實就是整個東南亞地區，即日後所謂的『南洋』。針路中的『東洋』包括菲律賓群島、蘇祿群島與汶萊。此外的東南亞地區皆屬西洋針路。」陳國棟，〈鄭和船隊下西洋的動機：蘇木、胡椒與長頸鹿〉，收於氏著，《東亞海域一千年》(臺北：遠流，2005)，頁111。

54　朝鮮《世宗實錄(三)》「二十八年(1446)丙寅十月壬戌」條曰：「前

倭無幾」[55]；或曰「大抵眞倭十之三，從倭者十之七」[56]，也就是說，中國人占絕大多數，約七成。隆慶以後，日本色彩濃厚的「倭寇」勢力大衰，繼之而起的是以中國人爲主的「海寇」。

根據張增信的研究，隆慶元年局部開放海禁之後的東南沿海海寇可分爲「隆慶、萬曆的海寇」以及「天啓、崇禎的海寇」。就年代而言，前者指隆慶元年至萬曆四十五年(1567-1620)，後者指光宗泰昌元年至崇禎末年(1620-1644)。這兩個時期的海寇主要的不同如下：一、活動區域：隆慶、萬曆海寇活動大多徘徊於廣海，由漳、潮至雷、瓊，至多至閩南、臺海；而天啓、崇禎海寇，北起南直，南迄雷廉[57]，倏忽來去於粵、閩、浙以及江南，範圍更大。二、海寇成員：前者以廣東潮、惠、瓊州人爲主；後者多半爲福建漳、泉州人，以及江南各沙礁之人。三、海寇根據地：前者多巢於家鄉本土，後者則多窟於海外各島。[58] 也就是由於海寇的「巢外洋」風氣[59]，使得臺灣島

(續)——————————

朝之季，倭寇興行，民不聊生，然其間倭人不過一二，而本國之民假著倭服成黨作亂⋯⋯。」國史編纂委員會，《朝鮮王朝實錄四》(漢城：東國文化社，1955)，卷114，頁711。

55　《明實錄》(臺北：中央研究院歷史語言研究所〔黃彰健校勘〕，1966)，《明世宗實錄》，卷350，頁6327。

56　張廷玉等撰，《明史》(北京：中華書局，2003)，卷322，頁8353。

57　南直隸，約當今江蘇省；高雷道、欽廉道，約當今廣東省海康縣、合浦縣。

58　張增信，《明季東南中國的海上活動》，頁119。關於隆萬海寇和天崇海寇的出身，張增信顯然有矛盾之處，在頁43，張云：「從嘉靖末到萬曆初的二十年間，東南海寇主要集中於福建漳州與廣東潮州之間。⋯⋯因此稱之爲漳潮海寇。」

59　關於海寇巢外洋的情況，可參考張增信，〈明季東南海寇與巢外風氣(1567-1644)〉，收於張炎憲主編，《中國海洋發展史論文集》(臺北：中央研究院中山人文社會科學研究所，1988)，第3輯，頁313-344。

以另外一種姿勢，進入到明人的海外活動範圍。

如前所述，明人對臺灣的認知始於作爲海舶望山的雞籠山和小琉球；隆慶元年局部開放海禁之後，我們開始在文獻上看到：小琉球以南一些特定的地點，逐漸成爲東南沿海海寇的避難地，甚至爲其巢穴。關於活躍於隆慶、萬曆年間的海寇首領林道乾和林鳳，明人文集和《明實錄》有如下的記載：(以下引文〔〕內文字爲筆者所加。)

(一)「彭湖一島，在漳泉遠洋之外，鄰界東番。……嘉隆之季、萬曆初年，海寇曾一本、林鳳輩，嘗嘯聚往來，分綜入寇，至煩大舉搗之始平。」(顧炎武，《天下郡國利病書》)[60]

(二)萬曆元年潮賊林道乾勾倭突犯漳泉海洋，竄據彭湖，尋投東番。(曹學佺，〈倭患始末〉)[61]

(三)萬曆二年六月，「福建巡撫劉堯誨揭報廣賊諸〔朱〕良寶，總兵張元勳督兵誅剿，其遺賊林鳳鳴〔或即林鳳〕，擁其黨萬人東走。福建總兵胡守仁追逐之，因招漁民劉以道諭東番合剿，遠遁。」(《明神宗實錄》)[62]

(四)萬曆二年十月，「福建海賊林鳳自彭湖逃往東番魍港，總兵胡宗〔守〕仁、參將呼良朋追擊之，傳諭番人夾攻，賊

60 顧炎武，《天下郡國利病書》，收於《四庫全書存目叢書》(影印涵芬樓《四部叢刊》三編手稿本)，「福建・彭湖遊兵」，史部地理類，172冊，頁史172：474。

61 曹學佺，〈倭患始末〉，《湘西紀行》，下卷，收於氏著，《曹能始先生石倉全集》(21)(內閣文庫藏本)，頁43a。曹學佺(1574-1646)，福建侯官人，與葉向高、董應舉等人相善。

62 《明神宗實錄》，卷26，頁646。

船焜燼，鳳等逃散。」(《明神宗實錄》)[63]

(五)萬曆三年十一月，「辛酉海寇林鳳復犯閩，不利，更入廣，而留船于魍港，爲窟宅。」(《明神宗實錄》)[64]

第一條至第五條都涉及東番。可能因爲東番距離彭湖不遠，林道乾和林鳳都曾逃至彭湖，其後轉至東番。除了暫時歇腳外，東番也可作爲巢穴，以之爲入侵他地的根據地。值得注意的是，海寇在東番停泊或占據的地方，可以指實的是「魍港」，如第(四)、(五)條所示。日後荷蘭文獻所記載的Wanckan(拼法不一)，一般比定爲中文文獻的魍港(後來清代文獻中的蚊港)，約在今天嘉義八掌溪溪口好美(虎尾寮)一帶。[65] 由於地名會移動，我們很難說萬曆初年的魍港一定是荷蘭時期的魍港，雖然如此，這還是給我們一個大致的地理位置。第(三)、(四)條關於林鳳的文獻透露出一則訊息——福建總兵胡守仁曾「傳諭」東番土著合剿夾攻海寇。第三條史料告訴我們，總兵胡守仁透過漁民劉以道傳諭東番一起攻剿海盜，可見有像劉以道這樣的漁民和東番早有接觸。雖然我們無從得知東番土著是否眞的加入作戰。總之，中國軍方和東番有某種程度的接觸大抵是事實。這或許也爲日後沈有容(1557-1628)追剿海寇到東番作張本。

　　海寇盤據東番，嚴重危害沿海一帶人民的生活，導致水師出海追剿，最有名的要數萬曆三十年十二月十日(1603年1月21日)浯嶼把總

63　《明神宗實錄》，卷30，頁731-732。
64　《明神宗實錄》，卷44，頁999。
65　盧嘉興、舟福立皆作此主張。盧嘉興，〈蚊港與青峯闕考〉，《臺南文化》7卷2期(1961年9月)，頁113；格斯・舟福立(Kees Zandvliet)著，江樹生譯，《十七世紀荷蘭人繪製的臺灣老地圖・論述篇》下冊(臺北：漢聲雜誌社，1997)，頁67。

沈有容率師渡海至東番剿滅海寇，並且停泊大員一事。[66] 根據陳第
（1541-1617）〈舟師客問〉，海寇擁有七艘船，以東番爲根據地，橫行
三省，即「從粵入閩，又從閩入浙，又從浙歸閩」，毫無忌憚。[67] 海
寇向漁民強索「報水」，漁民深受其害。根據陳第的說法，「漁人納
賄于賊名曰報水」，納報水的，「苦於羈留」，不納的「束手無
策」；看來有點類似今天黑社會的保護費，或更爲嚴重，行動還受
到控制。[68] 事實上，受害的共有三種人：東番夷人、商人，以及漁
民。[69] 文獻也告訴我們，海寇的構成分子頗有些日本人(倭)。[70] 馬祖
東莒大埔石刻更證明到了萬曆四十五年(1617)，日本海盜還活躍於
「東沙之山」一帶，沈有容曾「獲生倭六十九名」。[71] 此事可以說是

66　關於此事始末，可參考本書第三章。

67　陳第，〈舟師客問〉，收於沈有容輯，《閩海贈言》（臺北：杭縣方氏
　　愼思堂，1956景印明刊本），頁13a。

68　陳第，〈舟師客問〉，收於沈有容輯，《閩海贈言》，頁16a-b。承蒙
　　匿名審查者指出，「報水」或許還有其他意指，如《大明會典》有
　　「凡把守海防武備官員有犯受通番土俗哪嗟報水」。筆者再度檢閱史
　　料，「報水」如和海盜有關，大致上可理解成強索保護費，如《明穆
　　宗實錄》隆慶二年九月：「……今又陰行曾賊重賄，縱令<u>報水</u>激變，
　　居民侵突省會」之記載(卷24，頁644；底線爲筆者所加，下同)。曾賊
　　即海寇曾一本。再回頭檢閱隆慶元年十一月，關於此事，則記載接受
　　招撫的「曾一本……仍令其黨一千五百人竄籍軍伍中，入則廩食于
　　官，出則肆掠海上人，令塩艘商貨<u>報收納稅</u>，居民苦之」，以至於激
　　發民變(卷14，頁379-380)。可見「報水」是對出海貿易者所做的一種
　　強索費用的行爲。或許此一用語原先來自海防官員強索規費，轉而指
　　海盜強索費用，是耶非耶？待攷。

69　「夷及商漁交病」。陳第，〈東番記〉，收於沈有容輯，《閩海贈
　　言》，頁11a。

70　「是以塵戰惟倭，兵之所斬亦惟倭。」陳第，〈舟師客問〉，收於沈有
　　容輯，《閩海贈言》，頁16b-17a。

71　東莒大埔石刻云：「萬曆彊梧大荒落，地臘後挾日，宣州沈君有容獲
　　生倭六十九名於東沙之山，不傷一卒。閩人董應舉題此。」彊梧大荒

長崎代官村山等安遠征臺灣一事的後續發展，詳見下節。附帶一提，此處的東沙之山即東沙島，又稱東犬島，今馬祖東莒島，屬白犬列島，非指高雄市旗津區管轄下位於南海的東沙群島（The Pratas Islands）。

　　萬曆三十年歲末，沈有容打算突襲進駐東番的海寇時，好友陳第隨同他一起往剿。戰勝後，沈有容等人在東番待了約二十天，因此，陳第有機會考察風土人情，爲我們留下了中文文獻中第一篇有關臺灣土著民的紀錄。具體的內容，限於題旨，茲不詳加討論。[72] 在這裡，必要一提的是，陳第的〈東番記〉提供我們關於東番地理範圍的珍貴訊息。陳第說：東番「起魍港、加老灣，歷大員、堯港、打狗嶼、小淡水；雙溪口、加哩林、沙巴里、大幫坑，皆其居也，斷續凡千餘里」，也就是從今天八掌溪河口到高屏溪一帶。[73]

　　沈有容剿滅東番海寇後，據稱海寇沉寂了一陣子，約有十年之久。[74] 但天啓初，東番又淪爲海寇的巢穴。天啓元年，有一群和日本有關係的大海盜集團，因同夥人私呑日本首領的資本，「不敢復歸，竟據東番北港，擄掠商船，招亡納叛，爭爲雄長」。[75]（底線筆者所加）另外，根據《明實錄》，海盜首領林辛老、楊六等人也於此活動。茲將相關史料分別迻錄於下：

（續）

　　　　落即丁巳年，萬曆四十五年(1617)；地臘後挾日，五月十五日。
72　關於陳第〈東番記〉的來龍去脈及内容分析，詳見本書第三章。
73　關於地理範圍的推定，見本書第三章，頁127-133。
74　《明神宗實錄》，卷493，頁9279。萬曆四十年(1612)三月：「沈有容在閩能越海數日，殲倭眾於東番，東番自是斂戰，倭亦戒不敢掠至閩，且十年，皆有容之力也。」
75　曹學佺，〈倭患始末〉，《湘西紀行》，下卷，頁46b。

林辛老：

> 天啓二年三月，「海寇林辛老等嘯聚萬計，屯據東番之地，
> 占候風汛，揚帆入犯，沿海數千里無不受害……。」[76]

楊六：

> 天啓六年十一月，「……蔡三走本日(日本)，鍾六爲楊六併
> 殺，亦屏息東番。楊六遂率其黨三千餘人，大小戰船七十二
> 隻，詣總兵俞咨皋乞降。」[77]

天啓二年(1622)三月正是荷蘭聯合東印度公司(荷文縮寫爲VOC)派
艦隊從巴達維亞出發，擬攻占澳門之時；由於攻打澳門失敗，遂改而
占領澎湖。天啓六年(1626)，荷蘭聯合東印度公司則已經占據大員一
帶。不過，荷蘭人占領臺灣之初，其勢力尚限於今天臺南縣以南，所
謂「屏息於東番」很可能在魍港一帶，或魍港以北的地區。

　　另外，我們必須了解，以上都是隆慶元年以後的事，也就是局部
開放海禁之後。這個時候，只要取得文引，人民可以出海從事合法的
貿易，因此，我們看到一些海商的崛起，林錦吾是其中佼佼者。如前
所述，開海禁只是允許「往販東西二洋」[78]，到日本貿易仍然是違法
的。但是「頃者越販奸民，往往托引東番，輸貨日本」[79]，也就是拿
到准許至東番的文引，卻把貨品輸往日本。我們看到東番的「北港」

76　《明熹宗實錄》，卷20，頁1007。

77　《明熹宗實錄》，卷78，頁3795。

78　「……聽洋商明給文引，往販東西二洋。」沈鈇，〈上南撫臺暨巡海公
　　祖請建彭湖城堡置將屯兵永爲重鎮書〉，收於顧炎武著，《天下郡國
　　利病書》，頁史172：433。

79　黃承玄，〈條議海防事宜疏〉，《黃中丞奏疏》，收於陳子龍等輯，
　　《皇明經世文編》(上海：上海古籍出版社，2002)，卷479，頁5271。

逐漸成為海商的貿易據點，其實也就是私下和日本貿易的地方。萬曆末年[80]，沈演說「挾倭貨販北港者，寔煩有徒」[81]，指出以日本人的資本來北港作貿易的很多。他認為「日本發銀買貨，于法無礙」，如果海商和他們在呂宋交易，可以相安無事，但是「停泊北港，引誘接濟奸民」，就必須嚴加禁止。[82] 換句話說，他認為海商到第三地和日本貿易，並沒問題，但不能在靠近中國的北港，也就是說日華貿易最好局限在呂宋。沈演到底擔心甚麼呢？基本上兩方面，其一，造成劫殺等禍害；其二，引來日本的覬覦。[83] 他指出：「海上賊勢雖劇，倏聚倏散，勢難持久，猶易撲滅；而大患乃在林錦吾北港之互市，引倭人近地，奸民日往如鶩，安能無生得失？」[84]也就是說，北港離中國太近，容易出問題。

　　林錦吾是海禁局部開放之後的大海商，北港為商貿據點。北港是合法可以停留的地方，卻成為中日非法貿易的地點，日本人來此，和

80　沈演於萬曆三十六年(1608)昇福建參政，萬曆三十八年(1610)乞致仕，獲准，當時的職銜是「福建布政使司右參政兼按察司僉事」。由於收入《止止齋集》的書信都未繫年月，不知下引〈論閩事〉一信寫於何時，推測若非在福建任官時(1608-1610)，即致仕之後。

81　按：「寔煩有徒」之「煩」字應作「繁」，多也，語出《尚書‧仲虺之誥》。沈演，〈論閩事〉，《止止齋集》，卷55，頁20a。沈演之《止止齋集》，國家圖書館漢學中心藏有影印裝訂本，明崇禎六年(1633)刊本，據日本尊經閣文庫影印。沈演之看法，乃係張增信於《明季東南中國的海上活動》一書中微引，方引起筆者注意，不敢掠美，特記於此。見張增信，《明季東南中國的海上活動》，頁129。

82　「若就呂宋與洋船交易，即巨奸領銀牟利，自可相安無事，惟停泊北港，……不得不禁耳。……使其市場在呂宋，不在北港。」沈演，〈答海道論海務〉，《止止齋集》，卷55，頁19a。

83　「釀今日劫殺之禍，起將來窺伺之端。」沈演，〈答海道論海務〉，《止止齋集》，卷55，頁19a。

84　沈演，〈答海澄〉，《止止齋集》，卷56，頁32a。

只能「往販東西洋」的中國海商交換商品，換言之，這是一種變相的
走私貿易。林錦吾從事這類的貿易，非法或合法，有其曖昧之處。在
官方看來，林錦吾的商貿性格似乎在半商半盜之間，至少沈演主張以
對付海寇的方式來對待林錦吾，認爲可「因而用之」，「不可勦，亦
不可招撫」[85]，且認爲其手下是海盜之類的。[86]

綜上，我們可以說，大約從萬曆元年開始，除了原先作爲海舶望
山的雞籠嶼和小琉球之外，臺灣島的一些的區域，大範圍如東番，特
定地方如北港、魍港，成爲海盜逃亡或藏身之地，同時也是與日本進
行非法貿易的據點。

四、明季東南國防的最前線

從萬曆四十年代開始，對關心海防的士大夫而言，不論是東番或
是雞籠，都「逼近東鄙」，靠近中國東方的邊境而威脅到中國的門
庭，爲確保彭湖，非嚴加防範不行。換言之，十六世紀末至十七世紀
初，在關心國是的明朝士大夫心目中，今天的「臺灣」，成爲大明國
防的第一道防線。在此，必須提醒讀者，對明人而言，此時還沒有一
個連成一氣的「臺灣」的觀念，他們心中的圖景應是不相連屬的雞
籠、小琉球、東番。

明代士大夫的海防危機意識是有具體事件作爲背景的。那就是萬
曆四十四年(1616，日本元和2年)三月二十九日，日本長崎代官村山

85　沈演，〈與海澄〉，《止止齋集》，卷55，頁8a。
86　「不意連日得報，有林心橫劫殺洋船事，今又有徐振裏壓冬事，亦既蠢
　　蠢動矣。此輩恐皆林錦吾下小頭領耳。」沈演，〈答海道論海務〉，
　　《止止齋集》，卷55，頁18b。

等安派子秋安率領兵船十三艘擬占領雞籠一事。秋安的船隊在海上遭
遇颱風[87]，船隻四散。此一計畫雖然失敗，但在關心國是的士大夫社
群中，卻造成很大的震撼，咸認爲這是日本繼朝鮮事件、琉球事件之
後的海外野心行動，既覬覦雞籠、東番，勢必危及彭湖，議論一時甚
囂塵上。在我們進一步討論日本海外行動之前，讓我們先了解長崎代
官村山等安其人其事。

　　村山等安(？-1619)是第一任長崎代官。長崎代官設於文祿元年
(1592)，是「地役人」之長[88]，掌理管轄地之貢物與調租，管理中國
與荷蘭輸入貨物之檢查以及南北兩瀨崎之米藏(米倉)[89]、武具藏(武
器庫)、御船藏(官船收藏庫)，也兼管長崎的寺社；惟無法干涉市政
與貿易。村山等安本名伊藤小七郎，經營「南蠻菓子屋」(荷蘭糕餅
店)，辦事伶俐，諂媚當道，買得代官一職。村山等安是基督教徒(キ
リシタン、切利支丹)，據說「等安」來自教名「アントワン」(安
東)的日本語音譯名字「安等」，因爲豐臣秀吉唸顛倒，說成「等
安」，因此沿用之。後來伊藤也把姓改爲「村山」。[90] 在中文文獻，
等安又稱「桃員」，大約是取其音。[91] 元和五年(1619)，村山等安因
被舉發不法之事(含基督教關係)，在江戶遭斬首，一族十名，包括長

87　滿井錄郎、土井進一郎，《新長崎年表(上)》(長崎：長崎文獻社，
　　1974)，頁216。

88　「地役人」，幕府時代官名。在幕府直屬的堤防、關防、礦山、山地等
　　地，由幕府任命的在地官員，通常由地方有權勢之人士擔任。

89　「瀨崎」指有岬角的海邊。當時長崎人稱呼「梅ヶ崎」附近爲南瀨崎，
　　西坂附近北瀨崎；南北兩瀨崎都有米倉，北瀨崎米藏(倉)稱爲「北
　　の御藏」，南瀨崎米藏(倉)稱爲「南の御藏」。

90　滿井錄郎、土井進一郎，《新長崎年表(上)》，頁423。

91　黃承玄疏奏：「……而長岐之酋曰等安，即桃員者。」《明神宗實
　　錄》，卷560，頁10562。

子德安(教名アンドレ，Andre)及其妻(教名Maria)，皆遭處斬；三名女性家人遭逮捕投獄，下落不明，應該也是遭罹不測。[92]山等安本人及其家人的下場，也被視爲日本基督教迫害史的一環。[93]

爲了解明季士大夫的海防危機意識，我們有必要簡述一五九○年起，日本在關白豐臣秀吉主導下，進行一連串宣揚國威、對外擴張的行動。茲依年代順序，排列於下：

1590(天正十八年，萬曆十八年)諭令琉球臣服入貢

1592(文祿元年，萬曆二十年)出兵朝鮮

1592(文祿元年，萬曆二十年)派使節到呂宋，諭令西班牙人臣服

1593(文祿二年十一月五日，萬曆二十一年)致書高山國(たかさくん)，諭令歸順豐臣秀吉派軍遠征朝鮮，朝鮮一敗塗地，向宗主國明朝求援，明朝於是派兵援助，引發中日之間的戰爭；日本朝鮮之役延續七年之久，最後因豐臣秀吉去世(1598)而告結束。這個戰爭在日本稱爲「文祿・慶長之役」，在中國稱爲「朝鮮之役」，在韓國則稱爲「壬辰衛國戰爭」。

一五九三年致書高山國一事，指豐臣秀吉令手下原田喜右衛門攜帶親筆信函，招諭高山國。此處所謂高山國，一般認爲即今天的臺灣；筆者認爲，很可能指北部雞籠一帶(詳後)。豐臣秀吉的書信即是著名的「高山國招諭文書」。此事僅止於計畫階段，書似未發，幾年

---

92 關於村山等安一族之遭遇，詳見岩生成一，〈「長崎代官」村山等安の臺灣遠征と遣明使〉，《臺北帝國大學文政學部史學科研究年報》第1輯(1934年5月)，頁356-359。

93 村山德安及其妻是「日本205福者殉教者」中的二人。關於村山等安的基督教信仰，見小島幸枝，《長崎代官村山等安——その愛と受難》(長崎：聖母の騎士社，1989)。

後豐臣秀吉和原田喜右衛門相繼過世，此事不了了之。[94] 然而，這件事在中國和菲律賓都引起很大的恐慌，中國沿海加強防備，西班牙人認眞討論是否攻占艾爾摩莎(Hermosa)[95]，爲三十三年後，即一六二六年，西班牙攻占臺灣島北端作張本。

德川幕府時期，日本再度覬覦高山國，亦即一六○九年有馬晴信派遣視察船一事。有馬晴信是肥前島原日野江的城主，慶長十四年(1609)二月奉幕府之命，派遣部下率兵士到高山國視察，調查其地理、港灣、物產等。最主要的目的在促進日明貿易船能在此地從事轉運貿易。然而由於「土人矇昧」，視察的目的無法達成，只是俘虜數名當地人，並掠奪數艘中國船而歸。根據日文史料，德川家康接見臺灣原住民，餽贈禮物，並予以遣歸。[96]

七年後，元和二年(萬曆四十四年，1616)三月二十九日，長崎代官村山等安派遣十三艘兵船遠征雞籠。當年四月琉球就來向中國通風報信(不愧爲朝貢國)，說「日本造船三百隻，將來犯順，上下戒嚴」[97]。結果如我們所知，村山等安派遣的船隊遭遇颶風，幾乎全毀，率領船隊的次子秋安不知去向。在村山，此役全然徒勞無功。不過，接著卻引來一場錯綜複雜的後續發展。

以下係根據中文文獻整理出來的情況。琉球報信後，該年四月

94　關於此一事件，岩生成一在1940年代初期作過精彩的研究。岩生成一，〈豐臣秀吉の臺灣島招諭計畫〉，《臺北帝國大學文政學部史學科研究年報》第7輯〔昭和16年度〕(1942年6月)，頁75-118。

95　岩生成一，〈豐臣秀吉の臺灣島招諭計畫〉，頁95-112。

96　岩生成一，〈有馬晴信の臺灣島視察船派遣〉，收於臺灣總督府博物館編，《創立三十年記念論文集》(臺北：臺灣總督府博物館協會，1939)，頁287-295。

97　曹學佺，〈倭患始末〉，《湘西紀行》，下卷，頁44b。

末，明方果然發現海上有日本船，寨游告急，福建巡撫黃承玄(萬曆
十四年〔1586〕丙戌科進士)懸賞招人去偵探。福建閩縣人董伯起來
應募，奉文出海，在東湧遇到日本人頭目明石道友，才知道原來是村
山等安派十餘艘船到雞籠一帶尋找失蹤的船隻。船隊遇風飄散，明石
道友兩艘船停泊在東湧。爲了對村山有所交代，明石道友綁架董伯
起，把他帶回日本。但他答應八月送回董伯起。第二年(1617)四月，
明石道友果然送董伯起回福建。沈有容奉命處理此事。就在這個時
候，東沙有警報，說有一群倭寇集結在東沙島。此時，明石道友的船
還在「籠嶼」——應爲雞籠嶼之略稱。於是沈有容請明石道友用日文
替他寫信給東沙的倭寇，終得「不傷一卒、不折半矢」[98]，「計擒六
十九名」生倭[99]。

　　當時中國士大夫對此一事件的了解，大抵透過「通事」(翻譯
者)，有被誤導的可能。例如，明石道友說他是爲了尋找村山等安失
蹤的兒子而來到雞籠一帶，實際上，明石道友的船應該就是遠征高砂
國船隊十三艘船中的二艘。岩生成一整理比對中、日、西文文獻，做
出如下的推論：村山等安次子秋安統帥十三隻兵船構成的高砂國遠征

98　語出董應舉，〈與韓璧齋〉，《崇相集》，收於四庫禁燬書叢刊編纂
委員會編，《四庫禁燬書叢刊》(北京：北京出版社，2000)，集部，
102冊，頁集102：528。

99　此事經緯見於多種文獻，如曹學佺，〈倭患始末〉，《湘西紀行》，
下卷，頁44b-45b。前引董應舉《崇相集》中亦有多文提及此事，如
〈中丞黃公倭功始末〉(頁204-206)、〈答黃撫臺〉(頁524)、〈答韓
璧老海道〉(頁525-528)、〈與韓璧齋〉(頁528-529)、〈與黃玉田方
伯〉(頁529-531)等。另見黃承玄，〈擒倭報捷疏〉，收於《明經世文
編選錄》〔臺灣文獻叢刊第二八九種〕(臺北：臺灣銀行經濟研究室，
1971)，第2冊，頁260-270。惟此一文獻顯示沈有容生擒日本人六十七
人，與馬祖東莒大埔石刻、曹學佺〈倭患始末〉所記之六十九人稍有
出入。

艦隊，於元和二年(1616)年三月二十九日從長崎出航，經過琉球海域
時遭遇暴風雨，船隻四散。一艘抵達目的地，卻被高砂國的土著襲
擊，領導者切腹自殺；二艘於五月十七日左右抵達東湧，停泊二日，
俘虜董伯起，於十九日正午啓航，六月四日抵達長崎。七艘經過浙江
沿岸，於同年內返國。秋安直屬的三艘船船隊，抵達交趾支那(越
南)，翌年六月才歸國。[100]

　　村山等安的雞籠遠征雖然失敗，但是此役給明朝士大夫帶來很大
的衝擊，認爲日本覬覦雞籠和東番。茲迻錄士大夫於「歷史現場」的
反應，首先是董應舉的〈籌倭管見〉。董應舉，字崇相，福建閩縣
人，萬曆二十六年進士，官至太僕卿[101]，著有《崇相集》(列入清四
庫禁燬書目)，是當時關心海防的人士之一，和陳第、沈有容等人皆
熟識，可說屬於同一知識社群[102]。〈籌倭管見〉寫於丙辰年(萬曆四
十四年，1616)，云[103]：

　　　倭垂涎雞籠久矣。數年前曾掠漁船，徃攻一月，不能下，則
　　　髡漁人爲質，于雞籠請盟，雞籠人出即挾以歸。今又再舉
　　　者，不特倭利雞籠，亦通倭人之志也。雞籠去閩僅三日，倭
　　　得雞籠，則閩患不可測，不爲明州，必爲平壤。故今日倭犯

---

100 岩生成一，〈長崎代官村山等安の臺灣遠征と遣明使〉，頁317-318。

101 董應舉，《明史》有傳。張廷玉等，《明史》，卷242，〈董應舉
　　傳〉，頁6289-6290。

102 明萬曆中葉以降，關心東南海防的士大夫儼然構成一知識社群，有在
　　中央當官的，如葉向高(福清人)和董應舉(閩縣人)，有來福建當官的
　　許孚遠(浙江德清人)，也有退隱地方的人士，如沈鈇(詔安人)，核心
　　分子似多出身福建，此一現象饒富趣味，值得進一步研究。

103 董應舉，《崇相集》，頁190、192。

　　我則變急而禍小；倭取雞籠，則變遲而禍大。此灼然
　　也。……與其以雞籠市也，孰若以琉球市；與其闌出而釀勾
　　引也，孰若開一路于琉球。

很明顯地，董應舉認為日本對雞籠早就垂涎很久，他提及數年前日本
人曾捕掠漁船，攻雞籠一事[104]，從時間和情況來看，很可能即為有
馬晴信派遣船隻調查高山國一事。然而，日本人此次再度攻取雞籠，
不只因為日本覬覦雞籠，也是那些「通倭」之徒的想法。他認為雞籠
距離福建太近，如果日本人取得雞籠，將對福建造成不可預料的禍
害，不是如明州(寧波)那樣屢遭倭患，就會像朝鮮一樣，為日本所侵
略(指豐臣秀吉的朝鮮之役，1592-1593及1597-1598)。如果日本人直
接攻打中國，看起來很可怕，但比起日本人占有雞籠還不那麼嚴重。
對於解決此一問題，他主張與其讓日本人到雞籠作貿易，倒不如讓他
們到琉球貿易。換句話說，董應舉主張以開琉球貿易來阻止日本向中
國東南發展。

　　該年六月，福建巡撫黃承玄上奏疏曰[105]：

　　今雞籠實逼我東鄙，距汛地僅數更水程，倭若得此，而益旁
　　收東番諸山，以固其巢穴，然後踮瑕伺間，惟〔按：原刻作

104　此處所言「髡漁人為質」，很可能指強使漁人剃髮，如日本人狀，將
　　之當作人質。我們從其他文獻得知，海上區分華人和「真倭」最簡單
　　的方法就是髮式，後者剃髮。

105　黃承玄，〈題琉球咨報倭情疏〉，收於陳子龍等輯，《皇明經世文
　　編》，頁5268；又此疏亦收於《明神宗實錄》，卷546，萬曆四十四年
　　六月乙卯條(頁10352-10353)。以此，我們得知此疏上於六月。(按，
　　收入神宗實錄的文字和經世文編略有不同。)

惟〕所欲爲。指臺、礵以犯福寧，則閩之上游危；越東湧以
趨五虎，則閩之門戶危；薄彭湖以瞷〔按或係瞯之誤〕泉
漳，則閩之右臂危。……彼進可以攻，退可以守，而我無處
非受敵之地，無日非防汛之時。此豈惟八閩患之，兩浙之
間，恐未得安枕而臥也。

臺、礵指臺山和四礵島。黃承玄的這一番話完全從地理位置的鄰近性
來談，日本若取得雞籠，又加上東番諸島的話，則不止福建全省(八
閩)，連浙江省都很危險。

　　在這裡，值得特別注意的是，在福建巡撫黃承玄的認知上，「雞
籠」和「東番諸山」是不同區域，但既可「旁收」，可見相互毗鄰。
「東番諸山」就字面上可有兩種解釋：其一，東番等島；其二、東番
本身由許多島合成，東番是總稱。《皇明經世文編》版本，在雞籠
「距汛地僅數更水程」句，有小字旁注，云：「雞籠在琉球之南，東
番諸山在雞籠之南」。可見明季有識之士認爲雞籠在北，東番在南；
顯然不認爲同在一個大島嶼。同樣的看法，可再舉茅瑞徵(生卒年不
詳，1601成進士)《皇明象胥錄》爲證。該書「琉球」條云：「從長
樂廣石出海，隱隱一小山浮空，即所謂小琉球者也，去閩省東鄙臺、
礵、東湧水程特數更。南爲東番諸山，在彭湖東北，……。」[106] 換
句話說，從福州出海看到的是小琉球，從月港出海，經彭湖看到的是
東番。臺灣在清朝統治下，班兵過海，以臺灣三正口與福建三口對
渡，即五虎山對八里坌、蚶江對鹿港、廈門對鹿耳門。雖然年代不

---

106 茅瑞徵，《皇明象胥錄》，收於《四部叢刊‧三編‧史部》(臺北：臺
　　灣商務印書館，1966；據上海涵芬樓影印吳興劉氏嘉業堂藏手稿本影
　　印)，頁94。

同，但海上航路如何走，有自然條件的限制，仍具有參考價值。

董應舉另有一封〈答韓璧老海道〉的信，寫於萬曆四十四年(1616)五月至四十五年(1617)二月之間，對於日本人計畫占領雞籠一事，語更見激切[107]：

> 王直、徐海等之殘東南，皆在弛禁之後。戚將軍收閩血肉以來，海禁不弛，故亦無患。頃自禁弛，而奸人挾倭嚇我矣。今始萌芽垂涎雞籠，志不在小，或收雞籠以迫我，或借雞籠以襲我。……且彼志雞籠以便于通商爲聲，然孰與得福建之尤便乎？前殘朝鮮，又收琉球，又志雞籠，……。

「前殘朝鮮，又收琉球，又志雞籠」，可以說一語道破日本的野心，以及董應舉等人的焦慮。日本人若取得雞籠，就等於直逼福建了。門庭既失，還能保住那些通倭者和日本人不登堂入室嗎？

徐光啓(1562-1633)對於日本垂涎雞籠，也是憂心忡忡，他在〈海防迂說・制倭〉一文中，說[108]：

> 秀忠……度其勢必且踵故父之智，以南圖諸雞籠淡水，而北朝鮮也。……雞籠淡水彼圖之久矣。……而漸圖東番以迫彭湖，我門庭之外，遍海皆倭矣。……故北求之朝鮮，我或可無許；而南圖諸雞籠淡水，則無待我許之矣。或曰：「彼既虞內難，何能舉雞籠淡水乎？」曰：「此無難也。羸然孤

---

107 董應舉，〈與韓璧哉〉，《崇相集》，頁525-526。
108 徐光啓，〈海防迂說・制倭〉，收於陳子龍等輯，《皇明經世文編》，卷491，頁5442。

島，我復置之度外，彼委諸薩摩足辦矣。」

這篇文章從內容判斷，大約寫於一六一六至一六一七年之間，也就是
德川家康過世（1616年6月1日，陰曆4月17日），德川秀忠甫繼任幕府
將軍不久之時。徐光啓認爲如果日本占領雞籠淡水，那麼，中國的大
門口就都是日本人了。既然，日本已經到了門口了，那麼這個門口的
界線在哪裡呢？從以上的資料，我們不斷看到兩個指稱：雞籠和東
番。更值得注意的是「淡水」的出現。淡水一出現，似乎總是與雞籠
連稱。

　　根據許孚遠（1535-1604）《敬和堂集》所載〈海禁條約行分守漳
南道〉，萬曆十七年（1589）發給文引時，「雞籠淡水」也是發給的對
象，但不計算在東西洋的船隻數量中。彼時雞籠淡水並稱，視同一
體，該文分行小注云：「該府查得市舶開通之始，……萬曆十七年撫
院周　題限隻數……東西二洋共計八十八隻，又有小番，名雞籠淡
水，地鄰北港捕魚之處，產無奇貨，水程最近，與廣東、福寧州、浙
江、北港船引一例，原無限數，歲有四、五隻，或七、八隻不等往
販，今蒙復舊通商船隻，應寬其數……其雞籠淡水歲量以十隻爲
準。」[109]福建巡撫許孚遠在萬曆二十一年批准販東西洋船隻由八十
八艘增爲一百艘，雞籠淡水則由原先沒有限制，改爲給引十張[110]，

---

109 許孚遠，〈海禁條約行分守漳南道〉，《許敬庵先生敬和堂集》，卷
　　7，頁981。本文所用版本係中央研究院中國文哲研究所藏《許敬庵先
　　生敬和堂集》影印裝訂本（輾轉印自日本靜嘉堂藏明萬曆刊本）。引文
　　見《許敬庵先生敬和堂集》，下冊，頁981-982。《敬和堂集》有葉向
　　高序文，寫於萬曆甲午孟春（萬曆22年，1594），可見該書刊刻於此之
　　後。
110 許孚遠於萬曆21年12月至22年11月任福建巡撫。岩生成一將此一公文

以利於嚴格管理。以此，我們無法得知，隆慶元年開海禁准販東西洋時，雞籠是否即與淡水連稱，但至遲到萬曆十七年(1589)已經作此連稱，雞籠與淡水顯然構成一個小小的外國是為「小番」。

另外，黃承玄〈條議海防事宜疏〉寫於萬曆四十四年(1616)六月，凡提及雞籠和淡水，必連稱，如曰：「往年平酋作難，有謀犯雞籠淡水之耗。」[111] 又，徐光啟寫於萬曆四十五年(1617)之後的〈海防迂說‧制倭〉，提了七次「雞籠淡水」，都是連稱。[112] 文獻顯示，淡水的出現比雞籠晚，至於最早出現在何時，並不明確，就《明實錄》而言，萬曆三年十二月出現「淡水洋」之用語，但未必一定指臺灣之淡水；二十五年(1597)十一月「雞籠淡水」連稱。[113] 假定《明實錄》的淡水洋指臺灣的淡水，那麼我們可以說淡水出現在萬曆初年；或更確切來說，淡水的出現不會晚於萬曆十七年(1589)，也就是十六世紀末。[114] 雞籠淡水連稱，一方面表示中國官員士大夫對臺灣北部有了進一步的了解，另一方面也顯示這一帶商貿繁昌，以至於地名出現分化的現象。

(續)─────────────

繫於萬曆21年。岩生成一，〈豐臣秀吉の臺灣島招諭計畫〉，頁80。

111 黃承玄，〈條議海防事宜疏〉，收於陳子龍等輯，《皇明經世文編》，卷479，頁5271。

112 徐光啟，〈海防迂說‧制倭〉，收於陳子龍等輯，《皇明經世文編》，卷491，頁5442-5443。

113 以上係利用中央研究院漢籍電子文獻檢索所得。

114 陳宗仁，《雞籠山與淡水洋》，對於淡水一詞的來源有詳細的解說(頁73-76)，惟該書對臺灣作為地名指稱之「淡水」何時見於文獻，似未特別著意，且有將雞籠和淡水視為同時出現之傾向，如頁131寫道：「等到十五世紀明朝與琉球間朝貢往返，隨之興起的貿易活動日益熱絡，使雞籠、淡水捲入了東亞海域的長程貿易體系中，中國文獻對雞籠、淡水的記載才逐漸明確。十六世紀下半葉，……。」然攷諸史料，淡水的出現遠晚於雞籠。

　　日本對高山國、高砂國的野心，導致臺灣這個島嶼受到各方人馬的注目，人們對它的認識也從籠統到逐漸有個輪廓。我們知道明朝實施海禁，為了國防，其實「偵探」工作做得還不錯[115]，官員士大夫的海國知識多少來自民間。根據岩生成一的研究，由於一五九二、一五九三年豐臣秀吉對呂宋和高砂國的野心，導致西班牙殖民當局十分警戒。艾爾南度‧第‧洛斯‧里奧斯(Hernand de los Rios)大佐也是主張西班牙要占領雞籠，他在一五九七年六月二十七日呈給國王的軍事意見書中，附了一幅地圖，這幅地圖把臺灣畫成一個島，而且在島的北部註明雞籠、淡水二港。[116] 西方地圖中的臺灣，最初被畫成一個島，後來有二島、三島的畫法，而以二島最普遍。[117] 西方人最初把臺灣畫成一個島，在一五五四年[118]，當時其實對東方的知識還非常貧乏，可以說歪打正著；但一五九七年，當西班牙人再度把臺灣畫成一個島時，顯示西班牙人對臺灣具有比較確實的認知。不過，顯然這個知識(或機密)並不普及，一五九八至一六○○年之間，還是有不少地圖把臺灣畫作三個島。[119] 荷蘭把臺灣畫成一個「像樣」的大島，恐怕要到一六二五年[120]，荷蘭聯合東印度公司占領大員之後。

　　在這個時點，明朝的官員士大夫在認知上似乎還是把臺灣當成幾個島嶼的組合。北邊是雞籠、淡水；靠近彭湖的是東番，東番有魍港和北港。不管是多島，還是一個大島，這條北起雞籠、淡水，南至東

115 岩生成一，〈豐臣秀吉の臺灣島招諭計畫〉，頁96。
116 岩生成一，〈豐臣秀吉の臺灣島招諭計畫〉，頁109-111；曹永和，〈歐洲古地圖上之臺灣〉，頁326。
117 曹永和，〈歐洲古地圖上之臺灣〉，頁301-303、312-318。
118 曹永和，〈歐洲古地圖上之臺灣〉，頁300-301，圖版3A(未編頁碼)。
119 曹永和，《臺灣早期歷史研究》，圖版21、22、23、24。
120 曹永和，《臺灣早期歷史研究》，圖版27。

番的界線，成爲明朝東南海防的最前線。明朝沒有占領雞籠、淡水以及東番的想法，但也不能讓日本人占領。如果日本人占領了雞籠，再加上東番，那麼從雞籠可以「指臺、礵以犯福寧，則閩之上游危；越東湧以趨五虎，則閩之門戶危」，也就是以雞籠爲根據地，從臺山、四礵島入侵福建北部沿岸，或從東湧入侵福州；從東番可以「薄彭湖以閗漳泉，則閩之右臂危」，也就是以東番爲根據地，從彭湖入侵漳泉。更糟糕的是，日本人一旦以這裡爲根據地，他們「進可以攻，退可以守，而我無處非受敵之地，無日非防汛之時。此豈惟八閩患之，兩浙之間，恐未得安枕而臥也」[121]。大明東南國防線的確保，必須靠雞籠和東番的「淨空」——福建巡撫黃承玄講得多麼清楚！

這些憂心忡忡的官員士大夫並非杞人憂天。一六一六年村山等安籌劃的遠征高砂之役雖然失敗了，從一六一七年到一六二五年，我們看到德川幕府發給李旦出海貿易的許可證，即「朱印狀」，而且李旦也以約一年一度的頻率停泊高砂。[122] 換句話說，日本的確把高砂當

---

121 黃承玄，〈題琉球咨報倭情疏〉，收於陳子龍等輯，《皇明經世文編》，頁5268。

122 岩生成一著，許賢瑤譯，〈明末僑寓日本支那人甲必丹李旦考〉，收於村上直次郎、岩生成一、中村孝志、永積洋子著，許賢瑤譯，《荷蘭時代臺灣史論文集》（宜蘭：佛光人文社會學院，2001），頁76。茲將李旦停泊高砂之紀錄整理如下：

　　1617甲必丹船——自高砂返航
　　　華　宇　船——前往高砂(按：華宇爲李旦之弟)
　　1618甲必丹船——前往高砂/自高砂返航
　　1621甲必丹船——前往高砂
　　1622甲必丹船——自高砂返航
　　1623甲必丹船——抵高砂/自高砂出發
　　1624甲必丹船——前往高砂
　　1625甲必丹船——自高砂返航/抵呂宋、高砂

成貿易的轉運點。也就是在這個時期，東番終將爲「紅毛夷」所據。

五、瑤波碧浪中的東番

如前所述，臺灣在明人的認知中，從最早的海舶望山，逐漸擴大，也逐漸出現輪廓，並具有實質的內涵。讓我們再做些整理，並且釐清一些問題。

首先，是雞籠嶼（山）與雞籠的問題。作爲海舶望山的「雞籠嶼」，不必然等同於日本人覬覦的雞籠。海舶望山最重要的是具有指標作用，因此島嶼是否有港口、是否夠大，都不重要。例如，一定出現在「琉球過海圖」的釣魚嶼（釣嶼），如所周知，非常小，面積4.5平方公里，是無人島。同樣也是海舶望山的黃尾嶼、赤尾嶼更小，一樣是無人島。花瓶嶼更小，只有3.08公頃。以此，如果「琉球過海圖」的「雞籠嶼」若指今天基隆市外海的基隆嶼，也是有可能的。

如所周知，地名是會移動的，十六世紀後半葉，當雞籠、淡水成爲取得船引，合法出海的地點時，這個時候的雞籠，很可能指今天的和平島或基隆市一帶了，是商販的地點，更可能是華人和日本人交換貨品的地方。許孚遠《敬和堂集》載：「東西二洋計共八十八隻。又有小番，名雞籠淡水，地鄰北港捕魚之處，產無奇貨，水程最近，與廣東、福寧州、浙江、北港船引一例，原無限數，歲有四、五隻，或七、八隻不等往販。」換句話說，到雞籠淡水，比照中國沿海船引，並沒限制船隻數量，每年來此貿易的船隻數量不等，從四隻到八隻都有。到了萬曆二十一年，則限定到雞籠淡水的船隻以十隻爲限。[123]

---

123 許孚遠，〈海禁條約行分守漳南道〉，《許敬庵先生敬和堂集》，下

可以商販，而且還可以停泊船隻的地方，當然不會是今天基隆市外海
的基隆嶼了。

至於「小琉球」何所指？這不是很容易回答的問題。小琉球顯然
是相對於大琉球而言，大琉球指琉球。小琉球之所以「小」，大概是
因為人們對它的了解不深，以為比人們實際到過的琉球小；當然，我
們不能拿今天的「臺灣島」套用在「小琉球」的這個指稱，根據中文
文獻，「小琉球」似乎從來沒指整個臺灣島。西方人來到東方，把臺
灣畫成三個島，指其中一或二島為「小琉球」，應該是受到中國漁夫
和航海者的海洋知識的影響。舉個有趣的例子來說，繪製著名的各大
洲地圖的威廉・布勞(Willem Blaeu, 1571-1638)，在亞洲地圖中，把
臺灣畫成三個島，由北而南依序標注：I. Formosa、Lequeo pequeno、
Lequio mínor，赤道通過中間的島；無論是「Lequeo pequeno」或
「Lequio mínor」，「pequeno」和「mínor」都是「小」的意思，也
就是有兩個「小琉球」。該圖在臺灣北邊，今天琉球(沖繩)群島的位
置上繪有一島，標明為「Lequeo grande」，即大琉球之意。[124]

我們在前面說明過，在中琉航線上，小琉球是從福州廣石出海
後，往東南航行會看到的定位島嶼。其後，尤其是隆慶元年局部開放
海禁以後，雞籠和東番逐漸為外人所知，「小琉球」的指稱逐漸消
失。推想其原因，可能有二：其一、雞籠(及其後連稱的淡水)取代了
小琉球；換句話說，原先和小琉球並舉的雞籠嶼(山)，地名「登
岸」，取代了小琉球這個說法，也就是說雞籠大致上就是指原來的小

（續）
　　　冊，頁981-982；岩生成一，〈豐臣秀吉の臺灣島招諭計畫〉，頁80。
124　地圖見Christine Vertente、許雪姬、吳密察合著，《先民的足跡──古
　　　地圖話臺灣滄桑史》(Knokke: Mappamundi Publishers；臺北：南天書
　　　局，1991)，頁114-115。

琉球。其次、「小琉球」還在，指今天淡水河以下的北部地區，但因
爲它既非商貿之地(如雞籠淡水)，也非漁捕之地(如北港)，或倭寇的
巢穴(如東番)，在商貿熱絡、海盜盛行的十六世紀下半葉至十七世紀
初，遂逐漸「淡出」明人的意識中。不過，可能還是第一種情況可能
性比較高，也就是陸上的雞籠取代小琉球。茲不嫌繁瑣，再舉前面引
用過的文獻，以爲比對。

　　黃承玄，〈題琉球咨報倭情疏〉云：「今雞籠實逼我東鄙，距汛
地僅數更水程，倭若得此，而益旁收東番諸山，以固其巢穴，然後蹈
瑕伺間，惟所欲爲。指臺、礵以犯福寧，則閩之上游危；越東湧以趨
五虎，則閩之門戶危；薄彭湖以瞯漳泉，則閩之右臂危。」正文在
「雞籠」句旁有小字注云：「雞籠在琉球之南，東番諸山在雞籠之
南。」此處的琉球應指大琉球(沖繩)。《皇明象胥錄》「琉球」條
云：「從長樂廣石出海，隱隱一小山浮空，即所謂小琉球者也，去閩
省東鄙臺、礵、東湧水程特數更。南爲東番諸山，在彭湖東
北，……。」從地理位置來看，雞籠和小琉球重疊。由此可見，當時
的雞籠範圍可能很大(或更正確來說，彈性很大)，不限於今天的基隆
市和淡水鎮。

　　明末周嬰《遠遊篇》〈東番記〉也可作爲旁證。周嬰說：東番
「北邊之界，接于淡水之夷」。[125] 周嬰〈東番記〉大約寫於天啓、
崇禎之際[126]，文中關於東番的記載大抵沿用陳第〈東番記〉。周嬰
雖然沒有實際出海的經驗，他的看法應該是根據當時的認知，還是具
有一定的參考價值。久而久之，在「雞籠淡水」的擠壓下，「小琉

125　張崇根，〈周嬰《東番記》考證〉，收於氏著，《臺灣歷史與高山族
　　　文化》(西寧：青海人民出版社，1991)，頁168。
126　張崇根，〈周嬰《東番記》考證〉，頁158。

球」遂不再指臺灣本島，轉而指今天屏東外海的小島。

　　如說明朝士大夫對日本占據臺灣北部的可能性充滿焦慮的話，其實海上另一股勢力正慢慢逼近中國，覬覦中國沿海地區，比起日本人，簡直就已經闖到中國的門庭，那就是荷蘭聯合東印度公司。聯合東印度公司成立於一六○二年，成立之後旋即派Wybrant van Waerwyk前往亞洲，目的在開拓東南亞貿易市場，並加以獨占。一六○二年六月十七日，這位日後被中文文獻稱爲「韋麻郎」的Wybrant van Waerwyk，率十五艘船(三艘先發)之艦隊，從故鄉德瑟兒(Texel)出航來到亞洲。[127] 翌年(1603)，聯合東印度公司在西爪哇萬丹(Banten)建立貿易據點。這一年的年初(萬曆三十年歲暮)，陳第陪同浯嶼把總沈有容追剿海寇到了大員，停留二十天。第二年，也就是萬曆三十二年(1604)，這位膽識過人的沈將軍又將有膾炙人口的壯舉[128]，且和遠自紅毛國來的這位韋麻郎有關。

　　韋麻郎曾派船到中國，試圖開拓貿易市場，但徒勞無功。一六○四年韋麻郎親自出航。五月三十日先到馬來半島的大泥，覓僱中國通譯，六月二十七日出發，七月十五日抵達距廣東不遠的中國沿岸。由

127　中村孝志著，許賢瑤譯，〈關於沈有容諭退紅毛番碑〉，《臺灣文獻》47卷3期(1996年9月)，頁188。

128　沈有容在陳第他追剿海寇至「東番」時(1603)，只是欽依把總。翌年沈有容「諭退紅毛番韋麻郎」時(1604)，似乎還是把總。明代遊擊(含)以上方能稱將軍，遊擊之下有守備、千總、把總等。把總無法稱將軍，但是當時人顯然都稱沈有容爲將軍，如「把總宛陵沈將軍」(葉向高，〈改建浯嶼水寨碑〉，收於沈有容輯，《閩海贈言》，頁4)，原因不很明確。沈有容來福建任把總是「再起」，他曾一度因故離職，是否在此之前曾當過遊擊將軍或獲有某種足以美稱將軍的勳號，因而時人用舊銜尊稱他爲將軍？待攷。附帶一提，沈有容於萬曆三十四年(1606)擢爲浙江都司僉書，最後當到登萊防海總兵官(1621)。

於領航員不熟悉地勢和暴風的關係，艦隊改變航路，八月七日出現在彭湖島。總而言之，到中國沿岸是目的，船艦抵達彭湖則是意外。由於當時已經是陰曆七月，彭湖汛兵已撤，荷蘭船艦如入無人之境，於是「伐木築舍爲久居計」[129]。彭湖游兵的巡邏分春秋兩汛，春汛約在三、四、五月，秋汛大致在九、十兩個月。[130]

荷蘭人原意是要來尋求開展貿易的可能性，於是以彭湖爲據點，透過通事到對岸展開一連串活動，包括致書、饋贈禮品等事。活動的對象是Capado，葡萄牙文是宦官的意思，應該就是稅監高寀。高寀獅子開人口，需索無厭，就在來回折衝之時，十一月八日，五十艘載滿兵士的中國船突然出現在彭湖海上，其指揮者就是沈有容。根據中文材料，沈有容和韋麻郎等人「大聲論說」，即使對方手下「露刃」威脅，有容「無所懼，盛氣與辨」，於是韋麻郎「悔悟」，揚帆離去。[131] 關於沈有容的「諭退」荷蘭人的本事，陳學伊的〈諭西夷記〉以及張燮的《東西洋考》有更詳細，且具戲劇張力的描寫。[132]

沈有容固然膽識過人，荷方之所以揚帆而去，主要是因爲了解到無法從中國方面取得通商的確切答覆，加上身爲都司的官吏(按：應即指沈有容)率領五十艘中國船前來威嚇。[133]雖然如此，沈有容的確

---

129 中村孝志著，許賢瑤譯，〈關於沈有容諭退紅毛番碑〉，頁188-189。

130 顧炎武，〈信地〉，收於氏著，《天下郡國利病書》，頁史172：457；鄭若曾，〈日本紀略〉，《鄭開陽雜著》，《景印文淵閣四庫全書》，第584冊，卷4，頁584：531。

131 中村孝志著，許賢瑤譯，〈關於沈有容諭退紅毛番碑〉，頁189-193。

132 陳學伊，〈諭西夷記〉，收於沈有容輯，《閩海贈言》〔臺灣文獻叢刊第五六種〕(臺北：臺灣銀行經濟研究室，1959)，頁32-35；張燮著，謝方點校，〈紅毛番〉，收於氏著，《東西洋考》(北京：中華書局，2000)，卷6，頁128-129。

133 中村孝志著，許賢瑤譯，〈關於沈有容諭退紅毛番碑〉，頁196。

用說理的方式，把荷蘭人勸走。他的膽識再度爲他贏來同儕的稱譽。四百一十五年後，澎湖馬公媽祖宮在整修廟宇時，挖出一塊石碑，刻有「沈有容諭退紅毛番韋麻郎等」字，碑文不完整，可能從「等」字下斷裂。我們不清楚這塊碑爲何人所立、立於何時，不過，根據我們對《閩海贈言》一書之性質的了解[134]，并參照東莒大埔石刻的內容，或可推測：事件發生過後不久，在一群關心海防的人士(如爲大埔石刻題字的董應舉)的倡議之下，眾人合力立碑表彰沈有容的功績。

關於此事，韋麻郎則稱他們從中國方面得知，「只要在中國的領域外選定適當之島嶼，在該處大概就能取得想要之商品」。於是荷蘭人向都司借得「二、三艘戎克船及舵手，往東南、東南東，到高地探尋適當之拋錨地，但無所發現」[135]。十八年後，他們也將重複近乎一樣的事情。

一六二二至一六二四年(明天啓二至四年)之間，荷蘭人再度占據彭湖。這次和上一次占領彭湖，頗有異曲同工之處。關於明荷之間長達兩年的和戰始末，不只荷文資料很豐富，中文史料也頗爲詳盡，尤其是內閣大庫留下不少珍貴的奏疏[136]，對我們深入了解荷蘭人在彭湖戰敗拆城遠遁的經過，很有幫助。這次事件是荷蘭學者包樂史(Leonard Blussé)所稱荷蘭人的「中國夢魘」中的一椿。包樂史所謂荷蘭人的「中國夢魘」，包括一次撤退、兩次戰敗；一次撤退，指一六二四年荷蘭人從彭湖撤退，兩次戰敗分別爲一六三三年料羅灣之

---

134 見本書第三章，頁119。
135 中村孝志著，許賢瑤譯，〈關於沈有容諭退紅毛番碑〉，頁191-192。
136 內閣大庫相關史料大都出自《明季荷蘭人侵據彭湖殘檔》〔臺灣文獻叢刊第一五四種〕(臺北：臺灣銀行經濟研究室，1962)。

役敗於鄭芝龍，以及一六六二年敗於鄭成功，放棄熱蘭遮城，撤離臺灣。[137] 究實而言，包樂史所謂的「一次撤退」也是戰敗——因為戰敗而決定撤退。以此，荷蘭人的「中國夢魘」是三次戰敗。

荷蘭人由占領彭湖到敗於明朝軍隊，而撤離彭湖轉據大員，過程相當複雜，歷經前後兩任福建巡撫商周祚（萬曆二十九年進士）和南居益（？-1644），限於題旨和篇幅，無法詳細敘述。在此僅就涉及臺灣的幾件事來談。首先是，根據荷文資料，一六二二年七月二十七日，荷蘭艦隊司令官萊爾森（Cornelis Reijerszoon）曾親自前往位於福爾摩莎南角的大員灣及其附近查看，評估是否適合做為對中國貿易的轉口港，但未能發現適合大海船停泊的海灣。[138] 這次的探查，是明朝一位大官所建議，這位大官還為萊爾森提供導航員和船工一起到福爾摩莎及其附近。[139]

十月，中國使者（按：應為浯嶼守備王夢熊）前往彭湖，極力說服荷蘭人撤離彭湖，宣稱若不如此，荷方將無法獲得中國的貿易許可。由於雙方各持己見，不肯作出退讓，明方「便建議我們的人前往淡水（Tamsuy）（此地位於北緯27°，據他們所言不屬於中國疆土）」[140]。這個情況讓我們想起一六〇四年韋麻郎從中國方面所獲得的訊息——不妨在中國領域之外尋找適當的拋錨地。換句話說，明朝這邊的主事者

137 包樂史（Leonard Blussé），〈中國夢魘——一次撤退，兩次戰敗〉，收於劉序楓主編，《中國海洋發展史論文集》（臺北：中央研究院人文社會科學研究中心海洋史研究專題中心，2005），第9輯，頁139-167。

138 村上直次郎譯注，中村孝志校汪，《バタヴィア城日誌》（東京：平凡社，1987），冊1，〈序說〉，頁13；程紹剛譯註，《荷蘭人在福爾摩莎》（臺北：聯經出版公司，2000），頁15。

139 程紹剛譯註，《荷蘭人在福爾摩莎》，頁24。

140 程紹剛譯註，《荷蘭人在福爾摩莎》，頁16。

「好意」要荷蘭人轉移陣地到「淡水」，該地距離彭湖不遠，但不是中國的領土。

一六二三年十月七日，萊爾森再度拜訪福爾摩莎，並且築了一個角面堡。這個時候，整個情勢對荷蘭人很不利。該年三月，南居益取代商周祚爲福建巡撫，他是強硬派，認爲「羈縻之術已窮，天討之誅必加」[141]。九月，兵部正式授權南居益以武力驅逐荷蘭人。[142]就在這種新局勢之下，十月七日，萊爾森帶著少數的兵士和來自萬丹的奴隸來到福爾摩莎。他們在大員蓋了一個角面堡。當地的土著表示友善，稍北的土著還邀請萊爾森訪問他們的聚落。萊爾森派遣上級商務員Jacob Constant和下級商務員Barent Pessaert爲使者，前往訪問該聚落，即Soulang（蕭壠）。此一「探險」留下兩份有關蕭壠社的記載。[143]這是荷蘭文獻中最早關於臺灣土著的珍貴記載，和後來荷蘭聯合東印度公司宣教士干治士（Georgius Candidius）一六二八年著名的西拉雅族報告[144]，前後輝映。一五八二年三位耶穌會士的書信[145]、一六〇三年陳第的〈東番記〉，以及兩位無名氏的〈蕭壠社記〉[146]，是截至

---

141 《明熹宗實錄》，卷37，頁1930。

142 《明熹宗實錄》，卷38，頁1942-1943。

143 Leonard Blussé and Marius P.H. Roessingh, "A Visit to the Past," p. 66.

144 此一文獻英譯收於Leonard Blussé, Natalie Everts and Evelien Frech eds., *The Formosan Encounter: Notes on Formosa's Aboriginal Society: a Selection of Documents from Dutch Archival Sources* （Taipei: Shung Ye Museum of Formosan Aborigines, 1999）, p. 49. Discourse by the Reverend Georgius Candidius, Sincan, 27 December 1628. Rijksarchief Utrecht, *Family Archive Huydecoper*, R. 67, no. 621, pp. 112-137；中譯見干治士著，葉春榮譯註，〈荷據初期的西拉雅平埔族〉，頁193-228。

145 耶穌會士關於臺灣土著的描述，見本書第二章，頁81-85、88-89。

146 這兩份文獻的英譯，見Leonard Blussé and Marius P.H. Roessingh, "A Visit to the Past," Text A and Text B, pp. 69-77. Text A較短，Text B有中

目前為止，我們所知道荷蘭人占領臺灣之前，有關臺灣土著民的早期紀錄。這些資料的可貴在於，它描述了臺灣土著和外界接觸尚不深時的情況。

一六二三年十一月二十八日，萊爾森返回彭湖，在大員留下一個小要塞(garrison)。[147] 根據荷蘭文獻，一六二四年年初，中國方面還繼續勸導荷蘭人從彭湖移往中國管轄範圍之外的地方，甚至表示願意提供導航員，幫助荷蘭人尋找合適的港口。[148] 總之，大員——這個陳第伴隨沈有容追剿海盜而抵達、駐留的地方——在明方試圖把占據彭湖的荷蘭人趕走的過程中，一再浮上檯面，若用今天的話來說，就是「替代方案」了。

南居益打敗荷蘭人，將之驅逐出彭湖，著著實實打了一場勝仗，是明史上一大事情。他的軍事部署和個人膽識，備受稱譽，閩人為他立碑，碑名是「中丞二太南公平紅夷碑」，碑文并銘由退隱山林的三朝「宰相」葉向高執筆。[149] 對於南居益的荷蘭之役，我們無法細數其經過。容我們在此，僅擇要說明兩邊的情況。

荷蘭占據彭湖之初，即開始建築城堡和軍事防衛工事。這些勞力都是從海上擄掠來的，以華人居絕大多數。西方國家雖然在二十世紀以揭櫫人道主義著稱，在很多地方也顯然比東方人具有人道精神和普

(續)—————

文翻譯，見江樹生譯，〈蕭壠城記〉，《臺灣風物》35卷4期(1985年12月)，頁80-87。我認為題目作〈蕭壠社記〉可能比較符合實況，該聚落應沒有類似「城」的設置。

147 Leonard Blussé and Marius P. H. Roessingh, "A Visit to the Past," p. 66.

148 程紹剛譯註，《荷蘭人在福爾摩莎》，頁27。

149 葉向高(1562-1627)位同宰相。碑文見葉向高，〈中丞二太南公平紅夷碑〉，收於氏著，《蒼霞草全集》(八)(揚州：江蘇廣陵古籍刻印社，1994景印福建師範大學圖書館藏明天啟刊本)，頁11-20。

遍關懷，但十七世紀出現在環中國海海域的西方人，其海上的行為，不要說欠缺人道精神，實際上極端殘酷。荷蘭聯合東印度公司為了壟斷亞洲貿易，必須爭奪西班牙海上霸權的地位，以之為仇敵，連帶地對前往馬尼拉與西班牙貿易的中國船，採取攔截的策略。所謂攔截，不只奪取其貨品，也擄掠船上的中國人，將之發配各個VOC據點，以供役使，或「補償所耗費用」。這些事情，並非來自明朝的誣衊，實際上荷蘭文獻記載更為詳盡，毫不諱言。巴達維亞總督和議會寫給阿姆斯特丹總部董事會的報告（《東印度事務報告》）中，屢見不鮮，「捉獲」的數目從數十人到百千人不等。他們通常被運往巴達維亞、安汶和班達等地。[150] 最慘的一次是：「我們在澎湖的人共獲一千一百五〇名中國人，其中有一半因水土不服和勞累過度而死亡，有五百七十一人由Zirickzee「號」（按此為船名，中譯本無「號」字，係筆者所加）運往巴城，結果四百七十三人未免厄運，到達這裡（按：指巴達維亞）時只剩九十八人，另有六十五人又飲水中毒而喪生，這一批人最終只有三十三人免於死亡。」[151]存活率百分之三都不到！中文文獻記載荷蘭人「驅掠洋商，運土石益築城」[152]，寥寥數語，無法傳達海上華人遭難的慘況。

荷蘭船「高大如山，板厚三尺，不畏風濤。巨銃長丈餘，一發可二十里，當者糜碎。海上舟師逢之，皆辟易，莫敢與鬪」[153]。但是西洋大帆船最怕火攻，這是當時人發現的道理：「夷舟堅大，剿滅

---

150 程紹剛譯註，《荷蘭人在福爾摩莎》，頁18-20、29、34、41、44、48。

151 程紹剛譯註，《荷蘭人在福爾摩莎》，頁29-30。

152 葉向高，〈中丞二太南公平紅夷碑〉，《蒼霞草全集》（八），頁12。

153 葉向高，〈中丞二太南公平紅夷碑〉，《蒼霞草全集》（八），頁11。

之法，非短兵可接，小舟可及，計惟火攻一策。」[154]又，「若火藥尤紅夷所懼者」[155]。南居益的彭湖之役，先採火攻，繼之以陸兵。陸兵繞道登陸風櫃仔，「用竹囤實土為城」，也就是把土壩到竹子做的簍筐(中文作「籩篨」)，江樹生譯為「籃堡」)中，疊起來當防衛工事，可依戰況前後移動；這個戰略，三十八年後鄭成功從七鯤身攻打熱蘭遮城時，再度出現。[156]明軍上陸，直逼荷蘭人據點，荷蘭人於是歸還「所虜商人三百餘，遣譯者請緩師」[157]。

　　一六二四年八月，新任司令官宋克(Martinus Sonck)抵達彭湖。他於該年五月接任辭職的萊爾森，六月十二日率二艘荷蘭船和二艘中國使節船前往彭湖。宋克抵達彭湖發現情況非常嚴重，徹底了解明朝要荷蘭人撤離彭湖的決心，於是展開和明朝的談判。荷蘭人決定投降之後，根據明方要求拆除城堡，但拆得不徹底，似乎還想保留東門三層高的城樓，最後由明方的將領直接前去拆除。[158]宋克於是率領十三艘船艦，撤離彭湖。

　　打勝仗的南居益在一份奏捷疏中，以適合這類文書的華麗文辭描

---

154 〈兵部題行「條陳彭湖善後事宜」殘稿〉(二)，《明季荷蘭人侵據彭湖殘檔》，頁24-25。

155 沈鈇，〈上南撫臺暨巡海公祖請建彭湖城堡置將屯兵永為重鎮書〉，收於顧炎武，《天下郡國利病書》，頁史172：433。荷蘭史料也顯示荷蘭船怕火攻，見程紹剛譯註，《荷蘭人在福爾摩莎》，頁19、40、45。

156 江樹生譯註，《梅氏日記——荷蘭土地測量師看鄭成功》(臺北：漢聲雜誌社，2003)，頁73-74。

157 〈福建巡撫南居益奏捷疏節錄〉，《明季荷蘭人侵據彭湖殘檔》，頁10；葉向高，〈中丞二太南公平紅夷碑〉，《蒼霞草全集》(八)，頁15。

158 荷蘭人「且墮城遠徙而意尚猶豫，我為備嚴，攻益急，夷遂如約，墮其城，惟舊酋所居城樓甚雄峻，不肯毀，副將軍、游擊將軍，督諸裨將直前撤焉，夷盡登舟遠遁」。葉向高，〈中丞二太南公平紅夷碑〉，《蒼霞草全集》(八)，頁15。

述這段經過，疏曰[159]：

> 白旗願降，則七月十一日〔按：八月二十四日〕事也。先從
> 西北起拆銃城，則十三日〔八月二十六日〕事也。直抵高文
> 律所居，盡毀門樓，則二十八日〔九月十日〕事也。而夷舟
> 十三隻所爲望之如山阜、觸之如鐵石者，即於是日遠遁，寄
> 泊東番瑤波碧浪之中，暫假遊魂出沒，不足問也。

長達兩年的明荷交涉與戰爭，終於以荷蘭船隊「寄泊東番瑤波碧浪之
中」作結。

瑤波碧浪中的東番，於是成爲荷蘭人出沒之地。這個明人從萬曆
年間因爲海盜的關係，逐漸認識的東番，遂成爲紅夷之地。直到這個
歷史時點，絕大多數的明朝官員和士大夫都可能還來不及知道臺灣是
一個大島，北從雞籠淡水，中經東番，南至沙馬岐頭，連成一氣。如
果萬曆年間的士大夫認爲雞籠和東番逼近大明門庭，是國防的最前
線，這個想法在荷蘭人占據大員之後，還是存在的。

荷蘭人占領東番不久，退隱在鄉的福建詔安進士沈鈇(1550-
1634)[160]，即建議聯合暹羅一起把荷蘭人驅逐出大灣──沈鈇稱大員
爲大灣。他在〈上南撫臺暨巡海公祖請建彭湖城堡置將屯兵永爲重鎮
書〉中寫道：「紅夷潛退大灣，蓄意叵測。徵兵調兵殊費公帑，昨僭

---

159 〈福建巡撫南居益奏捷疏節錄〉，《明季荷蘭人侵據彭湖殘檔》，頁8。
160 沈鈇當時已經年過七十五。沈鈇生平，見秦炯纂修，《康熙詔安縣
    志》〔中國地方志集成・福建府縣志輯31〕(上海：上海書局出版社，
    2000)，頁573；詔安縣地方志編纂委員會，《詔安縣誌》(北京：方志
    出版社，1999)，頁1102-1103。

陳移檄暹邏，委官宣諭，約爲共逐一節，未知允行否？」此一建議大約沒被採納。他接著指出彭湖位置的重要性：「若彭湖一島，雖僻居海外，寔泉、漳門戶也。莫道紅夷灣泊，即日本、東西洋、呂宋諸夷所必經焉。地最險要……。」[161]總之，由於東番和彭湖密邇，威脅特大，內閣大庫殘留的一份〈兵部題「彭湖捷功」殘稿〉云：「夷從東番，雖非中國之地，而一葦可渡，尚伏門庭之憂。」[162]可見憂心者大有人在。

　　如前所述，VOC統治臺灣之初，臺灣仍是海商、海盜活躍的地方，是他們的商貿地點，也是貿易的轉運站。比如，我們知道一六二五年李旦的船仍到此停泊。李旦以日本爲據點，領德川幕府的朱印狀。另外，我們知道來臺灣貿易的，也有領明朝文引的合法華商，例如屢見於荷蘭文獻的海商Hambuan（？-1640）。[163] Hambuan活躍於一六三〇年代，他曾替荷蘭人交涉中荷貿易，奔走海峽兩岸。楊國楨認爲Hambuan是合法商人，因爲他領有文引，不過，他的船也從臺灣轉往日本貿易，就此而言，他也是以合法掩護非法。Hambuan熟悉VOC統治下的臺灣，到大員商館接治事務，對他而言，是家常便飯，在海盜劉香作亂時，荷蘭人還允許他若局勢持續混亂可以住到熱蘭遮城堡中；他擁有運載鹿皮的帆船，往來於魍港和人員間，也到二林載運鹿

161 沈鈇，〈上南撫臺暨巡海公祖請建彭湖城堡置將屯兵永爲重鎮書〉，收於顧炎武，《天下郡國利病書》，頁史172：432。
162 〈兵部題「彭湖捷功」殘稿〉，《明季荷蘭人侵據彭湖殘檔》，頁39。
163 有專家把Hambuan比定爲同安縣廈門出身的進士林宗載(林亨萬)，其舛誤，楊國楨已提出堅強之反論，茲不贅述。楊國楨，〈十七世紀海峽兩岸貿易的大商人——商人Hambuan文書試探〉，《中國史研究》2003年第2期，頁145-172。

皮；他也曾與另一位海商在赤崁及其附近投資農業。[164] 總而言之，Hambuan的「臺灣經驗」具體而豐富。實則出現在荷蘭文獻的大海商，就有二、三十人，每艘船上搭乘數十至數百名船員、水手和散商[165]，他們帶回關於臺灣的知識。換言之，隨著荷蘭人對臺灣原住民的控制與征伐，以及其統治範圍的擴展，明人對臺灣的認識也越來越清楚、越深入。

臺灣這個島嶼，雖然為荷蘭人所占據，但歷史的命運似乎讓它和明朝有那麼一份難以切割的瓜葛。三十八年後，一位在日本平戶出生的海盜之子鄭成功，將以「大明招討大將軍國姓」的名義，把荷蘭人驅逐出這個島嶼。這個時候，人們對它的認識比起數十年前，可清楚得多了，它已經是個大島，明人開始稱呼它為「臺灣」。只是我們須注意，鄭成功攻臺之時，「臺灣」有廣狹兩義，廣義指臺灣島，狹義指大員，也就是今臺南安平一帶。[166] 荷蘭人撤離熱蘭遮城(臺灣城)之後，鄭成功改臺灣為安平鎮，狹義的「臺灣」用法遂逐漸消失。

結語

地質學家告訴我們：臺灣島是歐亞板塊和菲律賓板塊衝撞擠壓而成。這是「遠古」時代的事，可以上溯到上新世早期。臺灣島的存在，並不因為人們是否知道它的存在而減損一絲其存在的事實，更何

---

164 楊國楨，〈十七世紀海峽兩岸貿易的大商人〉，頁151、169-170。

165 楊國楨，〈十七世紀海峽兩岸貿易的大商人〉，頁171。

166 關於「臺灣」廣狹兩義，最明顯見楊英，《延平王戶官楊英從征實錄》(北平：中央研究院歷史語言研究所，1931據舊鈔本影印；臺北：同單位，1996景印一版)，廣義見頁134b、148b、149a-b、150a；狹義見頁152a-b。

況它的存在早在「現代人」(Homo sapiens sapiens，智人種中的智人亞種)出現之前。以此，區區明朝之人是否認識它，一點都不影響它存在的事實。不過，話說回來，「歷史」是人類的陷阱，它一方面是人類集體行為的累積及記憶，另一方面又回過頭來影響或牽制人類的行為。

臺灣這個島嶼，不論亞洲大陸的統治者如何認識它──夷洲也好，流求也好，或竟皆不是，它的土著民兀自過著近乎與世隔絕的生活。然而，它的四周來自不同歷史脈絡的發展不容許它「自外」於這一切。明朝出使琉球的封舟把它當成海上航行的定位指標；海盜把它當作海外的巢穴；在明朝禁止人民和日本貿易的時代，它成為中日貿易的轉運點；日本人覬覦它，幾度想加以招撫，甚至予以占領；面對日本的野心，明朝士大夫認為它是大明東南海防的最前線；到東方尋找貿易據點的荷蘭人原本對它不感興趣，但在占領彭湖不遂之後，最後還是決定占領它，以之為荷蘭聯合東印度公司在中國沿海地帶的貿易轉運站和殖民地。

外人對這個島嶼的認識，從海上航行中的某個角度看到它的側影，逐漸因為各種具體的接觸而認為它是二個島嶼或三個島嶼，最後大約在荷蘭人占領後，臺灣在外人的視野中才變成南北連成一氣的島嶼。

荷蘭人占領臺灣，把臺灣帶入了一個嶄新的發展路向。這個瑤波碧浪中的東番(將擴大為臺灣)注定不再被忽視，而且將捲入複雜多樣的歷史進程中。如果臺灣島嶼及其山脈是兩塊板塊衝撞擠壓的結果，那麼，就人文歷史而言，十七世紀的臺灣，不也是幾種不同的歷史脈絡衝撞和擠壓的結果嗎？荷蘭人占領臺灣，只是這個現象的開始；原本「遺世獨立」的島民正被動地捲入了對他們而言全然陌生的歷史進

程，其原因正在於這個島嶼同時被納入若干不同脈絡的歷史社群的視
野中。

原刊登於《臺大歷史學報》第40期（2007年12月），頁93-148。

第二章

一五八二年美麗島船難餘生記

　　這是距今(2010)四百二十八年前的故事。一個和颱風有關的船難
事件。

　　颱風是大自然每年從初夏開始,對臺灣島嶼的季節性造訪。居住
在臺灣島上的人群,大都有著以颱風為中心的集體或私人性記憶。就
以當代臺灣人來說,稍遠者如八七水災,近者如象神颱風、賀伯颱
風、納莉颱風、莫拉克颱風(八八水災)等,在在連繫著這個島嶼上的
人群對於這個島嶼的記憶。但是,颱風也連繫著「外人」對這個島嶼
及其人群的最初記憶。此話怎麼說呢?讓我們來聽一個外人因船難而
登陸臺灣的故事。

　　四百年前,海上交通是帆船時代;各式各樣的帆船,或沿著海
岸,或橫越大海,把人們從此地渡到彼岸。此時,遠洋航行靠大帆
船;大帆船把人們從海的一端載到遙遠的彼岸。在人類的歷史進程
中,從歐洲渡海來到東方,真是漫漫長路。葡萄牙從十五世紀第一個
十年開始,致力於海上發展,探尋往印度的航路。一開始葡萄牙沒有
競爭對手,花了數十年繞航好望角(1488),又十年經由印度洋抵達印
度(1497-1499)。就在十五世紀即將結束時,西班牙奮起直追,往大
西洋探險,終於經由哥倫布發現新大陸(1492),數十年後,麥哲倫率
領的艦隊也繞過地球一圈(1519-1522),確認地球是圓的。換句話

說，葡萄牙加上後起的西班牙，花了約一個世紀，才一東一西確立到
亞洲的航路。理論上，這個時候，人們可以經由印度洋，或經由兩大
洋，來到亞洲。但實際上，海上可不自由，走哪條航線還要看您是搭
哪個海上強權的船。

　　一四九四年，當葡萄牙尙未橫渡印度洋，西班牙也還未繞地球一
圈，這兩個國家就瓜分了他們還不知「伊於胡底」的世界。哥倫布發
現新大陸之後，葡萄牙和西班牙之間相當緊張，在教宗亞歷山大六世
的斡旋之下，簽訂托爾德西亞條約，以非洲維德角群島以西三七○里
格爲界，瓜分任何新發現的土地──以東屬於葡萄牙，以西屬於西班
牙。[1] 活在二十一世紀的我們，或許要問：這是憑誰之名瓜分世界
「未知之地」？其實，歐洲未來的海上後起之秀，如英、法、荷蘭，
也是不服氣的，這是後話了。總之，當時教宗促成瓜分的目的，在於
使這兩個天主教國家能善用各自的資源，將基督教傳布到全世界，而
不是互相爭鬥。然而，在一四九四年這個時點，人們在實證上還無法
確定地球是圓的，也還不知道地球到底多大（當時顯然小看地球了）。
隨著地理知識的遽增，一五二九年兩國簽訂札拉哥札條約，進一步確
定把地球切成兩半的另一半應落在何處。[2] 因此，在未來的一個世
紀，由歐洲通往亞洲的航線，分別爲葡萄牙和西班牙兩大海上強權所

1　托爾德西亞條約(The Treaty of Tordesillas)規定以維德角群島(Cape
　　Verde Islands)以西370里格爲界，約當格林威治以西48°至49°之間(當時
　　無法訂出正確的經度)。此一條南北縱線通過拉丁美洲的東端，其東屬
　　於葡萄牙，這是日後巴西成爲葡萄牙殖民地的原因和「理據」。
2　札拉哥札條約(The Treaty of Zaragoza)基本上進一步把托爾德西亞條約
　　的界線從南北極延伸到地球的另一面，將地球分爲兩個半球。該條約
　　詳定這條靠近亞洲的界線應該通過摩鹿加群島以東297.5里格，或17°的
　　地方；約當今天東經145°。

獨占。西班牙商船走大西洋航線，先抵達墨西哥，再從墨西哥橫越太平洋，來到殖民地馬尼拉，再以馬尼拉爲據點，前往中國、日本、東南亞等地。葡萄牙商船則從里斯本啓程，沿著非洲西海岸，繞過好望角，航經印度洋，來到位於印度西海岸的果阿（葡萄牙東方貿易航線的總樞紐），再從果阿經過南部的柯欽（Cochin），來到麻六甲，沿著中南半島海岸航行，抵達澳門。

如所周知，中國的澳門在一五五七年爲葡萄牙人所占據（租居），在明朝朝貢貿易體系之下，獨享明朝政府給予的諸多特權和優惠；一五七八年，明朝政府決定外國貢船要先到廣州外港澳門，葡萄牙人因此包攬了中國經由澳門與這些外國船舶的轉手貿易和海運大權。[3]澳門三面環海，往東北航行可至日本長崎，南行可到馬尼拉、噶喇吧（今雅加達）等東南亞港口，過太平洋，直達美洲諸地。在這同時，澳門不只是西方和中國、日本貿易的輻輳之地，也是靠西方貿易夾帶而來的傳教活動的中心與據點。

一五八二年，萬曆十年，澳門是熱鬧的。這一年，利瑪竇來到澳門，他在遠東耶穌會監會司鐸范禮安神父（Alexandre Valignano, 1539-1606）的召喚下來到這裡學習漢語。這個時候，羅明堅（Michele Ruggieri, 1543-1607）神父也從中國內地回到澳門。翌年他們兩人一起前往中國肇慶傳教；兩年後（1584），羅明堅在廣州印行第一本用中文撰寫的天主教教理書《天主聖教實錄》。另外，一五八二這一年，在日本是天正十年，也是日本天主教發展史的重要年份。日本耶穌會著名的「天正遣歐少年使節團」於三月間抵達澳門，正在此候風，準備

---

3 鄧開頌，〈明清時期澳門海上貿易〉，收於劉序楓主編，《中國海洋發展史論文集》第九輯（臺北：中央研究院人文社會科學研究中心，2005），頁100-103。

出發到羅馬覲見教宗。這個使節團由四位年輕人組成，他們是日本九州基督教大名大友宗麟、大村純忠，以及有馬晴信的代表；使節團於一五九〇年(天正18年)回到日本。[4] 范禮安神父從日本陪伴使節團來到此地，擬一路陪同他們到羅馬。[5] 和范禮安神父一起來自日本的還有多位耶穌會神父與修士。從天主教東傳歷史來看，此時此地眞可說集一時之俊彥，濟濟多士。

該年七月六日，有一艘商船從澳門出發，目的地是日本。這艘商船是中式帆船，──西方人稱爲junk(後來中文又音譯爲戎克船)，定期航行於澳門和日本之間，船主是葡萄牙人巴托羅米‧巴也斯(Bartolomè Baez)，船長是安德烈‧費優(André Feiyo)，這艘船很大，載著相當多的貨物。船上的乘客和工作人員來自各地，有中國人、日本人、菲律賓人、「黑人」等「有色人種」，以及歐洲人和他們的傳教士，共三百餘人。這艘船啓航沒多久，遇上颱風，幾經周折，在一個島嶼的外海觸礁，上岸的倖存者自力救濟，撿沈船剩餘的材料，重新打造一艘船，兩個半月後，竟得重返澳門。他們上岸求生的地方，就是今天我們生息與共的島嶼──臺灣。

我們可以想像，那些遭遇船難幸而未死的人回到他們所熟悉的世界，見到親友，肯定大談劫後餘生的經驗。他們的經驗很特別，或許一時爲人所周知，但是，有關這件事的記憶隨著當事人以及知道這件事的人們的逝去而終於消失；群體記憶的消失通常是一代，頂多兩、

---

4 這四位年輕人是：伊東マンショ(正使)、千々石ミゲル(正使)、中浦ジュリアン(副使)、原マルティノ(副使)。

5 范禮安神父原擬伴隨使節團至羅馬，但抵達印度果阿後，因受命兼任印度耶穌會省長，遂改由ヌーノ‧ロドリゲス(Nuno Rodriguez)神父伴隨使節團至羅馬。

三代之間的事情——除非以文字的方式記錄下來。這是歷史的局限，也是歷史引人入勝的地方。了解歷史的局限，我們才有可能在局限中探索那可能存在的理解上的無限可能。

船難發生在一五八二年七月十六日，即萬曆十年七月八日。在這裡，我們至少必須用兩個紀年，因爲這艘船的工作人員和乘客，很大比例可能是中國人和海外華人，對他們而言，明朝皇帝的年號和陰曆的月日，才有意義，西洋曆或非所聞，更何況航海陰曆比陽曆更爲重要。

這艘船載著四位神父，和一位修士，他們是：阿隆索・桑切茲（Alonso Sánchez）神父、阿爾沃洛・多・鐸羅（Alvoro do Touro）神父、克里斯多巴・莫雷拉（Christóvão Moreira）神父、倍德羅・戈梅茲（Pedro Gómez）神父，以及耶穌會修士法蘭西斯可・皮列斯（Francisco Pírez）。其中桑切茲神父、戈梅茲神父，以及耶穌會修士皮列斯將是我們的「報導人」（informants），因此，我們非得先認識他們不可。

桑切茲神父是西班牙人，於一五七八年來到菲律賓，他是最早來到菲律賓的耶穌會士之一。一五八〇年西班牙腓利普二世併吞葡萄牙，成爲葡萄牙國王腓利普一世，即身兼兩國國王，這段史事一般稱爲西葡併合（the union of Spain and Portugal, 1580-1640）。一五八一年，菲律賓總督與馬尼拉主教派遣桑切茲神父前往澳門，任務是向葡萄牙人宣告併合之消息，並爭取葡萄牙人對腓利普二世的擁載。桑切茲神父於一五八二年一月離開菲律賓，但被強風吹到福建南部，爲中國海防發現，送往廣州，同年三月抵達澳門。桑切茲神父完成任務之後，由於沒有船可直接回菲律賓，因此於七月六日搭上這艘航往日本的商船，擬從日本搭船返回馬尼拉——天知道，他要到第二年（1583）二月才得回到馬尼拉！戈梅茲神父是西班牙人，活躍於葡萄牙，獲得

耶穌會總長麥古里神父(Everardo Mercurian)的看重，選派他赴日本
負責教務。他於一五七九年四月四日離開葡萄牙，一五八一年七月二
十四日抵達澳門。修士皮列斯一路上陪伴戈梅茲神父。他們在一五八
二年七月六日搭上這艘商船，終於要前往目的地日本了。

久駐菲律賓的桑切茲神父，新來乍到東方的戈梅茲神父，以及陪
伴他的皮列斯修士，不會預知四百餘年後，我們將仔細閱讀他們留下
來的書信[6]，試圖拼湊一個有關臺灣的故事。

一五八二年十二月十三日，劫後餘生的戈梅茲神父從澳門用葡萄
牙文寫信給另一位耶穌會教士，報告船難經過。這封信很長，讓我們
先看看他搭乘的船如何遇到颱風，以及如何在一個陌生的島嶼外海觸
礁[7]：

> 我從未想過能於這座澳門島上再次提筆寫信給我敬愛的神
> 父，但我們的天主履行了祂神聖的意念。即使羸弱的身軀，

6　這三位耶穌會士的書信收於José Eugenio Borao Mateo ed., *Spaniards in
Taiwan (Documents)*, Volume I, 1582-1641(Taipei: SMC Publishing INC.,
2001)，頁2-15；係原文與英文對照。這三份書信，第一、三封是葡萄
牙文，第二封信是西班牙文，其後皆收入李毓中主編、譯註，《臺灣
與西班牙關係史料彙編I》(南投：國史館臺灣文獻館，2008)，頁213-
258。本文基本上採李書之中譯，惟若干地方按照英譯與筆者的理解，
加以更動(含標點符號)。此外，為了和上述史料彙編的中文翻譯求得
一致，以利讀者檢索，本文之人名亦大抵改採李書之譯法。本文最後
修訂時，承蒙張淑英教授代為核對部分原文，謹此誌謝。

7　José Eugenio Borao Mateo ed., *Spaniards in Taiwan (Documents)*, Volume
I, 'Pedro Gómez letter', pp. 2-3；李毓中主編、譯註，《臺灣與西班牙關
係史料彙編I》，「戈梅茲書信」，頁227-229。為求注釋標注簡明，以
下只列出信件書寫者姓氏與頁碼，如本條注釋作：'Gómez', pp. 2-3；
「戈梅茲書信」，頁227-229。

仍不允許我依我靈魂所願來寫信給教團中每一位我敬愛有加的神父及兄弟，藉以告知我們抵達此島一事。因此我謹在此寫信給閣下您，讓眾神父與弟兄們亦能參與瀏覽此信，就彷彿我致函予他們每個人一般。

一五八二年七月六日，奉當時在此地(澳門)停留的巡察使(Visitador)[8]神父的命令，我們四位神父及一位弟兄離開了中國的教團，其中不可不知的是阿隆索·桑切茲(Alonso Sánchez)神父，他是一位年邁且非常博學的卡斯提亞人(castelhano)，帶著要求〔澳門〕歸順的命令從呂宋來到此地，但當時自中國〔澳門〕並沒有船隻可供他返回〔呂宋〕；其他同行者包括阿爾沃洛·多·鐸羅(Alvoro do Touro)神父及克里斯多巴·莫雷拉(Christóvão Moreira)神父，他們兩位陪同巡察使神父從日本來此接受任命，現已返回〔日本〕述職；而另外還有一位與我偕行的教團弟兄，以及我本人。儘管風向對我們而言不是非常有利，卻仍使我們得以航行至距離此(澳門)島三十或四十里格(léguas)的地方。但船首處突然刮起一陣強烈的東風，迫使我們走回先前已走過的航路，直到距離此島(澳門)六里格，一處島嶼遍佈的地方，使得我們總算能稍微抵擋住狂風的襲擊。當時是七月十一日，月亮的交會(conjunção de lua)為我們帶來一個颱風，使得當晚我們身處於極大的危難中，險些失去此船所載的一切東西(vinha，按，疑為tinha之誤)！但部分是由於我們迴避至此地而得以

8　筆者按，即范禮安神父(Alexandro Valignano)，日譯「巡察師」。'Gómez', p. 2；「戈梅茲書信」，頁229。

獲得屏護；而另一部分(我認為這才是原因)則是因為我們隨
身帶著一萬一千處女的頭骸(cabeça das onze mil Virgens)[9]，
我整晚都將祂緊握在手中。如同在類似的緊迫情況下我們向
她請求，祈求我們的主能赦免我們，並將祂充滿慈悲的眼神
望向我們每一個人，祂察覺到了我們的良願以及懺悔的決
心，聽到了我們對祂的祈求。在歷經不到二十四小時的時間
後暴風雨停止，吹來非常清爽的順風，而我們也得以在同月
的十二日繼續航程前往日本。我們對著一萬一千處女聖髑望
彌撒並向我們的主致謝，感念祂解救我們脫離險境，賜予我
們順風，引領著我們繼續向前行。……
*按，引文中，( )表原文或說明，〔 〕表補字；下同。

戈梅茲神父高興得太早，厄運並沒放過他們。不過，我們必須在這裡
稍微停頓一下，作些解釋，否則無法掌握這封信所透露的關鍵訊息。

首先，我們必須知道，當時澳門到日本的航線是從澳門啟程，沿
著中國海岸，經由臺灣海峽，抵達日本長崎。這也是日本朱印船的航
路之一。澳門到日本的航線約三百里格。[10]戈梅茲神父告訴我們，帆
船啟程之後，不利於風，勉強航行了三、四十里格之後，被一陣強風
吹離航道，退回到距離澳門六里格的地方。接著颱風來了，二十四小
時之內平息(7月11-12日)，他們繼續往日本的航道航行。

---

9 李毓中譯為「一萬一千名處女頭像」，根據筆者的理解，改為「一萬
一千處女的頭骸」，引文第二次出現時，則作「聖髑」，以求貼近天
主教用語。

10 'Sánchez', p. 10；「桑切茲書信」，頁241。

　　在這裡，我們先得知道里格是什麼，否則以上的數字是沒有意義的。里格(league)是距離單位，使用於葡萄牙、西班牙和法國的里格，伸縮很大[11]；一般以一里格等於三海里(海浬)，一海里等於一‧八五二公里[12]，因此一里格也就是五‧五五六公里。如前所述，澳門至日本航程約三百里格，即一、六六六‧八公里；換句話說，這艘船離開澳門之後，走了約十分之一強的水程(30或40里格)，但被強風吹離航道，並且退回距離澳門六里格的地方(約33.336公里)。這個地方有很多島嶼，因此當颱風來襲時，他們有可以避風的地方。光就距離來看，這艘帆船避風處，很可能就是澳門外海的萬山群島一帶。

　　戈梅茲神父接著寫道[13]：

　　這一陣令我們喜出望外的風持續吹了四天，我們因此航行了一百二十里格。但這世上的快樂總是不長久，因為之後所遭

11　里格該換算成多少公里，非常複雜，不同國家的里格長度不同，同一國家不同時代或地區也有差異，陸上和海上又可能不同。一里格在不同情況下，介於3.9至7.4公里(2.4-4.6英里)之間；在英語世界，一般以1里格等於3英里，即4.8公里。大致上，葡萄牙里格(legoa))是1里格=6.174公里，西班牙里格(legua)用於海上航行時1里格=5.556公里，法國里格(lieue)則1里格=4.445公里。在這篇文章，我們採用西班牙水手慣用的1里格等於3海里的算法。

12　海里是使用於航海和航空的距離單位，一般定義為：地球大圈(the great circle)上一分的弧形距離。淺顯來說，赤道(或子午線)是大圈，分為360度，1度又分為60分，將大圈之全長除以360，再除以60，所得出之長度即為1海里。一九二九年摩納哥國際臨時水路會議(International Extraordinary Hydrographic Conference)訂定1海里=1,852公尺，是為「國際海里」(the international nautical mile)。本文採用此一計算標準。事實上，英國長年使用的海里是1海里=1853.18公里；美國直至一九五四年所使用的海里，則為1海里=1853.24公尺。

13　'Gómez', p. 3；「戈梅茲書信」，頁229。

　　遇到的痛苦，與我們的主所賜予的一連串的徒勞無功，讓我
不敢說這是祂神聖旨意的安排。在同一個月，即七月十六日
的早上，時處該月份的弦月(quatro da lua)期，我們來到一
座島嶼及一片蠻荒的海岸，這裡被稱為小琉球(Liqueo
pequeno)。不知葡萄牙人是否曾造訪過此地。如果我們能再
向前約兩枚炮彈〔射距〕的話，船首便不會擱淺，而我們也
就能免除所有的危險了。

也就是說，他們躲過了颱風，接下來，趁著好風航行了四天，走了一
百二十里格(666.72公里)，卻在七月十六日，月相是弦月時，船頭在
一個稱為「小琉球」的島嶼擱淺，發生船難。從距離澳門六里格的地
方，經由臺灣海峽，往長崎方向航行一百二十里格(666.72公里)，到
底在哪裡？由於缺乏詳細的航路圖，我們無法精確比算，但經粗略估
量，澳門‧日本航路，距離澳門一百二十六里格(700.056公里)的地
方，還在臺灣海峽，緯度約等於臺灣島西海岸的中心位置，約當彰化
海岸一帶。

　　戈梅茲神父說，颱颱風那天(7月11日)，是「月亮的交會」
(conjunção de lua; the moon was "in conjunction")。什麼是「月亮的交
會」呢？正確來說，是「月亮和太陽的交會」。我們知道月球繞地球
運行，地球又繞太陽運行；當月球繞地球一圈時，有兩次機會這三個
星球會對齊成一直線。其一是，太陽、月球、地球依上述位置成一直
線，其二是，太陽、地球、月球依上述位置成一直線。前者英文稱為
「in conjunction」，中文稱為「日月合朔」；後者英文稱為「in
opposition」，中文即「日月相望」。從地面上看，前者的月相是新
月(無月相；農曆初一)，後者則是滿月。所謂月相，指我們從地球上

看到的月亮的盈虧變化，周而復始依序爲：朔（新月；初一）、蛾眉月、上弦月（七日月，月球東邊的半圓，the first quarter）、望（滿月）、下弦月（月球西邊的半圓，the last quarter）、殘月。每月初一是朔，望則可能在十五、十六、十七的任何一天，以十五、十六居多。

我們現在使用西洋曆，只有在特定的需要之下才翻查陰曆（農曆）。[14] 然而，行船人不可不知陰曆，這是因爲陰曆主要根據月相，比較能迅速掌握海潮的消息。關於潮汐，我們知道，一天之內海水有兩度漲落；其次，每當陰曆朔望（初一、十五）是海水大漲潮之時。一天之內的潮汐漲落，基本上是月球之引力對地球之固體和液體產生不同的作用，再加上引力因距離而遞減的結果。其實，除了月球之外，其它星球的引力也對潮水造成影響，但大都微不足道，只有太陽的影響比較明顯。當三個星球對齊一直線時，太陽的引力對潮水起加倍作用（無論此時月球是在地球的哪一邊），因此，潮水大漲，稱爲滿潮或大潮（spring tides）。反之，當三個星球成直角關係時，也就是月相成上弦月或下弦月時，潮水最爲低落，是爲小潮（neap tides）。因此，朔望是滿潮日，這對當代雖「居島中，不能舟」[15]的我們而言，好像毫無關係，但是，這類的「小知識」牽涉到我們對帆船時代的臺灣歷史的理解。在這裡，朔望的漲潮和戈梅茲神父等三百人能否在船難之後順利脫困，關係密切。再舉個有名的例子，萬曆十五（1661）年四月一日，鄭成功的戰船大軍能夠順利通過鹿耳門，航入臺江，也和海水漲潮有關。眞可謂不能不有所認識。

14　中國曆法雖然習慣上稱爲陰曆，其實是陰陽曆，同時考慮太陽和月球的運行，兼具陰曆和陽曆二者的特點。

15　語出陳第，〈東番記〉，收於沈有容輯，《閩海贈言》〔臺灣文獻叢刊第五六種〕（臺北：臺灣銀行經濟研究室，1959），頁26。

有趣的是，在臺灣發生船難的一五八二年，正是西方基督教世界開始從儒略曆(Julian Calendar)改用格里曆(Gregorian Calendar，即現行的陽曆)的關鍵年份。西班牙、葡萄牙、波蘭，以及義大利的大部分地區在一五八二年十月十五日採用格里曆；新舊曆相差十天。[16] 我們的船難發生在該年七月，這個時候葡萄牙和西班牙仍採用儒略曆。儒略曆七月十一日(星期三)，月相是新月後第三日(陰曆七月初三)，七月十六日(星期一)則為上弦月後第一天(陰曆七月八日)。[17] 根據戈梅茲神父在「歷史現場」的記載，起颱風那天(7月11日)月亮和太陽相合，應是新月之初，是大潮之時；船難那天(7月16日)是弦月，是小潮之時。這個記載和我們換算的陰曆有一日至二日之差。各種曆之間的換算很複雜，儒略曆到了十六世紀，陰曆和實際的月相之間有四天之差，此外，我們也必須考慮歐洲和亞洲之間的時差問題。在這件事上，我們有理由相信戈梅茲神父所謂的「日月合朔」和「弦月」是在歷史現場實際觀察到的月相。

此外，我們不能忘記戈梅茲神父是神職人員，從這封信中，我們可以看出他具有非常堅定的信仰，尤其信奉「一萬一千處女」(onze mil Virgens; the 11,000 Virgins)。這是聖烏爾蘇拉(St. Ursula)的故事：烏爾蘇拉是四世紀信仰基督教的不列顛國王的女兒，她和一位異教徒國王的兒子有婚約。烏爾蘇拉渴望維持處女身分，爭取到延緩三年舉行婚禮。在她的要求之下，十位貴族女子陪伴她，她和這十位貴

16　換句話說，這些地區從儒略曆十月四日直接跳到格里曆的十月十五日，於是這一年有十天消失了，即十月五日至十月十四日。

17　為了將儒略曆七月十一日和七月十六日換算成陰曆，一般的作法是，先將之換算成格里曆——也就是七月二十一日和七月二十六日，再以這兩個日期換算成陰曆。但是我們須知，一五八二年十月十五日以前，格里曆尚不存在。

族女子各有一千位處女作陪。她們搭乘十一艘船，漂泊三年。當時限已到，新郎要來迎娶時，一陣暴風把她們吹得遠離英格蘭海岸，她們從水路抵達科隆(位於德國西部，萊茵河畔)，其後抵達巴塞爾(瑞士北部)，從巴塞爾經由陸路抵達羅馬。她們最後回到科隆，在那裡，她們因為信仰的關係，為匈人(the Huns)所屠殺。關於這個傳說的真實性，學者之間爭議很多，有人認為殉道的處女人數不是「一萬一千」，這是來自於對古文獻的誤讀。然而，九世紀以來，此一信仰相當普及，對信徒而言，「一萬一千」是真實的人數。在此，我們還得了解基督教對聖髑(relics)的尊崇，這是起源甚早且極為普遍的傳統。聖髑包括釘死耶穌基督的十字架、諸聖徒的遺骨，以及與之有所關連的各種遺物，如衣物、鎖鍊等。這些聖髑往往經過分割，分發給世界各地教會。十二世紀，在科隆出土不少遺骨，教界認為這是「一萬一千處女」的聖髑；這些新聖髑，除了在西方基督教世界廣為分發之外，也遠送至印度和中國。[18]戈梅茲在這裡提到的「cabeça das onze mil Virgens」(the Head of the 11,000 Virgins)，應該就是「一萬一千處女」的一個頭骸聖髑。

　　讓我們來看看這艘帆船在「小琉球」島觸礁之後的情況(為求敘事完整，和上一引文有所重疊)[19]：

　　……在同一個月，即七日十六日的早上，時處該月份弦月(quatro da lua)期，我們來到一座島嶼及一片蠻荒的海岸，

18　Catholic Encyclopedia: St. Ursula and the Eleven Thousand Virgins. 參考自網頁：http://www.newadvent.org/cathen/15225d.htm。(2009/08/01再度點閱)

19　'Gómez', pp. 3-4；「戈梅茲書信」，頁229-231。

這裡被稱爲小琉球(Liqueo pequeno)。不知葡萄牙人是否曾造訪過此地。如果我們能再向前約兩枚炮彈〔射距〕的話，船首便不會擱淺，而我們也就能免除所有的危險了。船隻一擱淺後，便有人雙手捧著一萬一千聖女頭骸〔聖髑〕來到寢艙中來叫我，我開始安慰大家，並要他們懺悔自己的過錯。這是顯而易見的，因爲星期日下午船上將近三百個生靈，都因認爲順風航行再不出五、六天就可見到富裕且繁榮的日本，而感到崔躍不已。但第二天早上所有人都悲痛地流起淚來，一邊哀求慈悲的天主拯救他們的性命，雖然財物都已付諸流水。我們四位同行的神父爲人們行告解禮，當一些人在告解時，其他的人則在減輕自己的家當，另外的人則將主桅鋸斷，連同船帆及帆桁拋入海中。有人準備好我們船上載有的舢舨(champana)和單桅小舟(manchua)，其他的人則是忙著用木板和蔓繩建造木筏。在大家都完成告解後，我們下令派遣非常小的小舟前往岸邊，有四個人搶著登上小舟，但是因爲距離岸邊附近約有四里格，而小舟上既無帆也無槳，但是風卻非常的大，因此翻覆在海裡，之後就沉沒了，只有一個葡萄牙人逃出小舟。之後我們將舢舨放入海中，它的體積稍大於先前的小舟，我們冒險登船出航，因爲別無其他更好的選擇。

七或八個人以及我們之中的四個人登上舢舨，僅剩一人連同其他人與處女聖髑留在船上，而我被迫成爲四位〔登上舢舨的神職人員〕中的一人。但因這艘舢舨既無舵無桅，也無槳可用；只能靠海、風與浪前進，我們好幾次都差點就沉沒。若不是我們的主展現了祂的慈悲，我們絕不可能獲救，

因為只有祂能使得此船不致沉沒，亦不被迫掉頭，且得以朝陸地前進，而非轉而航向汪洋。雖然沒有槳，但我們的心願勝過一切，使我們能夠繼續隨波逐流向前航行。……

我們知道，大船有一定的吃水量，航行時不能太靠近海岸，因此，擱淺時通常離海岸線還有一段距離，乘客想上陸，如非游泳可及，就得靠小船。這是為什麼眾人急著準備小艇，並趕造排筏。這艘船發生船難的地方離海岸有四里格，也就是二二·二二四公里，是一段距離（按：22公里頗遠，是否書信誤記，無從查攷）。由於波濤洶湧，艋舺無濟於事，翻覆了，死了三個人。戈梅茲神父和船長共十一、二位搭乘艋舺逃生。[20] 讓我們來看看逃生的結果[21]：

最後終於到達岸邊，在此下錨後便登陸上岸。此時船體的裂縫愈來愈大，而水位已滿至唧筒口處，因此船上的人開始擔心整艘船將徹底分崩離析，到時候所有人除死路一條外，別無他法；有些人遂紛紛往海裡跳，有些人摟著長枕頭（travesseiros），其他的人抱住床榻，還有些人則緊抓著木板或木筏，隨波逐流。由於所有人奮力向天主慈悲的手以及我們的聖母呼喊求救，於是主保天使們（Anjos da Guarda）的手便於此時照護著他們，並給予協助，因此這麼多人之中僅一人不幸喪命。而其他人即使落水，最後仍抵達陸地，如同其

20　戈梅茲神父信中只提及四位神父和其他七、八位搭乘艋舺，據同行的耶穌會修士皮列斯的信，船長安德烈·費優一起搭上艋舺，見 'Pírez', p. 13；「皮列斯書信」，頁254。

21　'Gómez', pp. 4-5；「戈梅茲書信」，頁231。

他許多人中的克里斯多巴‧莫雷拉神父的遭遇一般，他反對我的善意(執意留在原船而未登上舢舨)，守著聖女聖髑。他搭乘由幾個擅泳的年輕人所圍起的一艘木筏，並將聖女聖髑綁在手臂上。許多次木筏被海浪掀翻，神父隨之落水。可憐的神父，心中祈求主垂憐(Miserere mei)，他在水中載浮載沉。神父拉著聖女聖髑，而聖女聖髑亦悄悄地拉拽著神父，最後終於兩者都抵達岸上。〔我們〕遂不禁再次緊緊擁抱，我想他們應是所有人之中最後上岸的。現在我瞭解到，若當初我沒有被迫和其他幾位神父一起搭船，而是留在帆船上的話，最後鐵定必死無疑，因為我並不會游泳，無論搭乘任何一艘木筏，我終將難逃一死。但是我們的主，仍不認為我成熟到可以參列天國的宴席，祂不想將我從那裡帶走，要再讓我活上一陣子，以便能繼續服侍祂。

據此，船從擱淺到破成碎片之間，眾人或乘排筏、或泅水，以求能抵達海岸。在這過程中，四人不幸喪生，其餘都上岸了，不能不說頗為幸運。克里斯多巴‧莫雷拉神父留後，一開始沒和其他四位神職人員搭舢舨，最後離開時，他手臂上綁著聖髑在風浪中載沉載浮。可能由於這個情景實在令人難忘，修士皮列斯也在信中寫道：「他們以仍堪用的木頭、繩索和船帆做了兩艘木筏。克里斯多巴‧莫雷拉神父帶著一萬一千處女聖髑，乘坐了其中一艘木筏，因為喝進大量海水，當他登上陸地時已呈瀕死狀態。且由於浪濤翻覆了木筏，使神父數度跌落水下，這就是為何他總是病懨懨且羸弱不堪的緣故。」[22]

22　'Pírez', p. 13；「皮列斯書信」，頁254。

　　船遇難時必得有神父留後，這是信仰和忠於職責的表現。有位虔誠的教徒在跳船逃生的過程中遇難。修士皮列斯在信中提及：事後他們在沙灘發現一個死去的葡萄牙人，他的腰上綁著一個聖餐杯。修士皮列斯認爲他這麼做，是出自虔誠之心。或許由於有這類虔誠的信徒，日後劫後餘生的戈梅茲神父才能在信中說：「我們的神父，這些是我記憶所及有關我們船難發生的經過，願我們的天主讓我們得救（salvação），我們救出了聖杯與一些貴重的祭服（ornamentos），……。」[23]

　　船在天剛破曉時擱淺，全部人上岸，大約是上午十時五十分。[24]他們上岸後，開始一段和「土著民」邂逅的本事[25]：

　　　在所有的人都上岸後，我們聚集在海灘上，有的人衣衫襤褸，有的人赤裸著身體，還有些人則是全身濕淋淋的。我們所有人都因爲不知身處何處以及該如何是好，又開始感到害怕起來。正當此時，約有二十名當地人來到我們身邊。他們狀似印度果阿（Canarins）的土著民，全身赤裸，僅以遮羞布掩蔽，披頭散髮，髮長及耳，其中有些人頭戴著形似王冠的白紙條。所有人都手執弓弩和一大捆又尖又長的鐵製箭矢，來到我們身邊後，對我們不發一語，便開始撿拾岸上所有白色的衣物，如披巾、毛巾、襯衣等等。在場的葡萄牙人不但不加以制止，甚至還善意地主動拿給他們，因爲我們沒有武

23　'Gómez', p. 9；「戈梅茲書信」，頁238。
24　'Pírez', p. 13；「皮列斯書信」，頁255。
25　'Gómez', p. 5；「戈梅茲書信」，頁231-232。中譯作「原住民」的地方，筆者改爲「土著民」，下同。

器，也不知那些人到底是誰，是否吃人肉，所以一概不敢有
所違抗。事實上最主要是，由於這已經是上帝所施予我們最
大的恩澤了，若他們用弓箭逼我們繳械，然後再殺害我們，
必然無人能倖免。因此，沒有人對他們加以阻擋，他們運走
物品後藏在原野裡，接著再回來，自在無虞地好似我們沒有
一個人在海灘上一般。我們僅僅是把金條、銀器藏好，方得
以逃過他們的撿集，但其實他們已經取走一些了。

讓我們看看同行的桑切茲神父如何描寫這個最初的邂逅[26]：

> ……然後沒多久，這艘大的中式帆船斷成碎片，所有的財物
> 散落在那裡的海灘上任其腐壞。之後一些赤裸帶著弓和箭袋
> 的土著民，精神振奮很篤定地過來，毫無顧忌，但也沒有傷
> 害人的意思，直接進入我們之間搶奪我們僅餘的物品，直到
> 我們弄乾淨身體開始武裝自己以便防衛我們自己。

這是目前我們知道的西方文獻中關於臺灣土著民的最早紀錄。桑切茲
神父的這封信原文爲西班牙文。

我們可以想像，船觸礁後，約三百名左右的乘客好不容易上岸
了，緊接著又要面對一群予取予求的土著民，眞可說「屋漏偏逢連夜
雨」。根據戈梅茲神父的書信，他們在恐懼之中，採取的行動是要和
這些異教徒親善。首先，他們分成兩路，分別由戈梅茲神父和桑切茲
神父帶領，希望能透過「手語」和土著的王見面，請求協助，但兩路

---

26 'Sánchez', p. 11；「桑切茲書信」，頁242。

人馬半途折回。戈梅茲神父的理由是：這些「黑人」（negros，即土著民）可能沒有王，如果有王，雙方無法溝通；就算能夠溝通，船難人數這麼多，土著民看來很窮，大概也無法救濟他們。此外，他們大概也都對土著民存著恐懼之心。[27] 雖然分路拜訪「王」的計畫半途而廢，桑切茲神父從馬尼拉帶來的一位呂宋土著男孩，設法和來搜刮物品的「野蠻人」溝通，並跟著他們到他們的社去。[28] 在這裡，很有意思的是，當時，人們似乎認為菲律賓的土著可以和臺灣的土著溝通！

船難者上岸後，除了面對土著的威脅之外，最緊急的是如何維生。我們得記住，這是三百人的生存之計，一餐飯一開口就是三百張嘴。這麼多的人要在孤立無援的情況下自力救濟，非得有領導、有組織不行，且不能失序。從三位教士的書信中，我們可以看出船長的反應很迅速，上岸不久，在放棄向土著尋求援助的想法之後，船長和神父等人達成共識，認為求生只有靠擱淺的船了。換句話說，維生、自衛，以及脫困，全繫乎一條沈船。

在船長的命令之下，一些人趁著退潮時，回到船上搶救補給品（如稻米、肉品、酒、罐頭食品），武器，以及木頭等。另一些人割取草桿，開始在海邊搭蓋茅屋。所有搶救到的東西都是公共財產，集中一處，再行分配；尤其是來自孟加拉的米，那是船長夫人為水手們準備的，煮熟的，雖然濕了，卻讓眾人得以維生。[29] 從這一點，我們可以看出，這三百名左右的「烏合之眾」，在一開始即表現相當井然有序。他們最令人佩服的作為，還在後頭。

27　'Gómez', pp. 5-6；「戈梅茲書信」，頁232-233。

28　'Pírez', pp. 13-14；「皮列斯書信」，頁255。

29　'Gómez', p. 6、'Pírez', p. 14；「戈梅茲書信」，頁233、「皮列斯書信」，頁255。

　　要從沉船搶救物品，並非易事。如前所述，帆船觸礁的地方離海灘頗有一段距離——約二十二公里。當時是小潮，海水較平常爲低，船難地點距離海岸比起大潮時近多了。在這裡，我們忍不住想，如果不是遇上小潮，說不定這艘帆船不會觸礁——「大舟畏淺」，洵哉斯言；但話說回來，也就是因爲是小潮，才使得他們上岸較爲容易——既淺且距離縮短。皮列斯修士說：船難之時是上午約十時五十分，「由於已經退潮，我們費了好大的功夫才通過沙地與廣闊的海洋登上陸地」[30]，而當他們決定回去搶救補給品時，「他們走向退潮後已經逐漸乾涸的船隻」[31]，可見當時海水低落。不過，我們須知，海水每天有兩次漲退潮，戈梅茲神父說：由於海水漲潮時水位過高，無法靠近帆船，所以他們每天都要等一陣子，待退潮時，才到船上取一些東西。「經過了將近八天，船隻完全解體成碎片，因此再也無法利用船上剩下待取的補給品。」[32]換句話說，船難之後，他們即刻回去搶救食糧物品，大約搶救了八天，剛好也是月圓時候，海水高漲，或許因此，破船終於在大潮中解體了。

　　在這裡，讓我們回頭看看那位在第一天即跟著「野蠻人」到他們的部落去的呂宋男孩有何著落。第二天，男孩回來了，帶來七十位武裝的「野蠻人」，他們對船難者表示友誼的歡迎。這個時候，船難者已經從船上取得武器，他們向土著展示步槍，並往一根木棍開槍，之後把穿個洞的木棍拿給土著看，土著「大感震驚，用手指搗住了嘴巴」。[33]我們可以想像，開天闢地以來，第一次看到槍枝，見識到子

30　'Pírez', p. 13；「皮列斯書信」，頁254-255。

31　'Pírez', p. 14；「皮列斯書信」，頁255。

32　'Gómez', p. 6；「戈梅茲書信」，頁233。

33　'Pírez', p. 14；「皮列斯書信」，頁255-256。

彈之威力的土著，如何張大嘴巴，用手指摀住，一副錯愕不可置信的樣子。這可能是臺灣土著民第一次接觸到現代武器——槍枝將在往後的三百餘年，在他們的文化中，扮演非常特別的角色。[34] 展示槍之威力之後，船難者比較能自由自在地活動。這應該也就是船難者「開槍示威」的用意所在。

他們和土著無法維持良好的關係。這是可以理解的，雙方一開始就是「利益衝突」的，土著在他們甫上岸，驚魂未定之時，就把他們身邊的東西搜刮殆盡；於是「葡萄牙人則開始修理他們的火槍，以備防禦此地的黑人，他們像煩人的蒼蠅一樣不斷地前來騷擾我們，看看是否能撿拾被海浪沖至沙灘上的堪干(cangas)」。[35]戈梅茲神父稱土著為「negros」，意為黑人；堪干指單色或素色的粗棉布。船難者阻止他們來拾取，因為他們想用這些物品和土著交換幾袋的黍(milho)或稻米，但後來，由於一些詳情不明的失序狀況，雙方關係弄壞了，土著不惟不再提供幫助，還向他們放箭。在敵對中，雙方各有傷亡，土著至少殺了三位船難者(一名黑人、兩名中國人)，另有三個人身上都中三、四箭，差點沒命；船難這方則殺了一名土著。[36]

---

34 關於臺灣土著民族和西洋槍的關係及其文化意涵，可參考陳宗仁，〈近代臺灣原住民圖像中的槍——兼論槍枝的傳入、流通與使用〉，《臺大歷史學報》第36期(2005年12月)，頁53-106。

35 'Gómez', p. 6；「戈梅茲書信」，頁234。

36 'Gómez', pp. 6-7；「戈梅茲書信」，頁233-234。關於死傷情況，桑切茲神父說：「他們每天都來，多數是在晚上的時候來造訪我們，並用弓箭殺了一些人和射傷許多人。」('Sánchez', p. 11；「桑切茲書信」，頁242)修士皮列斯寫道：「野蠻人來此造訪我們，並在入夜後殘殺兩名我方人員，還使其他人負傷。我們也殺死了他們之中的一兩個人，此舉使他們終於能讓我們過著稍稍平靜一些的生活。」('Pírez', p. 14；「皮列斯書信」，頁256)但修士皮列斯所寫的，發生在遷居之後。

　　船難者先是在上岸的那個海灘，在海水無法沖到的地方搭蓋茅草
屋，但後來發現該地，不惟水非常不好（沒有水，只有一個小湖），而
且地勢不適合自衛，也不適合造船。一些前往探查海岸的人發現半里
格（2.778公里）之外，有個好地方，他們決定遷移到那裡，除了水質
之外，最重要的是，這個地方提供了脫困的可能。修士皮列斯說：
「那條河川在入海處形成了一座小灣，在漲潮及風平浪靜時駕小船能
由此出海。此處看來是由中式帆船取得木材來建造新船的最好地
點。」[37]戈梅茲神父描寫得更爲詳細，他說[38]：

> 該處有一條水質非常好的清澈小溪，而且在那裡我們可以建
> 造一艘船隻，因爲船可經由小溪入海。我們開始動工將我們
> 所有的生活物資搬遷過去，如將已殘破不堪的中式帆船上的
> 木材運來造船。若非親眼所見，實在令人無法置信：我們度
> 過好天氣和雨天，既感到寒冷又時而滿身大汗，還打著赤
> 腳，全身都濕透了，如是工作了好幾天。最後我們搭蓋起一
> 間大茅屋，內部中央置放我們所有的物資，一頭供神父們使
> 用，另一頭給船長；其他人則在大茅屋四周搭建他們自己的
> 茅屋。

如果我們只看戈梅茲神父自己寫的信，或許會以爲他只是個旁觀者，
但是修士皮列斯告訴我們，當大家決定要把海上的木頭也帶上岸時，
「倍德羅・戈梅茲神父身著白色短褲，和最早一批下水的人一起拉著

37　'Pírez', p. 14；「皮列斯書信」，頁256。
38　'Gómez', p. 7；「戈梅茲書信」，頁234-235。

繩索」。[39]可見戈梅茲神父一馬當先，參與搶救工作。

　　眾人的營養來自從帆船取得的米和牡蠣；牡蠣是年輕人到海灘撈捕的，他們有武裝、攜帶彎刀以備上著民的攻擊。他們也在小溪捉魚，或用火槍獵鹿，並且大方地和其他人分享。[40]修士皮列斯因發高熱而病倒，發燒長達一個半月，只靠少量的鹹豬肉或海鮮燉湯來維持營養，神父們顯然認為他無法康復，已想好了埋葬他的地方。[41]這些耶穌會神父非常虔誠，如前所述，當船觸礁之時，他們最關心的是眾人死前的「告解」。一移居到新地方，他們即刻著手建造十字架，並且蓋教堂。戈梅茲神父寫道[42]：

> 我們也下令搭蓋一間小禮拜堂(capela)以備每日彌撒與祝禱所需，這是在此工作中最能讓我們感到欣慰的一件事。我們每天要舉行四次彌撒，很多時候還有講經布道，許多的人要進行告解以及領聖禮，而我們神父彼此之間亦是互相進行這些儀式。每一天我們都在小禮拜堂中祈禱，隨後帶著處女聖髑進行宗教遊行。我們在山丘上立起一座很大的十字架，我們赤腳脫帽，伴隨著歌者的樂聲，列隊將它(按，十字架)扛到該處。處女聖髑伴隨著它，直到安置妥當。在那裡我們將自己託付給它。

39　'Pírez', p. 14；「皮列斯書信」，頁256。

40　'Gómez', p. 7；「戈梅茲書信」，頁235。

41　'Gómez', p. 7、'Pírez', p. 14；「戈梅茲書信」，頁235、「皮列斯書信」，頁256。

42　'Gómez', p. 7；「戈梅茲書信」，頁235。

修士皮列斯同樣提及蓋教堂的事：「……我們再次開始裝修茅屋，掛起一座美麗的十字架，並建立一座覆蓋著稻草的小屋，以做爲設有聖壇的教堂。……爲了我們心靈上的慰藉，每天都會舉行四次彌撒。就在這座十字架下的禮拜堂旁，神父們決定將我安葬於此。」[43]可憐的皮列斯修士，他以爲他就要埋葬在這個島嶼，在十字架下的教堂旁邊。

這應該是臺灣島上第一個十字架，也是第一座教堂。神父們領導信徒，以赤腳遊行的方式把十字架安置在山頂上，環伺一旁的土著若看到這個景象，不知作何理解？神父每天在教堂望四次彌撒，講道多次，四百餘年後，仍讓人感受到傳教的熱忱。如果——容許我們作此想像吧：如果一六四二年是西班牙人打敗荷蘭人，並且長期占領臺灣，如菲律賓的例子，那麼，這件事要有多重大的意義呢！——這個事件就會成爲天主教在臺灣的濫觴，聖烏爾蘇拉也很可能成爲臺灣的主保聖徒。然而，歷史的發展使得這些事情成爲一段被人遺忘的插曲，深鎖在記憶世界中積滿灰塵的一個小角落。當然，假如這些船難者葬身這個島嶼，我們則連這些事情都無法知曉。

在說明船難餘生者如何脫困之前，讓我們再度看看神父和修士筆下的土著——臺灣的土著民，在他們在信中稱爲「野蠻人」或「黑人」的人群。

船難者新移居的地方，距離山腳將近一里格(5.556公里)。山腳下有片遍布大石頭的礫地，很荒瘠。若干人爬上有時候浮在雲上的山頂。該地區有很多森林，也有鹿群出沒的廣袤草原，某些鹿種數量非常龐大。一個叫做巴爾達薩爾‧蒙德伊洛(Balthasar Monterio)的葡萄

43　'Pírez', p. 14；「皮列斯書信」，頁256。

牙人曾多次登山，且殺了許多鹿。他曾目睹一群野蠻人在鹿群覓食的草原進行狩獵。他們從四面八方包圍鹿群，用帶有彎鉤的箭來捕鹿。野蠻人跑起來非常敏捷。這個地方除了二個相距三里格（16.668公里）左右的村落之外，杳無人煙；這兩個村落之間水火不容。[44]

　　土著這種圍獵方式、弓箭的形制、善跑的特徵，以及鄰社相鬩的情況，我們在數十年後的文獻中還會看到（如陳第〈東番記〉，雖然不必然是同個地區的人群）。他們不只和住在山裡的土著接觸，也和乘排筏而來的土著有所接觸。修士皮列斯的信透露出相當特別的訊息[45]：

> 有一次，來了幾條用藤綁在一起，像蓆子般的船。他們帶來稻米、南瓜、無花果，以及醃肉，其中有個熊掌。由於缺乏溝通語言和不信任感，他們砍下一名異教徒的頭顱後便行離去，自此我們再也無法得知他們的消息。

這些乘排筏而來的土著，來自海上，還是溪流，並不清楚。但是這條史料，讓我們重新思考一個問題：臺灣土著固然「不能舟」（不具有航海技術），但有些部落懂得在溪流中靠排筏交通。修士皮列斯說，這些土著「砍下一名異教徒的頭顱便行離去」，如果我們能照字面的意思理解的話，那麼，這些乘小船而來的土著似乎有獵人頭的習俗。

　　誰是「異教徒」呢？從資料得知，這艘帆船的乘客有中國人、日

44　'Pírez', pp. 14-15；「皮列斯書信」，頁257。

45　'Pírez', p.15。李毓中主編、譯註，《臺灣與西班牙關係史料彙編I》將「幾條用藤綁在一起，像蓆子般的船」譯爲「幾艘小船」（「皮列斯書信」，頁257），或失之過簡，有喪失珍貴訊息之虞。

本人、菲律賓人、葡萄牙人、西班牙人、「黑人」等。「異教徒」指不信奉基督教的人，在這些書信裡，似乎泛指亞洲人。「異教徒」在他們脫困的過程中扮演重要的角色。我們知道，在船難後不久，船長和神父們即想到利用沉船的木頭重造一艘船，以求離開這個島嶼。擔任造船重任的是一位「異教徒」，由於書信內容不夠詳盡，我們無從知道這位「異教徒」是中國人、日本人，還是來自其他地方的人。總之，應該不是歐洲人。他一開始即決定造一艘大一點的船，以便載所有的人。但是船造成之後，卻讓神父們大失所望，因為船太大，需要一定的吃水量，無法通過河流的彎曲處——只有當月亮和太陽相合，也就是大潮時，才能通過河流。這艘船要能出海，須有三個條件配合：風平浪靜、漲潮時期，以及不載貨品。[46]

發生船難是七月十六日，船造好時，已經是九月，冬天即將來臨，河口越來越窄，而他們的補給品幾乎用完了。戈梅茲神父感到很悲觀，認為很可能就要計畫留下來了，然後慢慢地餓死，或是任由落下的箭矢射死。[47] 我們可以想像，這個時候，船難的三百人已經在這個地方自立更生兩個月了，歷暑徂秋，眼看河水一天一天低落，糧食一天一天減少，能不緊張？能不焦慮嗎？那望海的眼，可以說要望穿了。那望月的眼，也該如此——船造好後的第一個滿潮日，是九月十六日(陰曆8月1日)，能碰巧有好天氣嗎？誰知就在這個時眼，發生了一椿大意外[48]：

我們的小中式帆船，原本用六條，或我想應是八條繩索繫泊

46　'Gómez', pp. 7-8；「戈梅茲書信」，頁236。
47　'Gómez', p. 8；「戈梅茲書信」，頁236。
48　'Gómez', p. 8；「戈梅茲書信」，頁236。

〔在小河的下游〕，在九月中旬時的強風豪雨使得溪水暴漲
氾濫，所有繫船的繩索紛紛斷裂。此時我們只能眼睜睜看著
它漂流而去，然後繼續被洪水沖往海中，再也無法用來解救
我們。閣下可想見我們所有人的眼淚又再次潰堤，不斷地仰
天長嘆，呼喚著聖母瑪利亞，因爲沒有人力的方法可以使我
們逃離此地。小中式帆船一旦漂走，我們就等於失去了它，
因爲它將漂到海上去，接著再被海上的巨浪沖回海灘上，最
後變得支離破碎；亦或是擱淺在陸地上，然後被大浪沖擊變
爲碎片。不過我們的天主決定要拯救我們的性命，祂讓船卡
在蜿蜒曲折的溪流中一處離海甚遠的彎道，海浪無法對它造
成損壞。到了晚上中國人涉水到達船隻的所在地，發現它一
切完好，幾乎毫無損傷。

真是虛驚一場。如果船被吹走了，或撞上海岸，他們就沒救了。幸而
被暴風雨吹到海上的船竟然又被吹回河中，安然無恙！在這裡，我們
看到冒險涉水去查看這艘船的是中國人；或許參與造船的人以中國人
爲主，也說不定。

　　唯一的希望失而復得，眾人的歡欣可想而知。他們把船繫緊，等
暴風雨過後，把船拉曳回原先停泊的地方。我們可以想像，他們每天
晚上看著月亮，等待滿月來臨，也就是大潮之時。在聖彌額爾總領天
使瞻禮(9月29日，月相是滿月的前二天)[49]的下午，海水開始高漲。
遠離帆船時代的我們，很難了解帆船啓航的種種程序。由於他們要通
過的沙洲很淺，而且海岸很崎嶇，他們花了一個多月計畫如何把船帶

49　格里曆10月9日。聖彌額爾總領天使即St. Michael, the Archangel。

出海。我們了解，關鍵在於要靠海水漲潮，連帶地把河水的水位提高，讓船上浮，避開河床的障礙物。第二天(9月30日，月相是滿月的前一天)[50]清晨，一批人先上船，另一批人留在陸地上。然而，最重要的是如何把船推出河口——他們雙管齊下，一些人在河岸用繩子拉，一些人則在水中拉，一步深似一步，直至快「滅頂」為止。船到了海上，那些留後的人再搭乘接駁小船，追至海上，上船。讓我們直接看戈梅茲神父如何描寫吧。

首先先得把帆船拉曳出海[51]：

> ……然後等待漲潮日以便啟程離開。船艙裡不能承載過重，因為如此一來才不會吃水太深，所以僅裝上一些稻米作為壓艙物，以供沿途食用。接著三位神父與幾名中國人上船，他們分別是水手和船長，留下我和另一位神父在陸地上，以便安撫留在陸地上的人們。蒙福的聖熱羅尼莫瞻禮(按，9月30日，紀念St. Jerome)的早晨漲潮日適合冒險出航，他們在海上(譯者按，指船隻在水裡之意)，而我們在陸上用繩索拉縴來協助，水深先是到達我們的腰部，然後再到我們的頸部。聖徒願借助眼淚和彌撒的力量幫助我們，讓小中式帆船順利出海。當我們看著船入海時，陸上的人們不禁跪下來感謝我們天主上帝的慈悲，人們開始一一相擁而泣，畫十字，因為當時我們認為我們可以前往那座島(澳門)，到達基督(cristãos)的土地。

50　格里曆10月10日。
51　'Gómez', pp. 8-9；「戈梅茲書信」，頁237。

帆船成功到了海上，但還有九十個人留在陸地上——包括兩位留後的
神父，他們必須靠小船接駁，才能搭上已經在海上且離海岸頗有距離
的小帆船[52]：

> 小中式帆船不能太靠近陸地，否則會有轉向回海岸邊的危
> 險，所以它必須保持在一段遙遠的距離。風因爲日月交會而
> 變得涼爽，如果風勢開始增強，小中式帆船就一定會被風吹
> 出海，而所有的人將會被迫留在陸地上。當可以登船時，我
> 喚求大家在飲用水及所有的人尚未全數登上船前，不得裝載
> 家當，如果風勢許可，我們再裝上家當，否則至少先將人救
> 走。
>
> 因此我們首要的工作是讓所有的人上船，我身在最後一批
> 登船的人之中，相較於過去所遭逢的危險，我未曾如此茫
> 然。由於這艘船很小，水不停灌進來，即使用兩個水桶一直
> 舀水出去，仍是無濟於事。我們約有九十幾個人在船上。此
> 時吹著涼爽的風，但是浪很大。不過我們的主，還是讓我們
> 上了小中式帆船，人們一上船，船就迫不及待啓航了。風浪
> 開始增強，更加危險，這對我們不利……。

這是很驚險的，如果停泊在海上的帆船，在他們的小船還沒抵達時，
就被風吹走，或是他們的小船因漏水而沉沒，這九十人就沒救了。生
死之間，眞是千鈞一髮！在神父看來，是天主要他們追上帆船，最後
所有人都搭上了。這艘帆船滿載著乘客，此外只載著有限的水和糧

52　'Gómez', p. 9；「戈梅茲書信」，頁237-238。

食，在九月三十日的晚上，亦即蒙福的聖熱羅尼莫瞻禮的晚上啓程——足足花了一整天把船和人弄出海。根據陰曆，這天是八月十四日，滿月前一天，天氣晴朗，當他們揚帆航向大海時，正是月出皦兮，銀色之光灑滿高漲的海波之際。滿月之日，月亮在太陽下山後上升，此時此景或許會令文人想起詩句：「海上明月共潮生，灩灩隨波千萬里。」八月十五日是中秋節，船上的中國人或許想起這個民間節日，心情既興奮又忐忑不安，眞的可以活著回到家鄉嗎？這艘船航向澳門，八天後安然進入碼頭。[53]

　　船難者原先搭乘的商船載有三百多名乘客，倖存者在臺灣總共停留二個半月，從大商船觸礁到新造之小帆船啓航之間，至少有十三人因不同原因而喪生[54]，桑切茲神父說，共有二百九十人以上搭乘小帆船離開，是符合實際的。以約三百人之眾，局促一地二個半月，而能重新打造一條船，近乎全數的人得以一起順利離開，不能不說非常特別，有如奇蹟一般。耶穌會的神父們自然把這一切歸功於天主，認爲是主的恩惠、主的旨意；而實際上，其間的領導、組織、秩序的維持、物質的分配、人才的利用、出航的籌畫等等「人力」，應該起關鍵性的作用才是。

53　關於到底花多少時間抵達澳門，戈梅茲神父說：「我們花了八天的時間才抵達〔澳門〕」，桑切茲神父說：「……在七或八天內我們便回到澳門」。然而，修士皮列斯說，他們於聖方濟瞻禮(10月4日)抵達澳門，從九月三十至十月四日，也就是五天之後。在無進一步證據之下，筆者暫採八天之說。見'Gómez', p. 9、'Sánchez', p. 11、'Pírez', p. 15；「戈梅茲書信」，頁238、「桑切茲書信」，頁242、「皮列斯書信」，頁258。

54　三位在搭乘艇舺往岸上時，溺斃；一位搭排筏，喪生；四位「黑人」被土著射殺；二位中國人被土著殺死；二位過勞死；一位遭乘排筏來的土著砍頭。

　　桑切茲神父說，這艘商船非常大，「運載著澳門所有的財富」。
因此，雖然絕大多數的乘客安全地返回澳門，船難造成財富上的重大
損失，很多人因此傷心不已。[55] 滯留在澳門的范禮安神父也深感損失
慘重[56]；讀者當記得，范禮安神父帶領日本遣歐少年使節團來到澳
門，正等待季風以便出發到羅馬，我們推測：他把許多貴重的東西交
付這艘船運送到日本，因而損失慘重。倒是商人擬帶到日本的二百條
黃金保住了[57]——這可能要感謝美麗島的土著尚不解黃金爲何物。

　　桑切茲神父終於在一五八三年二月返回馬尼拉，距他於一五八二
年一月從馬尼拉出發前往澳門，已經一年一個月，眞是比鄰若天涯。
戈梅茲神父繼續待在澳門，學習日語，預備在一五八三年五月前往日
本。他從一五九〇年至一六〇〇年擔任日本耶穌會的副省長(日文稱
爲「準管區長」)。至於陪伴他來亞洲的皮列斯修士，到底如何，尚
待進一步查攷。

　　以上是四百二十八年前，一個因颱風而和臺灣結下因緣的故事。
雖然事後大家各奔前程，但這應該是眾人刻骨銘心的經驗，或許午夜
夢迴之際，他們會想起攜帶弓箭環伺他們的土著，乘排筏倏乎而來的
獵人頭族，或是那浮在雲層上的山嶺，儦儦俟俟、食野之苹的鹿群，
以及月光下潮水逐漸上漲的小海灣……。這些我們無從知道，但是，
我們的讀者最想知道的或許是：他們在臺灣哪個地方登陸？

　　有學者認爲海難發生在臺灣北部海岸。[58] 不過，文獻內部的資料

55　'Sánchez', p. 11；「桑切茲書信」，頁242。

56　'Pírez', p. 15；「皮列斯書信」，頁258。

57　'Gómez', p. 9；「戈梅茲書信」，頁238。

58　如鮑曉鷗認爲：「大概在臺灣北海岸處遭遇船難」，見José Eugenio
　　Borao(鮑曉鷗)簡介、林娟卉翻譯，〈關於臺灣的首份西方文獻：1582
　　年7月16日，西班牙教士Pedro Gómez於臺灣北海岸之船難敘事〉，這

卻指向另一個地方。讓我們先將相關史料羅列於下。

第一條：……但船頭突然颳起一陣強烈的東風，迫使我們走
　　　　回先前已走過的航路，直到距離此島(澳門)六里
　　　　格，……這令我們喜出望外的風持續吹了四天，我
　　　　們因此航行了一百二十里格。……在同一個月，即
　　　　七月十六日的早上，……我們來到一座島嶼及一片
　　　　蠻荒的海岸，不知葡萄牙人是否曾造訪過此地，他
　　　　們稱這裡爲小琉球(Liqueo pequeno)，……(戈梅茲
　　　　神父)[59]

第二條：在此海灣航行或旅行的途中，有一個被稱爲艾爾摩
　　　　沙(Hermosa)的島嶼，由於此島擁有美麗的外觀而
　　　　得名，從海這邊可看見它又高又綠的山脈。葡萄牙
　　　　人經由此島與中國海岸之間航行到日本已超過四十
　　　　年的時間，但從未勘查或停靠過此島。(桑切茲神
　　　　父)[60]

第三條：他們說我們抵達的這個地方，距離中國海岸(da
　　　　banda de China)約有十八里格。(皮列斯修士)[61]

第四條：在海岸更南方(da banda mais ao sul)，在這個島的
　　　　尾端，我們聽說有一處港口，停有二或三艘前去捕

(續)───────

　　　　篇文章的標題即標出「臺灣北海岸」，見《北縣文化》第58期(1998年
　　　　11月)，頁42。

59　'Gómez', p. 3；「戈梅茲書信」，頁228-229。
60　'Sánchez', pp. 10-11；「桑切茲書信」，頁241。
61　'Pírez', p. 14；「皮列斯書信」，頁257。

　　魚和採買獸皮的中國船隻。……我們試圖要購買一
　　艘船，但沒成功。(皮列斯修士)[62]

　　首先，如前所述，從澳門外海六里格處，沿著澳門‧日本航道航行一
百二十里格，緯度大約等於臺灣西海岸的中心位置，不當超過於此。
這個一百二十里格的里程具有相當的可靠性。這艘大帆船在「好風」
相送之下航行四天，這是在相當穩定的情況下測得的里程(帆船航行
時通常每半小時即測一次航速)。我們沒有理由懷疑其可靠性，即或
有差距，應該不大。如果我們相信這個里程，船難地點最可能在臺灣
島西海岸約中心的位置。

　　其次，這個島嶼叫做什麼？戈梅茲神父說：他們的船撞擊到葡萄
牙人稱爲「小琉球」(Liqueo Pequeno)的島嶼；桑切茲神父則說：途
中，航經這個海灣時，是個稱爲艾爾摩沙(Hermosa，即葡萄牙文的
Formosa)的島嶼。艾爾摩沙和小琉球都可以是臺灣島的通稱。不過，
在這裡，我們可能必須處理「臺灣三島」的問題。

　　在十六世紀，臺灣雖從航路上可望見，是航標，而非停靠站，這
是爲什麼葡萄牙人四十年間「過門不入」。此時，歐洲人對臺灣缺乏
實際的認識，一幅一五九二年的地圖，把臺灣畫成二個島。[63] 遲至一
六二一年荷蘭人繪製的「東亞海圖」仍然把臺灣畫成三個島。[64] 根
據威廉‧布勞(Willem Blaeu, 1571-1638)繪製的亞洲地圖，這三個島

62　"Pírez", p. 15；「皮列斯書信」，頁257。
63　彼得‧布朗休斯設計‧哥涅理斯‧格拉斯松印刷出版，「東南亞地
　　圖」，見《十七世紀荷蘭人繪製的臺灣老地圖‧圖版篇‧解讀篇》上
　　冊（臺北：漢聲雜誌社，1997），頁7。
64　黑索‧黑利得松繪製，「東亞海圖」，見《十七世紀荷蘭人繪製的臺
　　灣老地圖‧圖版篇‧解讀篇》上冊，頁83。

的名稱，由北至南依序爲：I. Formosa、Lequeo Pequeno、Lequeo mínor；[65]後二島的名稱都是「小琉球」。戈梅茲神父說：「我們來到一座島嶼，……〔葡萄牙人〕稱這裡爲『小琉球』(Liqueo Pequeno)。」如果戈梅茲神父對臺灣的認知停留在「三島」的認知，船難發生在中間的那個島嶼。

　　然而，桑切茲神父則說：「在此海灣航行或旅行的途中，有一個被稱爲艾爾摩沙(Hermosa)的島嶼。」這裡的Hermosa島是指臺灣全島呢？還是三島中的北島？如果是在北島，桑切茲神父所說的和戈梅茲神父不是正相矛盾嗎？鮑曉鷗認爲這並不一定矛盾。他指出，三島的認知可能是葡萄牙的影響，戈梅茲神父寫這封信時，心中浮現的是這類的地圖。當時，西班牙的地圖製作比葡萄牙精確，桑切茲神父長期居住於馬尼拉，可能比較熟悉較爲正確的西班牙地圖；一幅詳盡的臺灣地圖於一五九七年由西班牙繪製。[66]換句話說，桑切茲神父可能

65　威廉・布勞創辦了十七世紀最成功的地圖出版公司，他是丹麥人，在荷蘭阿姆斯特丹設立公司，製造科學儀器，並出版海圖集和地圖集。他繪製了著名的各大洲地圖，在亞洲地圖中，他把臺灣畫成三個島，由北而南依序標注：I. Formosa、Lequeo pequeno、Lequio mínor。赤道通過中間的島；在臺灣北邊，今天琉球(沖繩)群島的位置上，有個島標明爲「Lequeo grande」，即大琉球之意。地圖見Christine Vertente、許雪姬、吳密察合著，《先民的足跡──古地圖話臺灣滄桑史》(Knokke: Mappamundi Publishers；臺北：南天書局，1991)，頁114-115；前引彼得・布朗休斯設計、哥涅理斯・格拉斯松印刷出版，「東南亞地圖」，北島注明爲「I. Formosa」，中間的島嶼，未標名稱，南島注明爲「Lequeio minor 」；黑索・黑利得松繪製，「東亞海圖」則把三個島標爲「Lequeo Pequeno」，即小琉球之意。

66　José Eugenio Borao Mateo ed., *Spaniards in Taiwan (Documents)*, Volume I: 1582-1641, pp. 10-11, note 3。鮑曉鷗雖然在此註釋中指出戈梅茲神父和桑切茲神父的認知未必衝突，不過他本人卻認爲船難發生在臺灣北海岸。見註58。

知道臺灣不是三個島，而是一個稱爲「Hermosa」的島嶼；若然，他筆下的「Hermosa」不是三島最北的島，而是這整個島嶼的通稱。由於戈梅茲神父所說的「Liqueo Pequeno」更具體，我們可以推測，船

圖2-1

說明：1596出版之《東印度水路誌》收錄之海圖(局部)，將臺灣畫成三個島，北方是美麗島，中間爲小琉球，南方是無名島。

輯自國立臺灣博物館主編，《地圖臺灣：四百年來相關臺灣地圖》(臺北：南天書局，2007)，頁73。(南天書局提供)

難發生在臺灣中部海岸。第三、第四條史料進一步支持我們的推測。

皮列斯修士說：他們說我們抵達的這個地方離中國海岸有十八里格。這裡的「他們」，很可能指華人或日本人；這是「他們」對臺灣海峽寬度的認知。十八里格等於五十四海里，即一百公里。我們知道臺灣海峽最窄的距離是一百三十一公里，如果以北緯24°的寬度來算，大約一百五十公里。我們無法苛求船難者給予我們正確的距離，這是他們的估算，至少告訴我們，這樣的認知不算太離譜。

皮列斯修士又說：在海岸更南方，在這個島的尾端，我們聽說有一處港口，停有二或三艘前去捕魚和採買獸皮的中國船隻。十六世紀末，今天嘉南平原海岸線一帶，華人相當活躍，魍港、北港都是早就出現於中文文獻的港口，有華人來捕魚和購買獸皮的港口，很可能就是魍港、北港，或是再過十餘年堂堂登場的大員。由於有華人出沒，船難者試圖和他們接洽，想購買船隻，但沒有結果。我們不知道確實的原因，或許沒有足以載三百人的大船，或許已經過了航行的季節，不願冒險。總之，這個嘗試失敗了。

然而，船難是否可能如一般所認為的，發生在北部臺灣呢？除了第二條資料有可能(但不必然可)做此解釋之外，其他三條都指向中部海岸。但是，還是讓我們先假設是在臺灣北部海岸，再來評估其可能性。我們知道，此時的淡水和雞籠，已經為華人所熟知，是華人活躍的港口。我們可別忘記：這條船上華人可能占最多數，船難發生後，求生第一，這是大家共同的利益。根據修士皮列斯的信，他們顯然派人到過南方的港口試圖購買船隻，但沒有成功。如果船難發生在北海岸，華人應該往淡水和雞籠尋求救助才對；如此攸關生死的大事，就是步行都得走去。但是，三份文獻無一提及往北探查的事。這可能因為發生船難的地方，是個「前不著村，後不著店」的地方，而距離最

近而有華人活躍的地方在更南的地方。以此，船難發生在北海岸的可能性並不高。

此外，文獻告訴我們船難者上岸的地方，具有如下幾個特點：

1. 船難地點距離海岸(小潮時)二十二公里，海岸是個沙岸。
2. 船難者上岸停留的地方是「一片空曠沙地」。
3. 船難者後來移居到半里格之遠的地方，這個地方靠溪，河道彎曲，靠海地方有個小海灣。
4. 新移居之處離山腳約五公里半，一路遍布大石頭的礫地。
5. 這個地方草地廣袤，野鹿成群，土著用圍獵方式捕鹿。
6. 海岸線很崎嶇，沙洲很淺。
7. 這個地方往南有華人來捕魚和購買獸皮的港口。

這些地理景觀在在讓我們想起臺灣西海岸。臺灣北海岸很難找到符合這些條件的地方，首先，空曠的沙岸一條就是問題。以臺灣北海岸來說，從海邊到山腳距離很短，沒有臺灣中部寬廣。其次，臺灣北部腹地不大，並無曠野可供鹿群食野之苹。再者，臺灣北部海岸不是沙岸，沿海一帶鮮見到處有淺的沙洲。

以此，我們可以排除船難發生在臺灣北海岸的可能性。但是，我們可以知道確切的地點嗎？文獻的里程資料告訴我們，這個地方約在臺灣西海岸的中心點。若純以距離來說，很可能在彰化一帶的海邊。或許那座山頂「有時候浮在雲上」的山，是八卦山，也說不一定。或許，大度山更有可能？

關於一五八二年的船難事件，我們依靠的是三位耶穌會士的書信，他們所記載的事情經緯，角度稍有異同，詳略差別亦大，但大致不相矛盾。很可惜的是，中文文獻似乎未見相關的記載。由於耶穌會士特別專注於宗教事務，因此，我們知道很多細節，如一位葡萄牙人

跳船逃生時把聖餐杯繫在腰間,聖餅是用小肥皂盒(shaving bowls)[67]製作的,教堂一天望四次彌撒等……。他們對「異教徒」的事情記載很簡略,對於救難的最大功臣之一,亦即帶領眾人重建一艘船的人物,除了說他是「異教徒」,並抱怨他把船造得太大之外,未提供任何細節。由於這些書信主要在報導耶穌會士念茲在茲的傳教事業,其於世俗之事不多加著墨是可以理解的。

如果歷史允許中國船難者也留下類似的文獻,或許,我們將看到同一事件很不同的「側面」。帆船觸礁時,當耶穌會神父忙著替信徒告解時,中國乘客可能正忙不迭地跪求媽祖保佑。或許,我們也會看到帆船遭到暴風雨襲擊,船無法靠岸時,華人一起「划水仙」的景象。一六九六年,康熙三十六年(1697)四月十九日(陰曆),一艘帆船在後壠附近的海面遭強風襲擊,讓我們看看船上的眾人如何因應[68]:

> ……少間,風益甚,舟欲沉,向馬祖卜筊,求船安,不許;求免死,得吉;自棄舟中物三之一。至二更,遙見小港,眾喜倖生,以沙淺不能入,姑就港口下椗。舟人困頓,各就寢。五鼓失椗,船無繫,復出大洋,浪擊舵折,鷁首又裂,知不可為,舟師告曰:「惟有划水仙,求登岸免死耳!」划水仙者,眾口齊作鉦鼓聲,人各挾一匕箸,虛作棹船勢,如午日競渡狀;凡洋中危急,不得近岸,則為之。船果近岸,拍浪即碎;王君與舟人皆入水,幸善泅,得不溺;乘浪勢推

---

67 "bácicas fizemos huma maneira de hóstias"是一種裝男士刮臉用肥皂的小圓盒('Pírez', p. 14;「皮列斯書信」,頁249)。

68 郁永河,《裨海紀遊》〔臺灣文獻叢刊第四四種〕(臺北:臺灣銀行經濟研究室,1979),頁21-22。

擁登岸，顧視原舟，惟斷板折木，相擊白浪中耳。

這是距離一五八二年船難事件一百又十四年後的事情，情況不是很一樣。例如，這艘帆船比戈梅茲神父搭乘的澳門商船小很多，觸礁的地方離海灘也比較近，眾人得以靠泅水上岸。又如，澳門商船被颱風吹離航線，撞擊到臺灣海岸沙地而沉船，後者則原本就是沿著海岸航行，怕飄至大洋而不可救，因此主動撞海岸，導致沉船。雖然背景各異，船觸礁後，眾人奮力上岸後，「顧視原舟，惟斷板折木，相擊白浪中耳」，此情此景則又何等相似！

我們也可想像，當戈梅茲神父等人每日定時望彌撒時，華人說不定也在臨時安置的供桌上祭拜天妃娘娘——媽祖。媽祖信仰發源於福建興化莆田，原本是鄉土神，南宋間興盛起來，元以後媽祖成為全國的航海守護神。明朝時，媽祖信仰隨著鄭和海外宣諭活動、遣使冊封琉球，以及明季海上的秘密貿易而傳布至海外，遍及琉球、日本、南海(東南亞)等地。[69] 由於媽祖是海上保護神，當華人——欽差使者也好，洋商、海盜也好——出海時，他們往往在船上祭祀媽祖，官民一同。例如，嘉靖年間奉命出使琉球的官舫，官員「爰順輿情」供奉天妃，舟中之人朝夕拜禮。[70] 民間的船上往往奉祀「船仔媽」、「船仔婆祖」(即媽祖)[71]；個人或「載神香火以行」[72]，或隨身攜帶神明香

69　參看李獻璋，《媽祖信仰の研究》(東京：泰山文物社，1979)，頁205、258-288。
70　陳侃，《使琉球錄‧夷語夷字附》〔國立北平圖書館善本叢書 第一集〕(四部叢刊續編；據明嘉靖刻本影印；臺北：臺灣商務印書館，1966景印)，頁5b、39a-b。
71　以上是早期臺灣移民的作法，見林美容，《媽祖信仰與臺灣社會》(臺北：博揚文化事業有限公司，2006)，頁439、442。

圖2-2
說明：明朝官方派遣使者至琉球，航程起點(左圖)與終點(右圖)皆有天妃宮。輯自夏子陽，《使琉球錄》(1606)「琉球過海圖」。

火袋、小尊神像[73]。

在我們的故事裡，這艘船不是中國人的船，因此，船上或許未公然奉祀媽祖，但是，個別的華人攜帶香火或小尊神像，是可能的。當船遭暴風觸礁沉沒之際，眾人「若有神助」逃過一劫，此時想必不少華人深信是祝禱天妃的結果，因此，他們登岸之後，在茫無頭緒之際，諒必更要祈求媽祖再度保佑了。如果這些華人中也有「能文之士」，他可能也會以不輸戈梅茲神父的虔誠口吻，寫道：某日，「颶風陡作，舟蕩不息，大桅……折去，須臾舵葉亦壞……。當此時，舟

(續)————————————————————

72　李獻璋，《媽祖信仰の研究》，頁280。

73　林美容，《媽祖信仰與臺灣社會》，頁439。

人哭聲震天，……但大呼天妃求救。……果有紅光燭舟，舟人相報曰：天妃至矣，吾輩可以生矣。……」[74]

　　這艘船有不少日本人，那麼，日本人要向何神祈求保佑呢？或許是金比羅神？我們可以進一步想像，但如果我們的目的不在「空想」，而是要作「有效的」歷史想像的話，我們需要更多的相關知識。讓我們就此打住。

　　一五八二年的船難，對四百年後居住在臺灣的人群而言，最重大的意義或許在於：拜此一事件之賜，西方文獻中有了關於臺灣島上土著居民的最初記載。雖然不是很詳細，但也非驚鴻一瞥。臺灣離澳門不遠，然而由於航路以及海潮等原因，乏人問津；葡萄牙人雖遠望而贊嘆其美，卻過門不入。直到十七世紀，這個島嶼才逐漸為人所知，並且成為不同歷史脈絡交錯、輻輳、衝撞在一起的地方。一個島嶼，正等待著歷史的黎明——不，這是浪漫的文學家的說法，我們或許應該說：一個島嶼，正等待拉起文字歷史的序幕。

　　原刊登於《艾爾摩莎：大航海時代的臺灣與西班牙》展覽圖錄，頁25-38。臺北：國立臺灣博物館，2006。2010年8月、2011年7月修訂。

74　文字襲用陳侃，《使琉球錄・夷語夷字附》，頁20b-21a。

第三章

陳第〈東番記〉——
十七世紀初臺灣西南平原的實地調查報告

小引

長年以來，我在大學講授臺灣史，若是史料課，中文文獻一向從陳第的〈東番記〉教起。由於這是第一篇作者親履臺灣的作品，我認爲以此爲起頭是理所當然的。但是，最近和一位歷史學界學者談話時，我提到陳第和他寫的〈東番記〉，才驚覺陳第的名字對許多人來說，陌生得很。

陳第是晚明的重要人物，曾帶兵撫邊，也是影響深遠的學問家，在明清學術思想史上占有開先河的地位。他的聲名在今天如此隱晦不彰，讓我深深感到可惜。作爲臺灣史研究者，我認爲，如果陳第未曾在六十二歲時隨沈有容(1557-1627)將軍追勦海寇渡海到臺灣，並寫下一篇〈東番記〉，十七世紀初的臺灣，將永遠停留在歷史的黑夜中！

曾經存在過的人類活動，不會因爲曾否被記載而失去其存在過的事實。但是，文字記錄是我們通往過去的一個重要途徑；是我們在「昨日之日不可留」的歷史長河中，勉強和過往得以有所聯繫的一點點微小的憑藉。在荷蘭人尚未踏上福爾摩沙島的一六〇三年，陳第來到了這個島嶼，親眼目睹當地的土著，並留下記錄，對我們瞭解尚未

有文字的人群，相當珍貴。

一、陳第其人其事

　　陳第是位非常奇特的人，就是將他放到今天的華人社會中，我認為也還是相當奇特。一九四〇年代撰寫《陳第年譜》的金雲銘先生，開宗明義說，陳第「以名將而兼碩儒，且爲明代之大旅行家」[1]，簡明勾畫出陳第一生的重要事蹟。以下，我將大致以此爲提綱，介紹陳第。

　　陳第字季立，號一齋，又號子野子，明世宗嘉靖二十年(1541)生於福建連江西郊化龍橋北。他的父親陳應奎，字木山，是個秀才，後來當縣吏。陳家在陳第祖父那一代才從貧苦之家慢慢興起。陳第上有兄一人，名又山，字季實。[2]

　　陳第七歲開始讀書，據陳第七世孫陳斗初所編〈一齋公年譜〉(以下稱舊譜)，陳第「一目十行，過目成誦，終身不忘」[3]，顯然是個資質不錯的小孩。八歲時受《尚書》於家，不讀傳註，父親責問他，他回答說：「兒不肖欲思而得之，不敢以先入之說錮靈府耳。」[4]

1　金雲銘，〈陳一齋先生年譜序〉，《陳第年譜》，收於沈雲龍選輯，《明清史料彙編·七集》第1冊(臺北：文海出版社，1971影印，據民國34年福建協和大學刊本)，頁1。〈一齋公年譜〉爲道光28年陳斗初重刊陳第集時，附繫於後，筆者未得見，本文所引係轉引自金雲銘《陳第年譜》。

2　金雲銘，〈陳一齋先生年譜序〉，頁1。

3　金雲銘，〈陳一齋先生年譜序〉，頁2。

4　陳第，〈尚書疏衍自序〉，《一齋集》，收於四庫禁燬叢刊編纂委員會，《四庫禁燬書叢刊》(北京：北京出版社，2000年景印，據明萬曆會山樓刻本，天津圖書館藏；三十五卷存三十三卷)，頁集57：39。

可見他從小就喜歡自己思考，這個習慣一直延續到晚年。陳第能在學問上有所創發，應和此有關。

少年時期，陳第大抵和乃兄在家唸書。舊譜稱，陳第十五歲時，「在家肄業經史之暇，學擊劍，喜談兵，人咸以狂生目之」。日後寫有感昔詩，云：「憶我少年日，悲歌弄寶刀，飲酒動一斗，馳馬弗知勞。」[5]狂放的意態，躍然眼前。假使陳第後來沒有投筆從戎，帶兵守邊，這樣的記載不過是許多人曾有過的「狂放少年時」，但在陳第，這是持之有恆的志氣。

我們要瞭解陳第的悲歌慷慨，必須瞭解他所身處的時代。福建連江在中國東南沿海，在陳第幼年和少年時期，倭寇[6]十分猖獗，經常犯掠中國浙閩粵等沿海郡縣，連江也在被害之列。東南海寇之外，當時對明朝威脅最大的是所謂的「北虜」——蒙古；爲牽制蒙古，明朝對女眞采安撫政策。陳第十歲時，即嘉靖二十九年（歲次庚戌；1550），有「潮河之變」，俺達入寇，焚掠三日而去。舊譜記載陳第的父親閱讀邸報，「每恨無丈夫子當關爲朝廷灑一腔熱血，先生聞之，即能領其意」。[7]丈夫子就是好男子、大丈夫的意思，陳第想是心智早熟的孩童，聽到父親的感慨，深受衝擊，大約已暗下決心要當個「丈夫子」。他後來在上俞大猷（1504-1580）將軍的信中說：「迨及庚戌之變，則涕泣傷之矣。」[8]

倭寇是陳第生活周遭的眞實禍害，北虜是遙遠的，但威脅著國家的命脈。我們知道，在心性最善感的少年時期，陳第關心著遠方的戰

5　金雲銘，《陳第年譜》，頁6。
6　倭寇雖然有「倭」之名，實際上首領大多爲出身浙閩粵的華人。
7　金雲銘，《陳第年譜》，頁4。
8　金雲銘，《陳第年譜》，頁4。

火，而後來提攜他的名將俞大猷和戚繼光(1528-1587)，此時都已經
開始了他們南北征戰的生涯。俞大猷比陳第年長三十七歲，戚繼光比
陳第年長十三歲。陳第十九歲時補弟子員。嘉靖四十一年(1562)，陳
第二十二歲，該年六月倭寇大舉犯福建，戚繼光奉檄往勦，連破倭
寇。八月戚繼光至連江，陳第上平倭策。這是兩人相知的開始。第二
年(1563)戚繼光破倭於連江馬鼻，陳第與諸紳勒石紀其功。[9]一個關
心時事且積極參與地方事務的年輕人，在我們眼前浮現出來。

　　從二十五歲到三十三歲，陳第過著出外讀書講學的生活。他師事
福州潘碧梧先生，並跟著他講學，扮演類似今天助教的角色。[10]陳第
此時是讀書人，在科舉的階梯上，屬於最底層的「諸生」，但從年譜
和陳第的詩文，我們看不出有考鄉試的記載。陳第何以從一介書生變
成帶兵的將領呢？三十三歲這一年是個關鍵。該年秋天俞大猷移鎮福
建，九月俞大猷聘請在家讀書的陳第爲其幕客，陳第從此開始一邊追
隨作幕、一邊向俞將軍學習兵法的日子。根據陳第日後寫給俞大猷的
信，俞將軍「日夜教誨，古今兵法之要，南北戰守之宜，靡不探其奧
蘊⋯⋯。」陳第「因盡得韜鈐方略，大猷喜曰：『子當爲名將，非一
書生也。』」[11]

　　陳第的軍旅生涯共十年，從三十三歲到四十三歲(1573-1583)，
先是作幕，後守古北口、喜峰口。茲撮述其大概於下。

　　陳第是南方人，原先的足跡不出福建一省，大抵限於福州、閩
侯、漳州等城市。由於作幕，一個沒有功名的海陬書生遂得以入京，
縱覽北方邊陲，考察形勢。我們今天交通的進步比起四百年前，何啻

9　金雲銘，《陳第年譜》，頁10-12。
10　金雲銘，《陳第年譜》，頁13-17。
11　金雲銘，《陳第年譜》，頁17-18。

天壤之別，但中國土地遼闊，即使現在要從連江要到北京，都是一段路，更何況遠到山嶺中的喜峰口、古北口。如前所述，明末主要的邊患，北邊是蒙古，東南是倭寇，因此當時的將領轉戰南北似乎很平常。和陳第關係密切的俞大猷、戚繼光、沈有容，出身不同的地方，俞大猷福建晉江人，戚繼光山東濟寧人，沈有容安徽宣城人。他們時而在遼薊騎馬守關防虜，時而到閩粵泛海追擊海盜。舉俞大猷為例，他曾平交黎、破倭寇、勦粵賊、平獞亂，後北調防虜。

陳第追隨俞大猷將軍到京師，也遠到薊門拜訪戚繼光。萬曆三年（1575）陳第上書兵部尚書譚綸（1520-1577），論獨輪車制，譚綸歎服，即補授教車官，以負責該事。以此看來，陳第具有發明製器的才能。次年，陳第三十六歲，車成論功，七月十五日協理戎政尚書劉應節，推補五軍四營中軍，八月領京營軍三千出薊鎮防秋，正式開始帶兵的生涯。[12]

陳第的特別不在於他勇於任事，更在於他專挑最難的事情做。他曾上書譚綸，請求「誠於九邊之中，而擇其地之最重，於重地之中，而擇其事之最難者，使第居之。」萬曆五年（1577）正月二十八日譚綸題補陳第為潮河川提調，三月二十二日到任。潮河靠近古北口。誠如陳第自陳，這是「以南人而當邊事，以書生而撫劇夷」，命卜之曰，將吏無不驚疑。[13] 不過，陳第不止證明他能當邊事、撫劇夷，還做得很好。他幾度蒙受上級題報嘉獎，獲得奉旨加級賞銀等殊榮。[14]

萬曆八年（1580），陳第四十歲，那年秋天戚繼光想推薦陳第為燕河路將，但陳第認為燕河情況不錯，他去沒多大用途，他說他「今年

12　金雲銘，《陳第年譜》，頁19-21。

13　金雲銘，《陳第年譜》，頁22、23。

14　金雲銘，《陳第年譜》，頁28、29、42。

四十，過此則血氣漸衰」，如不趕快用在盤根錯節難以治理的地方，要等到哪天呢？他要求給他「疲敝之營，煩衝之路，眾所不願往者」。陳第的人格特質——避易就難，再度顯現出來。於是戚繼光向兵部推薦守喜峰口。十二月兵部尚書方逢時題補陳第為薊鎮三屯車兵前營遊擊將軍，以署參將駐漢兒莊（漢莊），用副總兵體統行事。漢兒莊在喜峰口，是薊鎮要塞之一。[15]

次年春正月陳第蒞任漢莊。漢莊兵民向來難治，陳第卻治理得很好，得到長官的品題和稱許。漢莊遊擊之任證明他是個能吏。在這期間，陳第曾以採木之名率兵出塞揚威，亦曾自請出關突擊。[16] 但他終於在遊擊任上揮別了鞍馬生涯。事情起於萬曆十年（1582）七月，有制府吳兌的表弟周楷，以書信和禮帖託陳第替他將青布五千餘疋以兩倍的價錢配賣給軍士，陳第拒絕了，為此而得罪上官。會有這樣的後果，在陳第是很清楚的，「然不敢避也，官職去留，所關甚小，操守得失，所關甚大，第雖至愚知所擇矣」[17]。也就是寧可丟官，也不能做官商勾結的事。

陳第以周楷事去官，第二年夏天解珮南歸，結束了十年的軍旅生活。如果說陳第投筆從戎很奇特，那麼，他回鄉後的出處又更奇特了。從四十三歲返鄉至五十七歲，前後十五年，陳第杜門讀書，過著隱居的生活，僅從一二知交遊。然而，像他這樣能做事的人，自然有人想請他出山，福建巡撫許孚遠，曾想聘他為幕府，陳第以病辭，次年又擬向朝廷推薦他，但陳第拒絕得很乾脆，不稍露逡巡之態。後

15　金雲銘，《陳第年譜》，頁34。
16　金雲銘，《陳第年譜》，頁37-38。
17　陳第給總理戚繼光的密啟，敘述此事的經過。金雲銘，《陳第年譜》，頁42-43。

來，巡撫金學曾也想聘他，陳第辭不就。[18]也就是在這段隱居的日子，學問家陳第慢慢現身了。

五十七歲這一年夏初，陳第決心遠遊。但直至七十七歲逝世(1617)以前，陳第未嘗廢讀廢學，他的重要著述大抵成於晚年。以下先介紹他的學問，其次略談他的遊歷。

在陳第的著作中，學術上最具深遠影響的是《毛詩古音考》；他也是清代考證學興起的一個重要源頭。容肇祖先生在《明代思想史》一書中特闢專章談陳第，章名為「考證學與反玄學」[19]，雖然篇幅不長，比起焦竑和顧炎武只占前後章的一節，不能不說容肇祖特別看重陳第開先河的地位。

在陳第的時代，還沒有上古音與後來的發音不同的明確觀念，因此關於詩經的押韻，一般接受「協音」說。所謂協音(或作「叶音」)，指作詩時為了押韻的需要，臨時改讀某些字音；宋人把這種情況叫做協音。由於前人以為古音和今音相同，因此把詩經中不合韻的都看成協音。[20]陳第的父親木山先生從來不相信協音的說法，當陳第在家讀書時，木山先生曾說，近世律詩絕句，協音的都很少見，哪有詩經三百篇都是協音的道理。陳第謹記在心，「故上綜往古篇籍，更相觸證。久之，豁然自信也」。[21]他得到一個結論：詩經是押韻的，更進一步用本證和旁證的方法，考訂出詩經用字的古音。關於古音，雖有前人在著述中提及，但未作成確論，遑言論證。陳第的主

18　金雲銘，《陳第年譜》，頁45-59。
19　容肇祖，《明代思想史》(臺北：臺灣開明書店，1962臺一版／1973臺三版)第八章，頁270-283。
20　參考王力，《漢語音韻》(香港：中華書局，1972)，頁142-146。
21　陳第，〈屈宋古音義跋〉，《一齋集》，頁集57：259。

張，在當時只有焦竑所見相同。焦竑曾在文章中提及類似的看法，陳第引爲知音，日後一見而成知交，陳第於是借用焦竑的藏書完成《毛詩古音考》。[22] 書刻成時，陳第六十六歲。

陳第的創見其實是從「常識」入手，他認爲：詩是用來當聲教的，讓人能歌詠、長言嗟嘆，以至於不知不覺手足舞蹈起來，達到教化的目的。如果只是意思深長而韻不諧，那麼只能算是文章罷了。士人的篇章都有音節，田野俚曲也都諧聲，哪有古人的詩獨獨無韻？他指出，由於時代和地區的不同，字和音發生變化，因此拿當代的音來讀古人的作品，當然有不順不合的地方。[23] 在這裡，我們看到木山先生的影響，陳第從來也將這個發現歸之於父親的啓示，但如何證明就要靠學識和方法了。

容肇祖盛贊陳第的方法，說這是「科學的治學方法」，是「學術史上一大進步」，是「他在思想史上最大的貢獻」。[24]在此有必要簡單介紹陳第的方法。由於他認爲詩經的詩篇是押韻的，因此以詩經本身的章句作爲「本證」，提出某個字的讀法，再舉隋唐以前的古籍作爲「旁證」，整理出四百九十八字的古音，如服音逼，采音泚，友音以。爲了一個字，他舉證一、二十條，如服音逼，本證十四條；旁證十條[25]，極具說服力。

陳第的古音說，但當時除了焦竑之外，沒有共鳴者。陳第有〈毛詩古音攷咏〉，詩云：「茂樹數十丈，秋來葉自零，黃鶯鳴出谷，春去聲亦停。著書雖絕妙，違世空沈冥，所以揚(案刻本作楊)雄氏，皓

22　陳第，〈毛詩古音攷跋〉，《一齋集》，頁集57：198。

23　陳第，〈毛詩古音攷自序〉，《一齋集》，頁集57：99。

24　容肇祖，《明代思想史》，頁279。

25　陳第，《毛詩古音攷》卷一，《一齋集》，頁集57：110。

首大玄經。毛詩本古韻，自少聞趨庭，晚逢焦太史，印可豁心靈。稽
援慭寡陋，孤唱誰當聽。寂寞棄篋笥，寸衷曾不悔，匪爲一時言，冀
以俟千載。」[26]他自認此書是違世之作，不可能獲得當代賞識，只有
等待千年之後了。

　　實則陳第太悲觀了，古音的研究入清後蔚爲顯學。俞樾認爲：
「古音之學溯源於吳才老，而明陳第之毛詩古音考亦其先河也。」[27]
顧炎武研究古音，用「本證」和「旁證」的方法就是源自陳第的《毛
詩古音考》；如果說顧炎武是古韻學的奠基者，那麼陳第就是開路先
鋒。就清代整個考證學而言，其起源可以追溯至明中葉，而陳第、焦
竑都是箇中重要人物。[28]至於容肇祖認爲陳第「反玄學」，恐有待商
榷。[29]總之，這位曾騎馬長城上的遊擊將軍，也是中國近代學術史上
一位開先河的人物。

　　陳第晚年從事遊歷，走遍四山五嶽，金雲銘認爲他的行旅所經，
明代除了晚他數十年的徐霞客（1587-1641）外，實不多見。徐霞客的
遊記，當時人題詠甚多，錢牧齋曾稱之爲千古奇書。相較之下，陳第
之遊，後世學者反而無所知。金雲銘爲之深感可惜。何以一彰一晦？
金雲銘認爲，因爲徐霞客之遊有日記，所記事跡路線、山川風物較
詳，而陳第之遊只有《兩粵遊草》及《五嶽遊草》，是詩歌，語焉个

26　陳第，《寄心集》卷三，《一齋集》，頁集57：358。

27　轉引自金雲銘，〈陳一齋先生年譜序〉，頁1。

28　參考余英時，〈從宋明儒學的發展論清代思想史──宋明儒學中智識
　　主義的傳統〉，收於氏著，《歷史與思想》（臺北：聯經出版公司，
　　1976），頁106-115。

29　余英時認爲考證方法和反理學並無必然關係，如焦竑在清代以考證聞
　　名，而在明代卻是一位理學領袖。見余英時，〈從宋明儒學的發展論
　　清代思想史──宋明儒學中智識主義的傳統〉，頁108-109。

詳，且時序不清。[30]換句話說，陳第寫作很「簡約」，能寫下我們即
將要討論的〈東番記〉，是很難得的。

　　陳第的遠遊可以分為兩個階段，前一階段始於五十七歲，以兩
粵、各地名勝古蹟為主，三五年回家省墓一次；後一階段從七十歲到
七十六歲為止，一出門就是六年，遊五嶽。返家後第二年，病逝於連
江宅中，享年七十七，結束了奇特的一生。陳第到臺灣是在第一階
段，至於其因緣，容於第二節再述。

　　陳第的遊草和詩序非常值得一讀，他提出能遊者「遊有五」──
不懷安、不惜費、不思家、不怯死、不立我[31]，若用現代話來說，就
是「遊者五不」了，真可作為天下旅遊者的箴言。陳第之遊饒富意
趣，限於篇幅，無法多著墨。在此須一提的是，陳第在前一階段的旅
遊中，時而和同好交遊，最後長達六年的五嶽之遊，身攜一僕，較少
與人來往。讀者或許注意到，他開始五嶽之遊時，年紀已經七十了。
當他表示要出遊時，親友知交爭相來勸阻，他的大兒子祖念拉住他的
衣角哭泣。陳第曉諭他說：「吾自度精神尚可，不死爾，何牽俗情而
傷汝父好遊之志？」祖念心想：「家大人每遊容貌若滋而豐，鬢髮若
染而黑，是遊大有裨於養生也。」遂放手。[32] 根據陳第的詩，他的身
體也的確很好，七十五歲時「耳目稍如舊，齒牙幸頗堅」。以此，陳
第六十二歲乘船來臺灣，海上的顛簸應算不得什麼吧？

　　陳第的著述並不算多，茲依刊刻先後列於下：《謬言》（1595，
55歲）、《意言》（1597）、《書箚燼存》（1601）、《薊門塞曲》與

30　金雲銘，〈陳一齋先生年譜序〉，頁1。

31　〈龍臺嘉會有序〉，《五嶽遊草》卷五，《一齋集》，頁集57：437。
　　「不立我」意思為和他人渾然一體，不突出個人的看法和感受。

32　陳祖念，〈五嶽遊草跋〉，《一齋集》，頁集57：374-375。

《兩粵遊草》合刻(1601)、《薊門兵事》(1603)、《毛詩古音考》
(1606)、《伏羲圖贊》(1609)、《寄心集》(1611)、《尚書疏衍》
(1612)、《屈宋古音義》(1614)、《五嶽遊草》(1616)。可見陳第著述
皆刊刻於五十五歲以後。《薊門塞曲》成稿於萬曆十一年(1583)，另
外，陳第逝世前一年曾整理家中藏書，作成「世善堂藏書目」。陳第
的文集有明萬曆會山樓刻本的《一齋集》，扉頁有「焦竑　侯鑑定」字
樣(焦竑字弱侯，疑脫弱字)，此集除上述著述外，收有《松軒講
義》。筆者利用的《一齋集》，係據天津圖書館藏會山樓刻本景印，
缺二卷，不知所缺為何，或即為《薊門兵事》和《薊門塞曲》。[33]
《一齋集》列在清朝四庫全書禁燬書目，終有清一代和中華民國時期
似不易得見。

　　《一齋集》未收錄〈東番記〉，道光二十八年陳斗初編〈一齋公
年譜〉，認為這篇文章和若干作品「俱逸而不傳」[34]，金雲銘撰寫
《陳第年譜》時，也認為已經遺失了。由於陳第的生平鮮為人知，著
述流傳不廣，〈東番記〉又未收入文集中，因此其「佚失」，並不令
人驚訝。然而，這篇臺灣史珍貴的文獻何以能「佚」而復得，最重要
的功臣是已經去世的前輩學者方豪先生。限於篇幅，筆者無法在此詳
述這段「上下求索」的曲折經過。簡單來說，在陳第〈東番記〉重現
之前，臺灣方志著錄周嬰為〈東番記〉的作者——無獨有偶，周嬰也
的確著有一篇〈東番記〉，是賦體，大部分內容根據陳第〈東番記〉
和張燮《東西洋考》卷五附〈東番考〉，改編而成，但最後兩段則有

33　筆者推測《薊門兵事》和《薊門塞曲》或許就是《一齋集》被列為禁
　　燬書目的主因。關於《薊門兵事》，見註54。
34　見方豪，〈陳第東番記考證〉，收於氏著，《方豪六十自定稿》(臺
　　北：方豪自印，1969)，頁851。

新訊息[35]；總之，周嬰此文不是一般傳抄的〈東番記〉。方豪懷疑〈東番記〉非周嬰所作，推斷可能爲陳第所作。以此爲線索，經過數年的追尋，一九五五年，終於在東京大學所藏沈有容輯《閩海贈言》一書中重獲陳第〈東番記〉原文，了結了此一公案。[36] 一九五九年臺灣銀行經濟研究室刊行《閩海贈言》鉛印排字本，陳第〈東番記〉遂得「佚而復現」。

我們今天知道，陳第〈東番記〉只收入《閩海贈言》一書中，如果這本書不存在於人間，我們大約也看不到〈東番記〉的原貌了。[37] 因此，我們應該慶幸，《閩海贈言》不曾散佚，更要慶幸沈有容間接替我們保存了這份文獻。

二、沈有容和〈東番記〉的寫作因緣

陳第遊二十年，其遊既廣且遠，但留下文字不多，以詩爲主，《兩粵遊草》收有五篇遊記[38]，《五嶽遊草》則只有詩，詩若有序也相當簡短。從他的生平來看，他是個「文尚簡」的人，不輕易寫作，也不輕易留下文字。他的書信集命名《書箚燼存》，他自稱寫信不寫

35　見張崇根，〈周嬰《東番記》考証〉，收於氏著，《臺灣歷史與高山族文化》(西寧：青海人民出版社，1991)，頁156-168。

36　關於方豪發現陳第〈東番記〉及其考證經過，見方豪，〈陳第東番記考證〉，頁845-864。

37　陳第〈東番記〉全文收入何喬遠的《閩書》卷146〈島夷志〉「東番夷人」條，但未明白註明作者，且有異文。見何喬遠編撰，《閩書》(福州：福建人民出版社，1995)，第5冊，頁4359-4361。如非〈東番記〉原文出現，我們無法判斷何喬遠所抄錄者是否爲全文。

38　〈入粵記〉、〈居羅浮記〉、〈遊西樵記〉、〈遊七星岩記〉，以及〈遊粵西記〉。

草稿，即使寫草稿，不久也付之於火，薊門十年，歸田出遊又十餘年，總共不過於「煨燼中檢得」二十餘篇。[39]陳第的〈東番記〉共一千四百三十八字，對著作等身的人而言，不算長，但在陳第，誠屬難得。何以陳第會留下這麼一篇文章？要回答這個問題，首先須說明《閩海贈言》是怎樣的一本書。

《閩海贈言》，如果用現在的話來說，就是一本將別人寫贈自己的詩文合刊在一起的紀念冊。此書贈者為「縉紳諸公」，受贈者是沈有容，內容以文類分為碑、記、序、詩，以及卷末附錄。贈言的重要主題是沈有容在福建外海的兩大偉蹟：其一為追勦海寇到東番，並大破之；其二，親往彭湖(今澎湖，明代一般寫作彭湖)，諭退荷蘭酋(聯合東印度公司艦隊司令)韋麻郎。用當時的語言，就是「平東番却西夷」。關於「却西夷」，澎湖馬公媽祖宮出土的「沈有容諭退紅毛番韋麻郎等」碑，就是紀念此事。由於《閩海贈言》的性質如此，方豪認為此書應是隨收隨刻。東京大學藏本刻於沈有容死後，可能在崇禎二年或三年(1629、1630)，但在此之前應有較早的刻本流傳於外。[40]

沈有容雄才大略，不過似乎有點好大喜功，也喜歡朋友稱頌他。陳第不是個喜歡作應酬文字的人，歸田後「慶弔俱廢」，但他和沈有容相知甚深，且追勦海寇到東番，事非尋常，因而加入此一歌功頌德的行列。除了〈東番記〉之外，《閩海贈言》還收有陳第〈舟師客問〉一文，以及四首詩。

沈有容，安徽宣城洪林橋人，生於嘉靖三十五年十二月二十二日(1557年1月22日)，卒於天啓七年五月(1627年6月13日至7月12日之

39　陳第，〈書簹爐存小序〉，《一齋集》，頁集57：286。

40　方豪，〈陳第東番記考證〉，頁854-856。

間)。[41] 有容字士弘，號寧海，家庭以習文相傳，但他「幼走馬擊劍好兵略」[42]，舉萬曆七年(1579)應天武鄉試第四名，第二年會試落第，投薊遼總督梁夢龍，蒙錄用爲旗牌，不久即補昌平右騎營千總[43]，開始了戎馬生涯。沈有容先後在薊遼、海壇、中左(廈門)、石湖、浙江、福州、定海、登萊等地負責邊防或海防，屢立奇功，逐步升爲參將、總兵、中軍都督府簽事。天啓四年(1624)六十七歲時，退役還鄉。[44]

　　沈有容膽識過人，戰鬥力很強，他在遼薊一帶防邊時，萬曆十一年秋，朵顏長昂以三千餘騎犯劉家口，沈有容夜半率健卒二十九人擊退之，由是知名。[45] 根據他自撰的小傳〈仗劍錄〉(寫於擔任定海水軍參將時)，他經常有功卻未獲得當得的獎賞和提拔，反倒常受人嫉妒和排擠，甚至陷害。沈有容曾幾度乞歸，終不得遂；賞識他的上司還是大有人在。[46] 沈有容個性豪爽，常能夠將自己的功勞分給同事。他在自傳說自己曾因分功散金，而「謬得任俠聲」[47]，比對《閩海贈言》長官、友朋的記載，誠可信也。沈有容做事不循常軌，例如，他征剿占據東番的海盜，將從海盜那邊奪來的價值數百金的物資，分賞

41　姚永森，〈明季保台英雄沈有容及新發現的《洪林沈氏宗譜》〉，〔廈門大學〕《台灣學研究集刊》1986年第4期，頁83、86。沈有容傳，見張廷玉等撰，《明史》(北京：中華書局，2003)，卷270，頁6938-6939。

42　金雲銘，《陳第年譜》，頁61。

43　沈有容，〈仗劍錄〉，收於姚永森，〈明季保台英雄沈有容及新發現的《洪林沈氏宗譜》〉，頁87。

44　姚永森，〈明季保台英雄沈有容及新發現的《洪林沈氏宗譜》〉，頁83。

45　沈有容，〈仗劍錄〉，頁87；《明史》，卷270，頁6938。

46　沈有容，〈仗劍錄〉，頁88-90。

47　沈有容，〈仗劍錄〉，頁88。

給兵士，而不繳給官府[48]，有「不惜黃金與士分」之譽[49]。陳第稱贊他是「伉爽、敏達、勇敢士也」。[50]

讓沈有容心滿意足，認為勝過平生辛苦戰功十倍的是，萬曆三十九年(1611)六月，有三艘船遭難漂流至溫州外海鳳凰洋，船上有安南商人裴光袍等一百二十九人。他們一開始被誤以為是倭寇(海寇)，當時沈有容的部屬都想把這批人當成倭寇殺了，當作戰功，還跪求沈有容同意(反過來說，應該有水師殺商民以充倭寇報功的例子)。沈有容不止力排眾議，存活他們，在等待聖旨的九個多月，供給衣食，最後擔心陸路遲緩，還派三艘兵船護送他們到粵東，轉送到廣西總督，再發送回安南。[51] 從今天的角度來看，沈有容的作法可說充分流露人道精神。

《閩海贈言》收有陳第詩〈寄送沈士宏將軍使日本〉[52]，根據沈有容〈仗劍錄〉，福建巡撫金學曾擬派他前往日本，探查關白(日本幕府將軍)的情況，方式是扮成商人，後來未能成行。[53]

沈有容出身文人之家，卻喜劍馬兵法，這和年輕時期的陳第，有點相像。陳第認識他不在福建，而是在薊門；沈有容為陳第《薊門兵

48　陳第，〈舟師客問〉，收於沈有容輯，《閩海贈言》〔臺灣文獻叢刊第五六種〕(臺北：臺灣銀行經濟研究室，1959)，頁31。

49　陳俊才，〈贈沈將軍閩海奇功(二首)〉，《閩海贈言》，頁90。

50　陳第，〈舟師客問〉，頁31。

51　沈有容，〈仗劍錄〉，頁89。何喬遠〈署水標參將勳德碑〉、熊明遇〈定海新署落成序〉、沈演〈贈晉登萊督府序〉、傅啟祚〈寧海將軍東沙獲捷暫還宛陵長歌一首贈別〉，皆提及此事，惟人數皆作一百三十九人，分見《閩海贈言》，頁18、55、58、74。

52　陳第，《兩粵遊草》，《一齋集》，頁集57：449-450。

53　當局「授容千金」，有任俠氣的沈有容把這筆錢都給了同行者劉思，後來不行果，當局追還原金，害得劉思「因是破家」。沈有容，〈仗劍錄〉，頁88。此事推測可能在萬曆二十四年(1596)之後。

事》寫序，云：「季立先生在薊，余甚習其行事」[54]，可見非泛泛之交。他們的友誼一直持續著。在此順便一提，陳第一生交遊不廣，但頗有一些知友，相契甚深，沈有容就是這類的朋友。

俞大猷在陳第三十九歲時(1579)逝世於福建；戚繼光也在陳第四十七歲那年十二月卒於山東蓬萊里第。陳第晚年最有來往的袍澤舊友就是沈有容將軍了。萬曆二十五年(1597)陳第五十七歲開始出遊後，和沈有容頗多聯繫，幾度同遊、互訪；陳第也和沈有容之兄沈刺史士莊相善，曾住在他的官邸和安徽宣城老家。茲就文集和年譜記載所及，將陳第與沈氏兄弟之過往情況整理如下[55]：

萬曆二十五年冬	與好友林培之訪沈有容於鎮東。
萬曆二十六年春二月	訪沈有容於海壇，一起泛海觀石碑洋。
萬曆二十七年二月	訪沈士莊於康州(廣東德慶縣)。
九月	再訪沈士莊於康州，歲暮仍駐足於沈刺史家。
萬曆二十八年夏	仍在康州沈士莊刺史署中。
九月	由康州回廣州。
萬曆二十九年初秋	和沈有容、王鍔同遊福州南臺。
冬十月	訪沈將軍於嘉禾(廈門)。
萬曆三十年十二月初七	陳第和沈有容同往東番勦倭。
萬曆三十一年暮春	同遊廈門普照寺；陳第居豐山(泉州避暑勝地)，沈有容來訪。

---

54 沈有容，〈刻薊門兵事序〉，收於陳第，《薊門兵事》(七世從孫陳斗初重刊刻本)，頁1a。此一刻本收於《白沙遺言纂要》。承蒙蔡蕙光小姐於東京大學圖書館替我尋得此書，謹此誌謝。

55 金雲銘，《陳第年譜》，頁61、66、69-72、74-76、78、90-92。

| 萬曆三十七年春三月 | 至安徽宣城，寓沈士莊家。 |
| | 秋　病足養痾於沈士莊家，時沈士弘將軍亦致仕在里，故先生寓其家，至多間始離去。 |

據此，我們知道陳第在第一階段之遊，和沈氏兄弟來往密切。萬曆三十八年，陳第開始七十老人之遊，似乎再沒機會再和沈氏兄弟見面。

沈有容和陳第的交誼，還顯示在沈有容爲陳第刻書和寫序。沈有容欣賞陳第的《薊門塞曲》和《兩粵遊草》，替他刊行合刻本，並寫序。[56] 另外，如前所述，沈有容也爲陳第的《薊門兵事》寫序。

沈將軍和陳第之相得，更在於「文」。沈有容訪陳第於豐山，陳第作詩相贈，詩云：「豐寺山幽麇鹿群，頻頻過我獨憐君，徵歌日落猶呼酒，剪燭更深併論义；北走度遼驅虜騎，南來橫海掃蠻氛，細看刀箭瘢痕滿，麟閣還誰第一勳。」[57]可見他們還是學問之交。陳第自從退隱之後，「當事者徵之弗就，叩之弗對，故時友生招之論學，弗赴也」，一副拒人千里之外的意態，但是只要和他接近，「人獲其益，蓋即之惟恐不即，留之惟恐不留也者」。[58]也就是恨不得接近的意思。看來沈有容對陳第也是「即之惟恐不即，留之惟恐不留」，所以往來頻繁。

沈有容的英雄本色，也讓陳第佩服不已。陳第曾在〈入粵記〉中記載他和沈有容一起泛海觀石碑洋的軼事：「一日乘巨艦破浪，偶閣(擱)沙礫，舟人驚惶，將軍獨自若，謂余日：『吾與公豈海中腐骨

56　沈有容，〈合刻塞曲粵草序〉，《一齋集》，頁集57：285。
57　陳第，〈沈士弘將軍過訪豐山賦贈〉，《五嶽遊草》，《一齋集》，頁集57：434。
58　沈有容，〈刻薊門兵事序〉，頁1b。

乎?』潮長(漲)竟脫。」[59](括弧及其內文字爲筆者所加)生死關頭,鎮靜自若,實非常人所能。其實陳第也是如此,沈有容記載他們一起泛海到東番的經過:「……泛海邈出蓬壺之外,浪湧風顛,舟且覆矣,〔陳第〕則從容歌曰:『水亦陸乎,舟亦屋乎,與其死而棄之,何擇於山之足、海之腹乎?』」[60](括弧及其內文字爲筆者所加)亦即死在陸上和海上都一樣,何必驚慌而逃。英雄惺惺相惜,良有以也。

「泛海邈出蓬壺之外」的「蓬壺」就是彭湖。在帆船時代,從中國福建出海到大員(今臺南安平)的水程非常險惡。私意以爲,吾人要瞭解「唐山過臺灣」的歷史,不能不知道渡海之難之險。沈有容以二十一艘船從金門料羅灣出海,由於風力的關係,一天一夜後,到彭湖附近,只集合得十艘船[61],接著是驚險的渡海。陳第在〈泛海歌二首有序〉的序中寫道:「萬曆壬寅十二月初七,余同沈士弘將軍往東番勦倭。初八晚,舟過彭湖溝,颶風大作,播蕩一夜一日,勺水不得入口,舟幾危者數矣。」[62]屠隆描述道:「將士顛危銀山雪屋中,與潮俱沒,與潮俱出」[63],意象生動。這應該是最早形諸文字的「橫渡臺灣海峽」吧。

何以沈有容有東番之役?東番是地名,在彭湖外海,不屬中國。萬曆三十年秋天,有七艘倭寇(海盜)船從廣東至福建,又從福建至浙

59 陳第,〈入粵記〉,《兩粵遊草》,《一齋集》,頁集57:463-464。
60 沈有容,〈刻薊門兵事序〉,頁1b-2a。此歌亦收入《五嶽遊草》,是〈泛海歌二首有序〉之一,惟「乎」字皆改爲「兮」字,見《一齋集》,頁集57:394。
61 陳第,〈舟師客問〉,頁30。
62 陳第,《一齋集》,頁集57:394。
63 屠隆,〈平東番記〉,收於沈有容輯,《閩海贈言》,頁22。

江，再從浙江回到福建，他們占據東番，橫行三省[64]，「夷及商、漁
交病」[65]，也就是說有三種人受害，他們是東番的土著(夷，東番夷
人)、商人和漁夫。當時福建巡撫朱運昌給沈有容密箚，命他往勦盤
據東番的倭寇。[66]沈有容於是秘密從事作戰的部署，但不稍露消息，
所以沒有人知道他將攻打東番。在他的作戰準備中，包括私下招募漁
人前往東番，畫下地理形勢，因此他得知彭湖以東，從魍港到加哩，
往往有島嶼可以泊船。[67]

　　沈有容將前往東番勦寇時，陳第剛好有「觀海之興」，於是和他
一起前往。十二月不是出海的好時機，諸將和舵師都面有難色，並且
說：「此征討非奉中丞臺檄不可。」要求要有官方的文書才肯出海。
沈有容仗劍說；「汝輩安知吾不奉命中丞臺者？有密札在，敢擅沮軍
者，斬之。」眾人方才懾服。[68]

　　在這裡，筆者必須指出，陳第所記載的出海日期和沈有容所記有
出入，陳第〈泛海歌二首有序〉出發日期明確作十二月七日，〈舟師
客問〉一文作「臘月初旬」，兩相一致[69]，沈有容〈仗劍錄〉則寫
道：「十二月十一日統舟師二十四艘往勦。」[70]不惟日期不同，統帥
的船隻也不同。照理說，我們應該以沈有容的日記為準，但一則陳第

64　陳第，〈舟師客問〉，頁28、30。

65　陳第，〈東番記〉，收於沈有容輯，《閩海贈言》，頁27。

66　葉向高〈改建浯嶼水寨碑〉云：「中丞滇南朱公下其議於巡海四明徐
　　公，如程公議，疏閩報可，以其事屬把總宛陵沈將軍」，見《閩海贈
　　言》，頁5。文中所謂「中丞滇南朱公」即福建巡撫朱運昌，「把總宛
　　陵沈將軍」即沈有容。

67　屠隆，〈平東番記〉，頁21；陳第，〈東番記〉，頁29。

68　屠隆，〈平東番記〉，頁22。

69　陳第，《一齋集》，頁集57：394；陳第，〈舟師客問〉，頁28。

70　沈有容，〈仗劍錄〉，頁88。

的記載相當明確，再則，沈有容自己在數字方面的記載未必正確，如
存活安南漂流民，他自己寫一百二十九人，但收於《閩海贈言》的三
篇文章有二篇作一百三十九人，何喬遠撰寫的碑文則取其整數，曰
「百四十」[71]，看來不像筆誤。另外，沈有容東番之役所率船隻數
目，根據黃克纘的〈蕩平海寇序〉，和陳第一樣，也是二十一艘。[72]
以上這些文章都收在沈有容生前刊刻的《閩海贈言》，應得沈有容寓
目才是，以此，筆者在本文採取陳第所記載的日期。

　　如前所述，十二月七日沈有容率領二十一艘船艦出海，遇風眾艦
漂散，第二天清晨集合得十餘艘，但他認為破敵立功這應該就夠了，
因此繼續前進。該晚遇上颶風，將士萬死一生卻仍然銳氣十足，從彭
湖又行一晝夜，才抵達東番。海盜望見沈軍，出舟迎敵，沈將軍率領
諸將士作殊死戰，以一當百，賊大敗。[73]沈有容在東番留至除夕方才
班師，返回料羅灣。沈有容擊潰占據東番一隅的海寇，立下大功，不
過當時也有人從多方面質疑他，例如認為海寇盤據東番，而東番不屬
於中國，沒有理由闖到版圖之外的地方去攻打海寇。關於這些因循的
說法，陳第在〈舟師客問〉一文中，一一替沈有容辯解。

　　倭寇(海寇)占據東番時，對當地土著造成很大的干擾，因此海寇
被擊潰之後，東番的首領很感激沈有容將軍為他們除害，率族人來
見，並且獻上鹿和酒。[74]沈有容擊敗海寇的日子應是十二月初十，到

71　一百三十九人見沈演，〈贈晉登萊督府序〉以及傅啓祚，〈寧海將軍
　　東沙獲捷暫還宛陵長歌一首贈別〉，皆提及此事，惟人數皆作一百三
　　十九人，收於沈有容輯，《閩海贈言》，頁58、74；「百四十」見何喬
　　遠，〈署水標參將勳德碑〉，收於沈有容輯，《閩海贈言》，頁18。
72　收於沈有容輯，《閩海贈言》，頁43。
73　屠隆，〈平東番記〉，頁22。
74　原文作：「東番大酋德其為己除害也，率其黨出謁，……。」曾有學

十二月三十日除夕班師，前後共二十一天，陳第陪同沈將軍滯留於東
番。也就是在這段期間，陳第實地觀察東番土著的風俗習慣，返回福
建後寫成〈東番記〉，以紀念並頌揚沈將軍的非凡功績。也就是以此
爲因緣，我們才有這篇描述十七世紀初臺灣土著的第一手中文文獻。

三、〈東番記〉內容解讀

　　陳第〈東番記〉雖然只有一千四百三十八字，但這是陳第眞正腳
踏臺灣土地，根據親眼觀察和採訪而留下的記錄，方豪稱之爲「最古
的臺灣實地考察報告」[75]。此外，陳第學問很扎實，下筆嚴約，因此
他的〈東番記〉有著非常充實而豐厚的內涵，像個大鐘，小叩小響，
大叩大響。以下讓我們試敲這個鐘，意在引來更大的敲叩和回響。

　　陳正祥說陳第〈東番記〉是「中國人記載臺灣最早最確實的地理
文獻」[76]，那麼，讓我們看看〈東番記〉如何寫東番夷人所居地的範
圍：

> 東番夷人不知所自始，居彭湖外洋海島中，起魍港、加老
> 灣，歷大員、堯港、打狗嶼、小淡水；雙溪口、加哩林、沙
> 巴里、大幫坑，皆其居也，斷續凡千餘里。

(續)————————————————

　　者把「德其」當成東番大酋的名字，誠誤也。陳學伊，〈題東番記
　　後〉，收於沈有容輯，《閩海贈言》，頁28。

75　方豪，《臺灣早期史綱》（臺北：臺灣學生書局，1994），第8篇〈沈有
　　容在臺澎及附近的功績〉，頁137。

76　陳正祥，〈三百年來臺灣地理之變遷——爲紀念鄭成功復臺三百週年
　　而作〉，《臺灣文獻》12卷1期(1961年3月)，頁78。

首句標出不明白東番夷人的來源。在這裡，須先說明標點的問題。我
們知道，在白話運動起來以前，中文是不標點的，臺灣銀行經濟研究
室鉛字排印本將這段文字斷成：「……起魍港、加老灣，歷大員、堯
港、打狗嶼、小淡水、雙溪口、加哩林、沙巴里、大幫坑，皆其居
也，……」也就是全部的地名一路排到底，意思即東番的地理範圍是
從魍港、加老灣開始，經過大員、堯港、打狗嶼、小淡水、雙溪口、
加哩林、沙巴里、大幫坑等地。但康熙二十三年(1684)杜臻撰寫《粵
閩巡視紀略》，撮述陳第〈東番記〉，顯然理解成：「其地起魍港、
加老灣，歷大員、堯港、打狗嶼、小淡水，又有雙溪口、加哩林、沙
巴里、大幫坑，皆其居也……。」[77]這是個重要的消息。

康熙二十二年(1683)清朝取得臺灣，工部尚書杜臻奉命巡視閩
粵、畫定疆理，他在該年十一月啟程，次年五月完成任務，此書就是
他的巡視報告。杜臻雖然未親自到臺灣，但他利用咨訪所得的資料寫
成彭湖臺灣一卷。杜臻的時代距陳第〈東番記〉約八十年，當時人的
說法值得我們參考。以此，我們有理由認為陳第講完東番的南北範圍
之後，在回頭提一些重要的地名，而這些地方不必然在小淡水之南。

魍港一般認為就是後來清代文獻中的蚊港，約在今天嘉義八掌溪
溪口好美(虎尾寮)一帶[78]，加老灣即加老灣島(又作咖咾員)，是臺江
外圍沙堤(沙洲)的一環，位於北線尾島之北，有港口，大員即今天臺

77　杜臻，《粵閩巡視紀略》〔四庫全書珍本四集〕(臺北：臺灣商務印書
　　館，1973)，卷6「附紀彭湖臺灣」，頁7。
78　盧嘉興、冉福立皆作此主張，見盧嘉興，〈蚊港與青峯闕考〉，《臺南文
　　化》7卷2期(1961年9月)，頁13；格斯・冉福立(Kees Zandvliet)著、江樹生
　　譯，《十七世紀荷蘭人繪製的臺灣老地圖・論述篇》下冊(臺北：漢聲
　　雜誌社，1997)，頁66-67。八掌溪在荷蘭古地圖上稱為麻豆溪，然該溪
　　並不流經麻豆社；流經麻豆社的是曾文溪。

南安平，堯港即蟯港(今高雄茄萣、崎漏一帶)，打狗嶼即打鼓山(高雄)，小淡水即下淡水(高屏溪)。以上地名的比定，雖然學者之間看法不全然一致，但南北順序和所在大抵如此——由於河川改道，海岸線變更，若干歷史地名實不易指實為今天某地。東番的南北範圍如此，那麼，雙溪口、加哩林、沙巴里，以及大幫坑又在哪裡呢？

圖3-1
説明：東番的範圍，底圖為1636年荷蘭人繪製的福爾摩沙與漁翁島圖(局部)。輯自《先民的足跡：古地圖話臺灣滄桑史》，南天書局，1991，頁128-129。(南天書局提供)

陳第〈舟師客問〉是〈東番記〉的姊妹作，文中說沈有容將軍私
募漁人畫東番的地里，因此「……乃知彭湖以東，上自魍港、下至加
哩，往往有嶼可泊。」[79]可見加哩在魍港之南；加哩應為加哩林的省
文。「下至」指最南邊的港口，由於沈有容找人暗中偵查繪圖，目的
是要尋找可以停泊船艦的港口，以攻打盤據大員的海寇，因此加哩不
當離大員太遠。筆者的推測是有旁證的。杜臻在《粵閩巡視紀略》，
說：「……莽港，即陳第所謂魍港也，其旁有茄哩嶼、雙溪口，皆第
記所有，自此以北，第不及知矣。」[80]亦即加哩林、雙溪口都在魍港
附近，且魍港以北，陳第當時並不清楚(來不及知道)。周拱乾纂修之
《臺灣府志》附「臺灣府總圖」，有雙溪口，在牛棚溪入海附近。
(見圖二)盧嘉興認為加哩林(茄哩嶼)即是加里興，在今臺南佳里鎮佳
里興[81]，也是可認真思考的說法。

根據文獻，臺江內海及其外環沙嶼，由於潮流沖瀹和泥沙淤積相
互作用，水道和港口變化很大，用「滄海桑田」來形容，一點也不誇
張。例如，大員商館命脈所繫的大員港(中文文獻作「大港」)，在荷
蘭統治時期即開始淤淺，明鄭時期鹿耳門港取而代之，清朝統治初
期，大員港已經「久淤，不通舟楫」[82]；鹿耳門也在清道光年間淤
塞。以此，如果沙巴里、大幫坑也都在臺江內海一帶，日後無法一一
指陳，應不足奇。

總之，雙溪口、加哩林如非在魍港附近，也必然和沙巴里、大幫

79 陳第，〈舟師客問〉，頁29。
80 杜臻，《粵閩巡視紀略》，卷6「附紀彭湖臺灣」，頁20b。
81 盧嘉興，〈臺南縣古地名考〉，《南瀛文獻》6卷(1959年12月)，頁9。
82 郁永河，《裨海紀遊》〔臺灣文獻叢刊第四四種〕卷上(臺北：臺灣銀
行經濟研究室，1959)，頁10。

圖3-2
說明：「臺灣府總圖」（局部：臺灣府附近）
輯自周拱乾纂修，《臺灣府志》（1695）。

坑一樣，都在魍港之南。有學者把大幫坑比定爲荷蘭文獻中的Tapiën
社，社址在今天臺北縣八里鄉，實有待商榷。根據陳第的文章，東番
最北從魍港算起，是非常確定的，且〈東番記〉無一語提及臺灣中北
部，再者，古人寫文章很重順序，況且陳第是實務派的學問家，不會
將遠在北邊的地方寫到一串南方地名之後，就算是回頭提一些具體的
地名，也不可能超出「起魍港」的這個起點。此外，一個強有力的旁
證是，比陳第稍晚的周嬰，毫不含糊地把東番和淡水視爲兩個截然不
同的地區，他說：「東番……其國北邊之界，接於淡水之夷。」[83]杜
臻也認爲陳第不知道魍港以北的臺灣──「自此以北，第不及知
矣」。以此，大幫坑在魍港之南，應是相當明顯的。

關於地理，最後須一提的是「斷續凡千餘里」的意思。「斷續」
應是因爲東番土著所居地往往爲河流所截斷，而海邊的小島和沙洲看
來不相連屬，因而作此形容。在明末，臺灣島往往被當成幾個島嶼，
以西洋繪製的地圖而言，一五九六年《東印度水路誌》的附圖「東亞
地圖」還把臺灣畫成三個島嶼；臺灣被繪成一個島最早可能在一五九
七年。[84]因此，如果陳第把東番看成是從魍港到小淡水河口的一個島
嶼，也是很有可能的。一里約等於0.576公里，「凡千餘里」自然是
誇張了。不過，在尚未有實地測量而得的地理知識之前，幅員的大小

83　周嬰，〈東番記〉，收錄於張崇根，〈周嬰《東番記》考証〉，頁168。

84　見「一五九七年Hernando de los Ríos Cornel所繪臺灣島、菲律賓以及一部
　　份中國海岸圖」，曹永和，《臺灣早期歷史研究》（臺北：聯經出版公
　　司，1979／1997），圖版26(未標頁碼)。國立臺灣博物館藏有原圖之黑白
　　翻攝照片(館藏編號：AH1584)。原圖爲1597年任職於西班牙菲律賓政府
　　的軍官Hernando de los Rios上書給西班牙國王Felipe II信中所附之地圖。圖
　　影和說明，見李子寧、吳佰祿，〈國立臺灣博物館16‧17世紀臺灣對外
　　關係資料介紹〉，收於國立臺灣博物館主編，《地圖臺灣：四百年來相
　　關臺灣地圖》（臺北：南天書局，2007），頁45。

只能粗估。八十年後，杜臻還說：「彭湖有三十六島，縱橫三百餘里」[85]，那麼，臺灣西南平原是澎湖群島範圍的三倍大，大概也合乎當時人的印象。總之，陳第筆下的東番所居地大約是臺灣西南平原一帶，從今天的嘉義南邊到屏東以北。

〈東番記〉接著是關於土著的描寫：

> 種類甚蕃，別為社，社或千人、或五六百，無酋長，子女多者眾雄之，聽其號令。

用現代的話語來說，土著的種類很多，以「社」為單位，每社人數在五、六百到一千人左右，他們沒有酋長，大家認為子女多的人很了不得，聽從他的號令。關於「無酋長」的真正意涵，容後詮解。在此為便於分析，筆者將〈東番記〉割裂開來，分成十個主題，綜合介紹其內容。〈東番記〉全文則逐錄於文末，供讀者參考。

(一)族群特性和習俗

陳第筆下的東番夷人，善跑、好勇喜鬥。他們沒事就練跑，腳底皮很厚，不怕荊刺，速度奇快，也很耐跑。雖好戰，但有兩點特色，一是兵期而後戰，即約定後開打，不是偷襲或突襲，二是打仗時盡力相殺，但打完就算了，「往來如初，不相讎」。

他們有獵首習俗，將斬到的首級剔肉存骨，懸在門上，以懸骷髏多的為壯士。

盜賊之禁很嚴，若發生則戮於社，因此夜不閉戶，穀子堆積在場上，也沒人敢偷。

85　杜臻，《粵閩巡視紀略》，卷6「附紀彭湖臺灣」，頁1a。

（二）文化程度

他們沒有文字和曆法，以一次月圓爲一個月，十月爲一年，但久了就忘掉，因此不紀年歲；少壯老人，問其年歲也都不知道。交易時用結繩的方式作記錄。他們沒有揖讓拜跪的禮俗。

（三）政治社會組織

以「社」爲單位，每社人數在五、六百到一千人左右，沒有酋長，以子女眾多的人爲雄偉，聽其號令。少壯還沒結婚的群居在比一般屋子大的「公廨」，議事必於公廨，以便調發。

（四）食衣住行

1. 有用苦草和米釀的酒。他們時常舉行宴會，眾人圍著大罍坐，用竹筒盛酒，不擺菜肴，聽到音樂就起身跳舞，口中也烏烏作鳴，像是唱歌。

在飲食方面，他們非常喜歡吃鹿肉；剝開鹿腸中新咽下的草而尚未化爲糞的東西，稱之爲「百草膏」，百吃不饜。他們將吃剩的肉製成臘肉，鹿舌、鹿鞭、鹿筋也都作成臘製品。吃豬，不吃雞、雉。

2. 他們多夏都不穿衣服，婦女結草裙，稍稍遮蔽下體。男子剪髮，留數寸，披垂下來，女子則不剪髮。身體裝飾方面，男子穿耳，女子斷齒——年十五、六時斷去嘴唇兩旁的二顆牙齒。

3. 居住方面，砍竹子造屋，上用茅草覆蓋，廣長數雉[86]，族人共屋。家具有床，但沒有几案，席地而坐。

4. 在行方面，他們很怕海，沒有駕船的技術。

（五）婚姻型態

---

86 一雉，高一丈長三丈，一丈約等於〇‧三二公丈。

　　男子有想匹配的女子，派人贈送瑪瑙珠雙。[87]女子不接受則作
罷，如果接受，晚上造訪其家，不呼門，彈口琴打動對方。口琴由薄
鐵製成，咬住吹氣，錚錚有聲，女子聽到了，讓他進來同宿，天未亮
男子徑自離去，不見女方父母。從此以星爲準，宵來晨去，數年如一
日。直到生了子女，女子才到男方家，「迎娶」丈夫，此時男子才見
女方父母，於是以女家爲家，養女方父母終身，本生父母等於沒了兒
子。生女比生男來得歡喜幾倍，因爲女子可以繼嗣，男子不足以傳宗
接代。

　　男子妻喪復娶，女子夫喪終身不再嫁，稱爲「鬼殘」。

　　(六)維生方式

　　東番夷人種禾、獵鹿，以及捕魚。他們沒有水田，只是墾地種
禾，山花開則耕，禾熟拔其穗粒[88]，米比中華稍長，而且甘香；農耕
由女子擔重任，女勞男逸。冬天，男子用竹柄上帶鐵鏃的鏢，一起追
逐鹿，最後以圈堵的方式射鹿，鏢刃銳利，所獲甚多。捕魚在溪澗，
不到海上捕魚。

　　(七)喪葬儀式

　　家中有死者，擊鼓哭，將屍體放在地上，用烈火從四周烘烤，乾
後露置屋內，不用棺木。屋壞重建時，坎在屋基下，立而埋之，不起
墳，屋子就蓋在上頭。如果屋不重建，屍體也就不掩埋；由於屋子的

87　原文作「遣人遺瑪瑙珠雙」，「瑪瑙珠雙」意思不清楚，杜臻釋爲
　　「瑪瑙珠一雙」。

88　萬曆十六年(1661)秋，楊英奉鄭成功之命到南社，發現土著收割稻米
　　時，不知道用鈎鐮，而是「逐穗採拔」，可和陳第的記載相參照。南
　　社約在今彰化縣埤頭鄉和竹塘鄉一帶。見楊英，《延平王戶官楊英從
　　征實錄》(北平：中央研究院歷史語言研究所，1931初版／臺北：同單
　　位，1996景印一版)，頁155b。

構造是竹椽茅頂，最多可耐個十餘年，因此最終死者還是歸於土。不
祭死者。

(八)禁忌

逢耕作時期，不說話、不殺生，男女在山野一起工作，默不作
聲。在路上相遇，只以眼睛互看，不講話；長者路過時，年少的人背
對他們站立，不問答，就是遭到華人侮辱也不發怒，禾熟後才恢復原
狀。他們認為不如此，則天不保祐、神不降福，將多年遭逢凶歉。

(九)動植物

穀類有大小豆、胡麻、薏仁(可治瘴癘)；無麥。蔬菜類，有蔥、
薑、番薯、蹲鴟(按，芋的別名)，無其他菜。水果有椰、毛柿、佛手
柑、甘蔗。此外，此地盛產竹，一叢大可數拱(雙手環抱為一拱)，長
十丈(一丈約3.2-3.55公尺)。

畜類動物有貓、狗、豕、雞；無馬、驢、牛、羊、鵝、鴨。獸類
有虎、熊、豹、鹿。鳥類有雉、鴉、鳩、雀。

(十)對外關係

由於害怕海洋，他們和其他土著老死不相往來。

他們和華人頗多接觸，也有貿易關係。

在陳第筆下，東番夷人和外界的接觸可分為三個階段：

首先，「永樂初，鄭內監航海諭諸夷，東番獨遠竄不聽約，於是
家貼一銅鈴使頸之，蓋狗之也，至今猶傳為寶。」

其次，「始皆聚居濱海，嘉靖末，遭倭焚掠，迺避居山。倭鳥銃
長技，東番獨恃鏢，故弗格」。

最後是「居山後始通中國，今則日盛，漳、泉之惠民，充龍、烈
嶼諸澳，往往譯其語，與貿易，以瑪瑙、瓷器、布、鹽、銅、簪環之
類，易其鹿脯皮角，間遺之故衣，喜藏之，或見華人一著，旋復脫

去，得布亦藏之」。不過，自通中國之後，有些「姦人」拿濫惡的物品欺騙他們。

鄭內監(鄭和)的故事，大抵屬於傳說性質，茲不多論。值得注意的是，嘉靖末年遭海寇騷擾之後，東番夷人原本皆聚居濱海，乃避居山。所謂「山」何所指？私意以為，「濱海」指大員及其東方對岸沿海一帶(由文獻可知海寇盤據的是大員)，「山」則為離開海濱往東的平地或丘陵地，可能由於草木薈鬱，望之如山，而遠處也確有山為背景，因而相對於海濱而有「山」之稱。

華人和土著的交易物品，前者為瑪瑙、瓷器、布、鹽、銅、簪環[89]等，後者為鹿脯、鹿皮和鹿角。

以上是陳第記載下「東番」一地的大致情況。接下來，我將利用年代較相近的史料和人類學的研究成果，對〈東番記〉作進一步的詮解。

就自然景觀而言，東番是個「鹿國」，土著和鹿的關係很密切。陳第寫道：「山最宜鹿，儦儦俟俟，千百為群。」可見當時鹿很多，「千百為群」，這個形容詞一點也不誇張，根據荷蘭時期的檔案，臺灣的鹿，有時二、三千成群("sometimes two or three thousand in a flock together")[90]。東番夷人捕鹿的方式顯示土著和自然生態維持著和諧的關係，他們「居常禁不許私捕鹿，冬，鹿群出，則約(按，約，集合之意)百十人即之，窮追既及，合圍衷之，鏢發命中，獲若

89　這裡的斷句，也可作「銅簪環」，惟必須配合考古資料才能進一步確認。

90　W. M. Campbell, *Formosa under the Dutch: Described from Contemporary Records* (London: Kegan Paul, Trench, Trubner & Co., Ltd. 1903; 臺北：南天書局景印，1992), p. 254.

丘陵，社社無不飽鹿者」。也就是說，他們捕鹿有時，除此之外禁止捕鹿，因此，「窮年捕鹿，鹿亦不竭」。但三十餘年後（1630年代後半），在荷蘭聯合東印度公司統治下，漢人取代土著成爲主要的獵鹿者，濫捕無時，造成臺灣西南平原鹿的數量銳減，生態失去平衡。[91]再六十年，郁永河來到臺灣，在他的《裨海紀遊》中未特別提到鹿，「千百爲群」似乎已然是過去式。

值得附帶一提的是，土著捕鹿的方式。他們先一起追逐，而後把鹿團團圍住，再射殺，所獲甚多。如果說這個方法令陳第印象深刻，二十五年後，也令干治士（Georgius Candidius）印象深刻。干治士是荷蘭聯合東印度公司派來臺灣的首任牧師，他在一六二八年撰寫的報告中，描述道：「當他們用鏢槍打獵，全村的人一起出動，有時候甚至兩、三村的人在一起。每個人攜帶兩、三枝鏢槍，他們也帶狗以驚起獵物。到達目的地後，他們圍成一個一哩或半哩的圓形，然後每個人向中心前進。被包圍的獵物很少有機會逃逸。獵物一旦被鎗頭射中，必爲獵者所捕獲。」[92]作爲歷史研究者，我忍不住假想：如果十七世紀的臺灣只剩下〈東番記〉和干治士的記錄兩篇史料，我們很可能要懷疑干治士抄襲陳第，只是略加演義。

陳第說東番無酋長，但卻又有施號令的人存在（「聽其號令」），

91　根據《巴達維亞城日記》1640年12月6日，「三年來，大規模獵鹿，造成鹿隻迅速減少，即使〔經過〕雙倍時間，或仍無法復育鹿群數量；因此臺灣議會決議禁用陷阱、繩套獵鹿一年，以免貪得無厭的中國人危及原住民生計。」轉引自韓家寶（Pol Heyns）著、鄭維中譯，《荷蘭時代臺灣的經濟・土地與稅務》（臺北：播種者文化有限公司，2002），頁64。

92　干治士著、葉春榮譯註，〈荷據初期的西拉雅平埔族〉，《臺灣風物》44卷3期（1994年9月），頁221。本文中譯採用葉春榮譯文，不再另外注明英文譯本的頁碼。

到底是怎麼一回事呢？根據〈東番記〉文末「野史氏曰」，沈有容
擊潰海寇後，東番「夷目大彌勒」率數十人來謁見沈將軍，獻上鹿
和酒。[93] 據此，東番顯然有領導人，亦即「夷目」。我們知道居住在
臺灣西南平原的土著民族後來被學者比定為西拉雅族，根據一般的瞭
解，西拉雅族非階級性社會，沒有世襲的首領制。陳第的「無酋長」
應是這個意思。至於領導人如何產生，陳第說是決定於子女數目。這
是否可信，還須仰賴更多的旁證。

　　在臺灣土著社會中，非世襲的領導權形式，不算少見。例如，根
據黃應貴的研究，東埔社布農人傳統上有兩個政治社會秩序的領導職
位，其領導權的成立決定於能力而非天生的地位。如果在實際的實踐
過程中，領導能力受到懷疑，便會造成領導權的更換或分裂；決定的
關鍵在於成員是否繼續「跟隨」領導者；如果沒有其他人跟隨他，改
而跟隨另一人時，他即喪失其地位。[94] 我想陳第觀察到的政治組織，
大抵就是這種變動不居、以能力為決定因素的領導方式。

　　在〈東番記〉中，我們也看到人類學研究所說的「年齡層級」
（age grades），即文中所描述的，未婚的少壯成員在「公廨」過群體
生活，一起「議事」，並且服公役。如果我們認為陳第所說的「議事
必於公廨」有點籠統，那麼讓我們來看看干治士如何描寫。干治士在
土著社群中工作前後達十年（第一次來臺，1627-31；第二次來臺，
1633-37），他最初接觸到的土著很可能和陳第筆下的人群重疊或有文

93　陳第，〈東番記〉，頁27。
94　黃應貴，《東埔社布農人的社會生活》（臺北：中央研究院民族學研究
　　所，1992/1998），頁12-14、131-132；黃應貴纂修，《臺東縣史‧布農
　　族篇》（臺東：臺東縣政府，2001），頁28-29。

化的類似性。他說[95]：

> 這些村莊沒有共同的頭目來統治他們，每個村莊都是獨立
> 的。任何村落裡都沒有頭目統治，他們可能有個名義上的
> 「議會」，包括十二個聲名良好的長老（councillors），他們
> 每兩年一任，屆滿選出他人代替。長老的年紀約四十歲，而
> 且所有的長老都同年。

在這裡我們看到合議、輪替，以及年齡層級的交互作用。我不認為干
治士的記載可以直接當成〈東番記〉的註腳，但可以進一步幫助我們
瞭解陳第的敘述。

　　細心的讀者或許會問：陳第不是說他們不知道紀年，何來年齡分
層？這一點干治士也觀察到，他說：「他們雖然不知道如何紀年，可
是他們彼此知道誰長誰幼。他們以同個月或同半年所生者為同年
紀，……」又說：「他們認為年齡是差異的主要標誌，而且把年齡的
差異看得比社會地位、權力、富有都重。」[96]當一個社會以年齡為主
要差異的識別標準時，其成員從小就不斷被告知自己屬於哪個年齡
群，大家一起成長，一起行動，並且一起老去，不知道確定數目的年
紀，無礙於彼此的「認同」。

　　〈東番記〉最引人興趣的記載之一應該是土著的婚姻了。在這
裡，我們看到所謂的「從妻居婚姻」（uxorilocal marriage），也看到世
系的傳承透過女兒，而非兒子。陳第從漢人的概念上來理解，就是

95　干治士著、葉春榮譯註，〈荷據初期的西拉雅平埔族〉，頁217。
96　干治士著、葉春榮譯註，〈荷據初期的西拉雅平埔族〉，頁214。

「女可繼嗣」。在東番，男子要等到女子生產才住到女方家中，〈東番記〉云：「迨產子女，婦始往婿家迎婿，如親迎，婿始見女父母，遂家其家」。至於「親迎」之前的過程，干治士的記載和陳第很類似，但更為詳細[97]：

> 底下是他們婚姻與求愛的方式。當一個年輕男子愛上一個年輕女子時，他首先請他的母親、姊妹、表姊妹，或其他女性朋友，攜帶禮物到他所愛上的女子家裡求親。帶禮物來的人向女方父、母或朋友求婚，並且展示他所帶來要做為嫁妝的禮物。女方的父、母或親友若滿意男方，就把禮物留下來，親事就算決定了。不必其他的儀式，也沒有婚禮，那天晚上新郎就可以與他所選的女子過夜。……他們的習慣並不是妻子到丈夫家住。女人仍然留在她家，吃、喝、住在那兒；男人也留在他家。晚上丈夫到妻子家去，可是並不是公開的去，而是像小偷一樣偷偷摸摸的溜進去。他也不能靠近火或蠟燭，應該不出聲即刻躺在臥榻上。假若他想要煙草或其他的東西，他也不該開口。習俗是他輕聲咳嗽，太太過來給他他所要的東西，然後她又回到家人旁邊。當大家去睡覺後，她過來跟她丈夫躺在一起，只是第二天黎明前他就得起來，和昨夜進來時一樣，一言不發神秘的離開。事實上，他就是跟貓偷偷的離開雞棚一樣。白天裡丈夫不得進入太太的家。

這和陳第的描寫大致上一樣，不過，〈東番記〉多出吹口琴一事，且

97　干治士著、葉春榮譯註，〈荷據初期的西拉雅平埔族〉，頁212-213。

未提及男女交往須女方父母同意。。

　　東番夷人的喪葬方式也是很值得深入瞭解的。根據陳第的記載，基本作法是：屍體烘乾，露置屋內，屋壞重建時坎屋基下；不棺、不封(不起墳)、不祭。若用人類學研究的概念來說，就是「室內葬」和「二次葬」了。干治士的描述大致一樣，但多出一些細節[98]：

> 土著不像我們一樣，依世界上一般的習俗埋葬死者，……通常在兩天之內為死者舉行一些儀式後，他們綁著死者的手腳，放在一個細竹片做的台子上，台子大約有荷蘭尺兩尺高，搭在他們的房子裡。然後他們在屍體旁邊點火，而不是從下面點火，使屍體乾燥。許多儀式也接著舉行，……。屍體要放九天讓它乾燥，不過每天都要擦洗。第九天屍體從竹台上移下來，用蓆子包起來，在屋子裡架起另一個竹台。這個竹台圍蓋著許多衣服，就像個幃幕(pavilion)，然後把屍體放在上面，大家再飲〔酒〕宴慶以紀念死者。這樣子屍體放了三年，然後把骨骼葬在屋子裡，當時又飲宴多次。……

陳第〈東番記〉的記載，在配合其他文獻，並從人類學的知識來予以抉發時，整個文字才能「活過來」。例如，陳第在講到東番夷人耕作期的禁忌時，說他們「不言不殺，男婦雜作山野，默默如也。道路以目，少者背立，長者過，不問答，……」。干治士也提到耕作期的禁

98　干治士著、葉春榮譯註，〈荷據初期的西拉雅平埔族〉，頁208-209；關於「洗骨葬」，可參考凌純聲，〈東南亞之洗骨葬及其環太平洋的分佈〉，收於氏著，《中國邊疆民族與環太平洋文化》上冊(臺北：聯經出版公司，1979)，頁755-791。

忌，但禁忌的內容不同，不過，他在別的地方提到土著尊重長者，
「因此當兩個人在路上相遇時，年輕者一定讓到路邊，而且以背部向
著年長者，讓年老者先行。當兩個年輕者在路邊談論事情時，他們也
會留心的把背部朝向路過的年長者，一直到他完全通過」[99]。或許陳
第在不能交談的禁忌期中看到「少者背立，長者過」，以為是禁忌的
一個項目，但根據干治士，這更可能是東番土著一般性的社會禮儀。

　　另外，關於男女分工的情況，干治士看到的景象和陳第筆下的
「女常勞、男常逸」頗為相同。干治士說：「女人做苦工，負責大部
份的農事」、「當婦女工作時，男人卻閒著不作任何事。……年輕男
人很少幫太太田裡的事，他們主要的工作是打獵和打仗。」[100]可見
男人不是閒著沒事，只是不幫忙農事。

　　陳第筆下的東番夷人是臺灣的土著民，從語言上區分，他們屬於
南島語族，在文化上顯示許多凌純聲強調的「東南亞古文化」（印度
尼西安古文化）的特質。根據凌純聲的主張，東南亞古文化圈的分布
很廣：北起長江流域，中經中南半島，南至南洋群島；此一廣大區域
又可分為三個副區：大陸區、半島區、島嶼區。東南亞古文化起源於
大陸，向南遷移，和當地文化混合，其後又有其他文化傳入，因此各
區的文化層次不同。東南亞古文化的特質綜合來說高達五十項[101]，
凌純聲認為，在文化上，臺灣的土著保有許多印度尼西安古文化的特
質，如[102]：

99　干治士著、葉春榮譯註，〈荷據初期的西拉雅平埔族〉，頁214。

100　干治士著、葉春榮譯註，〈荷據初期的西拉雅平埔族〉，頁222、224。

101　凌純聲，〈東南亞古代文化研究發凡〉，收於氏著《中國邊疆民族與
　　　環太平洋文化》，上冊，頁330-332。

102　凌純聲，〈古代閩越人與臺灣土著族〉，收於氏著《中國邊疆民族與
　　　環太平洋文化》，上冊，頁363。

> 文身、缺齒、拔毛、口琴、織貝、卉服、貫頭衣、腰機紡織、父子連名、親族外婚、老人政治、年齡分級、獵首、鳥占、靈魂崇拜、室內葬等。

雖然不是每一個臺灣土著社群都顯示全部的特質，但這個清單對我們瞭解臺灣土著很有幫助。

一六〇三年，當陳第隨沈有容將軍追剿海寇抵達大員時，他很驚訝在離開中國沿岸才兩晝夜舟程的地方，竟然有這樣的人群存在。[103] 東番土著的風俗習慣讓他印象深刻，在短短的三星期的停留期間，他至少觀察或采訪到「缺齒」、「口琴」、「年齡分級」、「獵首」，以及「室內葬」等文化特質，並記錄下來。在文章的結尾，他一方面驚訝，一方面也嘆服，說這麼近的地方，「迺有不日不月，不官不長，裸體結繩之民，不亦異乎！且其在海而不漁，雜居而不嬲，男女易位，居瘞共處，窮年捕鹿，鹿亦不竭。」如果我們不具備一些關於臺灣土著文化的具體知識，就無法瞭解所謂「雜居而不嬲」、「男女易位」、「居瘞共處」的真實涵義，也不會瞭解陳第的驚歎了。「男女易位」主要指家系由女兒繼承，男子婚後隨妻居，也包括女子比男子操勞的情況。「居瘞共處」指起居和埋葬在同一處所，亦即生人和死人處於同一空間；以漢人對死亡和死者的忌諱來看，簡直匪夷所思。「雜居而不嬲」指男女老少日夜作息一處，但沒有淫亂的問題。在禮教嚴格的明代社會，男女授受不親；除非夫妻，成年男女幾無在同一場合交接的機會，一旦如此，就會被認為必有所「亂」。

---

103 陳第〈東番記〉寫道：「異哉東番！從烈嶼諸澳，乘北風航海，一晝夜至彭湖，又一晝夜至加老灣，近矣。迺有……。」

臺灣土著一家大小一起生活在同個空間，時而還包括晚上進來與家中女子同睡的男子，卻未造成問題，難怪陳第要特別記上一筆。

思辨力敏銳的讀者或許要質疑：何以只用晚出的史料來支持和闡明陳第的〈東番記〉，而不挑戰它呢？最主要的原因是陳第的記載頗為「寫實」，在大多數人不熟悉這份文獻之前，自然以抉發它的內涵為主，至於少數有問題的地方，須配合更多資料，反覆按核，才能提出有意義的分析。在此僅舉一個例子，陳第說：東番「盜賊之禁嚴，有則戮於社，故夜門不閉，禾積場，無敢竊」。是否可信，很值得進一步研究。據我們了解，臺灣土著社會犯罪很少采「刑罰」方式，大抵以「罰物」（贖財）為主，殺人、姦淫、傷害、竊盜都可以用物品賠償解決。然而，日本殖民統治時期卷帙浩繁的《番俗慣習調查報告書》有關泰雅族的紀錄，在「贖財」部分也提到「番社鮮少發生竊盜，主要是因為制裁嚴厲之故」[104]，可供參考。

〈東番記〉雖然記載了禁忌，但對土著的宗教無一語涉及，不能不說頗為可惜。不過，陳第在二旬之內，對一個從未接觸過的異文化能夠掌握到這麼豐富且確實的資訊，誠令人佩服。在方法上，我們可以推知，陳第大概和我們今天到異地作調查工作沒太大的不同；他不必然「事必親睹」，但必須仰賴報導人和翻譯者。我們知道，陳第抵達大員時，已經有來自漳泉沿海的居民懂得土著語言，和土著交易，因此，我們可以推想陳第透過他們和土著接觸，也從他們口中訪得許多消息。另外，由於東番土著的頭目非常感激沈將軍擊退倭寇（海盜），替他們除害，應很樂意提供消息，成為難得的報導人——杜臻

---

104 臺灣總督府臨時臺灣舊慣調查會編纂，中央研究院民族學研究所編譯，《番族慣習調查報告書〔第一卷〕泰雅族》（臺北：中央研究院民族學研究所1996；原出版年1915），頁255。

認為，當東番酋長大彌勒等持鹿酒來獻時，陳第於是「備詢其土俗及山海形勢，述之成篇」[105]，於此可見一斑。陳第容或看得到東番夷人獵鹿(因為是冬天)的情況，或碰巧也目睹了喪葬儀式，但婚姻習俗則不像直接可以觀察到的，如「親迎」之前男子日日於晚間「潛入」女家，就算看到也無從理解。總之，所謂采訪(采集訪問)，「問」的部分是很重要的。

〈東番記〉文末有陳第對未受文明污染的「無懷葛天之民」的一些遐思，以及對某些奸詐的華人的批評，但這卻不在我們的討論範圍了。

結語

陳第隨沈將軍追剿海寇到大員，事在萬曆三十年十二月十日，除夕離去，撰寫〈東番記〉在翌年萬曆三十一年。萬曆三十年一般大略換算成西元一六〇二年，但遇上陰曆歲暮時，就有問題。陳第到臺灣實際上已經是西元一六〇三年了，他於陽曆一月二十一日抵臺，二月十日離臺。因此，陳第訪臺和寫作〈東番記〉其實都在一六〇三年；至二〇〇三年(即本文發表時)剛好滿四百年。現代社會很重視各種週年，例如每逢歲暮，百貨公司爭相慶祝「週年慶」，哪怕是「一週年慶」。但是，似乎沒有人想到臺灣此刻正逢一個歷史上非常重要的四百週年！

一六〇三年以前，中文文獻中不乏有關臺灣的記載，但親履其地並記載其土著居民，陳第是第一人，比荷蘭人要來得早；西文文獻則

---

105 杜臻，《粵閩巡視紀略》，卷6「附紀彭湖臺灣」，頁6b。

更早(見本書第二章)。臺灣土著在外人大量抵達之前尚未有文字，在歷史研究上，對尚未有文字的人群的活動，隻言片語都是極端重要的，哪怕是「他者」的記載，這不能不說是不得以的事情。君不見，日本人對中國文獻《三國志‧魏書》關於「女王卑彌呼」的記載，費盡多少才思和氣力呢？人們更以此爲羽翼，騁其「歷史想像」的極致。反觀臺灣，像陳第〈東番記〉這樣具體可考的文獻，卻好像只是聊備一格，和我們對臺灣早期歷史的認識，沒太大關連，誠屬可惜！當然這不能怪一般民眾，而是學者的責任了。

　　陳第不是泛泛之輩，〈東番記〉也非泛泛之作。從他的生平，我們得知〈東番記〉得來不易；其能「不佚」也是萬幸之事。〈東番記〉本身內涵豐富，令人百讀不厭，因此，筆者常想有機會一定要鄭重介紹陳第其人其文給國人。二○○三年年初國立故宮博物院舉辦「福爾摩沙：十七世紀的臺灣、荷蘭和東亞」，展品借自國內外三十八個收藏單位，是難得一見的臺灣「有史以來」的文物展，躬逢其盛，因此不揣淺陋，草就此篇，一則「tàu-lāu-jia̍t」(湊熱鬧)，一則藉以紀念爲我們留下珍貴文獻的陳第。我相信，〈東番記〉有待更精采的解讀，拙文只是個起頭。

附錄：陳第〈東番記〉

　　東番夷人不知所自始，居彭湖外洋海島中，起魍港、加老灣，歷大員、堯港、打狗嶼、小淡水；雙溪口、加哩林、沙巴里、大幫坑，皆其居也，斷續凡千餘里。種類甚蕃，別爲社，社或千人、或五六百，無酋長，子女多者眾雄之，聽其號令。性好勇喜鬥，無事晝夜習走，足蹋皮厚數分，履荊刺如平地，速不後犇馬，能終日不息，縱

之，度可數百里。鄰社有隙則興兵，期而後戰，疾力相殺傷，次日即
解怨，往來如初，不相讎。所斬首剔肉存骨，懸之門，其門懸骷髏多
者，稱壯士！壯士！

　　地暖，多夏不衣，婦女結草裙，微蔽下體而已。無揖讓拜跪禮，
無曆日文字，計月圓爲一月，十月爲一年，久則忘之，故率不紀歲，
艾耆老髦，問之弗知也。交易結繩以識。無水田，治畬種禾，山花開
則耕，禾熟拔其穗粒，米比中華稍長，且甘香。採苦草，雜米釀，間
有佳者，豪飲能一斗。時燕會，則置大罍團坐，各酌以竹筒，不設
肴，樂起跳舞，口亦烏烏若歌曲。男子剪髮，留數寸披垂，女子則
否。男子穿耳，女子斷齒，以爲飾也女子年十五六斷去唇兩旁二齒。地
多竹，大數拱，長十丈，伐竹搆屋，茨以茅，廣長數雉。族又共屋，
一區稍大，曰公廨，少壯未娶者，曹居之，議事必於公廨，調發易
也。

　　娶則視女子可室者，遣人遺瑪瑙珠雙，女子不受則已，受，夜造
其家，不呼門，彈口琴挑之。口琴薄鐵所製，齧而鼓之，錚錚有聲，
女聞，納宿，未明徑去，不見女父母。自是宵來晨去必以星，累歲月
不改。迨產子女，婦始往婿家迎婿，如親迎，婿始見女父母，遂家其
家，養女父母終身，其本父母不得子也。故生女喜倍男，爲女可繼
嗣，男不足著代故也。妻喪復娶，夫喪不復嫁，號爲鬼殘，終莫之
醮。

　　家有死者，擊鼓哭，置尸于地，環焫以烈火，乾，露置屋內，不
棺。屋壞重建，坎屋基下，立而埋之，不封，屋又覆其上，屋不建，
尸不埋，然竹楹茅茨，多可十餘稔，故終歸之土不祭。

　　當其耕時，不言不殺，男婦雜作山野，默默如也。道路以目，少
者背立，長者過，不問答，即華人侮之不怒，禾熟復初，謂不如是，

則天不祐、神不福，將凶歉不獲有年也。女子健作，女常勞，男常逸，盜賊之禁嚴，有則戮於社，故夜門不閉，禾積場，無敢竊。

器有床，無几案，席地坐。穀有大小豆，有胡麻，又有薏仁，食之已瘴癘；無麥。蔬有葱，有薑，有番薯，有蹲鴟；無他菜。菓有椰，有毛柿，有佛手柑，有甘蔗。畜有貓，有狗，有豕，有雞；無馬、驢、牛、羊、鵝、鴨。獸有虎，有熊，有豹，有鹿。鳥有雉，有鴉，有鳩，有雀。

山最宜鹿，儦儦（刻本作麃）俟俟，千百為羣。人精用鏢，鏢竹棟鐵鏃，長五尺有咫，銛甚，出入携自隨，試鹿鹿斃、試虎虎斃。居常禁不許私捕鹿，冬，鹿羣出，則約百十人即之，窮追既及，合圍衷之，鏢發命中，獲若丘陵，社社無不飽鹿者。取其餘肉，離而腊之，鹿舌、鹿鞭鹿陽也、鹿筋亦腊，鹿皮角委積充棟。鹿子善擾，馴之，與人相狎習。篤嗜鹿，剖其腸中新咽草將糞未糞者名百草膏，旨食之不饜。華人見，輒嘔。食豕不食雞，蓄雞任自生長，惟拔其尾飾旗，射雉亦只拔其尾，見華人食雞雉輒嘔。夫孰知正味乎？又惡在口有同嗜也！

居島中，不能舟，酷畏海，捕魚則于溪澗，故老死不與他夷相往來。永樂初，鄭內監航海諭諸夷，東番獨遠竄不聽約，於是家貽一銅鈴使頸之，蓋狗之也，至今猶傳為寶。始皆聚居濱海，嘉靖末，遭倭焚掠，迺避居山。倭鳥銃長技，東番獨恃鏢，故弗格。居山後始通中國，今則日盛，漳、泉之惠民，充龍、烈嶼諸澳，往往譯其語，與貿易，以瑪瑙、瓷器、布、鹽、銅、簪環之類，易其鹿脯皮角，間遺之故衣，喜藏之，或見華人一著，旋復脫去，得布亦藏之，不冠不履，裸以出入，自以為易簡云。

野史氏曰：異哉東番！從烈嶼諸澳，乘北風航海，一晝夜至彭

湖，又一晝夜至加老灣，近矣。迺有不日不月，不官不長，裸體結繩之民，不亦異乎！且其在海而不漁，雜居而不嬲，男女易位，居瘞共處，窮年捕鹿，鹿亦不竭。合其諸島，庶幾中國一縣，相生相養，至今曆日書契無而不闕，抑何異也！南倭北虜，皆有文字，類鳥跡古篆，意其初有達人制之耶！而此獨無，何也？然飽食嬉遊，于于衎衎，又惡用達人爲？其無懷葛天之民乎！自通中國，頗有悅好，姦人又以濫惡之物欺之，彼亦漸悟，恐淳朴日散矣。萬曆壬寅冬，倭復據其島，夷及商漁交病。浯嶼沈將軍往勦，余適有觀海之興，與俱。倭破，收泊大員，夷目大彌勒輩率數十人叩謁，獻鹿餽酒，喜爲除害也。予親覩其人與事，歸語溫陵陳志齋先生，謂不可無記，故掇其大略。

　　（根據方豪《方豪六十自定稿》上冊，頁835-844所錄〈東番記〉照相影本，加新式標點，並予以分段；刻本少數異體字改爲一般寫法。）

原刊登於《故宮文物月刊》第241期(2003年4月)，頁22-45。囿於該刊體例，發表時刪去註釋，只留若干條。2009年8月修訂，恢復詳註形式。

第四章

明清文獻中「臺灣非明版圖」例證

　　臺灣納入中國版圖在康熙二十三年(1684)，明載史籍，毫無疑問。在此之前，臺灣不在中國版圖之內，官方文書亦無含糊之處。今天的臺灣島在明季以前名稱未定，臺灣西南沿海一帶，明代文獻大抵稱爲「東番」。《明實錄》萬曆二年(1574)首次出現東番。根據該文獻，海賊林鳳嗚逃匿躲藏到東番，福建總兵於是招漁民「諭東番合剿」、「傳諭番人夾攻」[1]，由此可見當時福建、澎湖一帶漁民與居住於臺灣的人群已有接觸，然而明朝官方須透過漁民要求番人合剿海賊，正表示兩邊無正式之關係。《明實錄》萬曆四十四年(1616)有「雞籠逼我東鄙，距汛地僅更數水程」之言[2]，「雞籠」約指今天基隆一帶；雞籠既然逼近「我東鄙」(我朝東邊的邊境)，當然不在版圖之內，雖然距離汛地不遠，只有幾更的水程。《清聖祖實錄》康熙二十二年十月十日條：「上曰：……臺灣屬海外地方，無甚關係，……」，明白說臺灣是海外地方。[3] 清初纂修的《明史》將雞籠

1　《明實錄》(臺北：中央研究院歷史語言研究所〔黃彰健校勘〕，1966)冊97《明神宗實錄》，卷26，頁2b(646)；《明神宗實錄》卷30，頁6a-b(731-732)。

2　《明實錄》冊120《明神宗實錄》，卷546，頁10352。「更數水程」或爲「數更水程」之誤。

3　《〔大清〕聖祖仁(康熙)皇帝實錄》(臺北：臺灣華文書局)，卷112，

列於〈外國傳〉中，雞籠(雞籠山)泛指臺灣島。[4]上舉數條重要的官方文獻皆清清楚楚指出：臺灣在被清廷收入版圖之前，不是中國的領土。

史籍昭然若揭，但或許由於民族主義的偏見，或許受到現實政治的影響，不少中國學者面對史料，卻視而不見，大唱「臺灣自古以來即是中國領土」的論調。臺灣將來與中國是分是合，殊難逆料；過去不是領土未必不可合，過去是領土也未必不可分。或分或合是當前臺海兩岸面臨的重大政治問題，牽扯到的層面甚廣且深。此一問題之產生，不能不說與臺灣自一六六二年以來的歷史緊密相關，尤其是清朝統治下的兩百二十二年。從地質上與史前人類活動來說，臺灣與中國關係十分密切。然而關係密切與「不可分之領土」是兩回事。就「版圖」觀念而言，臺灣與中國的關係到底如何？這是本文關心的重點。

本文首先檢討中國學者普遍的說法，其次試圖從明代文獻中列舉有關臺灣的記載，以證示當時人明確認為臺灣不是中國的領土，再其次討論中國學者之主張在證據上的問題，最後舉例說明清人對臺灣之隸屬的根本認識。「臺灣非明版圖」不是筆者的新發現，前輩學者楊雲萍早於一九八○年揭明此一事實[5]，而於相關史料有所涉獵的學

(續)────────

頁頁1496。

4　見張廷玉等撰，《明史》(北京：中華書局，1984)，頁8376-8377。「雞籠」條云：「雞籠山在彭湖嶼東北，故名北港，又名東番，去泉州甚邇。……其地，北自雞籠，南至浪嶠，可一千餘里。東自多羅滿，西至王城，可九百餘里。」可知至遲在修《明史》時，「雞籠」有廣狹兩義，狹義約指今天基隆一帶，廣義則指臺灣島。附帶一提，此條中關於臺灣土著民之描述大抵鈔自陳第〈東番記〉。

5　楊雲萍，〈鄭成功的歷史地位〉，收於氏著，《南明研究與臺灣文化》(臺北：臺灣風物雜誌社，1993)，頁367-374。原載於黃富三、曹永和主編，《臺灣史論叢》一輯(臺北：眾文圖書公司，1980)。

者，只要不昧於現實政治的觀點，也應了然於胸，筆者不過是將明清兩代人的看法略作整理而已。但願藉此能稍息一時之譁論，讓歷史的還諸歷史，政治的歸於政治。

一、「臺灣自古即為中國領土」說

一九九一年由中國福建人民出版社刊行的《清代臺灣高山族社會生活》開宗明義說：「臺灣與大陸有著極其密切的歷史關係，臺灣自古以來就是中國的領土，居住在臺灣的高山族是祖國民族大家庭的成員。……」[6]此一論調忠實地反映了當前中國政府對臺灣的基本政治主張。此書的作者劉如仲與苗學孟，頗有著述，但兩人皆非專治臺灣史的學者。[7]同一年，中國青海人民出版社印行《臺灣歷史與高山族文化》一書[8]，開卷第一篇即是〈怎樣說明臺灣自古就是我國領土〉。此書作者張崇根號稱治臺灣史三十餘年，但他的作品政治宣傳意味非常濃厚，在方法上遠離基本的歷史研究的原則，因此本文不擬多費筆墨，一一予以駁斥。[9]

6　劉如仲、苗學孟，《清代臺灣高山族社會生活》(福州：福建人民出版社，1992)，頁1。

7　劉如仲著有《清代民族圖志》、《準噶爾的歷史與文物》，以及一系列古董鑑賞的書籍(如古玉、古錢、文房四寶、銅鏡之鑑賞)。劉如仲與苗學孟另外合編有《臺灣林爽文起義資料選編》(福州：福建人民出版社，1984)。

8　張崇根，《臺灣歷史與高山族文化》(西寧：青海人民出版社，1991)。

9　舉例來說，張崇根把臺灣與澎湖視為同一個歷史地理的單元，凡文獻上講澎湖的，一概應用到臺灣，照這樣的推論，臺灣當然早就隸屬中國。在他的說法裡，南宋時臺灣即屬於中國，因為南宋時已「遣將分屯」澎湖。見張書，頁11-15。

　　值得我們注意的是，中國治臺灣史的著名學者幾乎同聲一氣，作此主張。例如廈門大學臺灣研究所的陳碧笙先生，在題爲《臺灣地方史》一書的「前言」中，明白聲稱：「臺灣是我國的神聖領土，臺灣各族人民是我們的骨肉同胞。」[10]又說：「有史以來，臺灣始終是祖國大陸的一部分，這是一條早已爲許多歷史事實所反復證明了的眞理。」[11]陳碧笙之外，其他治臺灣史的著名學者又怎麼看呢？

　　陳孔立是廈門大學的教授，著名的臺灣史研究者，他在一九九〇年出版一本臺灣史專著，書名爲《清代臺灣移民社會研究》。[12]在這本書中，陳孔立說：「臺灣是中國領土的一個組成部份」、「臺灣是中國的領土；臺灣人民都是中華民族的成員。」[13]比起劉如仲、苗學孟、張崇根與陳碧笙，陳孔立在用語上比較審愼，他並未明白地說臺灣「自古以來」是中國的領土。臺灣的確曾經是中國的領土，由於中文沒有「時式」（tense），因此我們很難說陳孔立的說法一定是錯誤的——如果他只是陳述過去某個時期的歷史事實，而非主張其「恆爲眞」，那麼他的說法勉強說得通。但是，上引第二句的後半句：「臺灣人民都是中華民族的成員」，給人他終究在作「恆爲眞」之主張的印象。[14]因此，我們不能不懷疑當陳孔立說「臺灣是中國的領土」，

10　陳碧笙，《臺灣地方史》〔增訂本〕（北京：中國社會科學出版社，1990）。

11　陳碧笙，《臺灣地方史》，頁302。

12　陳孔立，《清代臺灣移民社會研究》（廈門：廈門大學出版社，1990）。

13　陳孔立，《清代臺灣移民社會研究》，頁60、62。

14　實則臺灣原住民在他們長久的歷史中並不屬於中華民族；他們被視爲「中華民族」的成員最早只能從一九四五年算起，現在也被列爲中華人民共和國五十五個少數民族之一，稱爲「高山族」。研究民族主義或族群歷史的學者大都承認：「民族」的定義與界線往往是流動的，

其實等於說「臺灣自古以來就是中國的領土」。

　　我們的懷疑在別的地方得到證實。陳孔立在他主編的《臺灣歷史綱要》一書中指出，臺灣在荷蘭人占領之前即是中國的領土。該書列舉了有利於此一主張的說法，其一：荷蘭人跟日本人說「臺灣土地不屬于日本人，而是屬于中國皇帝，中國皇帝將土地賜予東印度公司，作為我們從澎湖撤退的條件。」[15]其二：「鄭成功認為，臺灣是他父親的產業，是暫時借給荷蘭人的。」[16]在這裡，明顯的設定是臺灣在荷據以前就是中國領土。然而，這個說法所根據的證據是後起的、旁支的，與更為原始而直接的史料相衝突。關於這個說法的證據問題留待第三節詳論。

　　曾研究過荷蘭時代臺灣歷史的楊彥杰也認為臺灣在荷蘭占據以前就屬於中國，他說：「……荷蘭人移占臺灣，仍然是對中國領土的侵占。」[17]然而楊彥杰自己徵引的文獻本身就明白告訴我們臺灣是「夷區」。為便於討論，茲不嫌冗長，迻錄楊書一段文字(含引文)於下[18]：

(續)────────────

　　可分可合。不過，當我們回頭看歷史時，還是應該儘量了解歷史的實際情況。雖然受當代某些思潮影響的人會質疑沒有所謂的「歷史真實」可言，但是，如果我們說長濱文化的主人、十三行文化的主人(可能是凱達格蘭族)，或明末陳第所見到的東番土著(應為西拉雅族)是中華民族的成員，那是以一個後起的「中華民族」觀念回頭套用在這個觀念還沒出現之前的情況，其遠離事實，自不待言，也是要先被顛覆的說法。

15　陳孔立編，《臺灣歷史綱要》(北京：九洲圖書出版社，1996)，頁46。

16　陳孔立編，《臺灣歷史綱要》，頁78。

17　楊彥杰，《荷蘭時代臺灣史》(南昌：江西人民出版社，1992)，頁37。

18　楊彥杰，《荷蘭時代臺灣史》，頁38。楊書此一引文有錯字，茲按刻本改。刻本原文，見秦炯纂修，《康熙詔安縣志》〔中國地方志集成・福建府縣志輯31〕(上海；上海書局出版社，2000；據清同治13年

1624年冬，在荷蘭人剛移居大員後不久，詔安縣鄉官沈鈇即上書南居益，建議「移檄暹羅」，宜諭荷人從臺灣撤走。書云：

夫大灣去彭湖數十里，雖稱裔區，實泉漳咽喉也。沿海商民捕釣貿易，往來必經。即呂宋一島酋長，亦恨紅裔絕他利市，必怨其久駐大灣，爲他國梗也。……爲今之計，二三長老懇望祖臺給以公檄，選擇武士帶諭暹羅島主，嚴令紅裔速歸本土，不許久駐大灣，引誘日本奸倭互市。仍會巡海孫公祖、謝總戎、俞副將、劉游擊諸君，斟酌速行。……日下北風正起，水勢甚便，祈毅然早發，非止一閩之幸，實國家之福也。

其後不久，沈鈇又呈遞著名的《上南撫臺暨巡海公祖請建彭湖城堡置將屯兵永爲重鎮書》，……

在楊彥杰的引文中，沈鈇說：「夫大灣去彭湖數十里，雖稱裔區，實泉漳咽喉也。」在這裡，「大灣」即「大員」；「裔」通「夷」，「裔區」即「夷區」。（同一條文獻中的「紅裔」即爲「紅夷」。）沈鈇的意思很清楚：雖然大員（今安平一帶，尚未指稱今天的臺灣全島）是夷區，但卻握住了泉州漳州的出入口——這正是問題的所在。換句話說，臺灣是外國，但對福建沿海來說位置緊要。明末清初從官方的角度看臺灣，大多不離此一立場（可參考本書第一章第四節）。

大員除了是「泉漳咽喉」外，自明末以來與隸屬中國版圖的澎湖（明朝作彭湖）關係密切。然而，就漢人歷史的發展而言，澎湖列嶼與

臺灣本島雖僅一水相隔，在鄭成功占領臺灣以前，澎湖與臺灣的歷史脈絡是不相統屬的，也就是說，各有各的發展歷程。最早關於澎湖隸屬中國的記載在宋趙汝适《諸蕃志》。該書成於寶慶元年(1225)，「毗舍耶國」條云：「泉有海島曰彭湖，隸晉江縣。」[19]

根據曹永和的研究，在宋代，澎湖在國際貿易幹線之外，最初似為漁民所開拓，作為閩人的漁場。[20] 到了元代，根據汪大淵《島夷誌略》，澎湖已有不少泉州人定居於該地。至元年間立巡檢司。明初曾一度放棄澎湖，徙民墟地。然由於沿海居民靠海為生，禁令很難被遵守，其後澎湖仍然繼續作為福建沿海漁民的移居地與漁場，且成為「東洋」海域逃民蝟集之所。嘉靖中葉，海盜猖獗於中國沿海，澎湖遂成為海盜與倭寇的巢穴，是走私貿易的會合點。萬曆中期以後，明廷加強沿海警備；萬曆末年走私貿易逐漸從澎湖轉到臺灣。[21]

捕魚與販洋(海上貿易)是促使漢人到臺灣西南沿海的主要原因。明末出現於文獻的臺灣地名主要為雞籠、淡水與北港。雞籠、淡水在北部，北港是大員(今安平)的別稱。由於大員一帶海域在澎湖漁民的漁場範圍內，所謂「北港捕魚」即指至臺灣西南海域捕魚。無論販雞籠、淡水(漢番交易)，或到北港捕魚，都需要船引。由於「北港捕魚」的結果，臺灣海岸有季節性的中國漁民搭蓋魚寮作短暫居留，這

19　見馮承鈞校注，《諸蕃志校注》(臺北：臺灣商務印書館，1967)，頁86-87。於此附帶一提，「彭湖」一名見於文獻非始自《諸蕃志》，曹永和指出更早出現在真德秀〈申樞密院措置沿海事宜狀〉(1218)。見曹永和，〈早期臺灣的開發與經營〉，收於氏著，《臺灣早期歷史研究》(臺北：聯經出版公司，1979)，頁99-100。

20　曹永和，〈早期臺灣的開發與經營〉，頁105、107、131、134、140、153。

21　曹永和，〈早期臺灣的開發與經營〉，頁113。

是漢人定居臺灣的前奏——魚寮日後逐漸發展成爲漁村。[22] 以是，明
末以來，就新航路(東洋針路)[23]、海盜倭寇圈、捕魚漁場而言，臺灣
島從北港到雞籠沿岸逐漸被納入中國沿海漢人的活動範圍。臺澎關係
日深，然而此時的臺灣仍然是不折不扣的「夷區」。我們容易犯的毛
病是，把今天臺澎一體的情況未經檢討即套用到明鄭以前。

　　一六二二年到一六二四年之間，荷蘭人曾經占據澎湖，並且興築
城堡。後經過與中國一番談判與戰爭後，撤離澎湖，轉據對岸的大
員。關於這段過程，廈門大學臺灣研究所的學者陳小沖寫爲一篇長文
〈1622-1624年的澎湖危機——貿易、戰爭與談判〉。[24]陳小沖的基本
設定也是臺灣本來就屬於中國，他寫作該文的要旨在反駁臺灣是明廷
「割讓」給荷蘭的說法。根據陳文，荷蘭人在一六二二年八月二日開
始在澎湖建築城堡，八月七日荷方派人到中國海岸要求通商，自是展
開中荷兩方的交涉。陳文列出中荷和戰的四個主要過程，爲方便討
論，筆者根據陳文重新整理製表如下[25]：

22　曹永和，〈明代臺灣漁業誌略〉，收於氏著，《臺灣早期歷史研
　　究》，頁164-165；曹永和，〈明代臺灣漁業誌略補說〉，收於氏著，
　　《臺灣早期歷史研究》，頁249-251。

23　東洋針路的路線是自福建的港口放洋，向東南經過澎湖至大約現在之
　　安平海面，再沿臺灣西南海岸南下至臺灣南端的貓鼻頭，望見紅頭
　　嶼，到浮甲山，經筆架山至呂宋島卡迦揚的阿巴里(Aparri)，再沿呂宋
　　島南下至民答那峨島；或轉東抵摩鹿加諸島；或取西經蘇祿(Sulu)列
　　島而抵婆羅洲；或自呂宋經巴拉望(Palawan)島抵婆羅洲的文萊。見曹
　　永和，〈早期臺灣的開發與經營〉，頁117。

24　陳小沖，〈1622-1624年的澎湖危機——貿易、戰爭與談判〉，《思與
　　言》31卷4期(1993年12月)，頁123-203。陳小沖一文刊登後，蔡采秀曾
　　撰文反駁，見蔡采秀，〈史實乎？論述乎？——評陳小沖〈1622-1624年
　　的澎湖危機〉〉，《思與言》32卷3期(1994年9月)，頁213-226。

25　陳小沖，〈1622-1624年的澎湖危機〉，頁148-155。

表4-1　中荷和戰過程簡表

事件	時間	雙方代表人物	主要內容 (標*號者爲陳小沖之評論)
福州談判	1622/9/29 ｜ 1623/04	福建巡撫商周祚 荷蘭雷約茲將軍	商周祚要求荷人撤出澎湖，並建議如果荷蘭人想進行貿易，可以到北緯27°附近的Tamshy(淡水)去，還表示願意提供引航人。荷方未接受。
廈門戰爭	1623/11	諸生陳則庚 荷蘭邦特庫	締結爲期一年的協議； 隨後雙方起衝突，荷船默伊登號被中方焚毀。 *締結條約不過是廈門地方當局「詭詞撫議」。
巴達維亞交涉	1624/01 ｜ 1624/06/12	千總陳士瑛、洋商黃合興 荷印總督德·卡彭蒂爾	陳士瑛等表示：如果荷蘭人放棄澎湖，在大員或附近居留，只要在中國領域之外，中國人就可以到該地貿易。 卡彭蒂爾要求先在大員開始與中國貿易，俟後視情況撤出澎湖。 第二次談判：荷蘭承諾撤出澎湖。
澎湖戰場談判	1624/02/08 ｜ 08/26	福建巡撫南居益 荷蘭遠征隊長官宋克	明軍攻澎湖，水陸並進。 1624年8月26日荷蘭人撤出澎湖，退往大員。

　　由上表我們可以看出：中國方面爲了勸說荷蘭人撤出澎湖，曾建議後者到大員，以之爲根據地與中國貿易。陳小沖也坦然說道：「應當承認，明朝福建當局從危機一開始就有把荷蘭殖民者引往臺灣的意向」[26]，但是他認爲明代官員(商周祚、南居益、孫國禎)只是「鼓勵」、「同意」荷蘭殖民者離開澎湖到臺灣去，這「絕不意味著割讓」，因爲「按照國際法的基本原理，實行割讓的唯一形式是由讓與國和取得國以條約成立協議，……雙方既沒有通過談判簽訂正式的書面和約，也沒有通過戰爭強迫某一方接受既成的領有事實，因此，根

26　陳小沖，〈1622-1624年的澎湖危機〉，頁156。

本無以談起任何形式的割讓。」[27]

然而，這裡出現一個問題：如果臺灣與澎湖同是明朝的領土，何以能以臺易澎？在陳文中，我們看到商周祚明白說：「……不許在我內地開互市之名，諭令速離澎湖，揚帆歸國，如彼必以候信爲辭，亦須退出海外別港以候，但不係我汛守之地，聽其擇便拋泊，……。」[28]後半句說如果荷蘭人以候風爲藉口，也須退到「海外別港」，只要不是中國汛守之地，就聽任他們停泊。陳小沖檢閱不少史料，然而由於他自始即設定臺灣是大明版圖，因此把許多明白表示「臺灣非明版圖」的話語都說成是官員「敷衍塞責」的結果。他指責當時的官員，「至於臺灣，則視爲化外之地，可以聽任外人隨意進出，甚至謂其『非中國之地』。」[29]「非中國之地」係引自《明清檔案》〈兵部題『彭湖捷功』殘稿〉，該文獻云：「夷從東番，雖非中國之地，而一葦可渡，尚伏門庭之憂。」[30]這裡明白指出東番(應指臺灣西南一帶)不是中國的土地，但就在門口，構成隱憂。如筆者在前面指出的，這是明末清初官方對臺灣的地位所抱持的基本態度。

南居益將荷蘭人逐出澎湖，立下大功，兵部題奏，報捷論功，乃一時盛事。《明實錄‧熹宗實錄》載南居益獻俘奏捷之辭曰：「恢復寸疆，亦山河之增壯。」[31]荷蘭人離開澎湖後，占據大員，是人盡皆

27　陳小沖，〈1622-1624年的澎湖危機〉，頁157。

28　陳小沖，〈1622-1624年的澎湖危機〉，頁157。

29　陳小沖，〈1622-1624年的澎湖危機〉，頁159。

30　引自《明季荷蘭人侵據彭湖殘檔》〔臺灣歷史文獻叢刊第一五四種〕(臺北：臺灣銀行經濟研究室，1962)，頁39。

31　《明實錄》冊482《明熹宗實錄》(梁本)，卷47，頁2459。南居益原文載於沈國元，《兩朝從信錄》〔中華文史叢書之十〕(臺北：臺灣華文書局，據手抄本影印)，卷23，頁38a-39a(總頁2447-2449)。

知的事，公牘史籍亦毫不諱言。如「而夷舟……即於是日遠遁，寄泊<u>東番</u>瑤波碧浪之中」、「近據諜者言紅夷消息，尚泊數船於<u>東番</u>」。[32]設若南居益只是把荷蘭人從一塊「寸疆」趕到另一塊「寸疆」，何來「捷功」可報？何得有「平紅夷碑」之立？葉向高撰〈中丞二太南公平紅夷碑〉，中有兩處值得我們特別注意。其一，澎湖發生危機，雙方對峙時，有些人「甚且謂彭湖原非我地，予之無傷」。而南居益「毅然斷決」此議。[33]彭湖在有明一代雖曾徙民遷地，但其為明朝版圖則無疑義。作此主張或正是陳小沖指責的「敷衍塞責」。其二、碑末讚頌南居益之銘曰：「空其巢穴、還我版圖」。指南居益將荷蘭人逐出澎湖。如果大員也是大明版圖的話，荷蘭人遁入大員，南居益豈能受此頌讚？

最後再舉一位中國學者鄧孔昭為例。他也認為「臺灣自古是中國的領土」[34]，但他看了許多文獻，知道實際上從鄭經、康熙皇帝、姚啟聖到施琅都「同樣認為，鄭氏集團占領下的臺灣『屬外國之地』、『未入版圖』」[35]。他如何解決這個問題呢？他的解決辦法是，指責他們對臺灣地位的認識「存在著極其糊塗和錯誤的思想。他們對臺灣與祖國大陸悠久的歷史聯繫一無所知。拘泥于清朝入關之前中國政府在臺灣本島上未設立行政建制以及荷蘭曾經占領該地，就以為『臺灣

---

32 〈福建巡撫南居益奏捷疏殘稿〉，《明季荷蘭人侵據彭湖殘檔》，頁8、27。

33 葉向高，〈中丞二太南公平紅夷碑〉，《蒼霞餘草》卷一，收於中國福建省文史研究館編，《蒼霞草全集》(八)(揚州：江蘇廣陵古籍刻印社，1994；據福建師範大學圖書館藏明天啟刊本景印)，頁17。

34 鄧孔昭，〈論清政府與臺灣鄭氏集團的談判和「援朝鮮例」問題〉，《臺灣研究集刊》1997年第1期(1997年2月)，頁71。

35 鄧孔昭，〈論清政府與臺灣鄭氏集團的談判和「援朝鮮例」問題〉，頁71。

屬外國之地』。」[36]

鄧孔昭、陳孔立與陳在正參與編輯的《康熙統一臺灣檔案史料選輯》一書，收錄不少康熙朝有關臺灣的官方檔案，該書「本書序例」中云：「本書所輯檔案，一般均全文發表，材料中有些明顯錯誤的觀點，如歷史上臺灣的地位等問題，均保留原貌，不予刪動……。」[37]（底線爲筆者所加）也就是說，清代檔案史料中關於臺灣地位的記載不符合當前的觀點，因此是錯誤的。

那麼，讓我們來看看明代人對臺灣的地位的認識，是不是和清朝皇帝及其官員一樣糊塗？一樣抱持著「明顯錯誤的觀點」？

二、明代文獻中臺灣的隸屬問題

在討論明代臺灣之隸屬問題之前，有必要說明早期中國文獻中的臺灣。中國史籍中比較具體而可能指臺灣的記載，主要有《三國志》的「夷洲」與《隋書》中的「流求」。

《三國志‧吳書》「吳主傳第二」（即孫權傳）中，記載孫權遣將率甲士「浮海求夷洲及亶洲。亶洲在海中，長老傳言秦始皇帝遣方士徐福將童男童女數千人入海，求蓬萊神山及仙藥，止此洲不還。……所在絕遠，卒不可得至，但得夷洲數千人還。」[38]《三國志‧吳書》

36　鄧孔昭，〈論清政府與臺灣鄭氏集團的談判和「援朝鮮例」問題〉，頁72。
37　廈門大學臺灣研究所、中國第一歷史檔案館編輯部編，《康熙統一臺灣檔案史料選輯》（福州：福建人民出版社，1983），頁2。
38　陳壽，《三國志》（北京：中華書局，1994），頁1136。參見方豪，《臺灣早期史綱》，頁18-19。

中關於孫權征夷洲一事，還見於〈陸遜傳〉與〈全琮傳〉。[39] 夷洲係指何地，學者間聚訟紛紜，未有定論，有認為夷洲指臺灣，也有認為指琉球（現為日本沖繩縣）。[40] 假設夷洲確實指臺灣，吳國遠征得數千人而還，只是表示三國時代中國軍隊曾經到過臺灣，這與臺灣之地位問題實無干係。張崇根據此而說：「這是我國的政治勢力第一次達到臺灣，是臺灣自古以來就是我國神聖領土的重要證據之一。」[41] 前半句還有道理，後半句就離譜了。

　　文獻中記載的島嶼可能是指臺灣的，比《三國志》更為具體而詳細的是《隋書・流求國傳》。此傳內容甚為豐富，對流求一地之風土民俗與社會組織等皆有所描述，然與題旨無關，茲略去，只引相關部分。傳云：「流求國，居海島之中，當建安郡東，水行五日而至。土多山洞。其王姓歡斯氏，……三年，煬帝令羽騎尉朱寬入海求訪異俗。何蠻言之，遂與蠻俱往，因到流求國。言不相通，掠一人而返。明年，帝復令寬慰撫之，流求不從，……帝遣武賁郎將陳稜、朝請大夫張鎮州率兵自義安浮海擊之。……流求不從，拒逆官軍。稜擊走

39　《三國志・吳書》，卷58，頁1350、卷60，頁1383。

40　參見方豪，《臺灣早期史綱》（臺北：臺灣學生書局，1994），頁14-17；曹永和，〈早期臺灣的開發與經營〉，頁71-73。在此一議題上，凌純聲與日本學者市村瓚次郎主張夷洲指臺灣，梁嘉彬則主張夷洲為琉球。凌純聲除了主張夷洲確指臺灣外，他還認為《史記》「東越傳」所說的東越人「不勝即亡入海」的「亡入海」，很可能就是到達臺灣。見凌純聲，〈古代閩越人與臺灣土著族〉，《學術季刊》1卷2期（1952年12月），頁36-52；市村瓚次郎，〈唐以前の福建及び臺灣に就いて〉，《東洋學報》第8卷（1918年9月），頁1-25；梁嘉彬，〈吳志孫權夷洲亶洲考證〉，收於宋晞編，《史學論集》（臺北：華岡出版公司，1977），頁127-167。

41　張崇根，《臺灣歷史與高山族文化》，頁19。張崇根甚且把孫權的「遠征」夷洲，說成「經營臺灣」。

之，進至其都，頻戰皆敗，焚其宮室，虜其男女數千人，載軍實而還。自爾遂絕。」[42]關於流求到底指何地，也有臺灣與琉球的兩派說法，而以主張爲臺灣者占優勢。[43] 如果我們從考古證據與人類學研究中有關臺灣土著民族的知識來加以探討，這個問題恐怕還可以繼續爭論下去。不過，就臺灣的隸屬而言，問題簡單多了。《隋書‧流求國傳》和《三國志‧吳書》一樣，它告訴我們中國可能派兵來過臺灣，並且同樣地或得或虜數千男女而返。如果三國時的夷洲與隋代的流求確指臺灣，這些記載不惟證明了臺灣「自古」不屬於中國，而且還證明了臺灣土著民族曾兩度受到中國的「虜掠」。

《隋書》之後關於流求的記載有趙汝适《諸蕃志》、馬端臨《文獻通考》與《宋史》。此三書大都承襲《隋書》，惟在修改刪略之餘，增加了一些新訊息。[44]在這些新增材料裡，值得注意的是，這三本書中出現了「彭湖」（澎湖)的記載。臺灣在地理位置上與澎湖密邇，因而澎湖的出現連帶使得關於臺灣的記載更有可資判斷的依據。

宋以後，關於臺灣的記載，在內容上具有突破性的是元朝汪大淵的《島夷誌略》。該書第一條爲「彭湖」，其次爲「琉球」，一般認爲此處所記載的「琉球」即臺灣。「琉球」條曰[45]：

地勢盤穹，林木合抱，山曰「翠麓」、曰「重曼」、曰「斧

42　魏徵，《隋書》(北京：中華書局，1973)，卷81，頁1823-1825。

43　曹永和，〈早期臺灣的開發與經營〉，頁71。梁嘉彬力主流求即琉球(今日本沖繩縣)。

44　此四書有關流求之記載的關係，詳見曹永和，〈早期臺灣的開發與經營〉一文。

45　汪大淵，《島夷誌略》，《欽定四庫全書》〔史部十一地理類十〕，收於王雲五主編，《四庫全書珍本十集》，頁1b-2a。

頭」、曰「大峙」。其峙山極高峻，自彭湖望之甚近。余登
此山，則觀海潮之消長，夜半則望暘谷之出，紅光燭天，山
頂爲之俱明。土潤田沃，宜稼穡。氣候漸暖，俗與彭湖差
異。水無舟楫，以筏濟之。男子婦人拳髮，以花布爲衫，煮
海水爲鹽，釀蔗漿爲酒，知番主酋長之尊，有父子骨肉之義
也。他國之人儻有所犯，則生割其肉以啖之，取其頭懸木
竿。地產沙金、黃荳、麥子、硫黃、黃蠟、鹿豹麂皮。貿易
之貨用土珠、瑪瑙、金珠、粗碗、處州瓷器之屬。海外諸
國，蓋由此始。

從文中可以知道，汪大淵到過該地。彭湖(澎湖)可以望見的地方，很
可能是今天臺灣的西南一帶。汪文所描寫的風習，與我們所知道的臺
灣西南一帶土著民的生活，有相合之處，但也有不甚符合的地方。例
如「以花布爲衫」，與後來陳第〈東番記〉的記載：「冬夏不衣，婦
女結草裙，微蔽下體而已」、「不冠不履，裸以出入」[46]，不相符
合。雖然如此，我們很難證明「琉球」不是指臺灣或臺灣之一部分。
此處值得特別注意的是，汪大淵說：「海外諸國，蓋由此始」。如果
琉球指臺灣，那麼臺灣就是第一個外國了。即或此處的琉球非指臺
灣，中國的國界也終於彭湖，彭湖以東就是海外了。

　　陳第〈東番記〉的「東番」指的是臺灣(更確切來說，臺灣西南
一帶)，比起《島夷誌略》中的「琉球」，更是確定無疑。如前言所
引的文獻，明神宗(1573-1619)時已開始指稱臺灣島的一部分爲「東

46　陳第，〈東番記〉，收於沈有容輯，《閩海贈言》〔臺灣文獻叢刊第
　　五六種〕(臺北：臺灣銀行經濟研究室，1959)，頁25、27。

番」。陳第的〈東番記〉寫於萬曆三十一年(1603),地名明確、內容
詳細,凡土著之社會組織、婚姻、喪葬、食衣住行等風習,以及動植
物、物產都有所記載,且所記多能與日後人類學之研究與調查相印
證。方豪稱之為「最古的臺灣實地考察報告」[47]。用今天的話來說,
就是最早的田野調查報告了。[48]在此,我們有必要交代陳第來臺灣的
背景,從而進一步討論他的另外一篇與本文題旨關係密切的文章——
〈舟師客問〉。

陳第(1541-1617),福建連江人,字季立,號一齋。萬曆元年
(1573)從俞大猷學兵法。曾任薊鎮三屯車兵前營游擊將軍,後去官南
歸。萬曆二十六年訪沈有容將軍於海壇,是二人訂交之始。二十九年
冬,再訪沈將軍於廈門。萬曆三十年十二月,陳第年六十二,與沈將
軍同往臺灣剿寇。三十一年撰〈東番記〉,記其在臺之聞見。[49]

〈東番記〉記載東番土著原先聚居海邊,「嘉靖末⋯⋯居山後,
始通中國」[50]。又說東番「自通中國,頗有悅好」[51]。此皆明白指出
東番不屬於中國。然而,如果我們一意認定東番是中國的版圖,很容
易導致對史料的曲解。方豪對陳第〈舟師客問〉一文的解釋,正好可
用來呈現「先入為主」的陷阱。陳第〈舟師客問〉是以一問一答的方
式揭示沈有容東番之役成功之因,並針對他人的質疑提出辯解。沈有
容因為剿逐海寇,追逐到版圖以外的東番,引起批評,「客問:『沈
子之自料羅而出也,有謂不奉明文,徑情專擅者;有謂賊住東番,非

47　方豪,《臺灣早期史綱》,頁137。

48　詳見本書第三章。

49　方豪,《臺灣早期史綱》,頁142-143。

50　陳第,〈東番記〉,頁26。

51　陳第,〈東番記〉,頁27。

我版圖者；……。』」陳第辯說道(底線為筆者所加)[52]：

> 武夫敵愾，惟機是乘；如必明文之奉，而以專擅自阻也，則
> 賊終無殄滅之期矣。賊之所據，<u>誠非版圖</u>，其突而入犯，亦
> 非我之版圖乎？如必局守<u>信地</u>，而以遠洋藉口也，則賊亦終
> 無殄滅之期矣。

在這裡有必要先解釋「如必局守信地」的「信地」。信地是水寨的防
禦範圍。彭湖屬於福建浯嶼水寨的巡弋防禦範圍，也是彭湖遊(遊兵)
的汛地。[53] 這段話的主要意思是：軍人作戰，必須掌握時機，如果定
要拘泥於明文〔之命令〕，且害怕受到專擅的批評而自我設限的話，
那麼終將滅不了賊的。賊人所占據的，確實不是我們的版圖，但他們
所突入侵犯的地方，難道不是我們的版圖嗎？如果一定要局守水師防
禦範圍，而拿遠洋〔不在管轄內〕作為藉口的話，那麼終將滅不了賊
的。在這裡，陳第清楚地說：「賊之所據(東番)，誠非版圖」，但因
為「其突而入犯」的是「我之版圖」(彭湖)，所以有充分的理由深入
賊之巢穴以剿滅賊人。意思並無含混難解之處。另外，從該文我們也
得知臺灣不在中國海防的防禦範圍。

　　然而，方豪如何解讀呢？他說：「這裡，陳第認為作戰是要乘機
而作，一定要奉到上級命令，將永遠沒有消滅敵人之日。下面這一段

52　陳第，〈舟師客問〉，收於沈有容輯，《閩海贈言》，頁29。
53　關於福建水寨與遊兵制度，見黃中青，〈明代福建海防的水寨與遊
　　兵〉，收於湯熙勇主編，《中國海洋發展史論文集》第七輯下冊(臺
　　北：中央研究院中山人文社會科學研究院，1999)，頁391-438。「信
　　地」似為元朝開始才出現的用語。

話，陳第承認臺灣不是我國疆土，這是他<u>不明白</u>從明初到明末，所有航海圖和針路，連臺灣附近的小島，都盡在我們領土或防倭區域之內，何況臺灣，即當時所稱大員、東番或雞籠淡水。可是陳第在下文說得很有理，他說倭寇所突來侵犯的地方，難道也不是我們的領土嗎？如果只守住我們的防區，我們將永遠不能消滅倭賊。」[54]方豪並沒誤讀陳第的話，但他認爲陳第不明白眞相。在方豪看來，臺灣以及臺灣附近的小島從明初到明末都在中國的領土或防倭區域內。到底是陳第一個人「不明白」呢？還是明人集體都不明白？

〈舟師客問〉清楚地說：「沈子(沈有容)嘗私募漁人，直至東番，圖其地里，乃知彭湖以東，上自魍港，下至加哩，往往有嶼可泊；……。」[55]如果東番是領土，何以沈有容須私下派人去繪其地里情況？實則僅《閩海贈言》一書中，關於東番非明版圖的文字，到處可見，如葉向高〈改建浯嶼水寨碑〉云：「東番者，海上夷也。」[56]「夷」用現代白話來說，就是「外國人」的意思。又，屠隆〈平東番記〉云：「東番者，彭湖外洋海島中夷也。」[57]看來不止陳第一個人不明白。明代文獻顯示，如果陳第搞錯了，南明抗清運動重要人物張煌言也同樣「不明白」。

永曆十三年(1659)七月鄭成功攻打南京，大敗，九月大軍退回廈門。永曆十五年(1661)正月鄭成功決定攻打臺灣，「以臺灣爲根本之地，安頓將領家眷，然後東征西討，無內顧之憂」[58]。三月三十日晚

---

54 方豪，《臺灣早期史綱》，頁124。

55 《閩海贈言》，頁29。

56 《閩海贈言》，頁5。

57 《閩海贈言》，頁21。

58 《延平王戶官楊英從征實錄》(北平：中央研究院歷史語言研究所，1931年初版／臺北：同單位，1996年景印一版)，頁148b-149a。

率大軍從澎湖嶼內嶼攻臺，四月一日(清曆4月2日，陽曆1661年4月
30日)[59]從鹿耳門進入臺江，四月四日赤崁城夷長貓難實叮(即
Provintia城地方官Valentijn)投降，五月改赤崁地方爲東都明京，設一
府二縣，即承天府、天興縣與萬年縣。[60]但是荷蘭聯合東印度公司最
主要的根據地熱蘭遮城(中文文獻稱爲臺灣城)卻久圍不下。從永曆十
五年四月一日到十二月十三日(1661年4月30日—1662年2月1日)，足
足圍攻了九個月，荷蘭東印度公司臺灣城長官揆一(Frederik Coyett，
1615?-1687)方才投降。[61]

　　鄭成功攻打臺灣，於反清復明之勢力衝擊甚大，引起復明志士的
疑慮與激烈的批評。抗清運動名臣張煌言極力反對鄭軍攻取臺灣，他
擔心鄭成功將不再積極抗清。他因此上書鄭成功，慷慨陳詞，希望能
勸阻鄭成功，放棄攻打臺灣這個「外夷」之地，返回思明州(廈門)，
以思明州爲根據地，致力於復明大業。張煌言〈上延平王書〉頗長，
茲迻錄與臺灣有關的部分於下(底線爲筆者所加)[62]：

　　……殿下東都之役，豈誠謂外島足以創業開基。不過欲安插
　　文武將吏家室，使無內顧之憂，庶得專意恢勦。但自古未聞
　　以輜重眷屬，置之外夷，而後經營中原者，所以識者危
　　之。……殿下誠能因將士之思歸，乘士民之思亂，迴旗北

59　《延平王戶官楊英從征實錄》作四月一日，永曆曆較清曆早一日。
60　《延平王戶官楊英從征實錄》，頁148b-151a。
61　關於鄭成功與臺灣荷蘭東印度公司之間的作戰與談判的詳細過程，可
　　參考江樹生，《鄭成功和荷蘭人在臺灣的最後一戰及換文締和》(臺
　　北：漢聲雜誌社，1992)。
62　張煌言，〈上延平王書〉，《張蒼水集》(上海：上海古籍出版社，
　　1985)，頁18-20。

指，百萬雄師可得，百什名城可下，又何必與紅夷較雌雄于
海外哉？況大明之倚重殿下者，以殿下之能雪恥復仇也。<u>區
區臺灣，何預于神州赤縣</u>？而暴師半載，使壯士塗肝腦于火
輪，宿將碎肢體于砂磧，生既非智，死亦非忠，亦大可惜
矣！況普天之下，止思明州一塊乾淨土。……夫思明者、根
柢也。臺灣者、枝葉也。無思明、是無根柢矣。安能有枝葉
乎？此時進退失據，噬臍何及？古人云：寧進一寸死，毋退
一尺生。使殿下奄有臺灣，亦不免爲退步。孰若早返思明，
別圖所以進步哉！……。

我們將此文與《延平王戶官楊英從征實錄》相比對，可以得知鄭成功
攻打臺灣的理由是要儲藏軍備並安置文武官員將領的家眷，但張煌言
指出：從來沒聽說有把軍隊的輜重與眷屬安置到外國，而後能經營中
原的。他認爲眾人對鄭成功的期望，就是恢復大明江山，而小小的臺
灣與中國有何干係呢？已經攻打了半年，將士作了無謂的犧牲，還是
請回到眞正的根據地思明州(廈門)，再想辦法前進吧！張煌言寫這封
信，應是在永曆十五年秋冬之際，鄭成功軍隊圍攻臺灣城約半年而相
持不下之時。

　　從張煌言〈上延平王書〉，我們清楚地看到臺灣在當時被視爲
「外夷」。明季(含明末)關於東番或臺灣的記載尚不止於此，以上幾
條是比較常見的重要史料，相信具有一定程度的代表性。

三、「鄭芝龍借地說」與「臺灣割讓說」之不足信

　　臺灣不在明朝版圖之內，已證示如上，何以陳孔立說臺灣是鄭芝

龍借給荷蘭人的呢？陳孔立之說並非毫無根據——雖然他未註明史料根據。此一說法來自鄭成功本身，然中文似無直接文獻。茲將《巴達維亞城日記》中鄭、荷和戰過程中有關此一說詞的記載，撮述如下：

　　一六六一年四月三十日鄭成功攻打赤崁城砦，隨即展開談判。五月一日鄭成功分別致函荷蘭聯合東印度公司臺灣長官揆一與赤崁城地方官Valentijn，函中表明：「澎湖島離漳州(Chincheuw)諸島不遠，故爲其所屬，大員亦接近澎湖島，故此地自應屬中國之統治。吾父一官〔鄭芝龍〕將此地借與荷蘭人，吾今爲改良此地而前來。汝等嗣後不得再領有吾地。」⁶³ 五月三日，鄭成功致代官的信函中又稱：余之前來本地，非爲得不當之任何物，乃爲占領原爲余父所有亦即余所有之本地。該日荷方談判人員面見鄭成功時，鄭成功再度宣稱：余擬以協定或武力，要求公司歸還屬於漳州(Chinchieuw)而余應領之地Formosa及其城砦，汝等應立即移交城砦，否則將派精英前往Provintia，加以占領云云。荷方人員「於是將對Formosa未曾有過任何主張之國姓爺之父一官在一六三〇年所締結契約提示於殿下(筆者按，指鄭成功)，請其以其他條件進行協定，他則以關於其父以及其契約俱無所知，謂余唯要求得此地及其城砦……。」⁶⁴

　　據此可知鄭成功宣稱臺灣原屬鄭芝龍，他有權利取回。然而，荷方指出根據鄭芝龍與荷蘭簽訂的契約，鄭芝龍未曾主張過臺灣屬於他本人。根據中村孝志的註釋，此一契約即一六三〇年二月十三日在停泊於廈門前面之快艇Texcel(Texel)號上，臺灣長官Hans Putmans與中國沿岸提督廈門大官人一官(鄭芝龍)之間所締結的自由貿易和平

63　村上直次郎日文譯註、中村孝志日文校注、程大學譯，《巴達維亞城
　　日記》(臺北：眾文圖書公司，1991)，頁256。

64　《巴達維亞城日記》，頁261。

條約。[65] 關於此一契約，鄭成功顯然毫無所知。

中文文獻中並無鄭成功主張臺灣屬於鄭芝龍的直接史料。《延平王戶官楊英從征實錄》是相當原始的史料，係追隨鄭成功東征北討的戶官楊英根據親眼聞見與檔案記錄而成。該書記載何廷斌獻圖勸取臺灣與鄭成功決定攻臺一事，並無一語涉及其父與臺灣之緣故，且鄭成功自言「我欲平克臺灣」，未用「恢復」之類的字眼。[66] 鄭成功宣稱臺灣屬於鄭芝龍，大抵上是向荷蘭人索取臺灣的藉口或口號。誠如楊雲萍所云：「鄭成功的主張，有點『欲取其地，何患無辭』。」[67] 鄭芝龍與臺灣曾有過密切的關係，這是無可否認的，也有史料顯示他曾向魍港一帶的漢人收稅。[68] 然而，就算鄭芝龍曾控制臺灣某地區，與臺灣是否為明版圖，是截然不同的事。

鄭芝龍將臺灣租給荷蘭人的說法，實無直接的史料可資證明，不過，此一說法似乎流傳一時。施琅〈恭陳臺灣棄留疏〉云：「臺灣一地，原屬化外，土番雜處，未入版圖也。然其時中國之民潛至、生聚於其間者，已不下萬人。鄭芝龍為海寇時，以為巢穴。及崇禎元年，

---

65 《巴達維亞城日記》，頁304。

66 《延平王戶官楊英從征實錄》，頁148b。

67 楊雲萍，〈鄭成功的歷史地位〉，收於氏著《南明研究與臺灣文化》，頁371。

68 參見翁佳音，〈歷史記憶與歷史事實——原住民史研究的一個嘗試〉，《臺灣史研究》3卷1期（1996年6月），頁6，註(4)。翁佳音寫道：《臺灣日記》第三冊中，1651年4月的記事，載有荷蘭人捕獲在魍港附近向漁民收稅的鄭成功稅船，經偵訊及與鄭成功書信往還之後，得知鄭芝龍與成功父子，約在1643年左右便開始向魍港附近的漢人漁民徵稅。我曾就此請教康培德先生，他認為其中的情況頗為複雜，有待進一步研究。私意認為鄭芝龍(與鄭成功？待玫)對漢人漁民徵稅一事，如果屬實，只說明了鄭芝龍對福建沿岸漢人漁民具有強大的控制力，但不表示臺灣就隸屬中國。

鄭芝龍就撫，將此地稅與紅毛為互市之所。」[69]施琅明白指出臺灣
「未入版圖」，然在一六二八年鄭芝龍把它租給荷蘭人作為貿易的場
所。(按，稅，租也。稅作租解，是漢語古老的用法，今天閩南語口
語中還保存這個用法，讀作sòe 或 sè。)關於鄭芝龍與荷蘭人之間的
協定與瓜葛，尚須詳考荷蘭文獻。然而，即或此事屬實，終究是兩方
私相授受，與臺灣之隸屬無關。

　　關於鄭芝龍租借說，生於清順治年間的劉獻廷(1648-1695)早對
此有所辨誤。《廣陽雜記》卷三記載(底線為筆者所加)[70]：

> 余問涵齋云：吾聞臺灣向為紅夷地，鄭芝龍得而復失，賜姓
> 公復取之。有諸乎？非也。<u>臺灣向為番地</u>。嘉靖中，紅毛國
> <u>人取其一角</u>，為諸國貿易之所。蓋紅毛國人領其主之船隻，
> 于各國占地為市，而歲輸租賦，地多而大者加官焉。……賜
> 姓公江南之敗，復回廈門。念廈門金門不可守，……遂思東
> 取臺灣。……圍城兩月，食盡而降。賜姓縱其舟歸本國，臺
> 灣遂為鄭氏有。

劉獻廷這段話甚有意思。從中我們得知清初是有「臺灣原屬鄭芝龍」
的說法，但識者不以為然。楊涵齋回答劉獻廷：臺灣不惟不是鄭芝
龍之地，也非「向為紅夷地」，實際上「臺灣向為番地」。這是多麼

69　施琅，《靖海紀事》〔臺灣文獻叢刊第一二種〕(臺北：臺灣銀行經濟
　　研究室，1958)，頁59-60。

70　劉獻廷，《廣陽雜記》(北京：中華書局，1957)，頁167-168。楊雲萍
　　在〈鄭成功的歷史地位〉中曾引用此一史料，證示鄭成功不是「恢
　　復」臺灣，而是開創。見頁369。

符合歷史真實的說法！楊涵齋還說荷蘭人只「取其一角」，也甚符實際——荷蘭一開始只占領大員一角，其後才逐步擴大管轄範圍。至於其它關於荷蘭聯合東印度公司的描述，則令人驚訝清初人士的理解並不離譜。

綜上可知，臺灣——正確地說，臺灣西南地區的一部分——曾為鄭芝龍所擁有的說法，在清初是存在的，但是推其原始，實無史料可資證明；「稅給荷蘭」也乏直接史料。再說，屬於鄭芝龍並不等同隸屬明朝。鄭成功以臺灣為乃父之地作為攻取臺灣的正當理由，只能說是藉口，而此一說辭也不為臺灣的荷蘭當局所接受。

其次論「割讓說」的問題。陳孔立認為「當時荷蘭人承認臺灣是中國領土」，他的根據是「荷蘭人占領臺灣不久就同日本人發生衝突，因為日本人反對向他們繳納關稅。在爭執中，荷蘭人指出『臺灣土地不屬于日本人，而是屬于中國皇帝，中國皇帝將土地賜予東印度公司，作為我們從澎湖撤退的條件』，現在東印度公司已成為主人，日本人應當向他們納稅。」[71]陳孔立並未注明文獻之根據，然陳碧笙在《臺灣地方史》中也談到這個問題，注明引自W. M. Campbell（甘為霖），*Formosa under the Dutch: Described from Contemporary Records*，與《鄭成功收復臺灣史料選編》中所收甘書之部分中譯。[72] 筆者推測陳孔立應也是根據同一材料。甘為霖原文如下（底線為筆者所加）[73]：

71　陳孔立，《臺灣歷史綱要》，頁42。

72　陳碧笙，《臺灣地方史》，頁61，註1。

73　W. M. Campbell, *Formosa under the Dutch: Described from Contemporary Records* (London: Kegan Paul, Trench, Trubner & Co., Ltd., 1903; 臺北：南天書局，1992景印), p. 36.

Not long after the period referred to, a serious dispute about payment of this duty and other such questions arose with the Japanese, who strongly objected on the plea that they were six years before the agents of the Company had arrived, and were therefore the first in possession. And the truth of this statement Governor-General Koen had acknowledged in his instructions to Mr. Reyerszoon in 1622, while free trade on the island had likewise been granted to the Japanese by Mr. Reyerszoon. This, however, did not free the Japanese, any more than the other inhabitants of Formosa, from the payment of taxes, tolls and other duties, seeing that the land did not belong to them but to the Emperor of China, who had granted it to our Company in place of Pehoe, which we had evacuated on that condition, and with it the Company had got, as landlords, the duties honestly coming to them from all the inhabitants, and still more from the Japanese, who were strangers. For, although they had been there ever so long before, that did not free them from the payment of taxes and duties to the landlords; and if any had a right to claim these payments, it was undoubtedly the Chinese.

這段文字反反復復強調的是,不管日本聲稱比荷蘭人較早來到臺灣,抑或曾獲准在臺灣貿易,既然現在荷蘭東印度公司是臺灣的地主(landlords),日本人跟土著民族一樣,必須向公司納稅。荷方說:此一土地不屬於他們(日本人),而是屬於中國皇帝,中國皇帝將土地賜予東印度公司,作為我們從彭湖撤退的條件。最後還說,如果有人能

對稅金有所權力的話，那無疑就是中國人了。這段文字與實際情況有出入。所謂明朝皇帝把臺灣賜給荷蘭東印度公司作爲荷方退出彭湖(Pehoe)的交換條件，實際情況如前所述是：明朝福建巡撫爲了要使荷蘭人從彭湖撤退，開出的交換條件是如果荷蘭移至臺灣，可准許中國人到該地與之貿易。讀者須知，明朝實行海禁，雖准販東西洋，但禁止與日本貿易，至於西洋貿易則僅准在澳門進行，然爲葡萄牙人所壟斷。以是，此一交換條件對荷蘭東印度公司而言，具有相當的吸引力。也就是在這件事上，出現了「臺灣割讓說」。

陳孔立與陳碧笙同樣在著作中都提到「臺灣屬於中國皇帝」的說法，然而兩人的重點卻稍有不同。陳孔立藉以強調臺灣在荷蘭人占領以前是中國的領土，陳碧笙也這樣認爲，但是他進一步駁斥中國皇帝將土地賜予東印度公司的說法，他認爲這「顯然是毫無根據之談」。[74]根據我們對此段歷史的了解，其爲毫無根據之談，自不待言。關於割讓說，陳碧笙指出(底線爲筆者所加)[75]：

荷蘭所提出的唯一証件是天啓四年八月二十日廈門都督何寫給荷蘭駐臺長官宋克的一封信，中有「現在巡撫大人已獲悉荷蘭人民遠道而來，要求在赤道以南的巴達維亞及<u>我方的福摩薩</u>(臺灣)之間與我方貿易……」之語，中國地方當局不過「獲悉」荷人有此要求，並未同意，而且信中還明確指出「福摩薩島」是屬於我方的土地。不過荷蘭人畢竟還是承認了：不論是荷蘭侵入以前或是以後，臺灣的土地主權始終是

74　陳碧笙，《臺灣地方史》，頁61。
75　陳碧笙，《臺灣地方史》，頁62。

　　屬於中國的，只有中國人才有徵收稅款的權利。

　　在這裡，陳碧笙引文中所謂「我方的福摩薩」係翻譯上的錯誤，來自
《鄭成功收復臺灣史料選編》一書對甘爲霖原文的誤譯。[76] 甘書原文
作："The vice-roy understands that the Dutch people, coming from distant
lands, requests to trade with us, to the south of the line, in Batavia, and, on
this side, in the island of Formosa."[77] 英文的"on this side" 應作「在這
邊」解，不是「我方的」。全句講的是荷蘭要求與中國貿易的範圍，
以南在巴達維亞，在(到)這邊則在福摩薩島。(附帶一提：英文原文
亦未言及「赤道」以南。)
　　關於「我方」這段中文誤譯的文字，有必要追溯其本原。我們知
道甘爲霖的 *Formosa under the Dutch* 基本上是文獻的翻譯。該書分成
三大部分，第一部分基本上選譯自 François Valentijn 的著作 *Oud en
nieuw Oost-Indiën*(《新舊東印度誌》)。François Valentijn(1666-
1727)，出身荷蘭多爾德萊赫特(Dordrecht)，一六八五年被任命爲東
印度牧師，曾兩度派駐東印度，前後近二十年(1685-1695、1705-
1713)。他畢生致力於撰寫一部大規模的關於東印度公司屬地的巨著
——即《新舊東印度誌》一書。該書最後一部分在他逝世前一年付梓
出版。[78] 甘爲霖書中「臺灣屬於中國皇帝」的說法，出自《新舊東印
度誌》。我們知道，François Valentijn 生在荷蘭東印度公司退出臺灣

76　廈門大學鄭成功歷史調查研究組編，《鄭成功收復臺灣史料選編(增訂
　　本)》(福州：福建人民出版社，1982)，頁94。
77　W. M. Campbell, *Formosa under the Dutch*, p. 35.
78　程紹剛譯註，《荷蘭人在福爾摩莎 De VOC en Formosa 1624-1662》(臺
　　北：聯經出版公司，2000)，〈導論：《東印度事務報告》中有關福爾
　　摩莎史料〉，頁xxxviii。

之後，他爲了寫書，雖然收集了大量的材料，但對臺灣的事物不甚了解，記載也不夠準確。因此，《新舊東印度誌》有關臺灣的記載，史料價值不高。[79] 由於Valentijn寫書時，距荷蘭占領臺灣已經一百年了，在認知上往往有誤，前面提到的「臺灣屬於中國皇帝，而賜給荷蘭人」的說法，即是一例。

陳碧笙引用的那段中文有「我方」字樣的文字，是甘爲霖譯自《新舊東印度誌》的。Valentijn在《新舊東印度誌》中記錄了上述廈門都督致宋克的信，原信現存荷蘭東印度公司檔案館中，編號爲VOC 1083, fol. 92。[80] 程紹剛曾將Valentijn所記錄的這封信譯成中文，茲迻錄於下(底線爲筆者所加)[81]：

> 現在對您的請求作以答覆。中國甲必丹多次向我們說明，您已撤出澎湖城堡，並離開澎湖，我們認爲您沒有失言；因此我們願與您繼續保持友誼，並已稟報皇帝，荷蘭人來自遠國，請求與我們貿易，荷人南部以咬留吧，<u>這邊以福爾摩薩爲基地</u>。我們決定前往福州，與巡撫和官府說明我們已與您建立友好關係。司令官可自由航往巴城，向總督先生報告這一切，因爲您的貿易已獲得保障。
>
> 天啓四年八月二十日
> 都督

79　關於《新舊東印度誌》一書的評價，見程紹剛譯註，《荷蘭人在福爾摩莎》，頁xxxix。

80　以上消息承蒙林偉盛先生賜知。林先生手邊有此信的原檔微捲影本。原件爲手寫花體字，由於影印效果不佳，難以判讀，然內容應去F. Valentijn所記錄者不遠。

81　程紹剛譯註，《荷蘭人在福爾摩莎》，頁47，註33。

程紹剛的翻譯根據荷蘭文，只說「荷人南部以咬留吧，這邊以福爾摩薩爲基地」，沒有所謂「我方的福摩薩」。Valentijn原文作："ann de Zuyd-zyde van de Linie, in Calappa, en aan deze Zyde, op Ilha Formosa"，Calappa(或作Calapa，交留吧、噶喇巴)是雅加達的舊稱。比對之下，荷蘭原文與甘爲霖的英譯相當接近，確無「我方的福摩薩」的意思。[82] 《鄭成功收復臺灣史料選編》的譯者將甘爲霖的英譯 "on this side, in the island of Formosa" 譯成「我方的福摩薩」，不知是先見過深而導致的誤譯？還是有意識的筆誤？

「割讓說」還見於Jamcs W. Davidson的 *The Island of Formosa: Past and Present*。這也是陳碧笙駁斥的對象。[83] 有趣的是，如果我們細讀原文，其實大有玄機在。Davidson 說："At length a new commander, Sonck by name, arrived from Batavia with orders to acquiesce in the demands of the Chinese and to occupy Formosa. A formal cession of the island was now made, which, considering that the Chinese had no right to it and never claimed any, was probably not a heart-rending task for them."[84] 這句話是說：最後，一位叫作宋克的指揮官從巴達維亞抵達〔彭湖〕，他帶來了默認中國的要求並占領福爾摩沙的命令。該島的正式割讓於焉成立；鑑於中國人對該島沒有權利，亦從木宣稱

82　曹永和先生爲筆者比對本文引用的甘爲霖的翻譯與Valentijn的原文，指出其間的差異是荷蘭文寫得比較繁複，但意思是一樣的。上引荷蘭文係抄自曹先生提供的《新舊東印度誌》打字謄鈔本。

83　陳碧笙，《臺灣地方史》，頁62，註1。筆者撰寫此文時，承蒙曹永和老師惠予指點，謹此致上謝意。

84　James W. Davidson, *The Island of Formosa: Past and Present* (London and New York: Macmillan & Company / Yokohama, Shanghai, Hong Kong and Singapore: Kelly & Walsh Ltd., 1903; 臺北：南天書局，1992景印), p. 12.

任何權利，此一割讓對於他們來說，殆非痛心之事。由此可見，
Davidson的「割讓」（cession），不是嚴格的用法，他同時指出中國對
臺灣沒有主權。

綜而言之，不論甘爲霖或是Davidson的書，都不是十七世紀的原
始材料。甘爲霖的書雖然譯自Valentijn的著作，但《新舊東印度誌》
成書在十八世紀，若與更原始的材料牴觸時，是不能採用Valentijn的
說法的。尤其是在論證臺灣是否爲明朝版圖之問題上，甘書或
Davidson的書都必須讓位給更爲原始的資料。誠如陳碧笙指出的，
Davidson的說法其實不值得一駁。[85] 然而，看輕Davidson之說法的陳
碧笙，何以在主張臺灣隸屬中國上，卻又置眾多中西文原始材料於不
顧，而專以二十世紀的英文書爲根據呢？更何況在中譯的過程中還產
生關鍵性的嚴重錯誤！在陳碧笙所使用的《鄭成功收復臺灣史料選
編》一書中，就收有本文第二節徵引的張煌言〈上延平王書〉，張煌
言明言臺灣爲「外夷」，竟然無法說服陳碧笙，而必得以後起之英文
書爲根據！

要之，在目前看得到的原始文獻中，並無臺灣在荷據以前隸屬中
國的證據。如果我們恪守歷史學的證據原則，那麼要主張荷據以前臺
灣即隸屬中國，實在不容易。

四、清人對臺灣之隸屬的認識

關於臺灣在鄭成功占領之前的隸屬問題，清人與明人秉持一樣的
認識。清代關於臺灣的文獻，爲數甚夥，在此只能舉幾條重要的資

85　陳碧笙，《臺灣地方史》，頁62，註1。

料，以概其餘。其中最有意義的文獻之一應該是施琅的〈恭陳臺灣棄留疏〉。這份文件影響臺灣的歷史發展至為深遠。它是怎麼說臺灣的地位呢？在討論內容之前，讓我們先看看這份文件的產生背景。

一六六二年二月一日荷蘭東印度公司臺灣長官揆一開城投降後，同年六月二十三日(陰曆5月8日)鄭成功遽逝於臺灣。鄭成功的兒子鄭經繼承之，偏安海上，也曾打回中國大陸，占據沿海地帶。鄭經在位前後達二十年(1662-1681)，這其間清廷曾經幾度招撫鄭經，但終因臺灣方面堅持比照朝鮮例「不登岸」、「不剃髮」，遂無結果。[86]

清廷對鄭氏海上王朝的策略，以招撫為主，主張征剿最積極的是施琅。施琅從康熙初年即主張征剿，還一度統諸鎮攻打臺灣，然為颶風所阻，未能成功。康熙七年「朝議循於招撫」[87]，撤施琅水軍提督銜，授內大臣，晉爵伯，也就是說，雖內調升施琅的官，但不支持他剿臺；一直要到康熙二十年(1681)三藩之亂將近平息之時，康熙皇帝才又命施琅提督全閩水軍，積極進行對臺灣的征剿[88]。

施琅於康熙二十年十月到任，開始練兵整船，準備進剿臺灣。然而，主撫派的督撫仍多加掣肘，繼續與鄭克塽的新政權進行和議。[89]二十二年五月，由於臺灣方面堅持「不薙髮、不登岸」，康熙皇帝於

86 阮旻錫，《海上見聞錄》〔臺灣文獻叢刊第二四種〕(臺北：臺灣銀行經濟研究室，1958)，頁44、52、56。關於鄭經與清廷的和議，可參考鄧孔昭，〈論清政府與臺灣鄭氏集團的談判和「援朝鮮例」問題〉。
87 叔德馨，〈襄壯公傳〉，收於施琅，《靖海紀事》，頁27。
88 參見〈襄壯公傳〉、〈欽定八旗通志名臣列傳〉，收於施琅，《靖海紀事》，頁27-28、86-87。
89 閩浙總督姚啓聖主撫，與施琅意見不合，關於兩人間的牴牾，可參見中國人民大學清史研究所編，《清史編年》(北京：中國人民大學出版社，1988)，第2卷(康熙朝)上，頁404至465間的相關記載，尤其是頁428、447、465。

是催促施琅進兵臺灣。六月十四日施琅率軍由銅山出發，十六日攻澎湖，鏖戰七晝夜，二十二日遂占領澎湖。七月十五日鄭克塽派人齎降表到澎湖施琅軍前。八月十三日施琅率軍至臺灣，十八日鄭克塽文武官員皆已薙髮，鄭氏三世海上政權奉明正朔凡三十七年，於焉終告結束。在鄭克塽投降後，康熙皇帝命令議政王大臣討論臺灣的棄守問題，議政大臣等議：「臺灣應棄應守，俟鄭克塽等率眾登岸，令侍郎蘇拜與該督撫提督會同酌議具奏。」[90]也就是說臺灣的棄守問題要由侍郎蘇拜、福建總督姚啓聖、福建巡撫金鋐，與提督施琅一起討論，再向皇帝提出建議。十二月初一，施琅至福州，與工部侍郎蘇拜、巡撫金鋐等商議臺灣之去留。議不決，施琅主留。[91]同月二十二日（1684年2月7日）施琅上〈恭陳臺灣棄留疏〉，力陳臺灣不可棄的理由。這是這篇關係到臺灣未來發展的重要文件出現的背景。施琅上疏後，康熙皇帝並沒馬上作成決定。他一再命令臣下討論，經過一番折騰，終於在翌年（康熙23年）四月十四日（1684年5月27日）由蘇拜與施琅等遵諭議定臺灣管理與防守事宜，即設一府三縣，設巡道一員分轄等[92]，清廷於是正式將臺灣收入清版圖。

施琅在臺灣棄留的討論與決定過程中，扮演了關鍵性角色，我們可以說，如果沒有施琅的堅持，清廷很可能會放棄臺灣，如此一來，臺灣的歷史就會有截然不同的發展。施琅的基本主張就寫在〈恭陳臺灣棄留疏〉。那麼，他是怎麼說臺灣的「地位」呢？施琅說：「竊照

90 《聖祖仁皇帝實錄》，卷111，頁25a(總頁1481)；鄂爾泰等修，《八旗通志(初集)》(長春：東北師範大學出版社〔據雍正五年修，乾隆四年武英殿本校點〕，1985)，卷174〈名臣列傳三十四〉，頁4223。

91 中國人民大學清史研究所編，《清史編年》第2卷，頁475。姚啓聖未與議。

92 《聖祖仁皇帝實錄》，卷115，頁4b-5a(總頁1534-1535)。

臺灣地方，……查明季設水澎標於金門所，出汛至澎湖而止，水道亦有七更餘遙。臺灣一地，原屬化外，土番雜處，<u>未入版圖也</u>。然其時中國之民潛至、生聚於其間者，已不下萬人。」[93]施琅明白指出臺灣「原屬化外」、「未入版圖」，中國人到臺灣是「潛至」其地，不是光明正大的移居。他要說服清朝皇帝不要放棄臺灣，主要是從臺灣與澎湖在海防上的脣齒關係來說。他說：「……如僅守澎湖，而棄臺灣，則澎湖孤懸汪洋之中，土地單薄，界于臺灣，遠隔金廈，豈不受制于彼而能一朝居哉？是守臺灣則所以固澎湖。臺灣、澎湖，一守兼之。沿邊水師，汛防嚴密，各相犄角，聲氣關通，應援易及，可以寧息。況昔日鄭逆所以得負抗逋誅者，以臺灣爲老巢，以澎湖爲門戶，四通八達，游移肆虐，任其所之。我之舟師，往來有阻。……」[94]

　　臺灣收入版圖後，於該年九月二十九日施琅上〈壤地初闢疏〉，曰：「臣竊見此地自天地開闢以來，未入版圖；今其人民既歸天朝，均屬赤子。」[95]在此疏中更明白地說臺灣「自天地開闢以來，未入版圖」。清朝官方文書也明白指出臺灣不是中國的版圖，例如在臺灣收入版圖之後，臣下請上尊號，以紀念此一「威德之盛」，康熙皇帝因三藩底定才頒布過詔赦，未予俞允。值得注意的是，上諭：「臺灣乃海洋島嶼，今雖蕩平，與閩省版圖原無關涉，……。」[96]明白指出臺

93　施琅，《靖海紀事》，頁59。

94　施琅，《靖海紀事》，頁61。

95　施琅，《靖海紀事》，頁67。

96　中央研究院歷史語言研究所編印，《清代官書記明臺灣鄭氏亡事》（北平：中央研究院歷史語言研究所，1930；臺北：同單位，1996年景印），卷4，頁5a。此書原名《平定海寇方略》，共四卷，是未刻稿本，屬官修之書。該編印單位於內閣檔案中檢出此一稿本，鉛字排版印行之。

灣原不在福建的版圖內。又，《八旗通志・名臣列傳》「施琅、施世驃」合傳云：「十六年，鄭成功據臺灣地爲寇。臺灣故紅毛番耕種之所，至是鄭逐去紅毛，設僞東都，恃其巢穴，益肆爲患。」[97]施琅之前任水師提督萬正色也說：「臺灣乃外國荒遠之區。」[98]總而言之，從康熙帝到朝廷大臣，無不認爲臺灣原先不屬於中國，但他們一點也不諱言。

清代文獻中涉及臺灣的記載非常多，不勝枚舉。關於臺灣之隸屬問題，上舉的施琅與清朝官方文書的證據如此清楚明白，如果學者對此皆能視而不見，舉例再多，恐怕也無補於事。茲再舉「民間人士」的認識，以爲補充。

江日昇，出身金門珠浦，康熙時代人，生卒年未詳，撰有《臺灣外記》，記載從鄭芝龍起至鄭克塽的鄭氏興亡史。此書雖以章回小說的體裁撰寫，然向來被視同史書。江日昇在〈自序〉中曰：「……遂將臺灣荒服之地，爲朝廷收入版圖，四海歸一焉。」[99]江日昇〈自序〉作於康熙四十三年。爲此書寫序的彭一楷，亦云：「……《臺灣外記》，紀我朝新闢臺灣，海外從來未有之土地也。」[100]此序作於康熙四十七年(或稍後)。彭一楷是名不見經傳的讀書人。換句話說，在康熙年間，一般士人認爲臺灣在康熙二十三年收入版圖之前，不是中國的領土。

降至十九世紀上半葉，清廷官員與士大夫仍抱持同樣的認識。例

---

97 鄂爾泰等修，《八旗通志(初集)》，頁4220。

98 《清代官書記明臺灣鄭氏亡事》，卷3，頁3a。

99 江日昇，《臺灣外記》(福州：福建人民出版社，1983)，〈自序〉，頁1。此序作於康熙43年。

100 江日昇，《臺灣外記》，〈彭序〉，頁4。

如曾三度來臺當官與作幕的桐城名吏姚瑩(1785-1852)，在〈平定許、楊二逆〉一文起頭即云：「臺灣入籍一百四十年，……。」[101]「平定許、楊二逆」事在道光四年(1824)，許即許尚、楊指楊良斌，距臺灣收入版圖(1684)正好滿一百四十年。姚瑩對臺灣入籍的事不惟非常清楚，而且還算得十分準確。在〈埔里社紀略〉一文中，姚瑩寫道：「論曰：臺灣本海外島夷，不賓中國。自鄭氏驅除，狉獉始闢，入籍時止三縣；半線以北，康熙之末，猶番土也。」[102]「不賓中國」意為「不服從、歸順中國」，「入籍」即收入版籍(版圖)之意。

從以上數例，可知清代官員與一般讀書人都認為臺灣在康熙二十三年收入版圖之前不屬於中國。如果我們硬要說臺灣自古就屬於中國，那麼，該如何解讀上引的這些文獻呢？我想大約只有三途：一、曲解中文，二、視而不見，三、認定古人糊塗(如鄧孔昭的作法)。

五、小結

從以上的討論，我們知道在歷史時代，文獻記載中國官方與臺灣住民的接觸，最早的可能可追溯到三國時代，或在隋代。假設文獻記載的島嶼的確指臺灣，這類的接觸也是偶發的、不連續的，數百年難得發生一次，在本質上不是隸屬的關係。我們甚且可以說，正由於有這類記載，我們可以確定臺灣不是「自古即為中國領土」。

---

101 姚瑩，〈平定許、楊二逆〉，《東槎紀略》(合肥：黃山書社，1990)，卷1，頁531。

102 姚瑩，〈埔里社紀略〉，《東槎紀略》，卷1，頁563。黃山書社點校本，作：「論曰：臺灣本海外島夷，不賓中國。自鄭氏驅除狉獉，始闢入籍，時止三縣……。」標點顯係有誤，茲改如正文之引文。

　　從隋唐到明中葉間，臺灣住民與對岸漢人之間有怎樣的交流與來往，尚有待配合考古發現與史料進一步探究。顯示於文獻的是，自明嘉靖年間，臺灣與澎湖的關係日趨密切——臺灣在新的貿易航線上，屬於澎湖的捕魚範圍，並與澎湖一樣都曾經是海盜倭寇的巢穴。換句話說，臺灣被納入了福建沿岸漢人的活動圈。但是，此時的臺灣仍然在中國的版圖之外。無論是官方文獻或私家著述，臺灣的地位是「外夷」，是「海外之地」，「未入版圖」。

　　由於臺灣不是中國固有的領土，所以當施琅打敗臺灣的鄭克塽政權時，清廷面臨棄留臺灣的抉擇。如我們一再強調的，明末以來臺灣與中國福建沿海地區的關係日趨緊密，而且就海防與戰略而言，臺澎一體，唇齒相依，因此清廷最後採納施琅的建議，將臺灣納入版圖，設府置縣，派兵駐防。臺灣於是正式成爲中國的領土。在這裡，我們不否認在歷史的發展過程中，臺灣與中國的關係日漸密切，更不否認自鄭成功開闢臺灣以來，漢人大量移居臺灣，在此落地生根，前仆後繼「蓽路襤褸，以啓山林」，終於將原屬「海外島夷」的臺灣改變成以漢人爲主導的社會。臺灣之成爲漢人開發的天地，是十七世紀許多因素輻輳在一起的結果——在背景上有地理大發現、國際新航路、荷英與西葡海上貿易競爭、滿人入關、反清復明運動等。這裡邊當然也有個人的因素，例如鄭成功發動戰爭驅逐荷蘭人，對臺灣日後的歷史走向，起了決定性的影響。倘使鄭成功聽從張煌言的勸告，放棄攻打臺灣，返回廈門，以廈門爲復明大業的最後基地，十七世紀以降的臺灣歷史將大大改觀。清人在評價鄭成功時，除了肯定他致力於反清復明運動之外，往往也肯定他的另一項貢獻，亦即開闢臺灣，使之成爲

漢人之地，爲清廷收入版圖鋪路。[103] 臺南延平郡王祠舊存清代楹聯
曰：「獨奉勝朝朔，來開盤古荒」，以及「忠節感穹蒼，大海忽將孤
島現；經綸開運會，全山留與後人開」等[104]，都是這個意思。雖然
我們今天不能完全站在漢人的立場看待這個歷史發展，不過，就是因
爲臺灣成爲漢人社會，才有今天種種棘手的政治問題。

　　臺灣不是明朝的領土，已如本文所證示。明人、清人也都不諱
言，何以今天反成爲「一條早已爲許多歷史事實所反復證明了的眞
理」呢？限於篇幅與題旨，在此無法追究「臺灣自古即爲中國領土」
的主張起於何時。不過，此一「論述」很可能在抗戰末期開始成形，
是中國自清末以來日趨激越的民族主義的表現之一。民族主義是近代
中國歷史發展的重要動力之一，它的影響有正面的，也有負面的，這
是近代中國史上的大問題。究實而言，無論中外，民族主義都深深影
響了近代史學的寫作，中國的情況也很明顯，對此一趨勢，筆者無意
在此批判。然而，如果歪曲史實，曲解歷史，歷史工作者實有責任
「撥亂反正」。

　　中國學者強調「臺灣自古即爲中國領土」，上焉者或爲民族主義
之激情所蔽，下焉者則爲現實之政治目的服務，皆不足取。由於對民
族主義的深刻關懷而視史料於不見，大學者也有無法豁免的時候，如
傅斯年撰寫《東北史綱》，即是最好的例子。[105] 傅斯年在這本書中

---

103 《臺灣外記》「凡例」曰：「……臺灣係海外荒服，地將靈矣，欲入爲
　　中國之邦，天必先假手一人爲之倡率，如顏思齊者，是爲其引子；紅
　　毛者，是爲其規模；鄭氏者，是爲其開闢。俾朝廷收入版圖，設爲郡
　　縣，以垂萬世。」(頁12)
104 轉引自楊雲萍，〈延平郡王的楹聯〉，收於氏著，《南明研究與臺灣文
　　化》，頁426。
105 傅斯年，《東北史綱》第一卷《古代之東北》(北平：國立中央研究院

違反歷史事實，主張東北在古代屬於中國。繆鳳林不客氣地說，從來沒有一本書錯誤如此之多。[106] 這是史學家傅斯年在學術上的一大瑕疵。由此一例，可知民族主義的力量有多大。筆者無意抹煞或貶低中國學者在臺灣歷史研究上的貢獻，只是如果眾人繼續高倡「臺灣自古隸屬中國」的論調，實大大違反證據原則與學術良知。任何一位治史者，面對史料，皆將無法接受明清兩朝人都糊塗，都認識不清的說法。政治上「今是昨非」的原則不能硬套到歷史上。套用傅斯年的語法，我們可以說：「史學家如不能名白以黑、指鹿爲馬，則亦不能謂臺灣在歷史上屬於中國矣！」[107]

筆者於篇首即明白指出，「臺灣非明版圖」不是新發現。本文不過重新彙整一般習見的史料，理出個頭緒與脈絡罷了。拙文若能使得學界內外在談論臺灣的歷史地位時，重新回到歷史的眞實，以此爲基本認識，再去討論分合問題，則是筆者最大的期望了。

原刊登於《鄭欽仁教授榮退紀念論文集》，頁267-293。臺北：稻鄉出版社，1999。2008年11月修訂，2010年8月再度修訂。

(續)————————————

歷史語言研究所發行，1932）。

106 繆鳳林評曰：「傅君所著，雖僅寥寥數十頁，其缺漏紕繆，殆突破任何出版史籍之紀錄也。」轉引自王汎森，〈讀傅斯年檔案札記〉，《當代》第116期（1995年12月），頁37。

107 傅斯年說：「史學家如不能名白以黑、指鹿爲馬、則亦不能謂東北在歷史上不是中國矣！」《東北史綱》卷首「引語」，頁3。

殖民地篇

第五章

臺灣公學校制度、教科與教科書總說

前言

　　日本統治臺灣前後五十一年，引進各種近代化設施，近代式初等教育是其中一個重要項目。新近的研究和各式各樣的回憶錄以及訪談資料顯示，日本殖民統治時期的初等教育對接受教育的臺灣人產生很大的影響。學校教育能夠產生效力，有賴許多方面的配合，如學校的設備、課程的安排、教科書的內容、教師的教學品質，以及學生的學習意願等。我們如果想要了解、評估日本殖民統治時期初等教育的影響，非得從以上幾個面向入手不可。

　　近年來，關於日本統治時期初等教育的研究，日漸蓬勃，也出現不少以公學校教科書為研究對象的作品。然而，關於公學校(含後來的國民學校)制度的沿革、教科以及教科書等狀況，尚無人從事綜合性的整理工作，因此研究者在從事教科書分析時，缺乏一個可以參考的架構。本文的目的即在提供這樣一個參考架構。

　　本文首先回顧日本領臺以來初等教育制度的建立與變革，其次說明公學校與國民學校教科的沿革，最後整理主要教科的教科書發行狀況，予以表列，並說明之，希望有助於臺灣教育史的研究。

一、殖民地臺灣初等教育機構的設置

1. 伊澤修二和臺灣殖民地教育的濫觴

　　在殖民地臺灣實施新式教育，來自臺灣總督府第一任學務部長伊澤修二(1851-1917)的構想。一八九五年五月八日，中日馬關條約完成換約，同月十日日本海軍中將樺山資紀受命爲臺灣總督，五月二十一日制定「臺灣總督府假條例」（假條例即「臨時條例」之意）。總督府下設有總督官房、民政局、陸軍局，以及海軍局。民政局下設有學務部，「掌理教育相關事務」。當時的代理民政局長是水野遵，他與樺山資紀總督一行於五月二十四日由橫濱搭船來臺，六月十四日進入臺北城，同月十七日舉行「始政」慶典。伊澤修二(1851-1917)是當時的代理學務部長，他在六月十七日抵達臺北，十八日在大稻埕的一間民屋開始辦理學務部事務 [1]，在日軍兵馬倥傯之際，著手進行臺灣的殖民地教育工作。

　　伊澤修二向樺山總督提出關於新領地臺灣的教育方針，大體分成：一、當前緊要之教育事項，二、永遠之教育事業。關於第一項，伊澤認爲：甲、對新領地人民而言，應盡快設法使之學習日本語，乙、對本土移住者(按，日本人)而言，應設法使之學習日常需要之彼方方言(按，當指閩南語)。爲達成此目的，他認爲有必要編輯淺近適切的會話書，並開創學習日本語與對方方言的途徑。關於永遠之教育

1　臺灣教育會編，《臺灣教育沿革誌》（臺北：臺灣教育會編，1939；臺北：南天書局，1995景印），頁5-6。

事業，他建議設立師範學校與小學校等教育機構。基於此，學務部最初的工作就是編輯會話書與開設學堂。該年六月二十六日學務部遷至臺北北郊的芝山巖，設立學堂，致力於研究方言、編輯會話書，並教育當地人。[2] 伊澤認為教化新領土的前提是講求語言思想的溝通，因而須提供語言學習的設施，讓臺灣人與日本人互相學習彼此的語言，這是眼前的首要工作；同時，為了將臺灣人同化為日本人，也須考慮永久的教育事業。[3]

　　一八九六年三月日本政府以敕令第九十四號發布「臺灣總督府直轄學校官制」，設置直轄於臺灣總督府而以官費經營的國語學校(包括其附屬學校)以及國語傳習所。國語傳習所分為甲科和乙科，甲科以訓練通譯為目標，招收已具備普通知識的青年，課程以語文訓練為主，修業半年即可畢業。乙科的課程設計近似普通教育，招收一般學齡兒童，課程同樣以語言為主，此外也教授一般學科，修業年限四年。國語學校即後來師範學校的前身，成為培養臺灣初等普通教育師資的搖籃；其附屬學校則為國語學校畢業生教學實習的場所，成為將來實施初等普通教育的模範。

　　國語傳習所和國語學校附屬學校均於明治三十一年(1898)改制為公學校，成為一般臺灣人子弟主要的教育機關。以下分別敘述國語傳習所和公學校的設立經過，以及教學內容。

2　臺灣教育會編，《臺灣教育沿革誌》，頁6-10。

3　臺灣教育會編，《臺灣教育沿革誌》，頁6-9。伊澤修二，〈國家教育社第六回定會演說〉(1896年)，收於信濃教育會編，《伊澤修二選集》(長野：信濃教育會，1958)，頁593，轉引自駒込武，《植民地帝国日本の文化統合》(東京：岩波書店，1996)，頁43。

2. 國語傳習所的設置和教學內容

　　國語傳習所出現之前，臺灣各地設有若干語言學校，如芝山巖學
務部學堂、臺北縣立日本語學校，以及各支廳設立的語言學校。[4] 這
些學校共通的地方是，成立目的均在於期望在短期之內訓練出一批知
曉日語的臺灣人，以便在實際施行政務時能夠派上用場，因此招收對
象均是已成年且具有基本讀寫能力的臺灣人。這一點為後來的國語傳
習所甲科所繼承。

　　從「集眾教學」的角度來看，這些學校同樣具有部分近代學校的
特徵。不過，國語傳習所與這些語言學校最大的不同在於，「國語傳
習所規則」(明治29年府令15號)第一條規定國語傳習所的目標在於：
「教授本島人國語，以資日常生活之用，並養成本國精神」。也就是
說，國語傳習所不只是純粹的語言教育機關，也擔負著培養國民精神
的任務。該規則對於國語傳習所的編制、學期、上課時間、上課科目
和內容、教科書和參考書、入退學、考試，以及畢業等，均有詳細的
規定。[5] 從這些法規來看，我們或可推斷當時的教育規畫者是有意識
地以近代學校為模型來設立國語傳習所。

　　國語傳習所創建之初，分別設於全臺灣十四個主要市鎮：臺北、
淡水、基隆、新竹、宜蘭、臺中(學校在彰化)、鹿港、苗栗、雲林、
臺南、嘉義、鳳山、恆春、澎湖島(學校在媽宮城〔馬公〕)。學生分

4　臺灣教育會編，《臺灣教育沿革誌》，頁155-158。芝山巖學堂的教學情形
　　可參考藤森智子，〈日治初期「芝山巖學堂」(1895-96)的教育——以學校
　　經營、教學實施、學習活動之分析為中心〉，《臺灣教育史研究會通
　　訊》第11期(2000年9月)，頁9-24。

5　臺灣教育會編，《臺灣教育沿革誌》，頁168-179。

爲甲科和乙科。甲科接受對象爲十五歲至三十歲已具備普通知識者，除了授予「國語」(日語)外，教授初步的讀書作文，期限以半年爲期，考試合格者得畢業。一八九七年以後，由於通譯已無迫切需要，以培訓通譯爲目標的甲科遂於一八九八年公學校令發布後，編入公學校速成科，其後遭廢除。乙科則接受一般的學齡兒童(8至15歲)，授予「國語」、讀書作文、習字、算術之外，也可視情形而教授地理、歷史、唱歌、體操或裁縫等科目。學期設計與日本內地小學校一樣，一學年分三學期，修業期限四年。兩科皆不收取學費，但甲科有「給費生」制度，支給學生生活津貼。[6]

此外，國語學校設有三所附屬學校，分別位於八芝蘭(原芝山巖學務部學堂)、艋舺，以及大稻埕，課程編制與日本內地小學校極爲接近。第一附屬學校修業期限六年，其他二校修業年限四年，收容內地人(日本人)學齡兒童以及八至二十五歲之木島人。科目配置比國語傳習所乙科更爲完備，有修身、國語、讀書、作文、習字、算術、唱歌、體操等。[7]

綜而言之，國語傳習所乙科和國語學校的附屬學校皆具有近代初等教育的特徵，爲未來公學校的設置鋪路。

3. 臺灣公學校的設置及其教育目的

明治三十一年(1898)七月二十八日臺灣總督府發布臺灣公學校令(敕令第178號)及臺灣公學校官制(敕令第179號)，確立臺灣公學校制度[8]；國語傳習所與國語學校附屬學校均於該年改制爲公學校。在此

6　臺灣教育會編，《臺灣教育沿革誌》，頁168-179。
7　臺灣教育會編，《臺灣教育沿革誌》，頁706-713。
8　《臺灣總督府報》第349號，明治31年(1898)8月16日，頁36。

簡單說明一下，臺灣的「公學校」在位階上等同於日本本土的「小學校」，都是作爲初等教育的學校設施。公學校制度甫實施之時，全臺共有五十五所公學校，到該年年底共七十六所公學校，翌年增爲九十四所，一九○○年又增爲一百一十七所。一九三四年全臺共有七百六十九所公學校，教員數目爲五、七六四人，學生數目爲三○九、七六八人，就學率37.02%[9]；一九四○年，也就是改制爲國民學校的前一年，全臺共有八二四所公學校(含分教場)，教員數爲九、五六三人，學生數爲六三二、七八二人，就學率爲52.97%[10]。

根據明治三十一年(1898)第一次發布的「臺灣公學校規則」(府令第78號)，第一條開宗明義指出：「公學校之本旨在對本島人子弟施德教、授實學，以養成國民性格，同時使精通國語。」(公學校ハ本島人ノ子弟ニ德教ヲ施シ實學ヲ授ケ以テ國民タルノ性格ヲ養成シ同時ニ國語ニ精通セシムルヲ以テ本旨トス)[11]將施德教放在授實學之前，似乎承認道德教育的優位性。施德教指「須注意作爲人必需的德義之教訓和作爲我國民必要的性格的陶冶」，授實學則「須求其智識技能之精確、適合於實用，因此應選擇平常生活必須之事項教授之，反覆練習，使能自在應用」(第九條)。[12]授實學應是由國語傳習所規則中的「智能啓發」推衍而來的。施德教有兩個要目，一是教授「作爲人必需的德義之教訓」，其二是陶冶「作爲我國民必要的性格」。前者可以看作「道德教育」，教導社會群體生活中基本的德

9　臺灣教育會編，《臺灣教育沿革誌》，頁408-410。
10　臺灣總督府文教局，《昭和十五年度版‧臺灣の學校教育》(臺北：同著者，1941)，頁14、16、118-120。
11　《臺灣總督府報》第349號，明治31年(1898)8月18日，頁31。
12　《臺灣總督府報》第349號，明治31年(1898)8月18日，頁32。

性，後者則屬於「國民教育」，具有愛國教育的性質。

由上述可知，公學校教育的主旨分爲三個面向：「施德教」、「授實學」和「使精通國語」。在其後改定的「臺灣公學校規則」，此一順序呈現不同的排列方式。明治三十七年(1904)臺灣公學校規則改正(府令第24號；日文「改正」即中文修訂之意)規定[13]：

> 公學校本旨在於對本島人兒童教授國語、施德育，以養成國民性格，並教授生活必需之普通知識技能。

我們可以看到其順序改變爲：「教授國語」、「施德育」、「授實學」。

大正元年(1912)十一月二十八日公學校規則改正(府令第40號)規定[14]：

> 公學校本旨在於對本島人兒童教國語、施德育，養成國民性格，並留意身體之發達，授以生活必須之普通知識技能。

我們可以看到，此時臺灣公學校的本旨加入「留意身體發達」一項。不過，這在明治三十一年(1898)公布的公學校規則已有規定，只是當

13　「公學校ハ本島人ノ兒童ニ國語ヲ教ヘ德育ヲ施シ以テ國民タルノ性格ヲ養成シ竝生活ニ必須ナル普通ノ知識技能ヲ授クルヲ以テ本旨トス」臺灣總督府，《府報》第1492號，明治37年(1898)3月11日，頁25。

14　「公學校ハ本島人ノ兒童ニ國語ヲ教ヘ德育ヲ施シテ國民タルノ性格ヲ養成シ竝身體ノ發達ニ留意シテ生活ニ必須ナル普通ノ知識技能ヲ授クルヲ以テ本旨トス」臺灣總督府，《府報》第87號，大正元年(1912)11月28日，頁115。

時是置於教授要旨中，此時則放在本旨中。[15]

　　大正八年(1919)一月十二日「臺灣教育令」公布(敕令第1號)，這是日本政府對殖民地臺灣最初明文化的教育基本法。「臺灣教育令」中與公學校相關的主要條文如下[16]：

> 第五條　普通教育之目的在於留意身體之發達、施德育、教
> 　　　　授普通之知識技能、涵養國民之性格、普及國語。
> 第七條　公學校爲對兒童施以普通教育、教授生活必須之知
> 　　　　識技能的場所。

臺灣教育令實施不到三年，旋即於大正十一年(1922)二月十五日公布新的臺灣教育令(敕令第20號)，明示教育遵循同化主義的原則，基本上除了初等教育階段之外，皆認可「日臺共學」——日本人和臺灣人進入同一教育機構接受教育。在初等教育階段不再以種族爲分際，而以學童之語言能力作爲衡量入學(進入小學校或公學校)之標準。新臺灣教育令中關於公學校的規定如下[17]：

> 第四條　公學校之目的在留意兒童之身體發達，施德育，教
> 　　　　授生活必須之普通之知識技能，涵養國民之性格，
> 　　　　並使習得國語。

在這裡公學校教學目的，首先標舉「留意兒童之身體發達」，其次才

15　《臺灣總督府報》第349號，明治31年(1898)8月16日，頁32。
16　臺灣總督府，《府報》第1738號，大正8年(1919)1月12日，頁30-31。
17　臺灣總督府，《府報》第2583號，大正11年(1922)2月15日，頁27。

是施德育、教授知識技能、涵養國民性格與學習國語。這樣的教育目標和明治二十三年(1890)十月新發布的日本本土「小學校令」幾乎沒有差別，只在最後多了一項「學習國語」。日本的小學校令規定：「小學校之本旨在留意兒童身體之發達、教授道德教育及國民教育之基礎，以及其生活必須之普通之知識技能。」[18]一九一九年臺灣教育令發布之後，臺灣初等教育大致定型，一直到昭和十六年(1941)的「國民學校令」才又隨著整個日本教育制度的大變革而改變。

　　根據殖民政府公布的相關法令，我們可以歸納出：在一九一二年以前，臺灣公學校的主要教育目的無外乎：施德育、授實學，以及教授國語，惟排列方式和措辭有所不同。一九一二年起，教育目標增加「留意身體之發達」；另外，在早期，「養成國民性格」往往是預期的教學效果，如「施德教、授實學，以養成國民性格」(1898)和「教授國語、施德育，以養成國民性格」(1904)，但在一九一九年以後，在措辭上有成爲一個獨立項目的傾向。以此，我們或可以說：一九一九年以後，公學校教育的目標爲：體育、德育、實學、愛國教育，以及教授日語五大項。不過，根據臺灣總督府官方的說法，「作爲公學校教育之根本方針的國民精神之涵養、國語之習熟，與養成實業趣味，則始終一貫，毫無改變」[19]。如果我們把德育和體育看成涵養國民精神的重要手段，那麼，「涵養國民精神」、教授「國語」和「實學」，也就是臺灣公學校一貫的教育目標了。

18　「小學校ハ兒童身體ノ發達ニ留意シテ道德教育及國民教育ノ基礎並ニ其生活ニ必須ナル普通ノ知識技能ヲ授クルヲ以テ本旨トス」，轉引自海後宗臣、仲新，《教科書でみる近代日本の教育》(東京：東京書籍株式會社，1979／1994)，頁73。

19　臺灣總督府文教局編，《昭和十六年版・臺灣の學校教育》(臺北：同編者，1942)，頁18。

二、從公學校到國民學校

1. 臺灣公學校制度的沿革和改制

　　臺灣公學校自一八九八年設立以來到一九四一年改制爲國民學校，前後四十四年，在制度方面歷經諸多變化。在學年劃分方面，一八九八年爲二學期制，一九○三年以後則分爲三學期，惟各學期的起迄日期屢有調整，休假日也有所變動。一八九八年公學校令發布時，入學年齡爲八歲，教科目(教科)爲修身、國語、讀書、習字、算術、唱歌、體操。以下是一八九八年到一九一九年臺灣教育令發布爲止的重要變革[20]：

　　一、明治三十七年(1904)就學年齡滿七歲以上。

　　二、明治四十年(1907)修業年限以六年爲原則，不過視地方之情況，得伸縮爲八年或四年。

　　三、大正元年(1912)修業年限定爲六年或四年，廢止八年修業年限。得設置修業年限二年之實業科以取代之。另外，國語科之教授時數顯著增加，教科目中加入手工、農業、商業等實科及理科。

　　四、大正七年(1918)教科目中加入地理，農業、商業、手工合爲實科，於第五學年以上教授之，正科之漢文變更爲隨意科。

一九一九年(大正8年)臺灣教育令發布，關於普通教育有如下的重要規定：一、普通教育分爲公學校、高等普通學校和女子高等普通學

　　20　臺灣總督府文教局編，《昭和十六年版·臺灣の學校教育》，頁18。

校。二、公學校入學年齡爲七歲以上。三、修業年限原則上確定爲六年，但依地方情況得縮短。四、高等普通學校修業年限四年。五、女子高等普通學校修業年限三年。[21]

一九二二年新臺灣教育令發布，如所周知，此一法令重新確立臺灣教育的根本原則。一九一九年的臺灣教育令是規定「臺灣人」的「學制」(教育制度)的法令，日本人根據日本本土的學制，另成一系統。新教育令第一條開宗明義規定：「在臺灣之教育依據本令」，以地理爲法令範圍，而非以種族爲對象。根據此令，中等學校撤廢日本人和臺灣人的「種族差別」，實施共學，初等教育則以是否「常用國語」作爲小學校與公學校的區別；中等教育以上，原則上根據日本的學制，公學校教育和師範教育則施行臺灣特別之制度。關於公學校，新教育令第五條規定：一、公學校修業年限六年，但依地方情況得縮短。二、入學年齡六歲以上。三、修業年限六年之公學校得設修業年限二年之高等科。四、高等科入學資格限定爲修業年限六年之公學校畢業生，或具有同等以上之學力者按，(按，此條係略譯)。五、公學校得置補習科。六、補習科之修業年限及入學資格由臺灣總督府規定。[22]

一九二二年之後，臺灣初等教育制度的最大改變是改制爲國民學校以及實施義務教育。一九四一年(昭和16年)三月二十九日根據敕令第二百五十五號，修改臺灣教育令，第二條規定「初等普通教育根據國民學校令」。[23] 由於刪除原先第三條至第七條中區分小學校和公學校的規定，小、公學校遂無差別，一概改爲國民學校。同月三十日，

21　吉野秀公，《臺灣教育史》(臺北：臺灣日日新報社，1928)，頁378-379。
22　吉野秀公，《臺灣教育史》，頁459-461。
23　臺灣總督府，《府報》第4150號，昭和16年(1941)3月29日，頁145。

以府令第四十七號公布「臺灣公立國民學校規則」。[24]一九四三年(昭和18年)三月二十三日臺灣總督府以諭告第一號公布實施義務教育。[25]義務教育的年齡規定爲滿六歲至滿十二歲之六年間(府令45號)。[26]

　　茲將一八九八年至一九四一年之間，公學校修業年限之變更以簡表整理如下：

表5-1　公學校修業年限更迭(1898-1941)

	1898	1907	1912	1919	1922	1933	1941
修業年限	六年	六年	六年	六年	六年	六年	八年(初等科六年、高等科二年；一、二號表)
依地方情況得縮短或延長年限		四年、八年	四年		四年、三年	四年	六年(三號表)
得另設科別					高等科	高等科	

　　在此需要特別說明的是，臺灣公學校和小學校改制爲國民學校之後，根據臺灣國民學校規則，使用第一號表和第二號表的國民學校分爲初等科和高等科，前者六年，後者二年；使用第三號表的國民學校修業年限六年。課程第一號表學校的對象是踐行「國語生活」之家庭的兒童(國語生活ヲ爲ス家庭ノ兒童)，課程第二、三號表的對象是未踐行「國語生活」之家庭的兒童(國語生活ヲ爲サザル家庭ノ兒童)；修業年限六年的國民學校使用第三號表。[27]而實際上三種課表的學校還是以族群(或民族)爲分界，第一號表學校等同於小學校，使用第二號表的大抵爲漢人學童就讀的公學校，以原住民學童爲主的公學校使

24　臺灣總督府，《府報·號外》，昭和16年(1941)3月30日，頁1。
25　《臺灣總督府官報》第289號，昭和18年(1943)3月23日，頁67。
26　《臺灣總督府官報》第289號，昭和18年(1943)3月23日，頁67。
27　《臺灣總督府官報》第289號，昭和18年(1943)3月23日，頁70。

用第三號表。

截至一九四四年，國民學校數共一、〇九九校，其中使用課程第一號表一五五校，使用課程第二號表九〇八校，課程第三號表(修業年限六年之國民學校)三十六校[28]，以使用第二號表的學校居最大多數。第一號表和第二號表學校得設初等科和高等科兩個學級，而實際上，一九四三年第一號表學校中，同時設有初等科和高等科的約占56%，只設有初等科的約占43%，僅設有高等科的約占1%。課程第二號表學校中，設有初等科和高等科的約占22%，只設初等科的約占78%，不存在只設高等科的學校。換句話說，以漢人學童為對象的國民學校，近八成仍只提供六年的教學。

2. 原住民兒童的教育設施

一九二二年臺灣公、小學校改以日語之使用情況為區分之標準，然公學校基本上還是以臺灣學童為主，小學校則以日本學童為主。到目前為止，我們都還沒討論原住民的教育設施，讀者或會問：原住民學童上哪種學校？在此有必要簡略說明日本以臺灣原住民兒童為對象所實施的初等教育。

明治二十九年(1896)九月二日設立恆春國語傳習所豬勝束分教場，這是日本殖民政府最早的原住民教育設施。[29] 明治三十一年(1898)民政部事務囑託伊能嘉矩和粟野傳之丞受命視察番地，翌年提

28　臺灣總督府，《昭和二十年‧臺灣統治概要》(臺北：同著者，1945；東京：原書房，1973景印)，頁39。

29　臺灣教育會編，《臺灣教育沿革誌》，頁189、458。恆春國語傳習所本所在恆春支廳城隍廟。在此設立取許可日，若取豬勝束分教場「開始式」，則為9月10日。日治時期學校的創校日當以許可日或「開校式」為準，仍有待學界達成共識。

出報告書，主張對原住民實施教化的重要性。不過，直到明治三十八年(1905)年初爲止，並無專爲原住民兒童設立的學校，但在蕃地(日文原用法，即番地)設立的國語傳習所及分教場自然而然成爲原住民兒童的教育機關。在國語傳習所廢止之前，恆春、臺東兩廳下的蕃地共有國語傳習所本所二間、分教場十一間，收有學童七八二名(男740名，女42名)。[30]

明治三十八年(1905)二月十四日臺灣總督府公布敕令第二十七號「關於令番人子弟就學之公學校案」(蕃人ノ子弟ヲ就學セシムヘキ公學校ニ關スル件)[31]，根據同月二十五日以訓令三十二號發布的規程，修業年限四年，教科目爲修身、國語、算術，但依地方情況得加設農業、手工及唱歌之一科或數科[32]。學生之年齡、學年、學期和教授日數、修業日、畢業日、修業、畢業與入學、退學，準用公學校規則。至該年年底爲止，以原住民爲對象的公學校共十五校。[33]

一九一四年(大正3年)四月十八日總督府發布「蕃人公學校規則」(府令第30號)，第一條規定：「蕃人公學校之本旨爲對蕃人施德育、教以國語、教授生活必須之知識技能，使之化於國風。」其他主要規定有：一、修業年限四年，惟依地方情況得爲三年。二、教科目爲修身、國語、算術、唱歌及實科。三、入學年齡八歲以上。一九二二年二月十五日臺灣總督府公布臺灣教育令(敕令第20號)，四月一日公布新的臺灣公立公學校規則，同月二十五日廢止蕃人公學校規則，當時存在的蕃人公學校及其分教場成爲依新教育令設立者。「蕃人公

30　臺灣教育會編，《臺灣教育沿革誌》，頁455-468。

31　臺灣總督府，《府報》第1688號，明治38年(1905)2月14日，頁34。

32　臺灣總督府，《府報》第1696號，明治38年(1905)2月25日，頁79。

33　臺灣教育會編，《臺灣教育沿革誌》，頁469-473。

學校」名稱隨之廢除。一九三五年(昭和10年)以收容原住民子弟為主
的公學校共二十九校,其中二十四校在臺東、花蓮港廳之普通行政區
域內,五校在臺中和高雄兩州的蕃地;在籍兒童五千餘人,就學率達
到74%。修業年限有四年制和六年制,各約一半。[34]

　　除了公學校系統之外,原住民兒童教育設施另有「蕃童教育
所」,其前身可追溯到日本領臺初期在撫墾署(1896-1898)及其後的
辨務署(1898-1901)對原住民因地制宜所進行的簡單的教化工作,以
教授日語和禮儀為主。明治三十五年(1902)在南蕃各要地設置警察官
吏派出所,所員一面執行職務,一面召集蕃童,教授國語和禮法,並
兼行醫療施藥,以求逐漸馴化之。此類由警察官吏從事的特殊教育設
施遂稱為「蕃童教育所」。由於各地蕃童教育所未有一定的標準,明
治四十一年(1908)三月十三日制定「蕃童教育標準」、「蕃童教育綱
要」,以及「蕃人教育費額標準」,由民政長官向蕃地有關的各廳長
發出通牒。根據「蕃童教育綱要」,教習的科目有:禮儀、倫理、耕
作種藝、手工、國語、計數法、習字,然手工、計數法、習字、唱歌
為隨意科。昭和三年(1928)一月依總務長官的通達,制定教育所教育
標準。第二條規定:「教育所之目的在於留意兒童身體之發達,對其
施德育,涵養國民必要之性格,使習得國語,習慣於善良之風習,並
教授生活必須之簡易之知識技能。」教育所修業年限四年,教科目為
修身、國語、算術、圖畫、唱歌、體操及實科;實科分為農業、手工
和裁縫,教以其中一種或二種,裁縫則以女學生為對象。到一九三五
年(昭和10年)四月底,全臺灣共有一八三所教育所,收有學生八、二

九一人，就學率達67.59%（男71.79%，女62.84%）。[35]

　　茲將原住民學童教育設施之修業年限有明確規定者，表列於下：

表5-2　原住民學童教育設施修業年限更迭（1905-1928）

	1905	1914	1922	1928
公學校系統 （學務部所管）	蕃人就學之公學校四年	蕃人公學校四年、三年	公學校六年、四年、三年	
蕃童教育所系統 （警察本署所管）				四年

三、教科的沿革

　　公學校（含國民學校）的教科（教科目）從設立之初，經過幾次的變更，到一九二二年漸趨完備。茲根據臺灣總督府《府報》和臺灣教育會編纂的《臺灣教育沿革誌》，將一八九八年之後臺灣公學校和國民學校的教科整理成表，列於下：

表5-3　公學校（含國民學校）教科更迭（1898-1941）

年分	教科目（加底線為可從闕者）	依地方情況得增減之科目
1898	修身、國語、作文、讀書、習字、算術、唱歌、體操	
1904	修身、國語、算術、漢文、體操 （女學生加教裁縫）	得加唱歌、手工、農業、商業之一科或數科；得闕漢文、裁縫
1907	修業年限六年 修身、國語、算術、漢文、唱歌、體操 （女學生加教裁縫） 修業年限八年	修業年限六年 得闕漢文、唱歌、裁縫（修業年限六年：男學生得加手工、農業、商業之一科

35　臺灣教育會編，《臺灣教育沿革誌》，頁481-491、504。

年分	教科目(加底線為可從闕者)	依地方情況得增減之科目
	加理科、圖畫(男學生加教手工、農業、商業之一科或二科) 修業年限四年 (教科之加減，由總督認可)	或二科)
1912	修業年限六年 修身、國語、算術、漢文、理科、手工及圖畫、農業、商業、唱歌、體操、裁縫及家事(男學生授以農業、商業之一科；女學生授以裁縫及家事) 修業年限四年 修身、國語、算術、漢文、手工及圖畫、農業、唱歌、體操、裁縫及家事(男學生授以農業；女學生授以裁縫及家事)	修業年限六年 得闕漢文、唱歌、裁縫及家事之一科或數科；農業、商業之一科。 修業年限四年 得闕漢文、唱歌、裁縫及家事之一科或數科
1918	修身、國語、算術、漢文、地理、理科、圖畫、實科、唱歌、體操、裁縫及家事(男學生授以實科，女學生授以裁縫及家事) 修業年限四年 修身、國語、算術、漢文、圖畫、唱歌、體操、裁縫及家事(女學生授以裁縫及家事)	得闕漢文、裁縫及家事 修業年限四年 得闕漢文、裁縫或家事
1922	修業年限六年 修身、國語、算術、日本歷史、地理、理科、圖畫、唱歌、體操、實科、裁縫及家事；加隨意科漢文(實科分農業、商業、手工，男學生授以一種或二種；女學生授以裁縫及家事) 修業年限四年 修身、國語、算術、圖畫、唱歌、體操、裁縫及家事；加隨意科漢文(女學生授以裁縫及家事) 修業年限三年 修身、國語、算術、唱歌、體操、實科 高等科 修身、國語、算術、日本歷史、地理、理科、唱歌、體操、實科、裁縫及家事；加隨意科圖畫、漢文(實科分農業、商業、手工，男學生授以一種或二種；女學生授以裁縫及家事)	修業年限六年 得闕漢文、裁縫及家事 修業年限四年 得闕圖畫、漢文、裁縫及家事 得加實科，然實科分為農業、手工，得授以其中一種 修業年限三年 關於實科的規定同上 高等科 得闕圖畫、漢文
1933	修業年限六年 修身、國語、算術、國史、地理、理科、圖畫、唱歌、體操、實業、裁縫及家事；得加隨意科漢文(實業分業、商業、工業，授以一種	修業年限四年 得缺圖畫、裁縫及家事

年分	教科目(加底線爲可從闕者)	依地方情況得增減之科目
	或二種；女學生授以裁縫及家事) 修業年限四年 修身、國語、算術、<u>圖畫</u>、唱歌、體操、 實業、裁縫及家事；得加隨意科漢文(實業 分業、工業，授以一種或二種；女學生授 以裁縫及家事) 高等科 修身、國語、算術、國史、地理、理科、圖 畫、唱歌、體操、實業、裁縫及家事；得加隨 意科漢文(實業分爲農業、工業、商業，授以一 種或二種；女學生授以裁縫及家事)。	
1937	刪除漢文科，餘同1933	
1941	修業年限六年 國民科，理數科、體鍊科、藝能科、實業 科(國民科分爲修身、國語、國史、地 理；理數科分爲算數、理科；體鍊科分爲 體操、武道，女學生得缺武道；藝能科分 爲音樂、習字、圖畫、工作*，女學生加 教家事及裁縫；實業科分爲農業、工業、 商業或水產) 初等科 教科加實業科，女學生於藝能科中加家事	

*「工作」科約等於手工或工藝課

　　根據上表，如果以修業年限六年的公學校爲準，我們可以歸納出下列幾點重要變化：

　　(1)修身、國語、算術、體操是始終固定必教的科目。

　　(2)漢文從一九〇三年起列入教科，然一直可有可無，一九三七年廢除。

　　(3)理科於一九一二年出現，從此固定下來。

　　(4)手工及圖畫(後改稱圖畫)和實科(後改稱實業)於一九一二年出現。

　　(5)唱歌雖然一開始即出現，但可從缺，一九一九年起才成爲固

定科目。

(6)地理於一九一九年出現，日本歷史(後改稱國史)則於一九二二年出現。

據此，我們可以說到一九二二年，臺灣公學校的教科大致齊備，和日本本土尋常小學校趨於一致。[36]

由於教科在每個時期不一樣，即使同一科目的授課時間也非固定不變化，在此無法一一細講，僅舉一九二二年修業年限六年公學校各學年教授時數為例，以供參考：

表5-4　1922年修業年限六年之公學校各學年教授時數

	第一學年	第二學年	第三學年	第四學年	第五學年	第六學年
修身	2	2	2	2	2	2
國語	12	14	14	14	10	10
算術	5	5	6	6	4	4
日本歷史					2	2
地理					2	2
理科				1	2	2
圖畫			1	1	1	1
唱歌	3	3	1	1	1	1
體操			2	2	2	2
實科					男4	男4
裁縫及家事				女2	女5	女5
漢文	(2)	(2)	(2)	(2)	(2)	(2)
總計	22(24)	24(26)	26(28)	男27(29) 女29(31)	男30(32) 女31(33)	男30(32) 女31(33)

根據臺灣總督府，《府報號外》，大正十一年四月一日，府令第六十五號，頁15。
*欄內數字表每週授課時數

36　明治40年(1907)日本尋常小學校(六年制)的教科目有：修身、國語、算術、日本歷史、地理、理科、圖畫、唱歌、體操、裁縫、手工。

四、主要教科及其教科用書簡介

　　如上節所述，臺灣公學校一向有的科目是：修身、國語、算術，以及體操，其後增加地理和理科，一九二二年增加日本歷史一科。修身、國語、國史，以及地理在一九四一年改制爲國民學校之後統稱爲「國民科」，是戰爭時期最重要的四個科目。在此先簡單介紹國語、修身、日本歷史(國史)、地理四大教科的教科書發行狀況(兼及給原住民學童使用的教科書)，最後介紹圖畫和唱歌科教科書。

1. 國語讀本的發行與分期

　　在一九〇〇年以前，臺灣尚未有統一的「國語」讀本，國語傳習所和公學校使用的教科書十分混雜，有內地小學校使用的教授書，也有總督府編輯的書題爲「臺灣適用」的各種教科用書，如《臺灣適用國語讀本初步》、《臺灣適用會話入門》、《臺灣適用書牘文》等。[37]其中在性質最像後來的「國語」讀本的是《臺灣適用國語讀本初步》，上冊於明治二十九年(1896)發行，未見發行下冊。

　　從明治三十四年(1900)起，臺灣總督府發行《臺灣教科用書國民讀本》，共十二卷，其後經過四次的修訂改版。如果比照日本本土國定教科書的分期方式，我們也可將臺灣總督府發行的「國語」讀本分爲五期。

　　茲將臺灣總督府前後發行的五期「國語」讀本之刊行資料表列於下：

37　臺灣教育會編，《臺灣教育沿革誌》，頁173、206-207。

表5-5　國語科教科書發行簡表

期數	初版出版年分	讀本名稱	卷數
第一期	明治34-36年(1900-02)	臺灣教科用書國民讀本	卷1-12
第二期	大正2-3年(1913-14)	公學校用國民讀本	卷1-12
第三期	大正12-15年(1923-26)	公學校用國語讀本 1930年以後書名加題「第一種」	卷1-12
	昭和5-8年(1930-33)	公學校用國語讀本(第二種)	卷1-12
第四期	昭和12-17年(1937-42)	公學校用國語讀本(第一種)	卷1-12
第五期	昭和17年(1942)	コクゴ/こくご	1-4
	昭和18-19年(1943-44)	初等科國語	1-8

其中第一期國語教科書《臺灣教科用書國民讀本》發行時，日本本土尚未實施國定教科書制度，還屬於檢定制度時期，因此，殖民地臺灣可以說比日本本土先發一步，由主管文教的民政部編纂統一的教科書。第二期以後，臺灣「國語」讀本的出版，分別約略晚於各期日本本土國定讀本，並且受到影響，例如，臺灣教科書編纂趣意書中經常出現某某課取材自〔日本本土〕小學校讀本的說明。在發行「國民讀本」的同時，臺灣總督府也出版了《國民讀本參照國語話方教材》卷一至卷六，作為會話課的參考書，以及《臺灣教科用書國民習字帳》卷一至卷十二，作為習字課用的練習本。[38]

另外，須在此一提的是以原住民學童為對象的《番人讀本》。前面提到的番人公學校和蕃童教育所皆沒有特定的教科書，不是利用日本文部省編的尋常小學讀本，就是利用臺灣總督府的公學校國民讀本，但由於人種、語言、氣候風土，以及風俗習慣上的不同，此二讀本毋庸說是不適合原住民學童的，有鑑於此，臺灣總督府在大正三年(1914)十月議定編纂番人讀本，任命委員，決定教材，並經特設的教科

用書審查委員會的審議和討論，於大正四年(1915)三月三十日發行卷一和卷二，翌年二月二十九日發行卷三，三月二十九日發行卷四。[39]

2. 修身教科書

明治四十三年(1910)臺灣總督發行《公學校修身科教授資料》三卷，類似後來的教科用書，不是給兒童使用的教科書。大正三年(1914)臺灣總督府開始發行兒童用公學校修身書，以下是使用於臺灣公學校的修身書：

表5-6 修身科教科書發行簡表

卷一發行年分	書 名	卷 數
大正三年(1914)	公學校修身書 兒童用	卷一至卷六
昭和三年(1928)	公學校修身書 兒童用 1930年以後書名加題「第一種」	卷一至卷六
昭和五年(1930)	公學校修身書 兒童用 第二種	卷一至卷六
昭和十六年(1941)	公學校修身書 兒童用 第一種	卷一、卷二
昭和十七年(1942)	ヨイコドモ	上、下
昭和十八年(1943)	初等科修身	卷一至卷四

在此須略加說明的是，《公學校修身書(兒童用)第二種》使用於以原住民學童爲主的公學校，發行之後原先漢人學童使用的修身書改稱《公學校修身書(兒童用)第一種》。《ヨイコドモ》上、下，以及《初等科修身》卷一至卷四，是公學校改制爲國民學校後發行的教科書，前者使用於一、二年級，後者使用於三至六年級。在發行兒童用

39　臺灣總督府，《蕃人讀本編纂趣意書》(臺北：同編者，1916)，頁1-2。

的《公學校修身書》的同時，臺灣總督府亦發行教師用《公學校修身書》。

3. 歷史與地理教科書

如前所述，一九二二年根據臺灣公立公學校規則，教科增設「日本歷史」一科，一九二三年臺灣總督府編纂發行《公學校用日本歷史》上卷、下卷。昭和九年(1934)根據新的臺灣公學校規則，「日本歷史」科改稱「國史」科。翌年歷史教科書之書名改為《公學校國史》，但內容未更改，一直要到昭和十二年(1937)才真正改版，課文有所增補。昭和十八年(1943)文部省發行《初等科國史》；翌年臺灣總督府規定國民學校採用此一新教科書。然而，根據有限的資料，前身為公學校的國民學校(第二號表學校)似乎仍繼續使用《公學校國史》。[40] 茲將公學校和國民學校使用的歷史教科書表列於下[41]：

表5-7　歷史科教科書發行簡表

發行年分	書　　名	卷　　數
大正十二(1923) 昭和十年(1935)	公學校用日本歷史 改稱 公學校國史	上、下卷
昭和八、九年(1933、34)	公學校用日本歷史 第二種	上、下卷
昭和十二、十三年(1937、38)	公學校國史 第一種	卷一、二
昭和十九年(1943)	初等科國史	上、下卷

臺灣總督府發行過的地理教科用書，如果不包括「第二種」的

40　由於《公學校國史》到昭和十九年仍繼續印製，因此作此推測。根據蔡蕙光小姐提供之訊息，謹此致謝。

41　參考蔡蕙光，〈日治時期臺灣公學校的歷史教育——歷史教科書之分析〉(國立臺灣大學歷史學研究所碩士論文，2000年6月)，頁15-20。

話，總共有三套。一九四四年後，臺灣學童是否使用文部省發行的《初等科地理》，情況和歷史科一樣，仍不很清楚，暫時闕疑，以待日後補充。以下是地理教科用書發行的狀況：

表5-8　地理科教科書發行簡表

發行年分	書　　名	卷　數
大正十年(1921)	公學校地理 兒童用	卷一、二
昭和六年(1931)	公學校地理書	卷一、二
昭和八、九年(1933、34)	公學校地理書 第二種	卷一、二
昭和十六年(1941)	公學校地理書 第一種	卷一、二

4. 圖畫與唱歌教科書

近年來，臺灣公學校的美術和音樂教育吸引不少學者和年輕學子的注意力，研究頗有可觀者。如前所述，作為教科的美術教育，最初以「手工及圖畫」的名稱出現於一九一二年，於一九一八年改稱「圖畫」。「唱歌」科雖然一開始即出現，但可從缺，一九一九年起成為固定科目。

茲將圖畫與唱歌教科書的發行狀況分別表列於下，並稍加說明。

表5-9　圖畫科教科書發行簡表

發行年分	書　　名	卷　數
大正十年(1921)	公學校圖畫帖 兒童用	卷三、四、五、六
昭和十、十一、十二年(1935、36、37)	初等圖畫	第一至第六學年用(六冊)

《公學校圖畫帖 兒童用》未見卷一、卷二，很可能在第一、二學年並未出版給學生用的教科書。《初等圖畫》共六冊(第六學年用

未見原書)。[42] 以教育所為對象的教科書，有臺灣總督府警務局發行的《教育所圖畫帖 教師用》卷一至卷四(1935)，以及《教育所略畫帖》(1936)，這兩套蕃童教育所的圖畫科教科書的原畫及指導要領均為臺灣畫家藍蔭鼎(1903-1979)所作。[43]

表5-10　唱歌科教科書發行簡表

出版年分	書　名	卷　數
大正四年(1915)	公學校唱歌集	全一冊
昭和九、十年(1934、35)	公學校唱歌	第一至第六學年用(六冊)

唱歌科另有明治三十八年(1905)出版的《唱歌教授細目》，以及昭和十一年(1936)發行的《式日唱歌》。[44]

至於其他科目，如算術和理科等科，由於還很欠缺研究，教科書的情況不甚清楚，無法羅列於此。自然、數理教育是臺灣公學校教育相當重要的一環，希望本文能起拋磚引玉的作用，引發對此有興趣的學子致力於算術和理科教科書的蒐尋、整理和研究。

此外，由於自一九二二年起公學校得設高等科，修業年限兩年，教授的諸科目也都發行教科書，如《公學校高等科國語讀本》卷一至卷四(1933-1934)，《公學校高等科修身書(兒童用)》卷一、二

42　國立中央圖書館臺灣分館藏有《初等圖畫》第一至第四學年教科書，民間收藏家郭双富先生藏有第五學年用(中央研究院臺灣史研究所存有複印本)，第六學年在林曼麗《臺灣視覺藝術教育研究》(臺北：雄獅圖書，2000)一書中，刊有照片。

43　以上圖畫科教科書之發行情況，係根據陳譽仁先生、鄭宇航女士，以及林竹君女士提供的訊息，彙整而成。謹此致謝。

44　賴美鈴，〈日治時期臺灣音樂教科書研究〉，《藝術教育研究》第3期(2002年5月)，頁42。

(1931)，《公學校高等科地理書》卷一、二(1935-1936)《公學校高等科國史》卷一、卷二(1935-1936)，《公學校高等科唱歌》第一、二學年用(1936)，以及《初等圖畫高等科》第一、二學年用(1936)等。關於高等科教科書的整理，只有留待未來的研究者。

結語

　　從一八九八年臺灣總督府發布臺灣公學校令，確立臺灣公學校制度，到一九四五年日本在太平洋戰爭中戰敗放棄臺灣為止，正式實施初等教育前後長達四十八年，只比日本在臺灣的殖民統治少三年。如果以芝山巖學務部學堂為臺灣殖民地教育的濫觴，日本在臺灣實施近代式教育可以說和它在臺灣的統治相始終。臺灣公學校(含後來的國民學校)制度，在性質上和傳統中國社會的學塾教育，大異其趣，前者以少數社會菁英階層的子弟為對象，同時和科舉制度緊密連結；後者在目標上以全部學齡兒童為對象，教授一國之民必須具備的基礎知識，屬於近代國家初等教育系統。

　　如所周知，近代國家施行的小學教育對塑造兒童的國家認同、歷史意識、道德觀念，以及一般價值觀，具有相當程度的模塑作用，尤其在造就兒童在認知以及集體經驗上的同質化，具有無與倫比的力量。關於臺灣公學校教育的影響，雖然已有不錯的研究，但是，對於此一影響的深度和面向，仍有待進一步估量。此外，臺灣公學校的教育內容是豐富的、多樣的，如何綜合了解各教科之間的聯繫，及其交互作用所產生的影響，是臺灣教育史研究未來的重大課題，也是一大挑戰。

　　在日本統治臺灣的五十年間，教育制度變化很大，其間的沿革頗

爲複雜。鑑於一般人對初等教育的制度欠缺比較宏觀的認識，筆者嘗試從浩瀚的資料中整理出大的圖景和脈絡，以供研究者參考。此文談不上研究上的發現，也缺乏議題的析論，它的原意在提供像便覽手冊一樣的東西；我們希望，對擬深入研究日本殖民統治時期初等教育的人，這篇文章能起基本的參考作用。相對於臺灣公學校的長久與複雜，本文的規模顯然不成比例，也不夠翔實，然其補正與擴充，只有等待來日了。

發表於《臺灣風物》第53卷第4期(2003年12月)，頁119-145。
2010年8月修訂。

第六章

殖民地臺灣初等教育修身書中的母國典範

小引

　　有一年，筆者到日本京都旅遊，一時興起，搭了仿古人力車。車
很漂亮，有塊大紅毛毯讓客人蓋在膝上。人力車夫大抵都是年輕人，
穿著七分袖開襟短外衣，也就是稱爲「法被」（はっぴ）的傳統工作
服，這當然是觀光業界爲了招徠客人而設計出的點子，有如紐約中央
公園旁的馬車。記得那一天下雨，又已入秋，天暗得快，我從嵯峨野
竹林搭上人力車時，依稀還看得到周邊景色，不一會兒，天黯澹得
很，幾乎什麼都看不到了。當時是賞楓時節，寶篋院的紅葉相當有
名，也是人力車沿路停留參觀的景點之一。我在門口下車，由人力車
夫引導進到寶篋院，由於天色黯澹，紅葉看不眞切，稍駐足之後，人
力車夫帶我參觀足立義詮和楠木正行的墳墓。[1] 我看到楠木正行的名
字，自然想起楠木正成，於是跟人力車夫提起正行是正成的兒子。年
輕的人力車夫發現我知道大小楠公的事蹟，嘖嘖稱奇，一直說：「現
在日本的年輕人都不知道了！」青年車夫顯然把自己排除在「日本年

1　楠木正行至少有六個墓所，寶篋院號稱是「首塚」，意爲埋葬首級的
　　墳墓。

輕人」之外。在回程的路上，人力車夫還問我從哪裡來之類的事情。
很可惜，我當時日語口語不好，否則可以和他暢談一番。我之所以知
道楠木父子，理由很簡單：只不過因為我讀過日本殖民統治時期的
「國語」(日語)讀本和修身書罷了。

　　以上的故事，雖然是旅遊的小小插曲，其實從歷史的角度來看，
很有意思。日本戰後教科書的內容有大幅度的翻轉，許多戰前人人熟
悉的人物不再編入教科書，因此他們的故事，不在戰後受教育的日本
人的集體認知的範圍之內。楠木父子因為是效忠天皇的極致代表，自
然在摒除之列。然而，有些和忠義無關的人物，也因種種原因而不再
於教科書中登場。比如說，「瀧鶴臺之妻」是出現在戰前修身書中少
數的女性之一。最近，一位一九六○年代出生的日本女性研究者讀了
筆者有關戰前修身書的論文，頗感驚異，說她從沒聽過「takitsurudai
no tsuma」(たきつるだいのつま)這位人物──她把名字念錯了，正
確的讀法是「takikakudai no tsuma」(たきかくだいのつま)，在這
裡，「鶴」不讀和音「tsuru」，而是讀漢音「kaku」。然而，這不代
表她的知識不夠，如果她生在戰前，相信一定知道誰是瀧鶴臺之妻，
當然也不會讀錯。由此可見，歷史上的人、事、物，是否編入近代國
家教育體制下的教學材料，在形塑國民的集體認知上，具有舉足輕重
的影響力。

　　筆者曾以第二期臺灣公學校修身書為對象，做過多方面的研究[2]，
然而，由於考慮到論文篇幅，並避免主題過於分散，並未深入分析書
中的日本人物。個人常覺得這是個缺憾，本文即以修身書的道德示範

2　周婉窈，〈失落的道德世界──日本殖民統治時期臺灣公學校修身教
　　育之研究〉，收於氏著，《海行兮的年代──日本殖民統治末期臺灣
　　史論集》(臺北：允晨文化，2003)，頁215-294、295-374。

人物爲對象，予以整理、分析，作爲相關研究的補充。這些人物到底
是誰？教科書如何呈現他們的道德事蹟？他們在孩童教育上具有怎樣
的意涵？這些都是本文要處理的問題。透過這些道德楷模的分析，相
信有助於我們進一步掌握戰前日本殖民體制下初等學校之道德教育的
內容與性質。

一、作爲道德楷模的日本人物

　　筆者已在關於修身書的研究中指出，修身書中的眞實人物可分爲
三大類：天皇與皇室人物、歷史人物，以及關東大震災美談的主角。
歷史人物共有三十三人：

> 廣瀨武夫、渡邊崋山、塩原多助、貝原益軒、瓜生岩子、平
> 田篤胤、瀧鶴臺之妻、乃木靜子、二宮尊德、吳鳳、荻生徂
> 徠、伊藤仁齋、杉浦重剛、金原明善、青木昆陽、楠木父子
> (楠木正成、正行)、曹謹、石井十次、村上專精、德川光
> 圀、伊能忠敬、中江藤樹、佐久間勉、山口用助、長田德
> 本、伊藤東涯、高田善右衛門、高峰讓吉、伊藤小左衛門、
> 林子平、乃木希典、和井內貞行。

其中除了吳鳳和曹謹屬清代臺灣人物，都是日本人。[3] 吳鳳和曹謹的
事蹟(或傳說)，多數人耳熟能詳，在此略而不談，那麼修身書的日本

3　周婉窈，〈失落的道德世界——日本殖民統治時期公學校修身書之研
　　究〉，頁295-363。

歷史人物又是誰呢？筆者在該篇論文中提出總括性的說明：他們以近世人物占最多數。這一點和日本本土的國定修身書一樣。[4]

這三十一位日本歷史人物，是何許人也？由於《公學校修身書(兒童用)》往往只舉出這些人物的一、二項行為，作為兒童的學習楷模，並未詳細介紹該位人士的生平事蹟，因此，僅靠修身書本身無法了解這些人物的事略。他們是日本歷史上的人物，以我們現在的角度來說，當然是外國人物——雖然一度被當成「本國人」來教，但對戰後接受學校教育的我們，大抵是陌生的。為了進一步了解這些人物，筆者檢閱各種日文工具書，試圖整理出一個大概。此外，如所周知，《公學校修身書》除了以學生為對象的「兒童用」版本之外，另有「教師用」版本，等同戰後的教師手冊，該版本內容豐富，舉凡書中出現的人物皆有詳細的補充說明；這類說明出現在「說話要領」或「備考」部分。筆者以此為基礎，整理出「修身書道德示範人物簡表」（包括吳鳳與曹謹），附於文末，供讀者參考。

前述「修身書道德示範人物簡表」係根據眾人物在修身書中的「出場序」予以排列。在此為了便於說明，讓我們改用日本歷史分期的方式，並依生年之先後，重新將修身書中非皇室的日本人物排列如下：

中世：楠木正成(?-1336)、楠木正行(1324? / 1326?-1348)。

近世：長田德本(1513-1630)、中江藤樹(1608-1648)、伊藤仁齋(1627-1705)、德川光圀(1628-1700)、貝原益軒(1630-1714)、荻生徂徠(1666-1728)、伊藤東涯(1670-1736)、

4　周婉窈，〈失落的道德世界──日本殖民統治時期公學校修身書之研究〉，頁331-332。

青木昆陽(1693-1769)、瀧鶴臺之妻(1709-1773)、林子平
(1738-1793)、塩原多助(1743-1816)、伊能忠敬(1745-
1818)、平田篤胤(1776-1843)、二宮尊德(1781-1856)、
渡邊崋山(1793-1841)、高田善右衛門(1793-1868)、伊藤
小左衛門(1818-1879)。

近代：瓜生岩子(1829-1897)、金原明善(1832-1923)、乃木希典
(1849-1912)、村上專精(1851-1929)、高峰讓吉(1854-
1922)、杉浦重剛(1855-1924)、和井內貞行(1858-1922)
乃木靜子(1859-1912)、石井十次(1865-1914)、廣瀨武夫
(1868-1904)、佐久間勉(1881-1910)、山口用助(生卒年
不詳，明治時代人)。

茲按照中世、近世、近代的順序，略述眾人之生平。

中世人物的楠木父子，是南北朝時代盡忠天皇的武將。楠木正成
爲了擁護後醍醐天皇，和鎌倉幕府軍對抗，在這過程中有很多英勇且
智謀高明的戰績。楠木正成抱著必死決心赴最後一戰途中，在櫻井驛
(在今大阪府三島郡島本町櫻井)向十三歲(或曰十一歲)長子正行託付
後事，這就是有名的「櫻井驛訣別」。兵庫湊川之役，正成力戰，然
寡不敵眾，最後身負重傷，和弟弟正季相刃而死。長子正行克紹父
志，後醍醐天皇末年出仕，後村上天皇時和足立尊氏戰，最後於四條
畷戰敗，和弟弟正時互刺而死。正成的事蹟到了江戶時代受到重視，
水戶藩主德川光圀尤其大力表彰，在正成戰死之地建碑，題曰「嗚呼
忠臣楠子之墓」。楠木精神遂成爲水戶藩尊王思想的基礎，也是明治
維新的思想動力之一。明治元年，追贈正成從一位，十三年正一位；
其靈祀於別格官幣大社湊川神社。明治六年，追贈正行從三位，十三

年贈從二位；其靈祀於別格官幣社四條畷神社。[5] 世稱楠木正成爲大楠公，正行爲小楠公。楠木正成是日本統治時期臺灣公小學校校園中最常見的兩尊銅像的像主之一。另一尊銅像是二宮尊德。這幾年來由於修身書以及學校銅像等議題受到重視，研究日本殖民統治時期臺灣史的學子對楠木正成、正行的事蹟應該逐漸「耳熟能詳」才是。在此，筆者就不再進一步討論了。

近世人物共十七位，多數是著名的學問家，他們是中江藤樹、伊藤仁齋、德川光圀、貝原益軒、荻生徂徠、伊藤東涯、青木昆陽、林子平、伊能忠敬、平田篤胤，以及渡邊崋山。在這裡，我們先簡單介紹這幾位以學問爲世所知的人物。

他們當中，除了平田篤胤是國學者之外，皆爲儒學者。平田篤胤成長過程十分艱辛，接觸到江戶時代著名國學者本居宣長的著作之後，傾心古學，開塾講授古學，後因排擊儒教、提倡尊王而犯了幕府的忌諱，遭受從江戶放逐回鄉、禁止著述的處分。[6] 中江藤樹是江戶初期儒學者，原先致力於朱子學，後來改從王陽明之說，被視爲日本陽明學之祖。[7] 伊藤仁齋是江戶前期古義學(儒學之一派)的創始人，

5 　參考安田元久編，《鎌倉・室町人名事典》(東京：新人物往來社，1985)，頁165-168；《公學校修身書 第一種(教師用)》卷五(臺北：臺灣總督府，1929)，頁24-30、32-34。

6 　關於平田篤胤的事蹟，可參看家臣人名事典編纂委員會編，《三百藩家臣人名事典》第1卷(東京：新人物往來社，1987)，頁334-345；《公學校修身書 第一種(教師用)》卷四(臺北：臺灣總督府，1929)，頁46-50。

7 　朝日新聞社編，《朝日日本歷史人物事典》(東京：朝日新聞社，1994)，頁1184；《公學校修身書 第一種(教師用)》卷六(臺北：臺灣總督府，1929)，頁88-91。。

家塾稱爲古義塾，門人多達三千人；生前未出版著述。[8] 德川光圀是
水戶藩藩主，主持編纂《大日本史》等多種書籍，創立水戶學。[9]貝
原益軒是儒學者，也是本草家。[10] 青木昆陽是伊藤東涯的弟子，重要
蘭學者，有功於甘薯之普及。[11] 荻生徂徠，江戶中期儒者，在日本橋
附近之自宅創立私塾蘐園，學風自由，人才輩出，風靡一世；晚年的
大作《政談》，意在向德川吉宗提出建言。[12] 伊藤東涯是伊藤仁齋的
長子，繼承父學，並成爲古義塾第二代塾主，整理出版仁齋之著述；
他的學問與其父有不盡相同之處。[13] 渡邊崋山是蘭學者，也是畫家，
著有《外國事情書》，一八三九年因「蠻社之獄」[14]而入獄，後被迫
「在所蟄居」，兩年後自殺。[15] 林子平是經世家，一生無祿困厄，曾

8　參見朝日新聞社編，《朝日日本歷史人物事典》，頁166；《公學校修
　　身書第一種(教師用)》卷四，頁120-126。

9　藩主人名事典編纂委員會編，《三百藩藩主人名事典》第2卷(東京：
　　新人物往來社，1986)，頁75；《公學校修身書第一種(教師用)》卷
　　五，頁100-106。。

10　家臣人名事典編纂委員會編，《三百藩家臣人名事典》第7卷(東京：
　　新人物往來社，1989)，頁37-38；《公學校修身書第一種(教師用)》
　　卷三(臺北：臺灣總督府，1928)，頁80-82、93。

11　武內博編著，《日本洋學人名事典》(東京：柏書房，1994)，頁4-5；
　　《公學校修身書第一種(教師用)》卷四，頁182-187。

12　參見朝日新聞社編，《朝日日本歷史人物事典》，頁354；《公學校修
　　身書第一種(教師用)》卷四，頁114-119。

13　參見朝日新聞社編，《朝日日本歷史人物事典》，頁169；《公學校修
　　身書第一種(教師用)》卷五，頁188-195。

14　「蠻社之獄」係發生於1839年(天保10年)5月幕府壓制蘭學言論的事
　　件。江戶時代以儒學(尤其是朱子學)爲正統學問，排斥其他學說；
　　「蠻」在江戶時代用來指稱西洋事物，「蠻社」指以蘭學爲學習對象
　　的社群，不是正式的組織名稱。

15　武內博編著，《日本洋學人名事典》，頁398-400；《公學校修身書第
　　一種(教師用)》卷三，頁27-29、31-34。

於一七七八年遊學長崎，結交荷蘭商館館長等，致力於海外知識之吸收，著有《三國通覽圖說》[16]與《海國兵談》，然遭幕府彈壓，沒收版木，抑鬱以終。[17] 伊能忠敬是日本近代地理學的先驅，以十七年之歲月測繪日本全國地圖。[18]

學問家之外，長田(永田)德本是行善的醫家，傳說他憐憫窮人，自己背著藥籠，乘牛車賣藥，一服只收十八文。[19] 塩原多助出身貧寒，到江戶爲薪炭商工作，後來自己創業，經營薪炭業，成爲大商人。[20] 二宮尊德是農政家，生平重要事蹟詳下節。[21] 高田善右衛門是商人，勤勉精勵，成功拓展商業。[22] 伊藤小左衛門是實業家，製造生絲，明治六年成功改用機器製絲。[23] 在這一群學問家以及有特殊才能和貢獻的人物當中，唯一的女性是瀧鶴臺之妻，她是江戶中期儒者瀧鶴臺的妻子，她的故事我們將在第四節中討論。

---

16 三國指朝鮮、琉球、蝦夷。

17 朝日新聞社編，《朝日日本歷史人物事典》，〈林子平〉條，頁1342；《公學校修身書 第一種(教師用)》卷六，頁88-91。

18 武內博編著，《日本洋學人名事典》，頁45-46；《公學校修身書 第一種(教師用)》卷五，頁106-122。

19 阿部猛、西村圭子編，《戰國人名事典》(東京：新人物往來社，1987)，「永田德本」條，頁570；《公學校修身書 第一種(教師用)》卷五，頁182-188。

20 明治以降，三遊亭圓朝撰有《塩原多助一代記》，歌舞伎、浪曲等演出之，塩原多助遂大大有名，成爲日本戰前立志成功的代表性人物。故事範本是經營薪炭的成功商人塩原屋太助。

21 家臣人名事典編纂委員會編，《三百藩家臣人名事典》第3卷(東京：新人物往來社，1988)，頁164-165。

22 宮崎十三八、安岡昭男編，《幕末維新人名事典》(東京：新人物往來社，1994)，頁558；《公學校修身書 第一種(教師用)》卷六，頁54-57、59-60。

23 大植四郎編著，《明治過去帳(物故人名辭典)》(東京：東京美術，1935／1971)，頁131；《公學校修身書 第一種(教師用)》卷六，頁72-79。

近代人物共十二位，都活躍於明治時代。江戶時期(1603-1867)
比起明治一朝，久長很多，但只有十七位人物，以此，修身書在選擇
道德典範時不能不說是「詳今略古」。這十二位明治人物，一位是學
問家村上專精，一位是教育家杉浦重剛，三位軍人，即乃木希典、廣
瀨武夫，以及佐久間勉；三位社會事業家，即瓜生岩子、金原明善以
及石井十次；一位發明家高峰讓吉，一位實業家和井內貞行；其餘兩
位，一位是乃木希典大將的夫人乃木靜子，另一位是小三笠原家三代
老僕山口用助。

村上專精，生於貧窮之家，八歲時離家，在若干寺廟當小和尚，
苦學精勵。一八九○年任東京大谷教校校長，兼任(東京)帝國大學文
科大學講師。著述甚豐，開啓日本佛教史學研究之道。一九一七年東
京帝國大學印度哲學科開設之時，成為第一代教授，翌年獲選為帝國
學士院會員。[24] 杉浦重剛，漢學、蘭學俱佳，熟諳英、法語，曾留學
英國，返國後活躍於文教界。一九一四年擔任東宮御學問所御用掛，
也就是昭和天皇皇太子時的講席，一九一九年擔任良子女王殿下(即
後之昭和皇后)御學問所倫理科講席。[25]

乃木希典是陸軍大將、學習院院長、伯爵。他最為世人所知的事
蹟之一是，日俄戰爭中，在幾番激戰後攻下旅順；在該戰役中他的長
男勝典、次男保典皆陣亡。其二是，明治天皇逝世後，舉行大葬儀那
天(1912年9月13日)的晚上，他和夫人在自宅殉死——乃木大將切

24　伊藤友信等編，中村元、武田清子監修，《近代日本哲學思想家辭
　　典》(東京：東京書籍株式會社，1982)，頁554-556；《公學校修身書
　　第一種(教師用)》卷五，頁94-99。

25　伊藤友信等編，中村元、武田清子監修，《近代日本哲學思想家辭典》，
　　頁289-290；《公學校修身書第一種(教師用)》卷四，頁127-133。

腹，夫人自刃。[26] 廣瀨武夫是海軍兵學校出身，一八九七年奉命留學俄國，一九〇二年返國。一九〇四年日俄戰爭之際，擔任旅順口閉塞船報國丸指揮官，沉船堵塞港口立下大功。三月二十七日在第二度堵塞作業中，正要移身至小船之時，因不見杉野兵曹長(杉野孫七)的蹤跡，三次回頭尋找，不幸被砲戰炸死，享年三十七；世人尊之爲軍神。[27] 佐久間勉，第一潛水艦隊第六號潛水艇長，一九一〇年四月十五日，在潛水行動操練中，所乘之艇沉沒，直至呼吸困難爲止，佐久間勉指揮十三名部下，將沈沒之過程記錄下來，思有助於潛水艇之研究。卒年三十。[28]

瓜生岩子(瓜生岩)是江戶後期、明治時期的社會事業家，開設幼學校、產婆看護婦養成所、養育院、育幼會等慈善機構。一八九三年創設福島育兒院、濟世病院。[29] 金原明善爲了鄉里的水害對策，輸財治水、獎勵植林、獎勵畜牧耕作，並致力於出獄人之保護等各種公共事業。[30] 石井十次是岡山孤兒院院長。[31] 高峰讓吉，一八八〇年畢業於工部大學校(東京工科大學之前身)應用化學科，留學英國，返國後

26　稻村徹元、井門寬、丸山信編，《大正過去帳(物故人名辭典)》(東京：東京美術，1973)，頁2。

27　大植四郎編著，《明治過去帳(物故人名辭典)》，頁714-715；《公學校修身書第一種(教師用)》卷三，頁11-20。

28　大植四郎編著，《明治過去帳(物故人名辭典)》，頁1159；《公學校修身書第一種(教師用)》卷五，頁153-166。

29　芳賀登、一番ヶ瀨康子、中嶌邦、祖田浩一監修，《日本女性人名辭典(普及版)》(東京：日本圖書センター，1998)，〈瓜生岩〉條，頁162；《公學校修身書第一種(教師用)》卷三，頁122-124、126-130。

30　稻村徹元、井門寬、丸山信編，《大正過去帳(物故人名辭典)》，頁270；《公學校修身書第一種(教師用)》卷四，頁155-164。

31　稻村徹元、井門寬、丸山信編，《大正過去帳(物故人名辭典)》，頁37；《公學校修身書第一種(教師用)》卷五，頁45-50、52-54。

進入農商務省。一八九〇年移居美國，發明「高峰氏澱粉酶」
（Takadiastase、タカヂアスターゼ；為一種消化酵素，可藥用），並
且成功分離出「腎上腺素」（adrenaline、アドレナリン），是世界上
最早發現的賀爾蒙。[32] 和井內貞行是明治、大正期間的養魚家，至北
海道十和田湖養殖鯉、鮒、岩魚等，並成功放養鱒魚。[33]

　　乃木靜子是乃木希典大將的妻子，鹿兒島藩醫之女，二十歲和乃
木希典結婚，生有四子，二子早夭，長男與次男於日俄戰爭中戰死。
明治天皇大葬儀日之夜，與丈夫一起殉死，年五十四。[34] 山口用助是
「名不見經傳」的小人物，根據《公學校修身書（兒童用）》卷五，他
十五歲時到小笠原家幫傭，六十餘年在同一家工作，忠厚老實，一九
一二年（明治45年）獲得東京府知事之表彰。[35]

　　以上是第二期《公學校修身書（兒童用）》課文中日本人物的大
概。我們須蓄於心中的是，修身書的課文用字不多，內容淺顯，因此
往往只選取該人物的一、兩項道德行為予以敘述，對於該人物的出
身、背景，以及重要事蹟，並未給予詳細的說明。因此，兒童往往是
透過特定德行來認識這些人物。換句話說，兒童對這些人物的認知，
是和特定德行連結在一起的。

32　稻村徹元、井門寬、丸山信編，《大正過去帳（物故人名辭典）》，頁
　　259-260；《公學校修身書第一種（教師用）》卷六，頁64-68、70-71。
33　朝日新聞社編，《朝日日本歷史人物事典》，頁1821；《公學校修身
　　書第一種（教師用）》卷六，頁112-127。
34　芳賀登、一番ヶ瀬康子、中嶋邦、祖田浩一監修，《日本女性人名辭
　　典》，頁806；《公學校修身書第一種（教師用）》卷四，頁75-85。
35　《公學校修身書（兒童用）》卷五（臺北：臺灣總督府，1930），第二十〈誠
　　實〉，頁44-46；《公學校修身書第一種（教師用）》卷五，頁166-182。

二、修身書道德示範人物的呈現

　　在上一節中，我們簡單介紹了修身書中三十一位日本人物的生平大略。以下讓我們來看看他們的德行如何在修身書中呈現。在此，筆者必須說明，修身書主要目的在教育兒童認識道德諸德目，不在於教導學生認識歷史人物本身，因此，有關主人翁的消息不必然詳盡；另外，用字也不能太艱深，否則就要變成「國語」課，教師還得講解字義——不過，教師手冊（教師用修身書）卻有時詳盡得近乎繁瑣。

　　修身書在低年級使用的卷一、卷二中，作爲道德示範的是虛擬的人物，主人翁一般用農村常見的男童和女童名字，如阿仁、阿玉等。到了卷三，也就是第三學年使用的課本，才出現歷史人物。對年紀慢慢長大的學童而言，透過眞實的、歷史上有名的人物或許更能啓發他們，讓他們興起強烈的效法、學習之心。

　　最先出現在修身書的人物是廣瀬武夫。他出現在卷三第二課、第三課（第一課爲皇后陛下，詳第四節），課文題目分別爲〈忠義〉與〈要守約〉。[36] 換句話說，修身書以兩課的課文分別呈示廣瀬武夫的兩項德行：「忠義」講他在旅順港閉鎖戰（爆沈船隻來堵塞港口）中爲了尋找杉野兵曹長而犧牲性命的故事；「要守約」則講他從俄國留學回來，旅程困難重重，但他想起曾經和一位小朋友約定，答應送給他俄國郵票，因此，他寫了一封信，附上郵票，把這封信寄給哥哥，囑咐他：「萬一我死了的話，請把這封信交給小朋友。」課文很短，並

36　《公學校修身書（兒童用）》卷三（臺北：臺灣總督府，1929），第二〈ちゅうぎ〉（忠義）、第三〈やくそくをまもれ〉（要守約），頁3-6。

未交代何以廣瀨武夫擔心自己「萬一死了」。我們知道，廣瀨武夫於一九〇二年(明治35年)一月十六日從俄國首都出發，正逢嚴冬，獨自一個人冒著雪，穿越西伯利亞，搭乘東清鐵道，最後於三月二十八日返國。[37] 對一個小朋友都不願失信，把它當成如果沒做到而死亡的話，將是很遺憾的事。筆者擬想，讀這篇課文的孩童大概也就是向廣瀨索取郵票的小朋友那樣的年紀，以此，這篇課文不能不說具有一種親切的感發力量。

以廣瀨武夫為始，我們發現同一位道德示範人物通常連續出現在兩篇，或三篇的課文。例如，緊接下來的是渡邊崋山的故事，出現在第四課〈孝行〉和第五課〈兄弟〉。[38] 前者講他如何照顧生病的父親，並為安父母之心而學畫；後者講他非常痛惜要送給人家養的弟弟，一生都沒忘記離別的景象。繼渡邊崋山出場的人物是塩原多助。我們在前一節簡單介紹過塩原多助，他出身貧寒，後來成了大商人。修身書選取他的兩項德行來講，一是辛勤工作，二是老實。[39] 接下來的貝原益軒則占三課，亦即第十五課〈心胸廣大〉、第十六課〈不要驕傲〉，以及第十七課〈衛生〉。[40] 此卷最後登場的日本人物是慈善家瓜生岩子，課文題目為〈博愛〉。[41] 關於瓜生岩子，我們將在下一

37　大植四郎編著，《明治過去帳(物故人名辭典)》，頁715；廣瀨武夫回國的路線，詳見《公學校修身書第一種(教師用)》卷三，頁24-25。

38　《公學校修身書(兒童用)》卷三，第四〈かうかう〉(こうこう；孝行)、第五〈兄弟〉，頁6-10。

39　《公學校修身書(兒童用)》卷三，第十三〈よくはたらけ〉(要辛勤工作)、第十四〈正直〉(老實)，頁23-26。

40　《公學校修身書(兒童用)》卷三，第十五〈心をひろくもて〉(心胸廣大)、第十六〈じまんするな〉(不要驕傲)、第十七〈ゑいせい〉(えいせい；衛生)，頁26-32。

41　《公學校修身書(兒童用)》卷三，第二十四〈はくあい〉(博愛)，頁45-46。

節討論。

卷四課文中最先出現的人物是皇太后陛下，其次是北白川宮能久親王。[42]接下來是平田篤胤，透過他的故事擬教導的德行是珍惜時間。這篇以〈要珍惜時間〉爲課題的課文[43]，敘述平田篤胤從小愛好學問，二十歲到江戶，爲了生活備嚐艱辛。雖然如此，他未嘗一日忘記學問的事。在某家爲主人炊飯時，珍惜空閒的時間，專心讀書。板倉侯(松山藩藩主，譜代大名)聽到此事，大爲欽佩。「其後，篤胤學問逐漸進步，成爲有名的學者。」在這裡，繼渡邊崋山、塩原多助之後，我們又看到一位苦學出身的人物。「立身出世」(出人頭地)是明治以來強調的「時代精神」[44]，也是社會人倫之價值所在，教科書恰恰反映了這個時代氣氛。第七課〈反省〉和第九課〈女子的用心〉的主人翁，分別是江戶儒學者瀧鶴臺之妻，以及乃木希典大將之妻乃木靜子，課文內容留待下節再談。

二宮尊德是修身書的「重點人物」，在卷四連續四課以他爲主人翁。這四課是第十課〈孝行〉、第十一課〈忠實〉、第十二課〈勤勉〉，以及第十三課〈至誠〉[45]，這四項都是修身書的重要德目。〈孝行〉講二宮尊德家境非常貧寒，十四歲時父親過世，母親困於生活，只好把最小的兒子送給親戚。但是，每天晚上媽媽擔心那個小孩

42　《公學校修身書(兒童用)》卷四(臺北：臺灣總督府，1929)，第一〈皇太后陛下〉、第二〈能久親王〉，頁1-6。

43　《公學校修身書(兒童用)》卷四，第四〈時間を大切にせよ〉(要珍惜時間)，頁9-11。

44　有點類似於美國人相信的「American Dream」。

45　《公學校修身書(兒童用)》卷四，第十〈孝行〉、第十一〈ちゅうじつ〉(忠實)、第十二〈きんべん〉(勤勉)、第十三〈しせい〉(至誠)，頁21-27。

的事，無法成眠。尊德告訴母親說：「我要全力工作，請把弟弟帶回
來。」母親聽了很高興，當天晚上就到親戚家把小孩帶回來，母子相
聚甚歡。〈忠實〉的故事是，尊德十二歲的時候，代替父親參加河川
的改修工作。他自認為自己還做不了大人的工作，因此，人們休息
時，他繼續搬運土、石，回家後做草鞋做到很晚，第二天把草鞋帶到
工作場地，送給眾人，說：「由於我還做不了大人的事，受到大家的
照顧。這是我的心意。」這樣的行為，在日語稱為「忠實」（老實、
忠厚），如果用閩南語來說，就是「古意」（kó·-i）了。〈勤勉〉一課
講尊德十六歲時，母親過世，兩個弟弟被送到母親的故鄉，他則依靠
叔叔（或伯伯；日文稱謂不分叔伯）過活。他白天工作，晚上讀書、寫
字、學習算術，但是叔叔吝惜油，尊德遂無法在晚上讀書。尊德於是
自己種油荣，用油荣籽替代油，每天夜晚人們睡後，他則讀書。另
外，尊德在河邊整理荒地，撿別人丟棄的苗來種植，二十歲時買了一
點點的田地。最後尊德謝過叔叔，回到自己的家，成為體面的農家。
最後一課〈至誠〉，首先敘述尊德為服部家成功理家的經緯，之後尊
德被派到民風極壞、難以治理的櫻町，經過十年的苦心，終於使得櫻
町的人民脫胎換骨。這四篇課文，像連環畫一樣，生動地勾勒出二宮
尊德一生的重要事蹟，讀來令人印象深刻。在接受日本教育的臺灣人
心目中，二宮尊德之所以占有極高的地位，和教科書的描寫是有密切
的關係的。

　　在二宮尊德之後登場的楷模人物是吳鳳[46]，關於吳鳳的「德
行」，筆者在他處析論過[47]，因係臺灣人物，茲不贅述。吳鳳之後是

46　《公學校修身書（兒童用）》卷四，第十四〈人のためにつくせ〉（要為
　　他人盡力），頁30-33。
47　周婉窈，〈失落的道德世界——日本殖民統治時期公學校修身書之研

日本人物荻生徂徠，課名〈報恩〉[48]，講他致力於學問，但極端貧窮
（又是個苦學例子！），鄰居的豆腐店不忍心，每天送他豆腐皮。他
「出世」（成功立業）之後，每月送給豆腐店三斗米，以報昔日之恩。
第十六課〈要知恥〉是以伊藤仁齋為主人翁[49]，講他如何讓搶奪他衣
服的強盜幡然悔悟的故事。第十七課〈要重視他人的名譽〉[50]，主角
是當時的今上天皇(昭和天皇)的老師杉浦重剛，以他從不說人壞話為
例，說明隱惡揚善的重要。在第二十課〈公共心〉和第二十一課〈要
確立志向〉中，主人翁都是金原明善[51]。這兩課可以當成同一件事情
來看。前者講天龍川遭受水害時，金原明善盡力於修復河堤的工程，
後者講金原明善鑑於天龍川(按，自長野縣流經愛知縣、岡山縣，注
入太平洋)水害頻仍，為徹底解決，組織組合(約等於公益性質的合作
社)。二、三年後，組合資金不夠，他變賣祖產，捐贈組合，終於達
成目標。第二十三課也是個盡力於公益的故事，主人翁是青木昆
陽。[52]青木昆陽顧念飢饉時窮人沒東西吃，因而從薩摩取來甘薯的種
薯，試種成功，遂著書並推廣於全國。

　　卷五、卷六是高年級學童使用的教科書，課文比起卷三、卷四長
很多，為了避免行文過於冗長，就不再一一攝述課文內容。在此，讓
我們簡單敘述卷五的梗概。楠木正成、正行出現在題為〈忠義〉的課

(續)——————
　　　究〉，頁330-331。
　48　《公學校修身書(兒童用)》卷四，第十五〈報恩〉，頁33-34。
　49　《公學校修身書(兒童用)》卷四，第十六〈はぢを知れ〉(要知恥)，頁
　　　35-37。
　50　《公學校修身書(兒童用)》卷四，第十七〈人のめいよを重んぜよ〉
　　　(要重視他人的名譽)，頁37-39。
　51　《公學校修身書(兒童用)》卷四，第十七〈こうきょうしん〉(公共
　　　心)、〈こころざしをかたくせよ〉(要確立志向)，頁42-46。
　52　《公學校修身書(兒童用)》卷四，第二十三〈公益〉，頁47-49。

文中。[53] 創立岡山孤兒院的石井十次出現在〈慈善〉一課中。[54] 村上專精——另外一位出身貧寒的學者——代表的德行是「克己」。[55] 水戶藩主德川光圀的故事是勸人「儉約」的好例子。[56] 伊能忠敬代表「勤勉」和「敬師」，他的老師是小他十九歲的高橋至時。[57] 中江藤樹占兩課，即〈同情〉與〈德行〉。[58] 中江藤樹德行很高，有「近江聖人」之稱，死後人們對他的尊敬不稍或減。第十九課〈要重視責任〉則以佐久間勉在潛水艇沉船淹死前紀錄事情始末作為負責的極致表現。[59] 小笠原家老僕山口用助是「誠實」之德目的踐行者。[60] 長田德本的作為是「廉潔」的典範。[61] 伊藤東涯不與荻生徂徠爭勝的行為代表「寬容」。[62]

卷六共有六位道德示範人物。首先是高田善右衛門，代表「自立自營」的例子。[63] 發明家高峰讓吉出現在題為〈發明〉的課文[64]，是再恰當不過的了，前面提過，他發明「高峰氏澱粉酶」，並且成功分

---

53 《公學校修身書(兒童用)》卷五(臺北：臺灣總督府，1930)，第三〈忠義〉，頁5-8。

54 《公學校修身書(兒童用)》卷五，第五〈慈善〉，頁10-13。

55 《公學校修身書(兒童用)》卷五，第十〈克己〉，頁22-24。

56 《公學校修身書(兒童用)》卷五，第十一〈儉約〉，頁24-27。

57 《公學校修身書(兒童用)》卷五，第十二〈勤勉〉、第十三〈師を敬へ〉(要敬師)，頁27-32。

58 《公學校修身書(兒童用)》卷五，第十六〈同情〉、〈德行〉，頁35-40。

59 《公學校修身書(兒童用)》卷五，第十九〈同情〉(要重視責任)，頁41-44。

60 《公學校修身書(兒童用)》卷五，第二十〈誠實〉，頁44-46。

61 《公學校修身書(兒童用)》卷五，第二十一〈廉潔〉，頁46-49。

62 《公學校修身書(兒童用)》卷五，第二十二〈寬容〉，頁49-51。

63 《公學校修身書(兒童用)》卷六(臺北：臺灣總督府，1930)，第八〈自立自營〉，頁16-20。

64 《公學校修身書(兒童用)》卷六，第十〈發明〉，頁21-24。

離出「腎上腺素」。伊藤小左衛門先是改良味噌，使得室山味噌有名於世，其後開地種茶，幾經失敗，終於製造出好茶。之後他養蠶製絲，也是一再挫敗，最後製造出連外國人都褒獎的好絲。以他爲主人翁的課題是〈日新的工夫〉。[65] 林子平是〈良心〉一課在論說之後，於課文後半出現的人物。[66] 他的故事大略如下：林子平因爲著書介紹外國事情，而被幕府幽禁。友人擔心他生病，勸他多少出來走走。林子平婉拒說：「感謝您的親切，然而這是欺上的事。就算沒有人看到，也無法做這樣的事。」乃木大將出現在題爲〈廉潔〉的課文中[67]，他公私分明，廉潔的行爲包括私人信函不使用軍用信紙、不接受餽贈，並將天皇賞金分給學習院教師等。最後一位道德示範人物是和井內貞行，他代表的德行是「公益」。[68] 和井內貞行在北海道嘗試養魚，但屢試屢敗，最後養殖姬鱒，三年後回流，終告成功。養殖的姬鱒遂有「和井內鱒」之稱。

三、模範女性

如前所述，修身書中的三十三位歷史人物中僅有三位是女性（皇室女性除外）。讓我們在這裡，先介紹一則女性道德示範人物的故事，這就是筆者在「小引」中提到的瀧鶴臺之妻。《公學校修身書（兒童用）》卷四第七課〈反省〉寫道[69]：

---

65 《公學校修身書（兒童用）》卷六，第十一〈日新の工夫〉（日新的工夫），頁24-27。

66 《公學校修身書（兒童用）》卷六，第十三〈良心〉，頁28-31。

67 《公學校修身書（兒童用）》卷六，第十五〈廉潔〉，頁33-35。

68 《公學校修身書（兒童用）》卷六，第十八〈公益〉，頁36-41。

69 《公學校修身書（兒童用）》卷四（臺北：臺灣總督府，1929），第七〈は

瀧鶴臺的妻子有一天從袖兜中掉出紅色的球來。鶴臺感到奇怪而詢問之，妻子顏面轉紅，說：「我犯過錯，須反省之事很多。因此，爲了減少過錯，做了紅球和白球，放到袖兜中。如果起了壞念頭，就把線纏到紅球上；起好念頭時，就把線纏到白球上。剛開始時，儘是紅色的一方變大，現在兩方好不容易成了大約同樣的大小。然則，白球無法比紅球大，對此深感慚愧。」一面說著，特地把白球拿出來給鶴臺看。

像鶴臺之妻那樣時常努力於反省的話，最後能成爲了不得的人。

這個故事主要是教導反省的重要。瀧鶴臺，名長愷，鶴臺是號，德川時代著名儒者，本姓引頭，由於過繼給瀧氏，以瀧爲姓。關於他的妻子，有廣爲流傳的趣聞，在儒學、儒教盛行的江戶時代，是「賢女」的代表性人物。讓我們看看她的小傳。《增補大日本女性人名辭書》〈瀧鶴臺妻〉一條云[70]：

瀧鶴臺是長門藩的侍醫。以鴻儒而鳴於世。其妻是醜婦，婚前自高，嘗語人曰：非如鶴臺先生之人不嫁。人嗤其非望，然鶴臺奇之而娶。果善治家，內助之功頗高。彼女常於袖中密持赤白二色之毬，行善事則捲白絲，惡行之時則捲赤絲，努力於自省云。鶴臺於安永一年以六十五歲歿，彼女之生歿

んせい〉（反省），頁15-17。

70　高群逸枝，《增補大日本女性人名辭書》（東京：新人物往來社，1980），頁328。

年不詳。

瀧鶴臺死於安永元年，即西元一七七二年。讓我們再看看另一則人名
辭典關於瀧鶴臺之妻的記載[71]：

> 江戸中期賢女。鶴臺係萩藩儒者。鶴臺之妻非美人，雖已十
> 五歲而無一提親者，平素常言：「欲爲如鶴臺先生者之
> 妻。」此話成爲話柄，甚至傳至鶴臺本人，鶴臺説：「如此
> 有能力之人，蓋有治内外之度量矣。」遂娶之。果助力大
> 哉。一、二年過後之某日，鶴臺見赤絲之毬自妻之袖中掉
> 落。詢其因，答曰：「爲少過，兩袖中入赤、白毬，惡念生
> 則結赤絲，爲善行則結白絲。」作爲補一己之缺點之故事而
> 有名也。

由此可見，瀧鶴臺之妻自視、自期很高，而她拿紅白毬作反省工夫的
故事膾炙人口。根據一項資料，鶴臺妻的名字是竹。[72]

乃木大將之妻靜子是作爲女子之一般榜樣而出現在題爲〈女子的
用心〉的課文中，該課云[73]：

> 乃木靜子從小是用心良好的人，女子必須學習的事情都學

71　芳賀登、一番ヶ瀨康子、中嶋邦、祖田浩一監修，《日本女性人名辭
　　典(普及版)》，〈滝鶴臺の妻〉，頁647。此條附有瀧鶴臺之妻的生卒
　　年：寶永六年(1709)—安永二年(1773)。

72　朝日新聞社編，《朝日日本歷史人物事典》，〈滝鶴臺〉條，頁988。

73　《公學校修身書(兒童用)》卷四，第九〈女子の心がけ〉(女子的用
　　心)，頁19-21。

習。

成爲乃木大將之妻以來，善助丈夫、孝順母親。母親在臺北生病時，廢寢忘食盡力照顧。靜子雖然丈夫的官位提高，家中的生活儉樸，衣服大抵是棉織品。靜子對人親切，常常幫助婢女等。那須野陸軍大演習時，懇切地招待爲觀看演習而來的學生。

女子長大之後爲人妻、爲人母，因此孩童時期開始，必要有特別的用心。因此，以如靜子般的夫人爲模範是必要的。

可見孝順、儉樸、待人親切，都是女子必須具有的德行。

瓜生岩子出現在題爲〈博愛〉的課文中，課文云[74]：

瓜生岩子把許多沒有父母的小孩和生於貧窮家庭的孩童集中起來，予以養育。由於岩子的庇蔭，長大成人的有百餘人。岩子令人欽佩的行爲傳入當時皇后的耳朵中，遂請來幫忙東京養育院的事情。岩子六十九歲過世，長時間忘記自己、盡力於他人之事，因此人們替她立銅像，以留名後世。

課文中提到的瓜生岩子銅像，在東京淺草寺，面對通徑，人來人往，頗不寂寞。

---

74 《公學校修身書(兒童用)》卷三，第二十四〈はくあい〉(博愛)，頁45-46。

圖6-1
說明：東京台東區淺草寺「瓜生岩子之像」。（作者攝影）

　　雖然本篇論文並未把皇室人物包括在內，但是在談論女性的道德
楷模時，似乎很難不討論修身書中如何呈現作為天下母儀的皇后與皇
太后。在修身書的課文安排中，和天皇或皇國有關的事物通常出現在
每卷的開始。《公學校修身書(兒童用)》卷三第一課是〈皇后陛
下〉，課文云[75]：

　　　　皇后陛下從小很有規矩。使用的物品自己收拾，而且切實地
　　　　遵守學問與運動等規矩。陛下非常具有同情心，大正十二年
　　　　關東大地震發生時，親自縫了很多衣服，賜給受苦的人。再

75　《公學校修身書(兒童用)》卷三，第一〈皇后陛下〉，頁1-3。

者，陛下具有大孝心，大正天皇病重時，早晚都予以看顧。

這裡的皇后陛下是昭和天皇的皇后。這篇課文使用了教科書中保留給皇家人物的最高敬語，如「あらせられます」(ある的尊敬語)和「あそばされます」(する的尊敬語)。

卷四第一課〈皇太后陛下〉中的主人翁是大正天皇的皇后。課文云[76]：

> 皇太后陛下從小很素樸，飲食等物，絕不使用奢侈品。上學大抵徒步。
>
> 身為皇后以來，很關心我國的產業，在宮中親自養蠶。經常出席博覽會和共進會等。又蒞臨各式各樣的學校，觀看教育的情況。
>
> 陛下對博愛、慈善的事很關心，時常蒞臨日本赤十字社總會。
> 大正十二年關東大地震發生時，陛下很擔心遭到災難者的境遇。於是三日之間，巡視東京市內，探視病院和救護所。

生活素樸、關心國家與人民、仁慈，是皇太后具備的德行，也是女性學習的最佳楷模。

四、問題與討論

公學校修身書的道德示範人物集中於近世和近代，近世以前只選

76　《公學校修身書(兒童用)》卷四，第一〈皇太后陛下〉，頁1-3。

取楠木父子兩人，這和明治以來的日本國家建構以及社會人倫價值體
系有很密切的關係。要進一步分析，從大處著眼，必須探討日本明治
以來的道德精神史，具體而微，則又必須比較臺灣公學校和日本本土
尋常小學校的修身書。這是大工程，遠遠超出本文的目標。在此，容
筆者先就「文本」本身試著提出總括性的觀察。

　　出身貧寒，苦學而出人頭地，可以說是許多道德示範人物的共同
生命歷程。這些人物，如渡邊崋山、平田篤胤、二宮尊德、荻生徂
徠、塩原多助、村上專精等，他們在修身書中的故事，令人印象深
刻。荻生徂徠靠鄰居送的豆腐皮度日；平田篤胤替人煮飯，趁空檔念
書；當小和尚的村上專精，只能趁一大早天光還沒亮時和飯後休息時
間唸書；渡邊崋山家裡窮到把弟弟送給人養；二宮尊德十幾歲父母雙
亡，兄弟離散……，這些故事，想必令家境貧寒以及幼年即遭遇不幸
的學童印象深刻，具有勵志作用。二宮尊德尤其是苦學的象徵，修身
書中提到他晚上用油菜籽的種子燃燈唸書，但他「定著」在學童心中
的典型意象是：肩上揹著一捆柴，一面讀書。這當然主要得歸功於校
園銅像，以及其他具象化的作法。[77] 修身書強調苦學、向上和自發，
是否也反映了近代社會對平等性的重視，值得進一步思考。而這些典
範人物，不論多辛苦，都成功了，成為令人尊敬的大學問家，或是大
商人(塩原多助)。有趣的是，兒童不會知道，在暗潮洶湧的時代裡，
這些「成功」的人也有不得「善終」的，例如平田篤胤被放逐回鄉、
禁止著述；渡邊崋山慘遭冤獄，瀕臨被斬決的厄運，雖在友朋救援
下，得改判在田原「蟄居」，二年半之後還是自殺以終。如果小朋友

77　有位前輩學者告訴筆者，他的祖父的書桌上有個二宮尊德背柴讀書的
　　筆筒。

得知他們心目中的英雄，有此際遇，不知作何感想？不過，道德教育是很多面的，「成功」不是唯一的價值，它也教導如何在逆境中維持平靜之心，以及道德性的存在，例如林子平遭受「蟄居」的處分，卻「行不逾矩」，無時不以良心爲判準。

　　明治時期是日本近代國家的建制時期，從修身書選擇的道德示範人物，我們可以看出教育當局特別強調忠義和公益，前者尤其強調對天皇絕對的忠，其極致是殉主，如體現於乃木大將及其夫人者。這或許反映了明治國家精神結構的兩個重要面相——愛國心與公共心。乍看之下，明治時期的愛國心像是東方式的，公共心則引自西方。然而，這兩者的眞正內涵可能夾雜著前近代與近代的諸多因子，其成分偏重，不是這篇論文所能處理的，姑記於此，伺日後有機會進一步探討。

　　女性的道德示範人物在修身書中所占分量不多，如果連皇后、皇太后一起算，總共五位。以其人數分量之少，何以筆者特闢一節予以介紹？在此，我不得不承認，這是受到「性別」（gender）意識的影響。作爲女性研究者，我總忍不住想了解修身書如何呈現女性道德指標人物。雖然如此，我們不能淪入機械式的論述模式，用生理的「男」、「女」來切割許多原本難以切割的現象。修身教育的對象是全體學童，男性道德示範人物的德行也是女學童學習的楷模，楠木正成、正行父子的故事要激發的盡忠天皇的愛國心，是不分性別的。只是作爲女性，在學習上往往除了吸收主流價值觀念之外，還多了一層具體的「女性角色」問題。比如，在楠木父子的故事中，出現一位「賢母」，也就是正成的妻子、正行的母親，卷五第三課〈忠義〉寫道：正行此時十一歲，聽到父親戰死的消息，悲傷之餘想自殺。母親看到此事，予以嚴屬的訓誡。正行遂感悟，此後一日未嘗或忘盡忠天

皇的事，遊玩時也以殺賊爲戲。[78] 女學童除了欽慕楠公父子之外，也被期望學習正行的母親，在國家危難時，激勵子女效忠天皇。換句話說，女性除了全力擁護主流價值觀之外，在實際的生活上，她還要扮演輔佐的角色，如乃木靜子輔佐乃木大將，皇后輔佐天皇等。在學習上，女性似乎還多了一套具體的「次價值觀」需要學習和踐行。

女性作爲道德楷模，不必然只是女性的學習對象，她的行爲也有超性別的時候，例如在「瀧鶴臺之妻」的這個故事中，反省是道德修養上很重要的一環，只有靠著反省，人才能減少過錯，逐漸趨於完美。瀧鶴臺之妻袖兜中的紅白毬類似中國明清時期盛行的「功過格」。袖兜的紅白毬是「女性特有的」表現，反省的功夫則是人人必須具備的。

最後，讓我們看看當時天下最高的母儀——皇太后的德行，除了博愛、慈祥、盡心於公益活動之外，課文特別強調皇太后生活的儉樸。這點我們在乃木靜子的描述中也看得到，連貴爲水戶藩藩主的德川光圀都儉樸得很，用過的紙都不想浪費。他爲了讓女僕們興起節約之心，還安排她們去觀看女工在寒冷的水中漉紙的情景。[79]儉約、素樸可以說也是戰前日本社會的重要價值之一。然而，要真正了解「儉樸」作爲一個道德項目的社會及經濟意涵，則又是另一個大題目了。

---

78 《公學校修身書(兒童用)》卷五，第三〈忠義〉，頁7-8。
79 《公學校修身書(兒童用)》卷五，第十一〈儉約〉，頁24-27。

附表

《公學校修身書(兒童用)》課文道德示範人物簡表

*以在課文中出現之先後為序

人物	出身	父母	德目類別	出世	備註
廣瀨武夫	平民		愛國、信用		
渡邊崋山	藩士	32歲父亡(臥床約20年)	孝行、友愛	畫家	弟弟被人帶走時,非常傷心,畢生難忘。
塩原多助	貧窮家庭		勤勞、正直	大商人	江戶炭問屋奉公
貝原益軒			心胸寬廣、謙遜、養生	著名學者	
瓜生岩子			博愛	慈善家	
平田篤胤	藩士		用功(利用時間)	著名學者	在江戶替人煮飯時,利用時間讀書。
瀧鶴臺之妻			勇於反省		瀧鶴臺:著名學者
乃木靜子	藩士		女德、儉樸		
二宮尊德	貧苦農家	14歲父亡 16歲母亡	忠孝、忠實 勤勉、至誠	小田原藩地方官(櫻町)	小弟弟送人養,將他帶回;16-20歲投靠伯父,其後復興家族。
吳鳳	通事		殺身成仁		
荻生徂徠	赤貧	父為幕府醫員,坐事逃亡	報恩	著名學者	14歲隨父逃亡,25歲遇赦,重返江戶貧時受恩於豆腐店仕柳澤氏。
伊藤仁齋	商人家庭			著名學者	使盜匪知恥
杉浦重剛	藩士		重視他人名譽	教育家	不說人是非;先後教授皇太子(昭和)與未來之皇后修身課。
金原明善	大地主		合作協力、熱心公益、意志堅定	公益事業家	毀家抒難
青木昆陽			熱心公益	儒者	引進蕃薯、拯救飢饉。
楠木父子(正成、正行)	豪族		忠義	忠臣	
曹謹	清朝地方官		公益	良吏	開鑿水圳(曹公圳)

人物	出身	父母	德目類別	出世	備註
石井十次	藩士		慈善事業	慈善家	創立孤兒院
村上專精	貧困		克己	學者	為村上家養子
德川光圀	德川家		儉約		水戶藩主
伊能忠敬	貧窮家庭入繼商家		勤勉、敬師	學者（地理）	復興家業、測量繪製日本地圖、師事高橋至時。
中江藤樹	農家	幼隨祖父居，父歿辭官返鄉事母	同情(主僕相處之道)、德行	學者	日本陽明學派鼻祖；「近江聖人」
佐久間勉	福井縣人		負責	海軍大尉	臨死前記錄下潛水艇沈沒過程(遺言)
山口用助			誠實		小笠原家三代老僕；曾堅辭乃木希典交送主人之禮物
長田德本			廉潔	醫者	治癒德川秀忠之病，拒收「一服十八文」以上之費用
伊藤東涯	學者之家		寬容	著名學者	伊藤仁齋長子，與荻生徂徠齊名
高田善右衛門	商人		自立自營	領主之「出入商人」	離家創業；刻苦、勤勉、正直
高峰讓吉				發明家	發明高峰氏澱粉酶，並成功分離出腎上腺素
伊藤小左衛門	先世為農家；祖父醬油製造業者			產業家	室山味噌改善製茶、製絲業
林子平			良心		
乃木希典			廉潔		
和井內貞行			公益		養殖十和湖姬鱒(和井內鱒)傾家蕩產、鍥而不捨

原發表於「日治時期臺灣教育學術研討會」，國史館臺灣文獻館、中央圖書館臺灣分館主辦，臺中，2005年10月27-28日。2010年8月修訂。

第七章

歷史的統合與建構——
日本帝國圈內臺灣、朝鮮和滿洲的「國史」教育

前言

　　歷史教育是培養兒童愛國家，認同一個超乎經驗的廣大且具有特定邊界之社會群體的重要方式。這個道理不必到今天民族國家主義(nationalism)[1]的論述響徹天際時才為人所認識。舉例來說，一九四五年國民黨政府接收臺灣以前，即決定在教育上強調「認識中國」[2]，一九四六年以後臺灣各級學校中的歷史教育是「看不見臺灣」的中國史教育[3]。就近取譬的話，一九九七年國民中學增設「認識臺灣」課

1　英文的「nationalism」在此譯為民族國家主義，這是因為我在個人的研究中，發現如果譯成傳統的「民族主義」，往往無法解釋中國歷史以及臺灣歷史的一些現象。研究中國近代國族建構的歷史學者沈松僑則將之譯為「國族主義」。我個人認為在日本殖民統治時期，臺灣人透過近代教育第一次接受到的「國」(くに)或「國家」(こっか)的概念，和日本天皇概念息息相關，很難用「state」或「nation」來概括。

2　一九四四年五月十日陳儀致陳立夫函即言：「收復前教育上必須準備的工作，……第三是國語、國文及歷史的教材(這三種在臺灣須特別注重)。」陳鳴鐘、陳興唐編，《臺灣光復和光復後五年省情》(上)(南京：南京出版社，1989)，頁59。

3　參見臺灣行政長官公署教育處編，《臺灣一年來之教育》(臺北：臺灣行政長官公署宣傳委員會，1946)，頁86-87；徐南號主編，《臺灣教育史》(臺北：師大書苑，1993 / 1996增訂一版)，頁112。

程，引起激烈的爭議，主要原因也在於這是前所未有的大變革——臺灣學童第一次透過正式的學校課程有系統地學習臺灣的歷史與社會（地理不是爭論的重點）。[4] 據報載，在中國的臺商子弟學校可以使用臺灣教科書（須經檢查並刪除某些內容或用語），但不准教《認識臺灣》三冊教科書以及國中二年級《公民與道德》第二冊。[5] 由此可見，近代國家的統治者（及其機制）對歷史教育具有「本能性」的敏感。近代學校的歷史教育似乎被看成具有「既可載舟，亦可覆舟」的神奇力量。

在前近代社會，歷史教育的無上重要性也受到充分的注意，如果我們看看使用於中國舊社會的童蒙書，即可一目了然。相傳為南宋王應麟所撰寫的《三字經》是明清流傳最廣的童蒙書，先從人性講起，說明教育的重要，不旋踵即開始傳授歷史，從羲農黃帝談起，直至當代，如在清代有版本作：「……清太祖，膺景命，靖四方，克大定，廿一史，全在茲。……」[6] 在民國有作：「清太祖，興遼東，金之

---

4 《認識臺灣》教科書共三冊，分別為《歷史篇》、《社會篇》和《地理篇》，其中引起爭論的是《社會篇》和《歷史篇》。關於《認識臺灣》教科書爭議的翔實討論，見王甫昌，〈民族想像、族群意識與歷史——《認識臺灣》教科書爭議風波的內容與脈絡分析〉，《臺灣史研究》8卷2期(2001年12月)，頁145-208。關於《歷史篇》的編輯過程，可參見吳文星，〈臺灣の國民中學校教科書『認識臺灣 歷史編』をめぐって〉，收於新潟環日本海研究ネットワーク編，《國際シンポジウム東北アジア歷史像の共有を求めてⅡ》(新潟：新潟環日本海研究ネットワーク，2001年10月)，頁57-69。

5 《中國時報》，2001年12月20日，第一版，〈大陸封殺臺商學校「認識臺灣」教材〉。

6 王應麟著、賀興思註解，《註解三字經圖說》(出版資料不詳)，收於《仁和漢文彙輯》(第一輯)(臺北：財團法人仁和文教基金會附設仁和村塾，1995)，頁58-59。此一資料係採自中央研究院「典雅臺語班」教材，感謝傅萬壽先生提供原本以供比對。

後，受明封。自世祖，及大同，十二世，清祚終。凡正史，廿四部，益以清，成廿五。」[7]雖然流傳的版本內容略有不同，基本上《三字經》傳授一套乾淨俐落的歷史正統觀。如以篇幅計算，約占《三字經》全文的三分之一。換言之，兒童在開始識字的同時就以記誦的方式學習中國的歷史。如所周知，稚齡所背誦的往往終身難忘，加上缺乏與之競爭的其他知識體系，這個歷史觀之深入人心恐怕遠遠超過我們今天所能想像的。

　　相較之下，近代學校教育在教授歷史知識方面，在時程上顯然比較落後，學童通常在小學第五、六學年才開始正式學習自己國家的歷史。雖然如此，由於小學教育在近代化（或朝向近代化前進）的國家大多為普及教育，基本假設是每個國民都應該接受小學階段的教育，因此教育的影響比起前近代社會要來得大。所謂影響大，除了受教育的人數多以外，在近代社會由於一個個「個人」對國家與社會掌握一定的影響力（如握有選票），教育的影響反過來又會影響國家社會的諸多決策。也就是在這裡，我們看到在一個國家認同出現嚴重分裂的社會，歷史教育成為兵家必爭之地。

　　日本統治下的臺灣和朝鮮，以及控制下的「滿洲」，情況和今天的臺灣大為不同，但同樣牽涉到歷史教育的問題。一九二○年代至一九四五年，日本殖民統治者面對的問題不是統合一個分裂的社會，而是如何把原本各自有不同歷史的不同的社會群體（或民族）統合在同一個大歷史脈絡中。由於我個人認為在近代化的早期小學普及教育的影響相當深遠，這幾年來我持續在進行日本殖民統治時期臺灣公學校教

7　此一版本見依然、晉才編，《中國古代童蒙讀物大全》（臺北：中國廣播電視出版社，1990），頁1-9。「自太祖」句，原作「至太祖」，可能排印有誤，茲改。

科書的分析，已完成「國語」（日語)與「修身」教育的研究[8]，在研究過程中，自然無法忽略其中的歷史教育。而這同時，我也對同樣是日本殖民地的朝鮮的初等教育產生興趣，日本統治下的滿洲(關東州、滿鐵附屬地)以及其後成立的滿洲國的教科書又且深深吸引我的注意力。在對臺灣的問題有一些基本認識之後，我開始著手進行初步的比較研究。

關於公學校歷史教科書的研究，目前有一篇中文碩士論文[9]，日文方面的相關研究則不在少數。在作為前殖民國的日本國內，對前殖民地的研究從來就有一個源遠流長的學術傳統——雖然規模不大，其經典之作可遠溯自一九二〇年代矢內原忠雄的《帝國主義下の臺灣》。[10] 限於篇幅，於此無法一一介紹，惟必須一提的是，磯田一雄的《「皇國の姿」を追って——教科書に見る植民地教育文化史》。[11] 這本書的主旨在探討日本統治後期滿洲一地日本學童和殖民地學童的「皇國史觀」歷史教育，全書分三大部分，該書第二部分是關於滿洲、朝鮮和臺灣歷史教科書的研究。本文和這本書的課題近似，研究也有重疊之處，不過該書的重點在「皇民化」時期的歷史教

8　周婉窈，〈實學教育、鄉土愛與國家認同——日治時期臺灣公學校第三期「國語」教科書的分析〉，《臺灣史研究》4卷2期(1999年6月)，頁7-55；周婉窈，〈失落的道德世界——日本殖民統治時期臺灣公學校修身教育之研究〉，《臺灣史研究》8卷2期(2001年12月)，頁1-63。兩篇論文亦收於周婉窈，《海行兮的年代——日本殖民統治末期臺灣史論集》(臺北：允晨文化，2003)，頁215-294、295-374。

9　蔡蕙光，〈日治時期臺灣公學校的歷史教育——歷史教科書之分析〉(臺北：國立臺灣大學歷史學研究所碩士論文，2000年6月)。

10　東京：岩波書店，1929。

11　東京：皓星社，1999。磯田一雄另撰有〈皇民化教育と植民地の國史教科書〉一文，收於大江志乃夫等編，《近代日本と植民地(4)統合と支配の倫理》(東京：岩波書店，1993)，頁113-135。

育，是該書作者對日本「皇國史觀」的批判與反思；本文以一九二〇年至一九三七年爲探討重心。我個人深信，具有廣泛歷史意義的題目可從多方面加以研究，不厭其多，只怕不夠深入。而且，從日本史或日本殖民史的視角入手的研究終究無法取代從殖民地出發的研究。這不是以「立足點」定高下對錯，而是在奔流不息的歷史大河裡，人群（或個人）因所處環境往往產生不同的關懷所致。

　　本文擬透過比較臺灣、朝鮮和滿洲(含後來的滿洲國)小學階段的歷史教科書，以了解日本本土之外帝國圈內歷史教育的內容，並透過三地的個案比較，進一步探討具有普遍意義的課題，如歷史的虛構與制限，以及國族建構與歷史建構之間的關係。

一、「滿洲」一詞和背景說明

　　本文以日本帝國控制下的臺灣、朝鮮和滿洲爲研究對象，由於「滿洲」一詞容易引起爭議，須略加說明。

　　「滿洲」在本文中係一地理名稱，概指中國東北地區，即清朝關外設省後的東三省。由於滿洲一詞原非地理名稱，其最原初的用法是部族名稱，是明末建州女眞「後撰」的自稱——天聰九年(1635)皇太極禁稱女眞，代以滿洲。[12] 關於「滿洲」的含意，至今聚訟紛紜，由於離題旨稍遠，恕無法深論[13]，然其本爲部族名稱殆無疑義。或許由

12　參見李洵、薛虹主編，《清代全史》第1卷(瀋陽：遼寧人民出版社，1991)，頁329。

13　孟森認爲，「滿洲」爲清先世君主之美稱，來自佛號「文殊」，唐書作「瞞咄」，即「曼殊」，已有滿洲的對音。見孟森，〈滿洲名義考〉，收於氏著，《明清史論著集刊續編》(臺北：南天書局，1987年景印)，頁2。

於漢字音譯作「滿洲」，「洲」字義近地名，作為部族名稱的滿洲有時被當成地名。這個混淆在清初即已出現，如康乾年間的學者沈起元(1685-1763)把滿洲同時當成部族名和地名。[14] 又如乾隆四十二年欽定《滿洲源流考》云：「……今漢字作滿洲，蓋因洲字義近地名，假借用之，遂相沿耳。實則部族非地名。」[15]可見族稱和地名的淆混，起源甚早。不過，清末以前滿洲基本上還是族稱。

滿洲比較清楚地作為地名且指清之東三省，是清末的現象。此一用法見於私人著述和官方文獻。前者如率真子〈西人為患中國之由〉[16]，後者如「光緒三十三年丁未中俄北滿州稅關章程」即使用作為地名的「北滿州」一詞[17]，又「光緒三十一年乙巳中日會議東三省條約」中，東三省和滿洲互用，顯為同義詞。[18]職是，降至清末滿洲一詞普遍作為地區名稱，指稱東三省，民國之後又通稱東北。

然而，由於一九三〇年代起，日本侵略中國，一概稱呼中國東北地區為「滿洲」，「滿洲」一詞遂帶有日本帝國主義侵略中國的特殊含意。本文之「滿洲」，並非沿用日本人的用法，毋寧是采自清末的用法。另外，清末的東三省地區在歷史上並無固定名稱，如果用「關外」、「關東」等稱法，失之浮泛；如果逕稱為「中國東北」，在某

14　沈起元，〈撰時務策〉，收於賀長齡編，《清朝經世文編》(原名《皇朝經世文編》；臺北：文海出版社，據光緒23年刊本景印)，卷35，頁14b。

15　〈欽定滿洲源流考·卷一〉，《景印文淵閣四庫全書》第499冊(臺北：商務印書館，1983)，頁499：470(原書頁碼3b)。

16　收於邵之棠，《皇朝經世文統編》(臺北：文海出版社景印，1980)，卷102，頁22。

17　劉錦藻，《清朝續文獻通考》(上海：商務印書館，1936)，卷356，頁11001b。

18　劉錦藻，《清朝續文獻通考》，卷358，頁11020b。

些情況下不符歷史的實際，也和文脈時有扞格之處；筆者嘗試在合適的地方盡量使用「中國東北」一詞。英文世界向稱中國東三省為「Manchuria」，似未引起民族情緒上的反應。如果讀者能把本文的「滿洲」直視為等同於英文的「Manchuria」，或可減少誤會。

　　本文以一九二○年至一九三七年為探討的重點，但也述及其前後的發展。對此一歷史斷限，有必要予以說明。如所周知，清廷在一八九五年將臺灣割讓給日本，臺灣遂成為日本第一個殖民地。韓國在一九一○年和日本透過條約併合，名為併合，實則無異於淪為殖民地。不論是在臺灣或朝鮮，日本統治當局實施的殖民地初等普通教育，在課程中一開始並未教授歷史——不管是殖民母國的歷史或殖民地本身的歷史。

　　一九一九年朝鮮爆發三一獨立運動，迫於內外情勢，日本殖民統治當局放棄從來的「武斷政治」，改採「文化政治」，殖民地的教育方針也受到很大的影響。一九二○年十一月朝鮮總督府公布普通學校規則改正，修業年限六年的普通學校教科中增加「日本歷史、地理」，修業年限四年者，日本歷史與地理從缺。這是朝鮮普通學校開始教授日本歷史的開始。當朝鮮殖民當局調整統治政策的同時，日本在臺的殖民統治也出現相應的變革。就教育而言，一九二二年二月六日公布新臺灣教育令，一般認為是朝鮮三一獨立運動的影響所致。根據隨後公布的臺灣公立公學校規則，臺灣公學校教授科目增加了「日本歷史」。[19]

　　日本控制下的滿洲和臺灣、朝鮮不同，嚴格來說不是日本的殖民地。在滿洲國成立之前，日本控制下的中國東北地區，其地位等於殖

19　臺灣總督府，《府報號外》，大正11年(1922)4月1日，頁10。

民地；滿洲國成立之後，整個中國東北被納入大日本帝國的勢力範圍內，是總體帝國(total empire)的一環。[20] 日本控制下的關東州，以中國學童爲對象的教育設施爲公學堂，原先課程中未教授歷史，一九二三年(大正12年)公學堂高等科(約等於臺灣公學校第五、六學年)科目中增加歷史一科。[21] 換句話說，日本統治下的朝鮮、臺灣，以及關東州，作爲普通教育的教學自一九二〇年開始，相繼加設歷史科目。

　　一九三七年在東亞現代史上是一個關鍵性的年份。如所周知，日本在該年七月七日發動盧溝橋事件，開始歷史上的第二次中日戰爭。在日本帝國勢力範圍內，一九三七年是個劃時代的年分。這一年在臺灣和朝鮮，殖民政府同步推動皇民化運動，直至日本戰敗投降，皇民化運動進行得如火如荼，影響十分廣泛。由於皇民化運動的終極目標是改造殖民地人民成爲「眞正的日本人」，因此出現一些極端的措施，凡是具有殖民地本土色彩的事物都在改造之列，如宗教、姓名、語言，以及生活方式等，甚至包括精神層面的改造。[22] 皇民化運動充分顯示在普通初等教育的教材上，一九三七年以後殖民地的歷史教育難逃「全面日本化」的命運。日本在中國東北的占領地教授中國學童歷史，情況比殖民地複雜(詳見第五節)；滿洲國於一九三二年建國，

<hr />

20　美國的日本史學者Louise Young 稱戰爭期的日本帝國爲「total empire」，見Louise Young, *Japan's Total Empire: Manchuria and the Culture of Wartime Imperialism* (Berkeley, Los Angeles and London: University of California Press, 1998)。該書對日本控制下的滿洲有很翔實的描述。

21　嶋田道彌，《滿洲教育史》(大連：文教社，1935)，頁119-120。

22　關於臺灣和朝鮮的皇民化運動，可參看拙作，〈從比較的觀點看臺灣與韓國的皇民化運動(一九三七—一九四五)〉，《新史學》5卷2期 (1994年6月)，頁117-158。此文又收於周婉窈，《海行兮的年代》，頁33-75。

理論上是獨立的國家，但實際爲日本所控制。從小學歷史教科書來看，截至一九三七年，滿洲國已經完成「國史」的建構。

綜上，日本帝國圈內的歷史教育，從一九二○年到一九三七年是核心時期，比較分析其間的異同和變化，將能幫助我們進一步了解個別的殖民地情境以及更爲普遍的歷史性問題。

二、日本近代小學歷史教育的梗概

日本明治維新以來大規模引進西方各種制度，積極吸收學習西方的文明。近代式教育也是重要的建制之一，日本學者對明治以來的教育的研究，非常詳細深入，論著汗牛充棟。在這一小節中，僅選取與本文題旨直接相關的史實，略加論述，作爲探討臺灣、朝鮮和滿洲國歷史教育的背景。

日本維新政府在明治五年(1872)發布「學制」，開始實施以歐美爲典範的近代式教育制度。所謂「學制」，即規定近代學校制度的法律。[23] 最初的小學分爲下等小學校四年和上等小學校四年，下等小學校有十四教科，未包括歷史，但到了上等小學校，增加四科，其一是「史學人意」，也就是歷史課。[24] 換句話說，日本新式小學教育的課

---

23 鈴木博雄編著，《原典・解說 日本教育史》(東京：日本圖書文化協會，1996；1985原刊)，頁134。

24 下等小學校的十四教科爲：綴字(かなづかい)、習字、單語、會話、讀本、修身、書牘、文法、算術、養生法、地學大意、理學大意、體術、唱歌；上等小學校新增加四科：史學大意、幾何學罫圖大意、博物學大意、化學大意。海後宗臣、仲新，《教科書でみる近代日本の教育》(東京：東京書籍株式會社，1994；1979年原刊)，頁31。不過，根據海後宗臣，教科名稱爲「歷史輪講」，見海後宗臣，《歷史教育の歷史》(東京：東京大學出版會，1969)，頁16。

程，一開始就有歷史課。其後小學學制經過幾次調整，最後以六年爲定制[25]，但到了昭和十四年(1939)改爲八年[26]。無論學制如何更動，歷史教育大抵從第五學年起開始教授，到了六年制小學階段，則在第五、六學年教授。

在此有必要說明歷史科使用之教科書的沿革。熟悉日本戰敗前教科書歷史的讀者大都知道，明治三十六年(1903)採行小學校國定教科書制度，也就是小學教科書必須使用文部省編輯發行的「國定本」，翌年開始施行。在此之前有檢定教科書期(明治19-36年)，以及之前的自由使用時期(明治5-18年)。[27] 所謂檢定制，指使用於小學校的教科書須事先經過文部省審查通過，方可採用；因此書無定本。不過，在檢定制實施之前，文部省已編有歷史教科書，雖未規定採用，卻對往後的歷史教科書的內容起了規範作用。以下就使用的教本與內容，略作敘述。

伴隨學制發布的小學教則(明治5年，1872)，例舉四種歷史教科

---

25 其間有尋常小學校四年、高等小學校四年，尋常小學校四年、高等小學校二年等變更，在明治40年(1907)定爲尋常小學校六年(義務教育)、高等小學校二年(或三年)，其後大致以此爲定制。

26 以上只是概略的情況，實則日本明治以來的小學學制非常複雜，且和義務教育年限的變更息息相關，在此很難作詳細的說明。關於義務教育的沿革如下：明治19年(1886)規定尋常小學(四年)的就學爲義務，明治23年(1890)規定義務教育至少三年，明治40年(1907)義務教育延長爲六年，昭和14年(1939)規定義務教育爲八年。參見海後宗臣、仲新，《教科書でみる近代日本の教育》，頁71、73、105；伊藤隆監修、百瀨孝著，《事典 昭和戰前期の日本：制度と實態》(東京：吉川弘文館，1990)，頁372-373。

27 唐澤富太郎將之分爲八期，檢定教科書之前分爲「翻譯教科書」與「儒教主義復活之教科書」兩期，國定教科書期則細分爲五期。見唐澤富太郎，《教科書の歷史——教科書と日本人の形成》(東京：創文社，1956)，頁1。

書名，經考證作者，依次爲：林恕，《王代一覽》；岩垣松苗，《國
史略》；西村鼎譯述，《萬國史略》；寺內章明譯，《五洲紀事》。
前二者爲日本史，後二者爲外國史，本來都不是爲小學校編寫的教科
書。在這個階段，值得注意的有兩點：其一，林恕，《王代一覽》是
「天皇歷代史」，此一歷史敘述之方式爲以後的歷史教科書所採行。
其二，江戶時期的歷史教學以中國古書爲典範，至此，小學校歷史改
而分爲國史（日本史）和萬國史兩種。[28]

　　學制發布後，文部省本身出版了三套歷史教科書：《史略》（明
治5年刊，1872）、《萬國史略》（明治7年刊，1874）、《日本略史》
（明治8年刊，1875）。《史略》爲初級用書，後二者乃高年級用書。
《史略》共四卷，卷一皇國、卷二支那、卷三西洋上、卷四西洋下。
亦即將小學校歷史教材分爲日本、中國和西洋三個區域。這個情況到
了明治十年代起了很大的變化，小學階段只教日本歷史，日中西三種
歷史的教授則移到中等學校。《史略》的「皇國」篇是簡單的天皇歷
代史。第二冊的「支那」篇採歷代和皇帝紀元，基本精神和日本史的
「天皇歷代史」很接近。西洋史分爲上古歷史和中古以後的國別史兩
種。作爲高年級使用的《日本略史》和《萬國史略》，基本上是《史
略》的內容擴充，然而改變日本、中國、西洋的三部構成，將中國和
亞洲諸國放到外國史的亞洲部分（萬國史分爲亞細亞、歐羅巴和亞美
利堅三大洲）。資料顯示《史略》在當時應廣被採用。[29]

28　海後宗臣、仲新編纂，《日本教科書大系‧近代編》第20卷（東京：講
　　談社，1977；1962年原刊），歷史（三），〈歷史教科書總解說〉，頁
　　528-531。
29　海後宗臣、仲新編纂，《日本教科書大系‧近代編》，第20卷，歷史
　　（三），〈歷史教科書總解說〉，頁531-536。

在明治十年代，雖然文部省編輯的歷史教科書廣被使用，同時還有許多其他書籍被採用。爲免敍述繁雜起見，在此僅說明日本歷史的情況。此時期的日本歷史教科書大多與文部省的《史略》、《日本略史》一樣，採取天皇歷代史的編法。不過，此時期的歷史書寫不只記載天皇的善政和治績，以使孩童親愛敬畏天皇；文部省刊行者亦然。如天皇殺死奪位者，或天皇被刺殺等事，也按照過去史書的記載，予以敍述。關於武烈天皇等的殘酷行爲也照樣敍述，毫不考慮是否適合孩童閱讀。沖修編的《訓蒙皇國史略》甚至附有武烈天皇之暴行的插畫（見圖7-1）。這和明治十年代中期以後小學歷史教材對天皇的處理，非常不一樣。[30]

圖7-1
說明：《訓蒙皇國史略》（1873）之插畫「天皇暴行圖」。
輯自海後宗臣，《歷史教育の歷史》（東京：東京大學出版會，1969），頁43。

30　海後宗臣、仲新編纂，《日本教科書大系・近代編》，第20卷，歷史（三），〈歷史教科書總解說〉，頁538-539；插圖見海後宗臣，《歷史教育の歷史》，頁43。

　　小學歷史教育方針的最大改變在明治十四年(1881)，當年五月四
日文部省制訂小學校教則綱領，據此，小學的歷史科限定教授日本歷
史，將外國歷史排除在外，且教授「本邦歷史」的要旨在於「養成尊
王愛國的志氣」。此一教則指示：「於日本歷史中，應教授建國之體
制、神武天皇之即位、仁德天皇之勤儉、延喜天曆之政績、源平之盛
衰、南北朝之兩立、德川氏之治績、王政復古等緊要事實，其他古今
人物之賢否與風俗之變更等大要。」[31]據此，歷史的敘述應不囿於編
年史的體裁。此階段出現突破天皇歷代史之寫作方式的記事本末體教
科書。[32]

　　檢定教科書時期可分為前後兩期，前期自明治十九至二十四年
(1886-1891)、後期自明治二十五至三十五年(1892-1902)，其間有兩
項重要發展。其一，採天皇歷代史之形式的編年史消失，取而代之的
是折衷編年史、紀傳和紀事本末體等撰寫方式的教科書。其二、後期
的檢定歷史教科書採人物傳記主義，以列舉代表各時代之人物或事件
作具體之敘述為方針。[33]

　　和臺灣、朝鮮教科書最有關係的應該是日本國定教科書。根據明
治三十六年(1903)四月十三日的小學校令改正(日文漢字「改正」等
同中文「修訂」)，教科用圖書限定為文部省有著作權者；歷史教科
書的書名定為《小學日本歷史》。國定歷史教科書前後共發行六期，
依性質可分為三大階段：一、「日本歷史」階段：明治三十六年十月

31　海後宗臣、仲新編纂，《日本教科書大系‧近代編》，第20卷，歷史
　　(三)，〈歷史教科書總解說〉，頁549-550。

32　海後宗臣、仲新編纂，《日本教科書大系‧近代編》，第20卷，歷史
　　(三)，〈歷史教科書總解說〉，頁558-559。

33　海後宗臣、仲新編纂，《日本教科書大系‧近代編》，第20卷，歷史
　　(三)，〈歷史教科書總解說〉，頁559-563、578-581。

發行《小學日本歷史》第一卷，接著陸續發行三卷(即高等小學校四學年各一冊)，以及修業年限三年的高等小學校第三學年用的一冊，共五冊。其後爲配合小學制度的調整，於明治四十二、四十三年(1909、1910)編纂刊行《尋常小學日本歷史》、《高等小學日本歷史》。二、「國史」階段：大正九年(1920)「日本歷史」改稱「國史」，《尋常小學日本歷史》和《高等小學日本歷史》分別改稱《尋常小學國史》和《高等小學國史》，前後發行三期。三、「初等科國史」階段：昭和十八年(1943)實施國民學校制度，編纂發行《初等科國史》，在篇目、書寫方式和插圖方面頗異於前五期教科書。[34]

值得注意的是，檢定教科書大抵從神武天皇敘述起，國定教科書則從神話建國(神代)教起。茲將第一期國定教科書的篇目迻譯於下，以爲參考[35]：

《小學日本歷史》一(1903)

天照大神、神武天皇、日本武尊、神功皇后、仁德天皇、物部氏和蘇我氏、聖德太子、天智天皇和藤原鎌足、聖武天皇、和氣清麻呂、恆武天皇和坂上田村麻呂、傳教大師和弘法大師、菅原道眞、朝臣之榮華與武士之崛起、源義家、平清盛、源賴朝、承久之亂、元寇、北條氏滅亡。

---

34 海後宗臣和仲新將1945年以前的國定歷史教科書分爲六期，爲避免繁雜，筆者將之整理成三大期，見海後宗臣、仲新編纂，《日本教科書大系・近代編》，第20卷，歷史(三)，〈歷史教科書總解說〉，頁582-587、592、598。

35 海後宗臣、仲新編纂，《日本教科書大系・近代編》第19卷(東京：講談社，1975；1963年原刊)，歷史(二)，頁441、467；第20卷，歷史(三)，頁124、180。

《小學日本歷史》二（1903）

建武中興、南北朝、足利義滿、應仁之亂、英雄之割據、織
田信長、豐臣秀吉、德川家康、德川家光、德川綱吉、新井
白石、德川吉宗、尊王論、外艦之渡來和攘夷論、大政奉還
與明治維新、臺灣之征伐與西南之役、憲法發布、明治二十
七、八年戰役。

由以上的篇目安排，我們可以看出國定教科書基本上以天皇世系為時
間的座軸，始於天照大神而終於當代天皇，在此一時間之流中，以人
物為主，兼錯以事件，敘述日本歷史的發展。最後一期國定教科書
《初等科國史》在戰爭期間發行，只用了兩年餘，且當時由於疏散等
原因，學校授課近乎停頓，影響不大，在此不多論。[36]

三、臺灣公學校的歷史教育

關於日本在臺實施近代式小學教育，近年來頗有些新研究，因此
在此不再贅述臺灣總督府民政局教育學部長伊澤修二在八芝蘭（今士
林）創設教授臺灣人日語的芝山巖學堂，而開始日本在臺的殖民地教
育的經過。[37]一八九六年，臺灣總督府於全島設立十四所國語傳習
所。[38]一八九八年七月二十八日殖民政府公布臺灣公學校令，除了澎

36　《初等科國史》的歷史書寫代表天皇崇拜和國體論的極致，很值得探
　　究，然因實際的影響不大，姑略之。

37　關於這方面的新近研究，見藤森智子，〈日治初期「芝山巖學堂」（一
　　八九五～九六）的教育——以學校經營、教學實施、學生學習活動之分
　　析為中心〉，《臺灣文獻》52卷1期（2001年3月），頁565-580。

38　關於國語傳習所的研究，可參考許佩賢，〈臺灣近代學校的誕生——

0

湖、恆春與臺東三所傳習所和四所分教場(類似分校)外，各地國語傳習所皆轉變爲公學校，確立臺灣近代初等教育(小學教育)制度。[39]臺灣公學校修業年限六年，教科(日文作教科目)一開始爲修身、國語作文(國語即日語，以下同)、讀書、習字、算術、唱歌。[40]其間教科迭有調整，但並無歷史科。一直要到一九二二年二月六日新臺灣教育令公布以後，根據臺灣公立公學校規則，修業年限六年的公學校教科爲：修身、國語、算術、日本歷史、地理、理科、圖書、唱歌、體操、實科、裁縫及家事，漢文爲隨意科。[41]也就是說，日本在統治臺灣二十七年後，小學課程中方才有歷史的科目。

　　日本統治臺灣五十年，如果以事後的觀點來看，也就是在超過一半以上的統治期間內，殖民統治當局並未教授臺灣人日本歷史。這個情況和日本本土的初等教育大異其趣。在第一節中，我們提到日本在實施近代式教育制度時，小學校的課程一開始即有歷史科，在高學年教授。朝鮮晚十五年淪爲日本的殖民地，卻早兩年有日本歷史的教科(詳後)，如何解釋臺灣在這方面的「落後」呢？磯田一雄指出，臺灣公學校歷史教科的出現在臺灣總督府統治政策改爲「內地延長主義」(或作「同化主義」)之後，雖未直接作分析，大抵認爲是此一政策的產物。[42]臺灣總督府發行的《公學校用日本歷史編纂趣意書》，開宗

(續)————

　　日治初期國語傳習所的成立〉，收於國立臺灣師範大學歷史學系、臺灣省文獻委員會合編，《回顧老臺灣展望新故鄉：臺灣社會文化變遷學術研討會論文集》(臺北：同編者，2000)，頁195-224。

39　臺灣教育會編，《臺灣教育沿革誌》(臺北：臺灣教育會，1939)，頁165-169、177-179、211-214。

40　臺灣教育會編，《臺灣教育沿革誌》，頁229。

41　臺灣總督府，《府報號外》，大正11年(1922)4月1日，頁10。

42　磯田一雄，《「皇國の姿」を追って》，頁253-254。

明義告訴我們，「日本歷史」教科的設置是一九二二年臺灣教育令改正的結果。[43] 這只是說明歷史教科出現的根據，並未解釋在這之前未將歷史科列入公學校課程的原因。在此有必要略爲說明日本在臺殖民統治政策的演變。

　　日本統治臺灣的五十年，大致可以分爲四個階段：一、軍憲鎮壓時期(1895-1902)，二、尊重舊慣時期(1903-1917)，三、「同化」政策時期(1918-1936)，四、皇民化時期(1937-1945)。第一、二階段以臺灣武裝反抗運動大抵平息爲分水嶺，實則兩階段有所重疊，很難截然劃分。例如，強調尊重舊慣最早應從第三任總督乃木希典(在任1896-1898)算起，但「舊慣溫存」的觀念在兒玉源太郎總督(在任1898-1906)和後藤新平民政長官(在任1898-1906)主政時期，即獲得具體實行。「舊慣溫存」是日文漢字用語，意爲尊重一地固有的習俗。後藤新平標榜「以無方針爲方針」，主張「生物學原理」，即是「舊慣溫存」的表現。「同化」政策時期以相信「同化主義」的明石元二郎擔任臺灣總督(在任1918-1919)算起，至一九三六年秋天小林躋造擔任臺灣總督(1936-1940)發動皇民化運動爲止。所謂「同化政策」是當時的用語，基本上指在制度的層面採行促進臺灣人和日本人平等的政策。「同化政策」是殖民當局標榜的施政方針，是否名副其實，則是另一個問題。[44]

43　臺灣總督府，《公學校用日本歷史編纂趣意書》(臺北：臺灣總督府，1923)，頁1。

44　陳培豐對用「同化主義」或「同化政策」來指稱一段統治的時期，抱持嚴厲的批判態度，認爲所謂「同化」的概念是應該被分析的，而不是拿來作爲一個分析概念。見氏著，〈重新解析殖民地臺灣的國語「同化」教育政策──以日本的近代思想史爲座標〉，《臺灣史研究》7卷2期(2001年12月)，頁2-5、14-17。我基本上同意陳培豐的看

　　臺灣公學校教育前二十五年未教授臺灣人日本歷史，殖民當局的
考慮爲何？在加設歷史教科的消息公布後，《臺灣教育》上有兩篇討
論公學校歷史科的文章[45]，前一篇稱揚此一教科的設立，指出：教育
的目的是從時間面和空間面充實兒童的精神內容，就學校的教科而
言，空間面是地理科，時間面就是歷史科；此二科是二大根幹。過去
的公學校教科目只有地理科這個根幹，作爲時間根幹的歷史則全然缺
如。他認爲歷史科的加設可說「洵爲本島教育上非常之變革」。[46]第
二篇文章重點在如何教授此一新設科目，作者指出教授日本歷史的要
旨在於：一、使知國體之大要，二、培養國民之志操。[47]兩篇文章的

(續)──────────

　　法，但是，如果以殖民當局的施政大方針來作分期，臺灣總督府自
　　1918、1919年開始採取的作法與之前和1936年之後，非常不同，前者
　　尊重臺灣的特殊性，後者以改造臺灣人爲「眞正的日本人」爲目標。
　　介於兩者之間的統治方針，殖民當局標榜爲「同化政策」，當時的臺
　　灣總督明石元二郎和田健治郎皆認爲「臺灣是帝國領土的一部分」（不
　　將之當成殖民地），主張施政採「同化主義」，要使臺灣人和日本人
　　〔在制度上〕沒有差別。在「同化主義」的綱領之下，有1920年地方
　　制度改革、1921年臺灣總督府評議會的設置、1922年新臺灣教育令的
　　公布，以及1923年民商法的施行等。我同意我們不該爲「同化」一詞
　　所誤導，以爲「同化政策」的確帶來實質的平等，但在尚無更恰當的
　　分期和名稱時，姑且以加引號的方式使用此一名稱。田健治郎對「同
　　化主義」的信念，在在顯示在他的日記中，見吳文星、廣瀨順皓、黃
　　紹恆、鍾淑敏、邱純惠編，《臺灣總督田健治郎日記》上（臺北：中央
　　研究院臺灣史研究所籌備處，2001-2009）。至於他的「同化」措施到
　　底帶來多少實質的平等，值得進一步深究。
45　向山斧太郎，〈新設せられたる公學校歷史科について〉，《臺灣教
　　育》第240號(1922年5月)，頁15-19；向山斧太郎，〈新設せられたる
　　公學校歷史科について(二)〉，《臺灣教育》第241號(1922年6月)，
　　頁7-10；椰子生，〈歷史の取扱に就て〉，《臺灣教育》第242號
　　(1922年7月)，頁13-18。
46　向山斧太郎，〈新設せられたる公學校歷史科について〉，頁15-16。
47　椰子生，〈歷史の取扱に就て〉，頁16。

作者咸認為歷史教科的設立是新臺灣教育令的結果。換句話說，公學校教授歷史也可以說是「同化」政策的落實。此外，我們應該注意的是，所謂作為時間根幹的歷史是日本歷史，在殖民當局和日本人教育家的心目中似乎不存在以臺灣歷史為臺灣學童在時間上的認知的問題。

在「日本歷史」教科出現之前，教科書裡並非沒有日本歷史的教材，例如「國語」和「修身」教科書中也都有歷史人物和相關記載。以一九二三年「日本歷史」教科書出現前使用的《公學校用國民讀本》(1913-1922)而言，根據一項統計，課文內容歷史約占5.4%[48]，其中有不少人物或神話人物出現在未來的歷史教科書中，如天照大神、日本武尊、仁德天皇、楠木正成、楠木正行、菅原道眞、豐臣秀吉、明治天皇、北白川宮能久親王、乃木希典、東鄉平八郎等。[49] 第一期《公學校修身書(兒童用)》(1914-1927)也提及天照大神、神武天皇、明治天皇、能久親王等。[50] 也就是說，在沒有歷史課之前，臺灣學童透過其它教科書也學習到一些日本的歷史以及建國神話，但是這些知識是零散的、不成系統的。

有了「日本歷史」教科，教師方能有系統地將日本史的知識傳授給臺灣學童。但是，殖民統治者希望臺灣學童學習的是怎樣的一套知識呢？配合大正十一年(1922)的新臺灣教育令，同年四月一日發布的

48　見蔡錦堂，〈日本據臺初期公學校「國語」教科書之分析〉，收於鄭樑生主編，《中國與亞洲國家關係史學術研討會論文集》(臺北：私立淡江大學歷史學系，1993)，頁269。

49　《公學校用國民讀本》之出場人物表，見蔡錦堂，〈日本據臺初期公學校「國語」教科書之分析〉，頁282。

50　臺灣總督府，《公學校修身書(兒童用)》，卷二第十課，卷三第十一課，卷四第一課、第二課(臺北：臺灣總督府，1915；1914年原刊)。

臺灣公立公學校規則第二十七條云[51]：

> 日本歷史之要旨在使〔學童〕知曉國體之大要，以資涵養國
> 民精神。
> 日本歷史教授建國之體制、皇統之無窮、歷代天皇之聖業、
> 忠良賢哲之事蹟、文化之由來、與外國之關係等之大要，以
> 使〔學童〕知曉國初至現在之事情經緯。
> 於高等科應擴大前項之旨趣而使進一步知曉我國發達之蹟。
> 教授日本歷史盡可能示以圖畫、地圖、標本等，使兒童容易
> 想像當時之實況，特別是必須使之與修身教授事項相聯絡。

第一項指出歷史教育的目的在教導學童認識國體，以涵養國民精神。[52]
第二項規定教授內容的大綱。第三項是關於公學校高等科歷史課的規
定。第四項則是關於教授方法的指示。

　　一九二三年臺灣總督府編纂發行《公學校用日本歷史》上卷、下
卷，昭和八年(1933)根據新修改的臺灣公立公學校規則，「日本歷
史」科改稱「國史」科。[53]歷史教科書之書名改為《公學校國史》應
是翌年(1934)的事。然而這兩套教科書名稱雖異，實際上屬於同一版
本(大正12年版)，一直要到昭和十二年(1937)才真正改版，內容有所
增補。昭和十九年(1944)改用文部省出版的《初等科國史》。在這裡
我們需要注意的是，昭和十六年(1941)根據國民學校令，臺灣公學校

51　臺灣總督府，《府報號外》，大正11年(1922)4月1日，頁11。
52　關於日本歷史教育與國體論的關係，可參考蔡蕙光，〈日治時期臺灣
　　公學校的歷史教育〉，第3章，頁37-68。
53　臺灣總督府，《府報》第1978號，昭和8年(1933)12月12日，頁33。

和小學校改稱國民學校，但前身爲公學校的國民學校仍繼續使用《公學校國史》。[54] 由於書名和學校名稱有這些名實不相副的情況，歷史教科書的分期不是很容易，在此採蔡蕙光以內容爲區分的作法，將公學校歷史教科書分爲第一期(1923-1936)與第二期(1937-1943)。[55]

如上所述，日本本土的歷史教科書在大正九年(1920)已經改稱「國史」，但臺灣的教科和教科書仍然使用「日本歷史」一詞。未直接稱爲「國史」，是否考慮到臺灣的殖民地身分呢？不過，就內容來說，《公學校用日本歷史》是道地的「我國歷史」，文中提到日本稱「我が國」(我國)，上卷第一課〈天照大神〉說萬世一系之天皇是「我國體之基」，第二課〈神武天皇〉開宗明義說：「神武天皇是我國第一代天皇。」[56]以下諸課皆同。換句話說，在臺灣的「日本歷史」教科基本上把日本歷史當作本國史來教授。

私意以爲最能和第一期公學校歷史教科書(1923-1936)作比對的是日本第三期國定歷史教科書《尋常小學國史》(1920-1933)。[57]兩套教科書具有系譜上的關係，看來大同小異。在此先略論相同之處。在編排形式上，兩者至少有三個相同點。首先，上下兩卷在「目錄」之後皆附有「御歷代表」。「御歷代表」即是歷代天皇的世系表，列有代次和在位年間，紀元以神武天皇元年算起，即所謂的皇紀。其

54　蔡蕙光，〈日治時期臺灣公學校的歷史教育〉，頁15-19。
55　蔡蕙光，〈日治時期臺灣公學校的歷史教育〉，頁20。
56　臺灣總督府，《公學校用日本歷史(八)》(臺北：臺灣總督府，1929；1923年原刊)，頁4、6。
57　在臺灣公學校歷史教科書出現後，《臺灣教育》有篇文章，比較《公學校日本歷史》、當時使用於小學校的《尋常小學國史》及其前身《尋常小學日本歷史》，非常周詳(包括價格等)，然大抵限於外部比較，見石川平司，〈公學校日本歷史につきて〉，《臺灣教育》第253號(1923年7月)，頁1-9。

次，若干課文後面列有相關人物系譜簡表(系圖)，茲舉兩課爲例：

一、上卷第一課〈天照大神〉

天照大神—天忍穗耳尊—瓊瓊杵尊—彥火火出見尊—鸕鶿草葺不合尊—神武天皇

二、上卷第二十八課〈戰國時代〉

大江匡房…廣元—毛利—季光…弘元—元就┬隆元—輝元
　　　　　　　　　　　　　　　　　　├元春(吉川)
　　　　　　　　　　　　　　　　　　└隆景(小早川)

這類簡單的系圖應有助於學童了解人物間的關係。第三，上下兩卷卷末附有年表。年表共五欄，依序爲：代次、天皇名、紀元、年號，以及摘要。「御歷代表」和「年表」依上下卷的時代劃分，拆成兩半，分繫兩卷。

此外，就歷史敘述而言，臺灣和日本的教科書皆採上一節提及的折衷法，綜合編年、紀傳和記事本末等體裁。按照一本教授書的說法，《公學校用日本歷史》記事體裁可分爲彙類體、紀傳體、記事本末體、開化史體等。彙傳體係將事件類別化而予以記述者，紀傳體以各時代重要人物爲中心而記述者，記事本末體係把事實之本末和代表人物或重要事件相結合者，開化史體則目標在彰顯國民國家史整體的開展路徑。該書指出公學校教科書大體根據紀傳體，擷取其他各體的長處；公學校高等科則以開化史體爲主，兼採他體。[58] 開化史體其實

58　久住榮一、藤本元次郎，《公學校各科教授法(全)》(臺北：新高堂書店，1924)，頁202-203。

是「史觀」，不是體裁。由於高等科歷史教材不在本文範圍，在此不加深論。

　　《公學校用日本歷史》和《尋常小學國史》最明顯的不同在於文字。臺灣的歷史教科書用白話文的敬體書寫[59]，日本則使用文言文（文語）。文言文沒有常體和敬體之分，但和白話文一樣皆有敬語。使用於臺灣和日本本土的教科書都非常注重敬語的使用，尤其談論到天皇和皇室時。文言文比白話文難，雖然公學校的「國語」讀本自第四學年起即開始教文言文，但日語畢竟不是臺灣學童的母語，語文程度與日本學童難免有差別，因此臺灣的歷史教科書使用比較容易了解的白話文，是可以理解的。不過，此期的《尋常小學國史》是日本歷史教科書使用文言文的最後一套，自第四期起（1934）即改用白話文，主要原因是爲了使全體學童易於理解。[60]惟值得注意的是，改用白話文的日本國定教科書使用常體，而非敬體。熟悉日文的人都知道，文章一般並不用敬體，以此，臺灣的歷史教科書用敬體書寫，不能不說違反常規。[61]不過，如果我們了解公學校教育重視養成學生使用敬體的

59　對不熟諳日文的讀者，也許需要稍加說明。所謂敬體通常在形容詞之後加「です」、動詞之後加「ます」，是一種禮貌的表現，基本上使用於下對上、公開場合，以及不熟悉者之間的談話。「敬語」則是爲尊崇對方、降低自己，或表示談話的溫雅高尚，而使用一種與普通單語不同，本身含有尊敬或謙讓之意的單語，此種單語稱爲「敬語」，而普通的單語則稱爲「常語」。

60　海後宗臣、仲新編纂，《日本教科書大系‧近代編》，第20卷，歷史（三），〈歷史教科書總解說〉，頁595。

61　日本第六期國定歷史教科書《初等科國史》（1943-1945）卻使用敬體，或如海後宗臣、仲新指出的，這套教科書具有文學讀物的性質，是要當成「國史讀本」來使用的（見海後宗臣、仲新編纂，《日本教科書大系‧近代編》，第20卷，歷史（三），頁600）。然而，這套書也是要統一使用於殖民地，是否因此而使用敬體？尚待查攷。

習慣，歷史教科書以敬體書寫也就不足為奇。

臺灣和日本的歷史教科書另有詳略的不同。《公學校用日本歷史》可以說是《尋常小學國史》的簡易版，除了上面提到的文白問題外，篇章較少，內容也較淺顯。這應該是考慮到母語與非母語教育的問題，以及臺灣學童的文化背景。茲將《尋常小學國史》和《公學校用日本歷史》上下卷的課名列於下，以資比較：

《尋常小學國史》上卷（1920）共32課

天照大神、神武天皇、日本武尊、神功皇后、仁德天皇、聖德太子、天智天皇和藤原鎌足、天智天皇和藤原鎌足（續）、聖武天皇、和氣清麻呂、恆武天皇和坂上田村麻呂、弘法大師、菅原道眞、藤原氏之專橫、後三條天皇、源義家、平氏之勃興、平重盛、武家政治之興起、後鳥羽上皇、北條時宗、後醍醐天皇、楠木正成、新田義貞、北田親房和楠木正行、菊池武光、足利氏之僭上、足利氏之衰微、北條氏康、上杉謙信與武田信玄、毛利元就、後奈良天皇。

《尋常小學國史》下卷（1921）共20課

織田信長、豐臣秀吉、豐臣秀吉（續）、德川家康、德川家康（續）、德川家光、後光明天皇、德川光圀、大石良雄、新井白石、德川吉宗、松平定信、本居宣長、高山彥九郎和浦生君平、攘夷和開港、攘夷和開港（續）、孝明天皇、武家政治之結束、明治天皇（明治維新、西南之役、憲法發布、明治二十七八年戰役、條約改正、明治三十七八年戰役、韓國併合、天皇之崩殂）、今上天皇（天皇之即位、歐洲大戰與我國）。

《公學校用日本歷史》上卷（1923）共28課

天照大神、神武天皇、日本武尊、神功皇后、仁德天皇、聖德太子、天智天皇和藤原鎌足（一）、天智天皇和藤原鎌足（二）、聖武天

皇、和氣清麻呂、恆武天皇和坂上田村麻呂、弘法大師、菅原道眞、後三條天皇、源義家、平清盛、平重盛、源賴朝、後鳥羽上皇、北條時宗、後醍醐天皇、楠木正成、新田義貞、北田親房和楠木正行、菊池武光、足利義滿、應仁之亂、戰國時代。

《公學校用日本歷史》下卷(1923)共17課

織田信長、豐臣秀吉(一)、豐臣秀吉(二)、德川家康(一)、德川家康(二)、德川家光、德川光圀、新井白石、德川吉宗、松平定信、尊王論、攘夷和開港、井伊直弼、孝明天皇、明治天皇(明治維新、征臺之役與西南之役、憲法發布、明治二十七八年戰役、條約改正、明治三十七八年戰役、韓國併合、天皇的崩殂)、大正天皇(天皇的即位、歐洲大戰與我國、皇太子攝政)、今上天皇的御踐祚。

由上列課名，可以看出臺灣的歷史教科書篇章較少，但兩者之題材頗多雷同之處。至於內容的比較已有研究可參考[62]，在此不多贅述。總之，這是貨眞價實的日本歷史。我們好奇的是，在這樣的歷史脈絡中，臺灣在哪裡？以何種姿態出現。

在第一期公學校歷史教科書中，臺灣出現在四篇課文中，即〈豐臣秀吉〉(二)、〈德川家光〉、〈明治天皇〉和〈今上天皇的御踐祚〉。如果使用的版本早於一九二六年，不會有〈今上天皇的御踐祚〉一課，因而臺灣就只出現在三篇課文中。以下依序略加敘述。

在〈豐臣秀吉〉(二)中，臺灣只是在豐臣秀吉遣使與外國交通時附帶提到，而日本本土的教科書則未提及。[63] 這是臺灣名字的第一次

62　見蔡蕙光，〈日治時期臺灣公學校的歷史教育〉，頁62；表九，頁143-146。

63　《公學校用日本歷史》下卷，第31課〈豐臣秀吉〉(二)，頁13；《尋常小學國史》下卷，第35課〈豐臣秀吉〉(續)，海後宗臣、仲新編纂，《日

出現。臺灣的眞正登場在〈德川家光〉一課，但並不是作爲正文的一部分，而是該課「與外國的交通」一節的附錄，題目爲「臺灣的歷史」，共三三五字。茲迻譯於下[64]：

> **臺灣的歷史**我國人最初到海外，是在鎌倉時代末期到進入室町時代的時候，臺灣的歷史稍爲人所知也是從這個時候開始。原先住在臺灣的只有番人，但從這個時代開始，我國人逐漸到來，同時也有從明朝那邊來的人。然而秀吉派遣使者時，這個島嶼的事情尚未爲世所熟知。到了將軍秀忠的時代，荷蘭人占領安平、臺南地方，繼而西班牙人占領基隆、淡水地方。一方面山田長政到暹羅立了功名，另一方面濱田彌兵衛到臺灣懲罰荷蘭人，都是這個時候的事情。不久之後，荷蘭人驅逐西班牙人，前後約有四十年的時間統治著此島，但是後來被鄭成功驅逐。鄭氏三代二十餘年而爲清所亡，此後二百餘年間，清朝統治著此島。(粗體係按照原文)

此段文字強調「我國人」和「明人」同時來到臺灣，豐臣秀吉遣使來臺時，臺灣還鮮爲人知，接著是「國際競爭」時代(按，係筆者用語)，最後鄭成功趕走荷蘭人，傳了三代二十餘年，爲清所滅亡，「此後二百餘年間，清朝統治著此島」。

　　〈明治天皇〉一課共分八節，是全卷中篇幅最長的課文，長達四十四頁，約占下卷(共一三四頁)的三分之一。該課第二節「征臺之

(續)—————————————
　　　　本教科書大系・近代編》，第20卷，歷史(三)，頁687。
　64　《公學校用日本歷史》下卷，第34課〈德川家光〉，頁31-32。

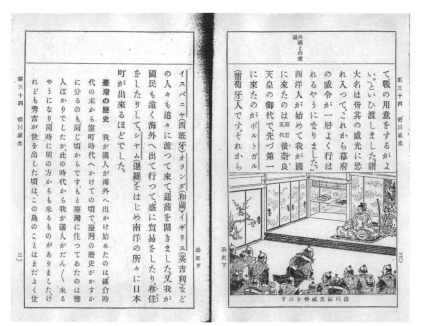

圖7-2

說明：〈德川家光〉課文附錄「臺灣的歷史」書影(局部)。

輯自《公學校用日本歷史》下卷(1923)，頁30-31。

役與西南之役」第一段敘述牡丹社事件，指出清朝雖領有臺灣，卻不願負責任，最後賠款了事。該課第四節「明治二十七八年戰役」對中日甲午戰爭、馬關和談，以及近衛師團進占臺灣的經過都有詳細的描述。[65]另外，臺灣的名字出現在第八節「天皇的崩殂」中，當天皇病情深重時，「南從臺灣，北到樺太，日本國中的人民都打從心底祈求〔天皇〕痊癒。」[66]此期教科書在最後一課〈今上天皇的御踐

65　《公學校用日本歷史》下卷，第43課〈明治天皇〉，頁85-87、94-100。

66　《公學校用日本歷史》下卷，第43課〈明治天皇〉，頁116。

祚〉中提到昭和天皇在當皇太子時巡幸臺灣，人人至今念念不忘。[67]

以上是出現在《公學校用日本歷史》中的臺灣，分量可說微乎其微，且這些「情節」，除了有關臺灣的割讓外，皆未見於日本本土使用的《尋常小學國史》，因此可說是為臺灣「量身訂做」的。即就兩套教科書中都有的「臺灣的平定」一小節而言，臺灣的版本比日本詳細，前者二百九十四字，後者僅一百三十九字，且臺灣版本出現澳底、基隆、臺北、新竹、彰化、臺南等地名，是臺灣神社主神北白川宮能久親王生前的「巡禮圈」。[68]

第二期公學校歷史教科書基本上承襲第一期的體裁與內容，但大大加強闡發「國體」的素材，以實踐所謂的「國體明徵」。[69]其中有關臺灣的記載在質量上也有所增加。[70]不過，整體來說，臺灣公學校的歷史教育基本上是日本本土的直接移植，只添加一些與臺灣有關的「枝葉」。在日本歷史的大敘述中，臺灣在日本戰國時期才開始出現在神國的邊緣，而在一八九五年後整合到日本帝國的歷史發展中。對臺灣學童而言，他們從這套歷史教科書學習到以天皇為中心的日本歷史，對臺灣的認知僅止於臺灣納入日本帝國版圖的經過，至於漢人社會在清朝統治下長達二百一十二年的歷史，則毫無所知。

67　《公學校用日本歷史》下卷，第43課〈今上天皇の御踐祚〉，頁132。

68　《公學校用日本歷史》下卷，第43課〈明治天皇〉，頁99-100；《尋常小學國史》下卷，第51課〈明治天皇〉，海後宗臣、仲新編纂，《日本教科書大系‧近代編》，第20卷，歷史(三)，頁722。

69　關於以實踐「國體明徵」為目標的歷史教育情況，可參考蔡蕙光，〈日治時期臺灣公學校的歷史教育〉，第4章，頁69-101。

70　這兩期有關臺灣之敘述的詳細比較，見蔡蕙光，〈日治時期臺灣公學校的歷史教育〉，頁95-100。

四、朝鮮普通學校的歷史教育

　　一八九四年的中日甲午戰爭起因於朝鮮。由於東學黨起事，朝鮮政府向中國求助，結果中日相繼出兵，終於引發兩國之間的衝突，最後以中國戰敗簽約告終。這場戰爭可以看成舊宗主國和新興國日本之間的角力，前者試圖鞏固日漸衰退的影響力，後者的目標在控制朝鮮。馬關條約第一款規定中國承認朝鮮完全獨立，也就是否定中國的宗主權，是日本發動戰爭的主要目的，取得臺灣原不在「議程」上。一九〇五年十一月韓國在日本的脅迫下簽訂乙巳條約（保護條約），將韓國的外交權力全部交給日本，成為日本的保護國；翌年設置統監府，控制內政。一九一〇年八月二十二日韓國和日本簽訂「日韓併合」條約，正式成為日本的殖民地。[71]

　　在保護國時期，統監府開始進行朝鮮學制的改革，將一八九五年設立的小學校改為普通學校（四年制），其上有高等學校（四年制）、高等女學校（三年制），以及師範學校（三年制）。一九〇六年（明治39年）於各道廳所在地各設一校，京城七校，合計二十校。翌年四月又在全鮮各主要都市增設二十校，總計四十校。普通學校的教科中有「地理歷史」，而實際上未編纂地理和歷史教科書，惟在普通學校施行規則中規定：地理歷史沒有特定〔的教材〕，主要是教授國語（此階段指朝鮮語）讀本和日語讀本中記載的，遇到這些教材時，〔應〕特地反

71　關於韓國淪為日本殖民地的梗概，可參看李基白著，厲帆譯，厲以平譯校，《韓國史新論》（北京：國際文化出版公司，1994），頁299-327。

覆說明，增強學生的記憶。[72]

　　普通學校沒有獨立的歷史科目，引起韓國方面的批評，學部書記官三土忠造答稱：「普通學校是四年制，在日本四年制也未教歷史。」日韓併合後，朝鮮總督府延續此一方針，朝鮮教育令公布後，一九一一年十月的普通學校規則中沒有歷史教科，惟在教科書一般方針中云：「國語讀本教材中教授本邦歷史地理之一般，朝鮮語及漢文教材中教授朝鮮地理之概要」，因而未編纂國史教科書。[73]

　　一九一九年朝鮮爆發三一獨立運動，此一事件逼使日本殖民統治當局重新思考殖民政策，決定放棄從來的「武斷政治」，改採「文化政治」，希望能緩和反抗運動。一九二〇年十一月公布普通學校規則改正，從來的修業年限由四年改為六年，然視地區情況得縮短為五年或四年，六年制的教科增加「日本歷史、地理」。日本歷史在五、六學年各教二小時，修業年限四年者，日本歷史與地理從缺。一九二二年二月改正朝鮮教育令，關於普通學校歷史教育的規定，如前。「日本歷史」的名稱在一九二七年三月改為「國史」。[74]

　　普通學校改為六年制之初，暫時使用日本文部省編纂的小學用國史教科書，另外加教朝鮮總督府的《朝鮮事歷補充教材》，要到大正十二、三年方有新編纂的教科書，即《普通學校國史》上卷、下卷。[75]

72　磯田一雄，《「皇國の姿」を追って》，頁188-189；ＡＳ生，〈朝鮮に於ける國語教育の今昔〉，《文教の朝鮮》（普通學校國語教育研究二月特輯號）第30號（1928年2月），頁209。

73　森田芳夫，《韓國における國語・國史教育：朝鮮王朝期・日本統治期・解放後》（東京：原書房，1987），頁139-140。

74　森田芳夫，《韓國における國語・國史教育》，頁140。

75　〈朝鮮の國史教育と教科用圖書の變遷〉，收於森田芳夫，《韓國における國語・國史教育》，「Ａ 參考文獻」，頁307。朝鮮總督府，《朝鮮事歷補充教材》（京城：朝鮮總督府，1922年3月），本文235頁，附錄

到一九四五年八月日本戰敗投降前，朝鮮普通學校總共使用過五套國史教科書，茲表列如下[76]：

表7-1　朝鮮普通學校、國史教科書發行簡表

期數	名　　稱	發行(翻刻)年月
一	《普通學校國史》上卷、下卷	1923／07、1924／03
二	《普通學校國史》卷一、卷二	1932／03、1933／03
三	《初等國史》卷一、卷二	1937／03、1939／01
四	《初等國史》第五學年、第六學年	1940／03、1041／03
五	《初等國史》第五學年、第六學年	1944／？、1944／03

　　由於教科書內容的沿革十分細瑣，在此不能不先勾勒其特性。如果從日韓兩國歷史如何「併合」的角度來看，這幾套「國史」的歷史書寫呈現出從機械的「接枝」方式到「併合無間」的過程。第一、二期屬於接枝法，第三期完成併合，第四、五期邁向皇民之道。

　　先論第一期《普通學校國史》上卷、下卷。茲將篇目列於下[77]：

《普通學校國史(兒童用)》上卷(1923；共32課)

天照大神、神武天皇、日本武尊 朴赫居世王、神功皇后、仁德天皇、聖德太子、天智天皇和藤原鎌足、天智天皇與藤原鎌足(續) 新羅一統、聖武天皇、和氣清麻呂、恆武天皇和坂上田村麻呂、弘法大師、菅原道眞 王建、藤原氏之專橫、後三條天皇、源義家 大覺國

(續)────────────────────

　　　16頁，對第一期歷史教科書中朝鮮史關係事項作詳細的說明。

76　參考森田芳夫，《韓國における國語‧國史教育》，頁140-141。第一
　　期發行年月森田芳夫作1921/12、1922/12，筆者根據復刻本和其他資料
　　改爲1923/07、1924/04；第五期《初等國史》第六學年，森田芳夫推測
　　爲1943/03，根據磯田一雄改爲1944。

77　筆者收集到的版本上卷是1923年7月翻刻發行，下卷則爲1924年3月翻
　　刻發行。

<u>師</u>、平氏之勃興、平重盛、武家政治之興起、後鳥羽上皇、北條時宗、後醍醐天皇、楠木正成、新田義貞、北田親房和楠木正行、菊池武光、足利氏之僭上 <u>朝鮮之太祖</u>、足利氏之衰微、北條氏康、上杉謙信與武田信玄、毛利元就、後奈良天皇。(底線為筆者所加)

《普通學校國史》下卷(1924；共20課)

織田信長 <u>李退溪與李栗谷</u>、豐臣秀吉、豐臣秀吉(續)、德川家康、德川家康(續)、德川家光、後光明天皇、德川光圀、大石良雄、新井白石、德川吉宗、松平定信 <u>英祖與正祖</u>、本居宣長、高山彥九郎和浦生君平、攘夷和開港、攘夷和開港(續)、孝明天皇、武家政治之結束、明治天皇(明治維新、西南之役、憲法發布 <u>朝鮮之國情</u>、明治二十七八年戰役、條約改正、明治三十七八年戰役、韓國併合、天皇之崩殂)、今上天皇(天皇之即位、歐洲大戰與我國)。(底線為筆者所加)

讀者如果將之拿來和上一節列的日本第三期國定教科書篇目相比對,將發現除去加底線的課文,完全一樣。實際上,不只是篇目相同,其實是同一版本,只是在「適當」的地方加入朝鮮史的記事。這些記事不是獨立成課,而是和日本歷史的課名並列,繫於其後,上卷有朴赫居世王、新羅一統、王建、大覺國師、朝鮮之太祖五項,下卷有李退溪與李栗谷、英祖與正祖、朝鮮之國情三項。

朝鮮總督府為這些插進去的篇章編纂了《普通學校國史教授參考書全(朝鮮事歷教材)》,作為教師參考用,緒言云:「普通學校國史上卷和下卷之內容完全採用尋常小學國史上卷及下卷的內容,其中朝鮮關係事項,在使〔學童〕知曉朝鮮半島變遷之大要上,稍有不足,因而特地在各卷中加入朝鮮事歷的教材。」又因為考慮到讓普通學校學童容易閱讀起見,固有名詞和漢字比《尋常小學國史》附有較多的

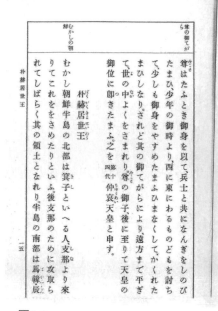

圖7-3

說明：〈日本武尊 朴赫居世王〉課文書影(局部)。

　　　輯自《普通學校國史》上卷(1923)，頁14-15。

假名注音。[78]讀者或許還有印象，此時日本國內的《尋常小學國史》是文言文本。換句話說，同時期的朝鮮學童和日本本土學童使用同一教科書，只是朝鮮學童多讀了一些朝鮮歷史，這和臺灣學童使用白話的簡易本是非常不同的。

　　對此一教科書的編排，時人有過這樣的描述：……將應該教授的朝鮮沿革分割出來，分配到大約相當的年代、適當的地方，是機械

78　朝鮮總督府，《普通學校國史教授參考書 全(朝鮮事歷教材)》(東京印刷，1923)，「緒言」，頁1。

地插入。因此,如果把插入的課檢出,就構成了前後連貫的朝鮮歷史。[79] 由於這樣的安排很不符合理想,呼籲盡速修訂的聲浪不小。一篇刊載於《文教の朝鮮》的文章對此作出甚爲尖銳的評論,茲撮述於下,以爲參考。

這篇文章題爲〈呼籲緊急改訂普通學校國史教科書〉(普通學校國史教科書改訂の急に愬ふ),文中的批評舉其大要有:一、心態閉鎖,不是眞正的融合,作者云:「今日日韓併合而成一大帝國。然而國史教科書上卻不作眞正融合之計。僅僅在普通學校中以像竹上接木一般的作法,只在八個地方插入朝鮮的史實,……不脫鎖國時代的立場。」二、文字文章太難,作者質疑:給小學校使用都有困難,有理由在普通學校第五學年起全部使用難解的文語嗎?建議盡速改爲平易的口語。三、朝鮮史教材稍嫌少些,上下二卷五十二課中,朝鮮史的教材僅七、八處,不過占總頁數三百三十三頁中的二十頁左右,尤其關於併合的理由失之簡略,相當令人不滿意。四、課文多處的描述給朝鮮兒童帶來「被當成養子的感覺」(繼子扱にした樣な感じ),如上卷頁十八「新羅最靠近我國」(新羅は最も我が國に近く)云云,「我が」的用語給人帶來排他之感,建議以平等的心態改成「靠近本州」或「靠近九州」等。[80] 這位作者是日本人,他不是站在韓國人的立場,而是從促進融合和實際教授者的立場提出批評與建議;相信韓國人更不以爲然(但理由不同)。他批評日韓史的編排是「竹上接木」,眞是一語道破其間的勉強和不自然。相信對日本和韓國歷史略有概念的讀者也有同感——菅原道眞和王建同繫一課,織田信長和李退溪、

79　森田芳夫,《韓國における國語・國史教育》「A參考文獻」,頁307。

80　竹內熊治,〈普通學校國史教科書改訂の急に愬ふ〉,《文教の朝鮮》第22號(1927年6月),頁55-58。

李栗谷同繫一課，性質南轅北轍，除了時代相同外，實無邏輯可言。此外，所謂的「繼子感」也是嚴重的問題。如何把一個具有長久歷史文化的獨立國家的歷史整合到日本的歷史脈絡中呢？又如何讓兒童讀起來感覺「我國」就是「我國」呢？

由於這一套「竹上接木」的歷史教科書引起許多批評，修訂勢在必行，朝鮮總督府於一九三二、三三年發行新版《普通學校國史》卷一、卷二。修訂本顯示〈呼籲緊急改訂普通學校國史教科書〉一文提出的問題都受到相當的重視，也獲得不同程度的解決。首先，新版教科書的文體改為敬體口語（這點和臺灣一樣）。其次，原本和日本歷史相並列的題目獨立出來成為正式的課文，如原本置於第八課〈天智天皇與藤原鎌足（續）〉之後的「新羅一統」獨立出來，成為第十一課〈新羅的統一〉。這樣的編排或許免除先前朝鮮史給人「附驥尾」的不良感覺。新教科書的朝鮮史教材有八課和一節：〈過去的朝鮮〉、〈三國的盛衰〉、〈新羅的統一〉、〈高麗的王建〉、〈高麗和蒙古〉、〈朝鮮的太祖〉、〈李退溪和李栗谷〉、〈英祖和正祖〉，以及〈明治天皇〉一課中的「朝鮮的國情」。分量較前略有增加，若干篇名也有所變更。

至於內容方面，此期教科書確也作了一些調整。《普通學校國史卷一編纂趣意書》「普通學校用歷史教科書編纂方針」（普通學校用歷史教科書編纂に關する方針）規定如下：

一、對於能闡發我國體與國家觀念之資料應特別注意。

二、輯錄自我建國至現代之重要事情經緯（事歷）。

三、增加有關朝鮮之事情經緯，特別應留意選擇內鮮融合必要之資料。（按，內鮮分別指內地人〔即日本人〕與朝鮮人）

四、為使〔學童〕理解日韓併合之大旨，於必要之事情經緯，應

稍稍詳細地加以記述。

五、適當地加入理解國史之大要必要〔教授〕的諸外國事情經
　　緯。

以此，新教科書在有關朝鮮史的教材上質量都有所增加，即使篇名照
原來的課文，「內容和表現」都作了相當的變更。[81] 前面提到的造成
「繼子感」的「我國」的地方也都作了調整，如「新羅最靠近我國」
一句改成「新羅……也靠近內地」。[82]

雖然新教科書在「組織」方面，強調要編纂的是「將朝鮮地方的
鄉土史編織進來的國史」[83]，然而就編排來說，仍是分別插在「適
當」的地方，不脫「竹上接木」的格局。讀者若參看附錄1-1《普通
學校國史》篇目表，即可一目了然。

日韓兩國歷史的二元敘述的問題到第三期歷史教科書才獲得初步
的解決。一九三五年二月朝鮮總督府設立「臨時歷史教科書用圖書調
查委員會」，對歷史教科書進行調查和檢討，其結果指出兩個問題：
一、朝鮮史關係事項和以國史為主體的教材缺乏聯絡和統一，是二元
的呈現。二、日本人、朝鮮人使用不同的教科書。一九三七、三九年
改訂印行的《初等國史》（篇目見附錄1-2），一反前二期的作法，在
篇目上完全看不到朝鮮史的痕跡。如果只看目錄，很容易以為是使用

81　朝鮮總督府，《普通學校國史卷一編纂趣意書》，頁3-4、10-11。該書
　　影本收於阿部洋等編，《日本植民地教育政策史料集成(朝鮮篇)》，
　　第19卷(中)(東京：龍溪書舍，1991)。

82　此句在〈神功皇后〉一課。關於內文的比較，見磯田一雄，《「皇國
　　の姿」を追って》，頁241-243。

83　「新教科書は……朝鮮地方の鄉土史を織込んだ國史を編纂すると云ふ
　　組織を採つた……。」朝鮮總督府，《普通學校國史卷一編纂趣意
　　書》，頁4-5。

於日本本土的歷史教科書，而實際上除了細微的差異外，是一樣的。另外，朝鮮版本連文體也亦步亦趨，改用常體。[84]

朝鮮歷史雖然不顯現於目錄，原本的敘述並未消失，只是融入日本歷史的文脈中；通常是列在眉標「朝鮮的情況」（朝鮮の有樣）下。[85]在此須補充說明，不論日本本土、臺灣和朝鮮的歷史教科書，在正文之上有眉標一欄，用意應是幫助學生掌握文章大意，因此，朝鮮史的眉標也和其他並列，不顯得特出。至此，我們可以說朝鮮歷史已經融入，或更適切地說，消失在日本歷史脈絡中。

在這裡有必要說明朝鮮小學教育的日鮮（內鮮）雙軌制。如所周知，日本統治之初，臺灣學童就讀公學校，在臺日本人學童就讀小學校。大正十一年（1922）實施共學制度，以語言能力而非民族別作爲入學標準，然由於小學校收臺灣學童仍有名額限制，公小學校的民族區別仍相當明顯。朝鮮和臺灣頗爲類似，朝鮮學童就讀普通學校，日本學童就讀小學校。但根據昭和十三年（1938）第三次教育令，普通學校改稱小學校，意在實施共學制，然僅止於形式，並無共學之實。昭和十六年（1941）朝鮮和臺灣一樣實施國民學校制度[86]，但第三期教科書《初等國史》並非日鮮學童共用，一直要到一九四〇年的《初等國史》才是「共通用書」[87]。

第四、第五期歷史教科書是另一脈絡的產物，應視爲「國體明徵」和皇國臣民化運動的產物，同時也是工具。一九三八年三月教育

84　參見森田芳夫，《韓國における國語・國史教育》，頁142；磯田一雄，《「皇國の姿」を追って》，頁202-203。
85　磯田一雄，《「皇國の姿」を追って》，頁204。
86　關於朝鮮教育制度的簡要說明，見伊藤隆監修，百瀬孝著，《事典 昭和戰前期の日本：制度と實態》，頁408-409。
87　磯田一雄，《「皇國の姿」を追って》，頁207。

令改正，小學校規程第二十條云：「國史之要旨在教授肇國之由來與國運進展之大要，使知曉國體之尊嚴之所以〔原因〕，以涵養皇國臣民之精神。」一九四○、四一年發行《初等國史》，內容一新，第五學年以國體明徵為中心，第六學年重點在國運的進展（篇目見附錄1-3）。內容雖有相當分量的朝鮮史關係事項，但課名不用事件名和人名，而以國史之「中心史潮」（日本歷史的主要大趨勢）來命名，如〈國的性質〉、〈國風的表現〉、〈皇國的目標〉、〈英雄的志向〉等；從來的時代區分的名稱改用逆算概數，地名全部用現代稱呼。[88]雖然在此之前的三期歷史教科書帶有濃厚的天皇崇拜色彩，基本上還是採取傳統的書寫方式；如果說舊教科書以敘述「史實」為主幹，新教科書則以闡發史觀為使命。

總而言之，第四期《初等國史》是道地的實踐「國體明徵」的歷史教科書。反觀日本本土要到昭和十八年(1943)才改變原來的書寫體例，朝鮮不能不說先走一步。在這裡，我們是不是也看到駒込武在《殖民帝國日本の文化統合》一書所探討的殖民地「膨脹的逆流」現象？所謂「膨脹的逆流」，是指隨著日本統治多民族與領土的擴張，各種體制上的矛盾倒過來引發日本本國制度的變革；簡單來說，就是殖民地的統治方式反過來影響日本內地的作法。[89]

朝鮮最後一期歷史教科書《初等國史》第五學年和第六學年都在昭和十九年(1944)發行，配合戰爭局勢，根據第四期《初等國史》予

88　森田芳夫，《韓國における國語‧國史教育》，頁142。

89　駒込武，《植民帝國日本の文化統合》（東京：岩波書店，1996），「膨脹の逆流と防波堤」一小節，頁374-378；關於此書的評介，見何義麟，〈駒込武，《植民帝國日本の文化統合》〉書評，《新史學》11卷4期(2000年12月)，頁131-137。

以改訂而成，並非使用昭和十八年(1943)於日本本土發行的《初等科國史》。朝鮮第五期歷史教科書《初等國史》內容始於「大東亞戰爭」終於「大東亞會議」，某些寫法與其說是教科書，毋寧說是時局解說，獨創一格。[90] 根據文獻，臺灣最後一期歷史教科書是文部省編纂的《初等科國史》(然筆者尚未得見原書)，何以朝鮮在戰爭末期，未使用文部省版本？原因之一可能就是前面所說的，就體裁與內容而言，朝鮮第四期歷史教科書比日本本土還「先進」，因而只須在此一基礎上加以修訂，即可充分配合時局。

日本殖民統治當局在短短的十五年內(1923-1937)，透過教科書的編纂與改訂，將朝鮮歷史統合到日本歷史的脈絡中，這樣的教育政策不能不說相當急遽且激烈，其結果剝奪了朝鮮學童學習民族歷史的機會。當日本教師大聲批評引發「繼子感」的歷史書寫時，若拿以後的發展來看，懷抱故國之思的韓國人說不定還要歡迎這種被「我國」排除在外的歷史書寫呢？

五、滿洲、滿洲國的歷史教育

日本控制下的滿洲，嚴格說來不是日本的殖民地。日本對滿洲一地的逐步控制始於日俄戰爭(1904-1905)之後，而在滿洲國成立(1932年3月)後達成初步的目標。在滿洲國成立之前，日本控制下的滿洲地區，其地位等於殖民地；滿洲國成立之後，整個中國東北被納入大日本帝國的勢力範圍，滿洲國之不具有獨立的「國格」是無庸多加論證

90　關於這一期歷史教科書的獨特風格，見磯田一雄，《「皇國の姿」を追って》，頁230-240。

的事，如果從教育來看，其受日本控制的情況昭然若揭。

日本在中國東北的擴張可分為兩階段，一為日俄戰爭之後到九一八事變(日本方面稱為滿洲事變)，一為滿洲國成立至日本戰敗為止。在日俄戰爭中日本打敗俄國，一九〇五年九月簽訂樸資茅斯(Portsmouth)和約，俄國承認韓國歸日本保護，並將一八九八年從中國取得的遼東半島租借權、在南滿洲建築的鐵路，以及庫頁島南部讓予日本。日本因此控制遼東半島(包括大連和旅順)，以及南滿洲鐵路(簡稱滿鐵)沿線地帶和城鎮。遼東半島租借地由日本軍統治，改稱關東州，設置關東都督府，作為最高統治機構。關東州和滿鐵附屬地雖然不是正式的殖民地，卻有殖民地之實，是日後日本在中國東北擴張的根據地。

如同臺灣總督府在兵馬倥傯之際就已在芝山巖設置學校一樣，一九〇五年(明治38年)四月十二日軍政長官神尾光臣發布有關滿洲中國人之教育的命令，指示在〔各〕城市設立一學堂，收容有志於學者，不論其為成人或兒童；聘用日本人為教師等。此一命令係根據臺灣殖民地教育的開創者也是當時貴族院議員伊澤修二的意見，該文件文末所附參考書目「清國學校用教科書目」，據稱皆為伊澤所監修者。於是日本占領下的地區開始有公學堂的設立，該年大連公學堂和旅順公學堂相繼成立，翌年金州公學堂南金書院、三澗堡公學堂等陸續出現。[91]

明治三十九年(1906)三月三十一日，關東州公學堂規則發布，第一條云：「公學堂之要旨在教授支那人子弟日本語，施行德育，並

---

91 嶋田道彌，《滿洲教育史》，頁118。

教授生活必須之智識技能。」[92]這在在讓人想起日本在臺灣的教育宗旨。[93]公學堂修業年限六年，教科有：修身、日本語、漢文、算術、體操、裁縫、唱歌、手工、農業等九科，但後二科實際並未教授。在這之後，公學堂制度迭有更易，在此僅撮述直接和本文題旨有關的改變。大正四年(1925)公學堂廢掉本科六年制，改爲初等科四年、高等科二年，高等科教科中加入理科和地理。大正十二年(1923)高等科科目加歷史一科，男學生課以農業或商業一實科。[94]換句話說，日本統治下的關東州、臺灣、朝鮮，小學階段的教學幾乎同時加設歷史科目。須在此順便一提的是，日本在滿洲的教育也採雙軌制，日本學童就讀小學校。小學校的設置在明治三十九年(1906)[95]，較公學堂晚一年設置。

滿鐵附屬地因爲深入中國境內，不得不和中國教育保持密切的連結，明治四十二年(1909)開始創設以滿洲人爲對象的公學堂，根據該年「附屬地公學堂規則」，教授日本語是最重要的目標，不過教科中也有歷史科目。歷史課採用中國編纂的教科書(如上海商務印書館)，然而中國教科書的內容「多有不適當之點」，因而編纂教科書在所必行。[96]

92　嶋田道彌，《滿洲教育史》，頁119。

93　明治37年(1904)臺灣公學校規則第一條云：「公學校之本旨在教授兒童國語，施行德育以養成國民性格，並教授生活必須之普通知識技能。」臺灣教育會，《臺灣教育沿革誌》，頁261。滿洲公學堂規則稱「日本語」並省略「以養成國民性格」句，這是因爲遼東半島不是日本的殖民地。

94　嶋田道彌，《滿洲教育史》，頁119-120。

95　嶋田道彌，《滿洲教育史》，頁43。

96　磯田一雄，《「皇國の姿」を追って》，頁270-271；嶋田道彌，《滿洲教育史》，頁367-368。

以下是關東州設有歷史科後使用的教科書，皆由南滿洲教育會教科書編輯部所編纂：

第一期　《公學堂歷史教科書》卷一（1925/03）中文
　　　　《公學堂歷史教科書》卷二（不詳）日文[97]

第二期　《公學堂歷史教科書》卷一（1932/03；1933/04三版）中文
　　　　《公學堂歷史教科書》卷二（1932/03；1933/04五版）日文

這兩套教科書在編排上頗爲類似，卷一是中國歷史，用中文書寫，卷二是日本歷史，用日文書寫。第一期卷一是文言文，第二期卷一改用白話文。日本歷史的分量約只有中國史的一半（第二期卷一本文共71頁，卷二本文32頁）。

這兩期歷史教科書所呈現的中國史大抵平鋪直敘，和一般傳統的歷史教科書並無太大不同，比較特出的可能是東北史的篇章較多，如第二期卷一有獨立成課的〈古代的滿洲〉與〈渤海〉。（兩期教科書篇目見附錄2-1、2-2）。在東北地區強調東北歷史，是可以了解的，何況這又和日本自明治以來強調鄉土教育有關。[98] 在閱讀這兩期教科書之後，筆者認爲，最值得注意的是，書中的東北史都還是放在中國歷史的大脈絡中予以敘述的，這和之後的教科書有著本質上的不同。而且，關於滿洲的歷史仍能直書不諱，如《公學堂歷史教科書》（1925）卷一第十二課〈上代滿洲〉云：「後漢六朝之際，肅愼氏率以挹婁稱。……好養豕，食其肉，衣其皮，以豕膏塗身，而禦風寒。其

97　筆者未見到原書，手邊僅有《公學堂歷史教科書（稿本）》卷二的影本，係南滿洲教育會編輯部編，1923年10月印刷。

98　關於日本的鄉土教育運動，可參考拙文，〈實學教育、鄉土愛與國家認同〉，《海行兮的年代》，頁266-269。

人臭穢不潔，然多勇力⋯⋯自漢興以後，雖屬夫餘種，叛服不常。」[99]
《公學堂歷史教科書》(1932)卷一第六課〈古代的滿洲〉內容差不
多，只是改成白話。[100] 即使是滿洲國的成立，寫法也很「低調」，
篇幅很短，不到六行，文曰：「日本軍隊⋯⋯把張學良的勢力，由滿
洲的地方，盡數的驅逐出去。結果滿洲的人民等，從虐政中，自然被
救，得慶更生。本年二月，各省長及蒙古王等會議於奉天，議決建立
新國家，國號滿洲，年號大同。三月九日，推載溥儀爲執政，在新首
都長春，舉行盛大的建國式，完全脫離國民政府，和舊軍閥等關係。
於是這尊重民意、努力治安，使三千萬民眾，享受最幸福的新國家，
就產生出來了。」[101]

由於此二期教科書都是南滿洲教育會編纂的，書中特別強調日本
和滿洲的關係，以及日本對滿洲的保護，是不足爲奇，然份量不算太
多。值得注意的是，第一期卷一書末附有「日華對照年表」，第二期
卷二也有「日華對照年表」。用意大約在使學生熟悉兩國歷史的時間
框架，並互爲參考架構。

南滿洲教育會爲滿鐵附屬地另編有《歷史教科書》上下冊，上冊
(1932)通卷爲「第一篇滿洲史」，是未來滿洲國國史教科書的雛形
(篇目見附錄2-3)；下冊分爲「第二篇東洋史」和「第三篇西洋史」

99　南滿洲教育會教科書編輯部，《公學堂歷史教科書》卷一(大連：南滿
　　洲教育會教科書編輯部，1925)，頁23。

100　「肅慎在後漢以後，稱做挹婁。⋯⋯喜歡養豬，吃他的肉，穿他的皮，
　　並且用他的脂膏，抹在身上，可以擋風寒。因此這種民族，多臭穢不
　　潔。可是多有勇力，⋯⋯他們雖然服屬了扶餘國，可是叛服不定。」
　　南滿洲教育會教科書編輯部，《公學堂歷史教科書》卷一(大連：南滿
　　洲教育會教科書編輯部，1932)，頁16。

101　南滿洲教育會教科書編輯部，《公學堂歷史教科書》(1932)，卷一，
　　第三十四課〈民國成立後的變遷 滿洲國的成立〉，頁72。

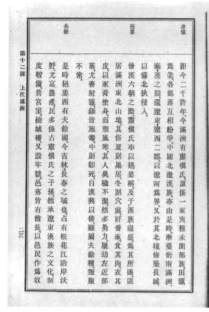

圖7-4

說明：〈上代滿洲〉課文書影(局部)。

輯自《公學堂歷史教科書》卷一(1925)，頁22-23。

兩部份。[102]

　　滿洲國成立後，設立小學校，修業年限六年，又分為初級小學校四年、高級小學校二年。一九三四年，溥儀登基為皇帝，改元康德。自康德元年起由滿洲國文教部發行新的一套歷史教科書，只用到一九三七年。此套教科書書名和目前所見版本如下[103]：

　　《高級小學校國史教科書》1936/11

102　磯田一雄，《「皇國の姿」を追って》，頁275。

103　根據成城學園教育研究所圖書館「瀨川氏所藏 滿洲國教科書コピー目錄」。

《高級小學校東亞史教科書》1936/11修正印刷

《高級小學校日本史教科書》1936/11修正印刷

　　這套歷史教科書共三本，分別爲國史(滿洲歷史)、東亞史(中國史)，以及日本史。也就是說，學童在歷史課上分別學習三個國家的歷史。這是滿洲歷史第一次以「國史」的身分出現，《高級小學校國史教科書》(篇目見附錄2-4)和前面提及的兩期《公學堂歷史教科書》卷一非常不一樣，滿洲的歷史和中國史「劃清界限」，完全獨立成一個單位，且明顯可以看出采用以地理空間界定歷史的新奇作法，也就是把曾經在滿洲這個地區活動的族群看成同一「民族」在不同階段的組成分子，而其活動也就構成整個歷史的內涵。此一教科書以一九三二年滿洲國的建立作爲分水嶺，將滿洲歷史分成兩大部分：「建國前史」和「建國後史」。

　　根據文教部編纂的教師手冊《高級小學校國史教科書教授書》，第一篇建國前史的「教授目的」有二(原文句中無句讀，新式標點爲筆者所加)[104]：

一、在使學生對於國史全部有整個的概括認識。

二、在使學生了解我國實有三千年獨立之歷史，而破除其向視爲支那領土一部之概念。

「教授要點」有七：

一、滿洲國已有三千年之事蹟，富有史的意味，非突然出現之國家。

二、滿洲國自古即與支那爲對等之國家，非有領土與宗國之關

104　滿洲國文教部，《高級小學校國史教科書教授書》(新京：滿洲國文教部，1935)，頁1-2。

　　係。

三、滿洲國古代有強勁之民族與卓著之文化，具備獨立國家之眞
　　正精神。

四、滿洲國古代民族本極複雜，則現在提倡民族協和之精神，實
　　爲歷史上之賡續性，且含有發揚光大的意味。

五、滿洲首現之民族與初建之國家，應注意其年代與地域之關
　　係。

六、滿洲國歷代國祚(或民族)之系統應加注意。

七、現代滿洲之建設不獨賡續從前之歷史，且爲上承天意下順民
　　心應運而興之國家。

那麼讓我們來看看第一篇「建國前史」一〈概說〉怎麼說[105]：

　　我滿洲國成立雖僅二年，然有三千年之歷史，三千萬之人
　　民，四百萬方里之土地，爲其基礎。據固有之土地、人民，
　　建新興之王道帝國。淵源深遠，豈偶然哉。

　　歷史上建國於滿洲者甚多，若渤海、若遼‧金‧清。均以獨
　　立之國家，與中國本部相抗衡。以強勁之民族，與中國民族
　　相折衝，以卓著之文化，與中國文化相交換。是我滿洲實有
　　完整之國家、傳統之民族、固定之文化也。

　　我國歷史之民族，以通古斯族爲主，蒙、漢族次之。今則包
　　括東亞所有民族，參以世界各種。剷除種族之別，隸一國籍
　　之下。熙熙皡皡，共登春臺。民族協和，同享福利。

105　滿洲國文教部，《高級小學校國史教科書》(新京：滿洲國文教部，
　　1934)，頁1-2。

……

在這裡，我們看到滿洲被描繪成經由長遠歷史所發展出來的一個民族，也是一個文化單位；特別是，這樣一個民族在定義上即是不同民族所摶合而成的。也就是說歷史上在這一地理空間中活動的人群都是滿洲民族的構成分子。因此，清末以來，移植到滿洲一地的漢人、韓人、日人、俄人，以及歐美民族可以是組成分子，「因之滿洲地方，民族雜處，漸次融合。造成現在我<u>滿洲國民族</u>之基礎。」（底線爲筆者所加）[106]篇末所附簡表是滿洲國的系譜：

肅愼—夫餘—（高句麗／鮮卑）—渤海—遼金—元——清————滿洲帝國
　　　　　　　　　　　　　　　　　　　　　明｜　｜中華民國

　　滿洲國的歷史建構於焉大體完成。此一教科書在最後一課〈國民之覺悟〉再度強調：「我滿洲自古以來，即爲獨立之國家。與中國常爲起伏之勢，<u>絕非中國之領土</u>。此次建國，實歷史上之必然性，無絲毫之可疑。」（底線爲筆者所加）[107]

　　這套教科書非常強調滿洲和日本在歷史上的長遠關係，如「建國前史」五〈渤海與日本之交通〉說：「渤海開國初年大武藝時，遣高齊德等二十四人出使日本。獻珍奇之皮幣，致親善之國書。聖武天皇

---

106 滿洲國文教部，《高級小學校國史教科書》，第一篇「建國前史」十四〈清朝入關後之滿洲〉，頁45。
107 滿洲國文教部，《高級小學校國史教科書》，第二篇「建國後史」十，頁95。

亦派使報聘，敦睦邦交。二百年間，使者往來不絕。……」[108]在
〈日俄戰爭與滿洲文化〉一課中，認爲俄國戰敗將長春以南各項權利
轉讓日本，「至是我滿洲地方，乃得免於滅亡」，而「凡足以惠我人
民者日人無不盡其扶持提攜之力也」。[109]

　　《高級小學校國史教科書》第二篇「建國後史」共十課，始於
〈建國運動〉而終於〈國民之覺悟〉——此一課題令人想起第四期日
本國定歷史教科書。此書以超過三分之一的篇幅介紹建國沒幾年的滿
洲國，像是建國文告，不像歷史教科書。在〈建國運動一〉中，開宗
明義云：「滿洲建國非偶然之事，實有其最堅固之根據，與最正當之
理由。不過乘此次之機會，而實現之耳。」其下分述建國之遠因和近
因。遠因係基於民族歷史之不同、地理關係，以及歷史上建國有成
例。近因則基於地方現狀混亂，全滿人民公意之所趨。在「建國運動
之萌芽」一小節，認爲「九一八事件實我滿洲建國運動之導火線
也」。[110]

　　此一教科書值得注意的是，文體改採文言文。這與滿洲建國在思
想上標榜王道，以儒教治國有非常密切的關係。在滿洲國成立的一九
三〇年代，白話文已是通用的教育語言，小學教科書大體上使用白話
文，即如前面提到的第二期《公學堂歷史教科書》也是採用白話文。
反觀滿洲國立國以來，新編的教科書，包括兒童第一學年的修身，大
都採用文言文。如「修身」科使用的《初級小學校修身教科書》第一

108 滿洲國文教部，《高級小學校國史教科書》，頁16。
109 滿洲國文教部，《高級小學校國史教科書》，第一篇「建國前史」十
　　六，頁50-51。
110 滿洲國文教部，《高級小學校國史教科書》，第二篇「建國後史」二
　　十一〈建國運動一〉，頁63-66。

冊〈禮讓〉一課曰：「孔融年四歲，與諸兄共食梨。融獨取小者，人皆稱之。」（原文無標點，為筆者所加）[111]試想六、七歲小孩一入學，就使用這樣的文言文課本，和時代的潮流正相逆反。在歷史教科書中也可以讀到「免異族之深入，冀王氣之長鍾」這樣具有舊時代氣味的句子。[112] 如果讀者記得滿洲國國務總理鄭孝胥和溥儀身邊的從龍之士大多為守舊人物，或許就不會感到太驚訝。[113] 當然，到底教科書文體改採文言文的決策如何作成，還待進一步考究。滿洲國的保守心態還顯示於課文中提到「今上」皆另起一行並抬高兩格；與今上有關的言行亦另起一行。[114] 這是中國舊體例，大約等同於日本教科書中提到天皇處必須用最敬語。

　　從在中國歷史脈絡中強調滿洲歷史到宣稱有三千年歷史的滿洲「國史」，滿洲國的歷史建構至此大功告成。一九三八年滿洲國實施「新學制」，小學校改稱國民學校，教科目（教科）為：國民科、算術、作業、圖畫、體育、音樂。原本的修身、國語、日本語、歷史（改稱國史）、地理、自然等科目統合為國民科。關於國史的教材，

111 滿洲國文教部，《高級小學校修身教科書》（奉天：滿洲國文教部，1934），頁25。
112 滿洲國文教部，《高級小學校國史教科書》，第一篇「建國前史」十四〈清朝入關後之滿洲〉，頁44。
113 在教授中國史的《高級小學校東亞史教科書》最後一課有對中國新文化運動的批評，課文寫道：「自清季歐西文化輸入支那以來，學術壁壘突呈新態。於是梁啓超蔡元培諸人，首為思想開放之急進先鋒，及胡適錢玄同出，更作文學革命運動，施用白話，但狂妄之徒，因社會思想之驟變，竟倡導廢棄禮教，打倒廉恥，推翻孔孟。於是支那現代之風俗，竟與國運同壞。以視我國王道主義下之維持儒教，尊奉孔聖者，不亦霄壤之隔耶。」（頁58）
114 滿洲國文教部，《高級小學校國史教科書》，第一篇「建國後史」二十三〈滿洲國之成立〉，頁71-73。

「新學制」規定：「使知曉我國、日本及東亞史實之大要，合起來闡明建國之精神與意義。」然而，實施新學制之後，滿洲國當局似乎未編纂新的國史教科書，很可能繼續使用小學校時期的教科書。[115]因此，我們無法了解滿洲、日本和中國史如何「合起來」闡明滿洲國建國的精神和意義，不過，基本架構應該差不多，很可能更加強調日滿兩國的關係。另外，在新學制底下，國民科以「國民道德」和「國語」（滿語、中國語、日本語）爲主，歷史、地理的教授顯然減縮不少。一九四三年學制再度調整，歷史、地理與修身統合爲「建國精神」科[116]，歷史教育大約只剩得「史觀」教育了。

六、試論三種模式的意涵

日本的殖民帝國肇始於一八九五年從中國手中取得臺灣作爲第一個殖民地，其後相繼取得樺太地區、韓國（朝鮮）、遼東半島租借地、南洋群島，並在一九三〇年代扶植滿洲國，將帝國範圍擴張至整個中國東北。如所周知，日本是唯一的非白人殖民國家，且控制的地區不像西方國家的殖民地都是文化上的「落後」地區。作爲日本殖民地的臺灣是比日本歷史更爲悠久的漢人文化的海外延伸，而韓國的歷史並不比日本淺短，甚且幾度在日本歷史發展中扮演文明的媒介者與人才供應者（如「渡來人」）的角色。在民族國家主義興盛的二十世紀上半葉，如何統治這樣的殖民地？近代國家的成立或維持，與一個民族的歷史意識有互爲因果、互爲表裡的緊密關係。日本要成功地統治殖民

---

115 磯田一雄，《「皇國の姿」を追って》，頁285、286-287。
116 磯田一雄，《「皇國の姿」を追って》，頁294-295。

地，非得處理殖民地的「歷史」問題不可。殖民地歷史教育因此負擔極爲重要的任務，在戰爭時期(皇民化時期)更負有從意識上改造殖民地人民爲「日本人」的使命。至於滿洲，固然自古以來「絕非中國之領土」，但一六四四年滿人入關，擊敗明朝，建立大清王朝，滿洲一地於是成爲清朝統治下的中國的一部分；要將這樣的「類殖民地」納入日本的勢力圈內，則非爲之建構新歷史，並強調其在歷史上和日本密不可分的關係不可。

綜合上三節的論述，我們可以看出，日本本土以外帝國勢力圈內的歷史教育從一九二〇年到一九四五年，大抵可以一九三七年爲分界點，分爲兩個階段，後一階段爲戰爭時期的皇國史觀所籠罩，前一階段的歷史教育則「因地制宜」而呈現不同的模式。簡單來說，臺灣、朝鮮和滿洲分別代表三種不同的作法：一、在臺灣直接教授日本歷史，二、在韓國採併合方式，三、在關東州、滿鐵附屬地和滿洲國，則以「建構」爲原則。換句話說，臺灣學童被剝奪學習臺灣歷史的機會，韓國小學階段雖然教授韓國歷史，但那是一種以日本爲主幹的「接枝」歷史。滿洲國的學童則學習到一種新創造或建構出來的與日本密不可分的「國史」。就三地的「原生」情況而言，我們可以看出形塑這種歷史的整合和建構的背景。就日本帝國發展而言，這三種模式也各自呈顯其統治的邏輯。

何謂「原生」情況？當筆者在寫這篇論文時，心中時而響起連橫的名言：「臺灣固無史也。」[117]在此，我們姑且不去探討連橫此話的深層意涵，如果僅就字面的意思解讀成「臺灣本來就沒有歷史」，

---

117 連橫，《臺灣通史》(臺北：古亭書屋影印本，1973)，〈自序〉，未標頁碼。

臺灣公學校的歷史教育在在顯示殖民統治者確實把臺灣當成一個沒有歷史的地方。日本的歷史一開始就被當成臺灣人的「我國歷史」來教，臺灣學童在第七學年開始學習從天照大神開始的「我國史」，到了第二學年初（或第一學年快結束）[118]，才看到「臺灣」兩個字。他們從教科書中只知道臺灣在豐臣秀吉時代出現在日本歷史舞臺的邊緣，其後為荷蘭人占領，一半日本人血統的鄭成功驅逐荷蘭人，之後清朝統治了二百餘年，在明治二十八年成為日本的領土，有了很好的發展。對臺灣漢人社群之發展最重要的清朝，僅僅止於「此後二百餘年間，清朝統治著此島」這一句話，連漢人歷史都如此「輕描淡寫」，遑論原住民了。由於臺灣公學校歷史教育的宗旨在使學童知曉國體之大要，以涵養國民精神，因此凡與「國史」無關的教材都被排除在外。當時刊載在《臺灣教育》的一篇長文指出：「和國史全然沒有關係的土地，或全然和國史沒有關係的時代的歷史，如果作為國史之一部分而教授的話，顯然是邪道。」因而臺灣歷史「在本島初等學校，尤其是公學校，如採用為國史之教材，不惟全然沒有意義的，反而有害」。[119] 就算無法躋身「國史」教材的行列，臺灣歷史作為鄉土教材甚至都是要盡量避免的。這就造成了一個奇異的現象——臺灣公學校，如同日本本土的小學校，施行頗為踏實的鄉土教育，但由於剔除了歷史，其結果是一個缺乏時間深度和面向的鄉土認知。[120]

反觀比臺灣晚十五年淪為殖民地的韓國，在日本殖民統治者一開

---

118 臺灣出現在第一期《公學校用日本歷史》下卷，第二期《公學校國史》上卷的〈豐臣秀吉〉一課。

119 北畠現映，〈初等國史教育の本質とその使命に就いて〉（四），《臺灣教育》第386號（1934年9月），頁29。

120 關於這方面的討論，可參考周婉窈，〈實學教育、鄉土愛與國家認同〉，《海行兮的年代》，頁249-278。

始無法像處理臺灣歷史一樣忽略韓國的歷史，而採取了日韓歷史並列的方式。何以日本可以漠視臺灣歷史，卻無法忽略韓國歷史呢？首先，我們必須了解臺灣是以一省之地淪爲殖民地，韓國則以一國之規模淪爲殖民地。更進一步來說，臺灣在被清廷割讓給日本之前是甫建省不久的邊陲島嶼，在清朝統治的二百餘年間，官方編纂了不少本不同層級的地方志，但它本身不自成一個歷史單位，沒有以臺灣爲主體的歷史敘述——在這個意義上，「臺灣固無史也」。

韓國在和日本併合之前是一個有長遠歷史的獨立國家，連殖民統治者也不得不承認朝鮮有「半萬年」的歷史[121]，不管韓國的信史比五千年短少多少，韓國史書的編纂，歷史悠久，在三國時代，高句麗有《留記》、百濟有《書記》、新羅有《國史》等史書。高麗時代由於儒學的發達，確立了從儒家立場出發的歷史敘述體系，編有多種史書，如自高麗建國之初即編纂《王朝實錄》，另有編年體的《古今錄》等。高麗初期編纂的《三國史記》和後期編纂的《三國遺事》是古代史研究的代表性史書。朝鮮朝亦承繼史書的編纂傳統，重要史書有《高麗國史》、《高麗史》、《東國通鑑》、《海東繹史》等。面對這樣一個具有獨立歷史與歷史書寫傳統的殖民地，日本統治者不能像對待臺灣一樣，輕易地抹殺韓國歷史。日本統治韓國，雖然名義上是「併合」，其實是宗主國和殖民地的關係，因此當朝鮮普通學校須教授「國史」時，國史當然毫無疑義指日本國史、日本國家史[122]，

---

121 平井三男，〈朝鮮教育の大目標〉，《文教の朝鮮》11月號(1926年11月)，頁5。平井三男爲當時朝鮮總督府學務課長。平井認爲這半萬年歷史是「苦惱輪迴的歷史」，不是確立國民信念的歷史。

122 小貫賴次，〈國史教授に就いて〉，《文教の朝鮮》4月號(1926年4月)，頁45、48。

韓國的歷史僅以並列的方式暫附驥尾。但是這種「好景」並未維持太久，日韓兩國歷史並列終究違反「國史」精神，最後在一九三七年以將「鄉土史」融入國史的處理方式[123]，修訂教科書，韓國歷史遂消失在日本皇國歷史的大敘述脈絡中。

朝鮮和臺灣的初等教育約略同時開始教授日本歷史（前者於1921年，後者於1922年），但在一九三九年以前，朝鮮總督府作了三次修訂，臺灣則只修訂兩次，而且就修訂的幅度來說，前者比後者大，這在顯示處理韓國的歷史遠比臺灣棘手。對殖民統治者而言，在「本來沒有歷史」的臺灣，「我國」順理成章就應該是臺灣人的「我國」，無庸擔心引起「繼子感」，但在朝鮮就非得注意不行。我們也看到在朝鮮的日本教師呼籲「國史」中增加記載朝鮮的民族藝術、風習等，以及古建築、藝術品和賢哲肖像遺墨等插畫。[124] 但在臺灣，我們看不到同樣的呼籲。這讓筆者想起臺灣公學校修身書的道德楷模幾乎清一色為日本人[125]，但朝鮮普通學校的修身書則有不少韓國人物，如《四年制普通學校修身書》卷三，全卷二十課中即有李退溪、李栗谷、金琮濓、洪錫祐、姜好善（女性）、李希烈、姜粲秀等例話人物[126]。在這裡，我們看到歷史主體本身強勁的敘述傳統對歷史建構的制限。韓國雖然淪為殖民地，殖民統治者面對其歷史文化無法為所

---

123 慶尚北道教育會編纂，〈國史教授法打合會原案〉，《文教の朝鮮》第33號(1928年5月)，頁102-103。

124 慶尚北道教育會編纂，〈國史教授法打合會原案〉，頁103；竹內熊治，〈普通學校國史教科書改訂の急に懇ふ〉，頁58。

125 關於臺灣公學校修身教育以日本人為道德楷模的分析，見本書第六章。

126 朝鮮總督府，《四年制普通學校修身書》（京城：朝鮮總督府，1933），第一、三、六、七、八、十五、十六課。

欲為，必得受到某種程度的制約；換句話說，韓國的歷史不是可以由外人任意抹殺和虛構的。反之，殖民者在臺灣則鮮少顧慮，可以直接把殖民母國的歷史搬過來，而不必擔心阻力。這除了臺灣這個「蕞爾小島」非自成一歷史敘述單位，且自身缺乏歷史敘述的傳統之外，是否還有其他原因呢？

史學思潮的大背景也是我們應該考慮的。當前的史學研究注重文化社會層面的問題以及結構分析，我們也逐漸習慣所謂的「小歷史」(micro-history)的研究取徑，但這是相當新的史學潮流，在二十世紀前半葉(甚至前四分之三的時間)大歷史的敘述方式(macro-history、meta-narrative或master narrative)是史學寫作的主流，歷史是由大人物和大事件構成的。[127] 雖然所謂的大人物和大事件的選擇具有某種程度的開放性，但也有大致一定的作法。在這樣一個史學思潮之下，臺灣的歷史是邊緣的，不關乎大局的，除了鄭成功之外，很難在大敘述中占一席之地。而韓國則不一樣，像李退溪這樣地位幾乎等同於中國的朱熹的人物，是無法輕易抹殺掉的。他和另外一位朝鮮朝著名儒者李栗谷不只分別出現在「修身書」的例話中，也以「李退溪和李栗谷」的標題出現在歷史教科書和「朝鮮語讀本」中[128]，又分別出現在普通學校的「漢文讀本」中[129]。無法忽視李退溪和李栗谷也和日

---

127 關於「meta-narrative」的解釋，可參見Joyce Appleby, Lynn Hunt and Margaret Jacob, *Telling the Truth about History* (New York and London: W. W. Norton & Company, 1994), pp. 232-235。

128 朝鮮總督府，《普通學校朝鮮語讀本》(京城：朝鮮總督府，1924)，卷六，第十八課〈李退溪와李栗谷〉，頁72-76。

129 朝鮮總督府，《普通學校漢文讀本(第六學年用)》(京城：朝鮮總督府，1923)，第三十三課〈退溪先生〉、第六十課〈栗谷先生〉，頁31、58。

本自「教育敕語」頒布以來(1890)以儒教為教育綱領有關,在此限於題旨與篇幅,無法深論。總之,臺灣由於開闢不久,缺乏大歷史敘述中不得不提的歷史與文化人物,使得殖民統治者可以輕易把日本歷史移植到臺灣。

綜而言之,臺灣公學校的歷史教育以日本歷史為內容,臺灣的歷史在分量上微不足道。朝鮮普通學校的歷史教育則以日本為主體架構將韓國歷史先「併合」,最後「融入」日本歷史之中。滿洲國歷史教科書所顯現的則是另一番景象,是新興國家建構歷史的絕佳例子。它的歷史譜系在民族方面是從西元紀元前五百年的肅慎算起,繼之以挹婁／扶餘、靺鞨、女真;在政治組織方面則以高句麗為始,繼之以渤海、遼金元、清,直至滿洲國為止。此外,在滿洲國的歷史教科書中極度強調「日滿」關係,例如滿洲國皇帝溥儀訪日一事,教科書大書特書,賦予重大的意義。

滿洲國的教科書提供一個「歷史建構」的典型例子,不過,這樣一個歷史建構的過程不始於滿洲國,也不是滿洲國獨立作業的結果。這是日本統治關東州和南滿附屬地逐漸形成的一套「歷史觀」。在這裡,我們至少可以看出三種因素的交錯作用。其一,由於明治以來的教育理念強調認識鄉土,日本在遼東半島租借地所編的歷史教科書特重滿洲一地的歷史;其二、為疏離統治地區人民對中國的向心力,必須強調滿洲歷史的獨立性;其三、為建立自成一單位的歷史敘述,將曾在滿洲一地活動過的民族界定成「滿洲族」。滿洲歷史的基本架構見於南滿洲教育會教科書編輯部於一九三二年出版的《歷史教科書》上冊(滿洲史),這是以南滿附屬地中國人為對象的教科書。滿洲國成立後由滿洲國文教部編纂的第一本歷史教科書《高級小學校國史教科書》(1934)基本上承襲南滿洲教育會的架構(見附錄2-3、2-4),滿洲

族的譜系也是抄自南滿洲教育會的出版品（見附表）。

　　南滿洲教育會於明治四十二年（1909）成立，由滿洲關東廳以及滿鐵設立之初等、中等學校教職員所組成，目的在圖求日本在南滿洲之教育的改善和進展；在性質上和臺灣教育會、朝鮮教育會大抵相同。南滿洲教育會教科書編輯部負責編纂以日本學童為對象的鄉土補充教材，以及適合轄下「滿洲人」使用的教科書；以關東廳內務局長為編輯部長、滿鐵會社地方部次長為編輯副部長，其他重要人員分別來自關東廳、滿鐵會社，以及教育界人士[130]，是一個官方色彩非常濃厚的組織。南滿洲教育會發行的教科書很大程度影響或主導了滿洲國文教部的編輯方向，就歷史教科書而言，可以說是一脈相承。換句話說，滿洲國三千年歷史的建構其實出自在滿洲的日本人。

　　滿洲國的國史建構有助於我們了解近代民族國家主義及其問題。滿洲國的修身教科書有如下的民族論述[131]：

　　　　國猶家也。國人猶家人也。一家之中，有兄弟姊妹焉，謂之同胞。其以一民族建立一國者，則全國之人譬如一母所生之兄弟姊妹。其以數民族建立一國者，則全國之人譬如異母所生之兄弟姊妹。要之皆同胞也。
　　　　我滿洲帝國內之民族，雖為數不一，而其同為
　　　　今上之臣民則一。利害相關，休戚與共。蓋即所謂異姓同胞也。既為同胞，安可不講協和之道乎。
　　　　……

---

130 嶋田道彌，《滿洲教育史》，頁557-558、561-563。
131 滿洲國文教部，《初級小學校修身教科書》（新京：滿洲國文教部，1937），第四冊，第二十五課〈民族協和〉，頁38-40。

　　吾人應知建國大業，非可責之於一族一姓。必合現住諸民族互相協力。……

我們如何解讀這段文字？

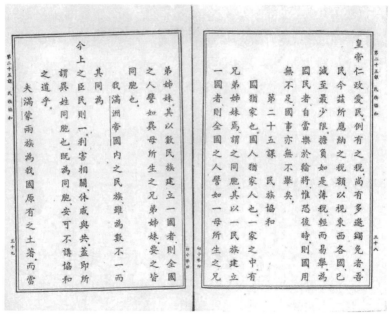

圖7-5
說明：修身書〈民族協和〉課文書影（局部）。
輯自《初級小學校修身教科書》第四冊(1937)，頁38-40。

　　這個論述透露出滿洲國當局自覺到「以一民族建立一國」是典型或理想的民族國家型態，但滿洲國的建國理念（或藍圖）包括所有在這個政治疆界之內的各色人種——且得包括日本人，如何解決這個問題呢？教科書用了一個比喻，「以數民族建立一國者」就像異母兄弟姊

妹，也還是「同胞」。我們在這一論述中看到滿洲建國人士在認知上的預設（或當時普遍的預設）正是Ernest Gellner所謂「one nation, one state」的理想型態，也就是政治組織的邊界（state）和民族（nation）的邊界重合。[132] 我們同時也看到，由於實際情況不符合此一預設而導致的緊張。爲了解決這個緊張，滿洲國當局強調「民族協和」，希望一個「多民族國家」仍能和「本然」的民族國家一樣，大家都是「同胞」。如果換成「族群」論述盛行的今天，滿洲國或許要講求「族群融合」，強調大家都是「滿洲人」。何以滿洲國的建國人士會認爲「一民族一國家」是「本然」的，對此筆者無法提出解釋，但這或許可以提示我們一九四五年以前東亞一地對民族國家的基本假設；也可以幫助我們思考何以在戰爭期間日本要在殖民地進行「皇民化」運動，亦即試圖將不同的民族改造爲日本人。

從日本取得滿洲租借地到扶植滿洲國，我們看到滿洲民族論述的一個轉折。在滿洲國成立前，在滿日本人爲滿洲一地人民建立了一套歷史敘述模式，把在這個地區的所有歷史上存在的人群看成一脈相承的民族。但到了滿洲國成立後，顯然這個一脈相承的民族只是這個新國家疆界內的一個構成分子，新的教科書於是強調「清末，國際形勢陡變。漢族移植愈增，每年不下十數萬。同時韓人亦越圖們、鴨綠而北，移植間島附近。日人逐漸移植於南滿鐵路沿線。俄人多遷居中東鐵路沿線各地。歐美民族亦多前來經商是域。因之滿洲地方，民族雜處，漸次融合。造成現在我滿洲國民族之基礎。」[133] 以此，滿洲國

---

132 Ernest Gellner, *Nations and Nationalism* (Ithaca, New York: Cornell University Press, 1983), pp. 134-136.

133 滿洲國文教部，《高級小學校國史教科書》，第一篇「建國前史」十四，頁45。

的民族主要構成者爲：滿、漢、朝、日、蒙。新國家需要新的民族論述，於是國文教科書的「民族協和歌」有「民族雖異，協和是求」和「民族雖異，協和是先」的句子。[134] 眞可謂用心良苦。

　　滿洲國建構民族國家(nation-building)的努力最後落空了，但是滿洲國以地理空間定義歷史的民族國家論述方式，是民族主義興起之後世界各角落常見的一個建國模式，相信在二十一世紀人類世界的若干地方，我們仍將聽到它的迴響。

　　原刊登於《臺灣史研究》第10卷第1期(2003年6月)，頁33-83。2010年8月修訂。

附錄

1-1

《普通學校國史》卷一(1933)共35課
天照大神、神武天皇、皇大神宮、日本武尊、過去的朝鮮、神功皇后、仁德天皇、三國的盛衰、聖德太子、天智天皇、新羅的統一、聖武天皇、恆武天皇、最澄與空海、菅原道眞 高麗的王建、藤原道長、後三條天皇、源義家、平氏的勃興、平重盛、武家政治的興起、後鳥羽上皇、高麗和蒙古、北條時宗、後醍醐天皇、楠木正成、新田義貞、北田親房和楠木正行、菊池武光、足利氏的僭上 朝鮮的太祖、足利氏的衰微、足利氏的衰微(續)、後奈良天皇。(底線爲筆者所加)

---

134 滿洲國文教部，《初級小學校國文教科書》(新京：滿洲國文教部，1937)，第八冊，第一課〈民族協和歌〉，頁1-2。

《普通學校國史》卷二（1933）共17課

織田信長、<u>李退溪和李栗谷</u>、豐臣秀吉、德川家康、德川家光、德川
光圀、德川吉宗、松平定信、<u>英祖和正祖</u>、國學與尊王、攘夷和開
港、攘夷和開港（續）、孝明天皇、王政復古、明治天皇（明治維新、
西南之役、憲法發布、<u>朝鮮的國情</u>、明治二十七八年戰役、明治三十
七八年戰役、韓國併合、明治時代之文化、天皇之崩殂）、大正天
皇、昭和大御代。（底線爲筆者所加）

（輯自朝鮮總督府，《普通學校國史卷一編纂趣意書》，頁11-13；朝
鮮總督府，《普通學校國史卷二編纂趣意書》，頁6-8。該書影本收
於阿部洋編著，《日本植民地教育政策史料集成（朝鮮篇）》第十九卷
〔中〕。）

1-2

《初等國史》卷一（1937）共30課

天照大神、神武天皇、日本武尊、神功皇后、仁德天皇、聖德太子、
天智天皇和藤原鎌足、天智天皇和藤原鎌足（續）、聖武天皇、恆武天
皇、最澄和空海、菅原道眞、藤原道長、後三條天皇、源義家、平氏
的勃興、平重盛、武家政治的興起、後鳥羽上皇、元寇、元寇（續）、後
醍醐天皇、楠木正成、新田義貞、北田親房和楠木正行、菊池武光、
足利氏的僭上、足利氏的衰微、足利氏的衰微（續）、後奈良天皇。

《初等國史》卷二（1939）共20課

織田信長、豐臣秀吉、豐臣秀吉（續）、德川家康、德川家康（續）、德
川家光、德川光圀、德川吉宗、德川的衰運、尊王論、攘夷和開港、
攘夷和開港（續）、孝明天皇、王政復古、明治天皇（明治維新、西南
之役）、明治天皇（續）（憲法發布、明治二十七八年戰役）、明治天

(續)(條約改正、明治三十七八年戰役)、明治天皇(續)(韓國併合、
天皇之崩殂)、大正天皇、昭和大御代。

(輯自森田芳夫,《韓國における國語‧國史教育》,「A 參考文
獻」,頁315-318)

1-3

《初等國史》第五學年(1940)共25課

萬世一系(皇室御系圖)

國的性質、國的開始、綏靖、政治、神的保護、世界的進步、革新的
基礎、革新的政治、京師的繁榮(一)、京師的繁榮(二)、國風的表現、
武家的興起、武士的精神、親政的御意、世界的變化、勤王的誠意、
皇威的震怒、太平的恩惠、皇國之姿、一新的基礎、一新的政治(一)、
一新的政治(二)、憲法的鞏固、國體的光輝(一)、國體的光輝(二)御
代之姿(年代表)國史的條理(一覽表)

《初等國史》第六學年(1941)

萬世一系(皇室御系圖)

皇國的目標、皇室的御恩、海外的政治(一)、海外的政治(二)、國家
的外交(一)、國家的外交(二)、制度的完備(一)、制度的完備(二)、
和海外的來往(一)、和海外的來往(二)、神國的榮譽、海外發展的形
勢、世界的動態(一)、世界的動態(二)、英雄的志向、國威的光輝、
貿易的繁盛、神國的保護、發展的基礎、國民的覺醒(一)、國民的覺
醒(二)、東亞的保護(一)、東亞的保護(二)、東亞的保護(三)、東亞
的鞏固、躍進的榮譽、世界的基礎、國力的表現(一)、國力的表現
(二)、大國民的精神。

御代之姿(年代表)

（輯自森田芳夫，《韓國における國語‧國史教育》，「Ａ 參考文獻」，頁318-320）

2-1

《公學堂歷史教科書》卷一（1925）共33課

中國之太古、周之初世 春秋之世、戰國之世周末之學術、秦之興亡西漢之初世、西漢之盛世及末路、東漢之興起 佛教之傳來、東漢之盛世及末路、兩漢之文化、三國及西晉、五胡及東晉、南北朝、<u>上代滿洲</u>、隋及唐之初世、唐之外國經略、唐之中世及末路、<u>渤海</u>、遼、五代及宋之初世、宋之中世 宋金之關係、金、宋之學術文藝、蒙古之興起、元之盛世 宋之滅亡、元之末路、明之初世 帖木兒、明之衰微 歐人之東漸、明之學藝及美術、<u>明代之滿洲</u>、清之興起、清之極盛及學術文藝、鴉片之戰、清與列國之關係 日俄之戰、清朝之滅亡中華民國。（底線爲筆者所加）

2-2

《公學堂歷史教科書》卷一（1933）共34課

中國的太古、周的初世及春秋時代、戰國時代及周末的學術、秦的興亡 西漢的初世、西漢的盛世及末路、<u>古代的滿洲</u>、東漢的興起 佛教的傳來、東漢的盛世及末路、兩漢的文化、三國及西晉、五胡及東晉、南北朝、隋及唐的初世、唐朝的經略外國、唐朝的中世及末路、<u>渤海</u>、遼、五代及宋的初世、宋朝的中世宋金的關係、金、宋朝的學術文藝、蒙古的興起、元朝的盛世 宋朝的滅亡、元朝的末路、明朝的初世 帖木兒、明朝的衰微歐人的東漸、明朝的學藝及美術、<u>明代的滿洲</u>、清朝的興起、清朝的極盛及學術文藝、鴉片戰爭、清朝和列

國的關係 日俄之戰、清朝的滅亡及中華民國的成立、民國成立後的
變遷 滿洲國的成立。(底線爲筆者所加)

2-3

《歷史教科書》上冊(1932)共19課
滿洲史

肅慎、萬里長城、漢人的移居南滿、挹婁和扶餘、高句麗的興亡、渤
海的建國、遼的興起、金的統一、蒙古的勃興、蒙古的盛世、元的盛
衰、清的創業、清的黃金時代、清的滿蒙政策、俄國南下政策和清國
滿洲實邊策、日清戰爭和俄國的經略滿洲、日俄戰爭和滿洲、清的滅
亡和革命的爭亂、最近的滿洲。

2-4

《高級小學校國史教科書》(1934)共30課
第一篇　建國前史

概說、古代諸民族之盛衰、高句麗之興亡與文化、渤海之興亡、渤海
與日本之交通、渤海之文化、遼之興亡、金之興亡、遼金之文化、佛
教之傳播、元明之興亡與滿洲、元明時代滿洲之文化、清之興起、清
朝入關後之滿洲、日清戰爭與滿洲、日俄戰爭與滿洲、清代滿洲之文
化、民國革命與滿洲、俄羅斯革命與滿洲、軍閥專制時代之滿洲。
第二篇　建國後史

建國運動一、建國運動二、滿洲國之成立、滿日之協力、政治之革新
一、政治之革新二、政治之革新三、帝制之確立、文化之進展、國民
之覺悟。

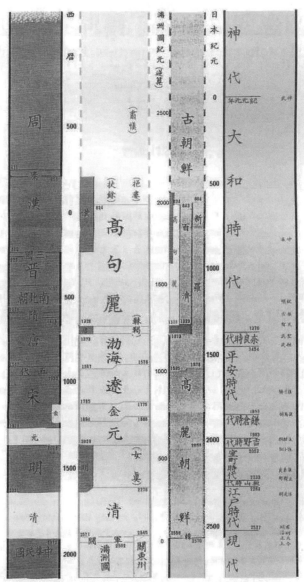

附錄7-1輯自南滿洲教育會教科書編輯部，《滿洲補充讀本地理歷史教科書
尋常小學校用》（大連：南滿洲教育會教科書編輯部，1933 / 1936改訂版）。
附記：原圖爲彩色。

第八章

「進步由教育　幸福公家造」——
$$kong\ ke\ ch\bar{o}$$
林獻堂與霧峰一新會

霧峰一新會會歌
蔡培火詞曲

霧峰地土好　灌沃亦周到
豪華非所重　重在氣節高
進步由教育　幸福公家造
大樹根底在　風雨掃不倒
（第一節）

一、研究緣起與先行研究

　　筆者對「一新會」產生好奇和興趣，源自於一張照片。這張照片收在賴志彰編撰的《臺灣霧峰林家留真集：近‧現代史上的活動 1897-1947》。[1] 當我第一次翻閱這本寫真集時，特別吸引我的是一張

1　賴志彰編撰，《臺灣霧峰林家留真集：近‧現代史上的活動 1897-1947》（臺北：自立晚報系文化出版部，1989）。

一新會書畫展覽會的照片，牆上掛著書畫作品，邊几上放置各種手工藝品，林獻堂(1881-1956)長子林攀龍(1901-1983)手中拿著一個茶墊之類的東西，他的旁邊是一位穿著旗袍的美姑娘，另外兩旁的女性也穿著旗袍，眼光都看著我們。照片給人一種優雅而靜謐的感覺。

當時站在林攀龍旁邊的這位娉婷端莊的女士給我很深的印象，後來我才知道她是曾珠如(1915-1979)小姐，這張照片推測是一九三五年一新會創立三週年舉辦書畫手藝展覽會的照片，不久後她嫁給林攀龍，成為林獻堂的大媳婦。這是怎樣的一個書畫展覽會呢？一新會究竟為何物？我沒馬上去尋找答案，但這張照片及其所流露的氣氛像粒種子，掉落在我的意識之田。直到最近，當我把一新會當成研究題目，在看材料的過程中，才發現照片中另外兩個人是一新會的靈魂人物——吳素貞(吳帖)與張月珠。事實上那張照片明明就寫著：「這是霧峰一新會主辦的『書畫展覽會』，照片剛好把四位一新會的重要幹部全部拍進去，由左至右分別是張月珠、林曾珠如、林攀龍、林吳帖」。[2] 但是，我要到最近才弄清楚誰是誰，留真的形象也開始具有「存在之內容」。有人說，文學是一種「彰顯」(reveal)，讓熟悉的變得陌生，讓陌生的變得熟悉。我想歷史研究常常也是一種彰顯的過程，「過去」在人們不斷探索和商討之下，為我們敞開其真實或部分的真實。

關於一新會的研究，在我個人只是個開始。本文的核心史料是霧峰一新會內部資料，以及已經出版的《灌園先生日記》。林獻堂(灌園)日記充滿豐富的訊息，有如一座礦山，等待我們去發掘、提煉。

2　賴志彰編撰，《臺灣霧峰林家留真集：近‧現代史上的活動 1897-1947》，頁211，圖版106。

私意以爲，若無林獻堂日記的翔實記載，我們對一新會將永遠停留在非常粗淺的認識。目前以一新會爲研究對象的文章不多見[3]，由於我個人對一新會懷有濃厚的興趣，且深感這樣特別的結社活動實在值得吾人從多方面予以探討，因此，草成此篇，意在拋磚引玉，希望引發更多人的興趣，共同來研究一新會。

二、林攀龍與一新會的創立

　　一九三二年三月十九日霧峰一新會成立；在當時略稱「一新會」，因此本文也將間採此一略稱。一新會成立之前的「打合會」（うちあいかい，「打合」是商量之意）由林攀龍發起，該會採委員制，成立之後由林攀龍擔任委員長，他每會必與（除非出國），投注甚多之心力，說他是創立人，應該沒有什麼疑義。當時人也如此看，如《林獻堂先生年譜》云：「二月二十四日長公子攀龍發起組織霧峰一新會，期促進農村文化，廣佈自治精神，以助建設新臺灣也。」[4]吳帖也說：「……昭和七年，林攀龍先生在我們的家鄉霧峰組織了一新會，……。」[5]不過，一新會也可以說是林獻堂和林攀龍合力創立的。就實際的運作而言，若沒有林獻堂全力支持，一新會大概無法維持五年又六個多月，且舉辦那麼多的活動。林獻堂扮演的角色是本篇

3　似乎只有許雪姬教授，〈霧峰「一新會」的成立及其意義〉一文，發表於「中臺灣鄉土文化學術研討會」（行政院文化建設委員會主辦、臺中市政府文化局承辦，2000年9月14-15日）；該文收入《中臺灣鄉土文化學術研討會論文集》（臺中：臺中文化局，2000），頁9-16。

4　葉榮鐘編，《林獻堂先生紀念集》卷1《林獻堂先生年譜》（臺中：林獻堂先生紀念集編纂委員會，1960），頁50b。

5　林吳帖，《我的記述》（臺中市：財團法人素貞興慈會，1970），頁21。

報告的重點，在此，讓我們先討論林攀龍和一新會的關係。

　　如所周知，林攀龍是林獻堂和夫人楊水心的長子，弟妹依序爲猶龍、關關、雲龍。(林獻堂是林家同輩與長輩男子中唯一未娶妾者。)林攀龍六歲入漢學書房讀書，十歲時和弟弟猶龍至日本東京就讀，開始長達二十二年的外地求學生涯。他在日本接受小學校、中學校以及高等學校的教育，一九二二年(22歲)考入東京帝國大學法學部政治科，一九二五年畢業，隨即於該年四月下旬搭船前往英國留學。九月入牛津大學，攻讀宗教、哲學。旅英期間，林攀龍曾陪林獻堂和林猶龍旅遊歐洲約九個月之久。[6]一九二八年十一月四日，林攀龍自牛津大學畢業，返回臺灣。其後，喜好讀書的林攀龍屢次懇請父母允許他再前往歐洲留學，但父母不允許。根據林獻堂日記，一九二九年二月二十六日林攀龍再度請求，「至於泣下」。最後林獻堂和楊水心同意他於明年四月出發，撥予學費一萬元，「攀聞之，含淚來向余〔林獻堂〕道謝」。[7]翌年(1930)三月五日，林攀龍再度出發到歐洲留學，先到巴黎大學就讀，其後轉學德國慕尼黑大學，主修哲學、文學，直到一九三二年二月二日才返回臺灣。[8]這是霧峰一新會創立的契機。

6　1927年5月15日，林獻堂與次子猶龍自基隆搭船，展開爲期一年的環球之遊。6月22日林攀龍至馬賽和他們會合，加入歐洲的行程。1928年3月14日林獻堂和猶龍離開巴黎，前往美國，林攀龍則回英國，繼續在牛津大學求學。

7　林獻堂著，許雪姬、鍾淑敏編，《灌園先生日記(二)一九二九年》(臺北：中央研究院臺灣史研究所籌備處、中央研究院近代史研究所，2001)，2月26日，頁67。

8　以上關於林攀龍的留學大略，見秦賢次編，〈林攀龍(南陽)先生年表〉，收於林博正編，《人生隨筆及其他──林攀龍先生百年誕辰紀念集》(臺北：傳文文化事業有限公司，2000)，頁301、305、307-313。

一新會是純民間組織，目的在以社群自身的力量從生活的各個面向，提升自我、啓蒙群眾，以求整體文化的進步。

　　林攀龍的學歷，以及見識，在當時臺灣社會可以說數一數二，無人出其右。他若要在臺灣大展長才應該有很多的機會，但是我們綜合林攀龍本身的作品以及相關資料，可以得知他是位心性淡泊，重視精神生活的人。他愛讀書、愛思考，有堅定的宗教信仰（基督教）；他的宗教信仰奠立在他對人生和宇宙的思考。他的淡泊，有實例可以說明：戰後，一九四六年臺灣省教育廳發表林攀龍爲省立建國中學校長，省立臺中一中家長會也敦請他出任校長，他皆辭卻不就；但當臺中縣立霧峰初級中學創立，以前一新會會館爲校地，他在地方人士的邀請下，同意出任首任校長。[9] 從世俗的眼光看來，這是大的石頭不撿，光撿小的。

　　何以林攀龍以如此高之學歷以及如此廣之閱歷而甘心「屈居」於霧峰一個小地方，從事地方文化啓蒙運動？我認爲應該從他的思想和信念中去尋找原因。林攀龍好讀書，但留下來的作品不多。根據他的文章（以日文寫成），他具有濃厚的人文興趣，表達思想的方式是文學的，充滿詩意。[10] 旅居日本十五年，遊學英倫歐陸前後七年，這樣的閱歷應該帶給他和故鄉父老大異其趣的人生視野。西方對他的影響是深刻的，誠如他自己說的：「在異國五、六年的生活當中，我不採取只是個旁觀者的立場，而跳入人們的生活裡面，盡量以他們的心來思考，和他們同歡共憂。所以即使說，叫我把歐洲的生活印象寫出來——

9　秦賢次編，〈林攀龍（南陽）先生年表〉，頁326。

10　林攀龍在《臺灣》、《臺灣民報》、《臺灣新民報》都發表過文章，中譯（葉笛譯）收入林博正編，《人生隨筆及其他——林攀龍先生百年誕辰紀念集》，「其他」部分，頁211-300。

一由於他不管是好、是壞,早已變成我的血,融入血液裡,如今要拿出來觀照是不可能的。因爲那就等於要分解生命體。」[11]這段文字鞭辟入裡,若非對西方文化有深刻之體驗是寫不出來的。在他的文章中,我們看到「只有眞理才能使人自由」這樣具有深厚學養的句子。[12]私意以爲,林攀龍崇尙的西方文明是代表陽光的阿波羅(Apollonian)精神,而不是以沉醉恍神爲特色的酒神(Dionysian)傳統。

在這裡,限於題旨和篇幅,我無法分析林攀龍的思想,基本上,我們可以說,一新會的創立是他對人生之根本看法的體現。林攀龍雖然心性淡泊,「胸無大志」,但他的人生觀是「積極的」、正面的。在他的筆下,西歐文化「和東洋文明不同,他是重視人的生命,肯定人生之故!誠然,西洋文化之花是深深地扎根於尊重生命,肯定人生之沃土裡的!那是自己要高高興興地活著,同時向周圍不斷地播送芳香,預言著即將來臨的人類之春天的!」[13]「肯定人生、尊重生命」是他自己的用語[14],大致可以用來概括他的思想。林攀龍不欣賞東方式的人世悲慨,他說:「……東洋詩人大體上都享受自然,而殊少感

---

11 林攀龍,〈歐羅巴〉(葉笛譯),收於林博正編,《人生隨筆及其他——林攀龍先生百年誕辰紀念集》,頁286。

12 林攀龍,〈要活於創造才能打開解放之路——前輩的努力有這種誤算〉,收於林博正編,《人生隨筆及其他——林攀龍先生百年誕辰紀念集》,頁299。

13 林攀龍,〈歐洲文化的優越性〉(葉笛譯),收於林博正編,《人生隨筆及其他——林攀龍先生百年誕辰紀念集》,頁269。

14 如林攀龍,〈當我看到彩虹,我心躍動〉,收於林博正編,《人生隨筆及其他——林攀龍先生百年誕辰紀念集》,頁248;林攀龍,〈在生命的初夏裡〉,收於前書,頁264;林攀龍,〈歐洲文化的優越性〉,頁269、270;林攀龍,〈要活於創造才能打開解放之路——前輩的努力有這種誤算〉,頁299。

受其恩惠，其大多數都是於娑羅雙樹的花色裡感受著盛者必衰之理的人們。大多爲『叢雲遮月，風吹花』之類的詞藻。」[15]他認爲日本僧人兼詩人的西行、宗祇和芭蕉都有疏離人世的傾向，而不屬於「那種從自然不斷地接受新的恩惠，走向無限的生命之路」的類型。[16]他在自然的美中，體悟到生命的可貴和意義，以及神的存在。讓我們看看他自述的一樁體悟[17]：

> 我將永遠忘不了二月和三月之交逍遙在倫敦的海德公園（倫敦第一的公園），不意發現樹木萌芽，發現在染上綠色的朝鮮草〔草坪〕上也〔楚楚地〕開出蕃紅花（按，crocus一般

---

15 「……東洋詩人は、一体に自然を享樂し、その惠を感ずる事薄く、多くは、沙羅双樹の花の色に、盛者必衰の理を感ずる人達である。「月にむら雲、花に風」といつた様な詞藻が多い。」林南陽（林攀龍），〈虹を見れば我が心躍る〉，《臺灣》第4年第3號（1923年3月），頁65。「沙羅雙樹」是Shorea robusta，原產於南亞，據稱摩耶夫人在沙羅雙樹下生下釋迦摩尼。葉笛將「沙羅雙樹」譯爲「菩提樹」（Ficus riligiosa），係誤，茲改；又葉笛將「月にむら雲、花に風」譯爲「天有不測風雲，人有旦夕禍福」，雖然意思接近，但和整個文脈不合，茲改爲更接近原文的譯法。

16 林攀龍，〈當我看到彩虹，我心躍動〉，頁245。

17 這是具有詩人氣質的林攀龍的文字，茲將原文迻錄於此：「二月三月の交る頃倫敦のハイドパーク（倫敦第一の公園）を逍遙して、ふと樹々の芽ばえを見付け、色づいてきた芝草の上にクローカスの愛らしくも咲く出したのを見付けた時の喜びを私は永久に忘れ得ないであらう。そして私この喜びをあらゆる「創造の喜び」に結び付けて常に自ら慰めるであらう。倫敦の陰慘な霧の冬を送つて、この喜びを體驗し得た者は幸福である。それは春の豫感であるからだ。それはやがて來るべき百花爛漫の陽春を私達に直覺させるからだ。」林攀龍，〈歐洲文化の優越性（上）〉，《臺灣民報》第241號，1929年1月1日，頁15。林攀龍，〈歐洲文化的優越性〉（葉笛譯），頁268。

作番紅花)的喜悅。我將把這種喜悅結合於「創造的喜悅」
恆以愉悅自己。過了倫敦陰沉的濃霧之冬,而體驗到這個喜
悅的人是幸福的。因爲那就是春天的預感,它將讓我們直覺
到不久將是百花爛漫的陽春。

(中文譯文採自葉笛,〔 〕與按語係筆者所加)

他的感動是刻骨銘心的,在另一篇文章,他寫道:「我不能忘記:倫
敦的三月初,在要出席Albert Hall的音樂會之路上,在海德公園的樹蔭
裡發現了兩三朵蕃紅花時的歡欣。」[18]就算他不追求「財子壽」[19],
過著世人認爲的消極生活,他的人生觀是積極的、正面的[20]。一九
三二年,一新會成立後不久,在一場演講中,林攀龍曾引歐洲名言
以爲結論——凡人不能如〔日〕月之光明照遍世界,亦當如灯火之光
照遍一室。[21]這是夫子自道。

　　林攀龍之所以組織一新會,也和他對一個個個別的生命的看法有
關。他相信一個人「自己的向上」,因爲「生命就是自內部發生的這
一件事」。[22]在具體的作法上,他認爲「臺灣的再建設要從地方落實

18　林攀龍,〈新臺灣的建設要從地方開始〉,收於林博正編,《人生隨
　　筆及其他——林攀龍先生百年誕辰紀念集》,頁285。
19　林攀龍說:「我們向來以偷安苟且爲事,對眞理過著甚爲無緣的生
　　活。只要看一下,我們的生活理想徹徹底底追求著所謂財子壽就會明
　　白的。而且現在這個財子壽還牢牢抓著大眾的心不放,這是應該深深
　　思考的事情。」見〈要活於創造才能打開解放之路——前輩的努力有
　　這種誤算〉,頁300。
20　秦賢次編,〈林攀龍(南陽)先生年表〉,頁331。
21　林獻堂著,許雪姬、周婉窈編,《灌園先生日記(五)一九三二年》(臺
　　北:中央研究院臺灣史研究所籌備處、中央研究院近代史研究所,
　　2003),3月21日,頁127。
22　林攀龍,〈新臺灣的建設要從地方開始〉,頁282-283。

和開始，地方的革新先把清新的氣性廣大地散布開來」。[23]「大眾的心上就是良好的文化的苗床。」[24]林攀龍宣稱：「霧峰一新會的誕生決不是偶然的。在眞理之光和大眾的期待合而爲一的地方，才產生了這個會。」[25]透過一新會，我想，他的夢想是「要讓蕃紅花在大地的沙漠上開放」。[26]

　　一九三二年三月十九日，霧峰一新會舉行成立大會。林獻堂在那一天的日記以「霧峰一新會成立大會」爲標題，全篇日記所記都和一新會有關，包括因爲預期將多講話，因此到「〔林〕水來處抹咽喉」。[27]關於創立大會，他寫道：「午後二時在革新青年會館，如所預定之時間僅過十分，開霧峰一新會成立大會。男女會員計三百名，出席者二百四十五人。」來賓有蔡培火、洪元煌、陳炘夫人、張月珠女上等十餘人。在創立大會中，林獻堂被選爲議長。關於一新會委員的選舉，大會交由林獻堂指名，林獻堂當場指定三十人爲委員，其中五位爲女性(王氏水、陳氏盞、吳氏素貞、楊氏素英、楊氏桂鶯)。會中有來賓祝辭，有人大展雄辯之才，但林獻堂認爲這都「不如蔡培火說明〔一新〕會之精神，是爲社會奉伺，不是鬥爭團體，使會員明大會之主旨」。七時，舉辦宴會，席間有多人演說，講者是林攀龍、林階堂、葉榮鐘、莊遂性、吳素貞、林資彬、李崑玉、林春懷、江連

23　林攀龍，〈新臺灣的建設要從地方開始〉，頁283。

24　林攀龍，〈新臺灣的建設要從地方開始〉，頁284。

25　林攀龍，〈新臺灣的建設要從地方開始〉，頁284。

26　林攀龍，〈歐洲文化的優越性〉，頁269。

27　凡閱讀過林獻堂日記的人都知道林獻堂有些宿疾，咳嗽是其一，他經常到林水來在霧峰開設的長惠醫院抹藥。林水來，臺中人，1914年畢業於臺灣總督府臺北醫學校，1915年在霧峰開業。見許雪姬主編，《灌園先生日記(一)一九二七年》(臺北：中央研究院臺灣史研究所籌備處、中央研究院近代史研究所，2000)，頁29，註10。

鼎,以及廖德聰。[28]這彷彿爲將來一新會的系列演說做個楔子一樣。

蔡培火說一新會是「社會奉伺,不是鬥爭團體」,此處的「奉伺」應爲日文漢文「奉仕」之訛,就是服務、奉獻之意,可能是日記的筆誤。讓我們看看成立當天通過的《霧峰一新會會則》如何陳述其目標。該會則第二條曰(標點爲筆者所加)[29]:

> 本會目的在促進霧峰庄內之文化,而廣布清新之氣於外,使漸即自治之精神,以期新臺灣文化之建設。

這是從社區做起,以求把清新的氣息散布出去,而逐漸培養自治的精神,期待能夠建設新的臺灣文化。換句話說,這是由內而外,由小即大的作法。從一個小小的霧峰庄做起,其最後目標卻是以全臺灣爲對象。[30]

霧峰一新會成立之初,會員約三百名(確實數目不詳),一九三三年會員有四六八名,一九三四年會員五〇三名。成員以霧峰庄居民最多,占六成以上,其餘來自於附近村庄——北溝、柳樹湳、吳厝、萬斗六以及坑口,並有少數會員來自臺中市、彰化郡、能高郡等地。[31]雖然我們從會員名簿無法判斷會員的階層出身,由於人數眾多,應該

28　《灌園先生日記(五)一九三二年》,頁123-124。

29　《霧峰一新會會則》,見《灌園先生日記(五)一九三二年》,圖版部分,未標頁碼。

30　一新會的宗旨,在2月24日的籌備會中,已經商定好了。見《灌園先生日記(五)一九三二年》,2月24日,頁88。

31　霧峰一新會編,《(昭和八年五月現在)會員名簿》(臺中,1933),1933年468名會員中,305名(男191,女114)來自霧峰;《(昭和九年六月現在)會員名簿》(臺中,1934),1934年503名會員中,334名(男201,女133)來自霧峰。

不限於地主階層。林攀龍兄弟當時還沒分家，林攀龍沒有個人的財源。一新會會員需繳會費，每年金壹圓。一新會會員多時曾達五百十餘人[32]，但是靠一人一圓的會費絕對無法支持一新會的活動；光是一新義塾一年經費即須1,500円[33]，遑論還有林林總總的活動開支。一新會主要的財源來自於捐款，主要都由林家頂厝捐贈(除林烈堂外)，如林獻堂、林階堂、林紀堂妻、林澄堂妻都時有捐款，另外林澄堂亡故後成立的共榮會也有捐款，以此，有學者主張：「一新會不僅是林獻堂父子的事業，也是霧峰頂厝的事業，更是以霧峰庄為中心的事業。」[34]

霧峰一新會的會址也值得一提。一新會於一九三二年三月十九日成立。根據林獻堂日記，在此之前，三月二日，林獻堂招攀龍、猶龍往觀林梅堂的新樓，打算租作一新會的會所和圖書館之用。攀龍和猶龍極為贊成，當晚林獻堂要使用人林坤山和林梅堂締結貸借契約。[35]租金每月三十元。[36]林梅堂是林燕卿子，與林資彬等合組霧峰產業株式會社[37]，是林獻堂的遠房堂兄弟。第二天，林獻堂即找來泥水匠改造林梅堂新樓的格局，其中一部分作為圖書館。接下來我們看到林獻堂忙著

32　林獻堂著，許雪姬編，《灌園先生日記(八)一九三五年》(臺北：中央研究院臺灣史研究所籌備處、中央研究院近代史研究所，2004)，4月4日，頁119。

33　林獻堂著，許雪姬、呂紹理編，《灌園先生日記(六)一九三三年》(臺北：中央研究院臺灣史研究所籌備處、中央研究院近代史研究所，2003)，5月15日，頁201。

34　許雪姬，〈霧峰「一新會」的成立及其意義〉，頁11。

35　《灌園先生日記(五)一九三二年》，3月2日，頁100。

36　《灌園先生日記(六)一九三三年》，5月13日，頁197。

37　《灌園先生日記(一)一九二七年》，1月7日，頁23，註6。

把萊園的藏書取出曝晒,一旬間幾乎沒有一天不關照圖書室的事情。[38]
這個圖書室將成為一新會的重要設置,不少學生來看雜誌。[39]

三月二十一日上午八時餘,林獻堂命陳秋福掛「霧峰一新會」門
牌於一九七番地會館門前。[40] 未來四、五年,一新會會館是林獻堂最
喜歡散步而來,看看書、與人見面聊天,以及引領訪客貴賓參觀的地
方。一九三三年一月十二日,可能由於事業失敗,林梅堂希望將租給
一新會的家屋賣給林獻堂,林獻堂和他的弟弟林階堂商量之後決定購
買,價格6,000円。[41]經過幾番波折之後,該年七月二十二日,林獻堂
以4,200円的價格競標購得林梅堂一九七番地的建物。[42]

一九三七年在殖民政府的威迫下,一新會「無疾而終」。一九四
六年,林家捐地出錢設立臺中縣立霧峰初級中學,以一新會會館為校
地,林攀龍出任校長;一九四九年,經教育部同意,臺中縣立霧峰初
級中學改制為私立萊園中學,並增辦高中部,仍以林攀龍為校長。後
來,私立萊園中學改名為明臺中學,現在的名稱是明台高級中學。[43]
「明臺」是「明朗臺灣」的意思。林攀龍胸無大志,始終如一,守住
霧峰,守住一個小小的萊園中學,年過花甲仍然期待著一個開著番紅

---

38 《灌園先生日記(五)一九三二年》,3月3日至3月13日,頁101-116。

39 林獻堂著,許雪姬編,《灌園先生日記(七)一九三四年》(臺北:中央
    研究院臺灣史研究所籌備處、中央研究院近代史研究所,2004),7月
    17日,頁279。

40 《灌園先生日記(五)一九三二年》,3月21日,頁127。

41 《灌園先生日記(六)一九三三年》,1月12日,頁19。

42 《灌園先生日記(六)一九三三年》,2月6日,頁53;3月10日,頁101;4
    月19日,頁162;5月13日,頁197;7月22日,頁286。這件事還有一些麻
    煩的後續發展,見《灌園先生日記(六)一九三三年》,8月10日,頁
    308;10月15日,頁400;《灌園先生日記(七)一九三四年》,2月7日,
    頁59。

43 秦賢次編,〈林攀龍(南陽)先生年表〉,頁226、228。

花的「明朗臺灣」。

三、一新會的例會與活動(第一年)

霧峰一新會從一九三二年三月十九日創立以來,活動非常多,生氣盎然。一九三七年十月四日一新會「順應時機」,一新會最後之命脈所在的一新義塾廢止漢文教授[44],一新會從此告終。前後五年六個多月。在這段時光裡,一九三二年是發軔之年,衝力十足,一九三三年至一九三五年,是一新會的榮盛期,然而一新會幾乎從一開始就是殖民當局注目的對象。時局開始緊張之後,殖民當局即多加干涉與阻擾。可惜我們缺乏一九三六年的資料(林獻堂日記缺此一年份),降至一九三七年,可以說是苟延殘喘的一年。

一新會共分調查部、衛生部、社會部、學藝部、體育部、產業部、庶務部、財務部等八部(各部負責委員見圖8-1),各有專司。例如,衛生部負責改進公眾衛生、家庭衛生,以及霧峰庄之美觀。社會部分為社會教育和社會救護兩大類,前者之目標在於「迷信打破、風俗改良、趣味向上、奉仕心涵養、文字普及、教育助成」,後者之目標包括「救貧、施療、失業者救護、兒童保護、社會調停」。學藝部分為三類:學術負責圖書、讀書、文藝;藝術負責展覽、演劇、工藝;趣味(嗜好)負責音樂、園藝、座談、娛樂。體育部有一般體育獎勵、運動競技、遠足旅行三類。產業部分為農業、副業兩類,目標在

---

44 林獻堂著,許雪姬編,《灌園先生日記(九)一九三七年》(臺北:中央研究院臺灣史研究所、中央研究院近代史研究所,2004),10月12日,頁354。

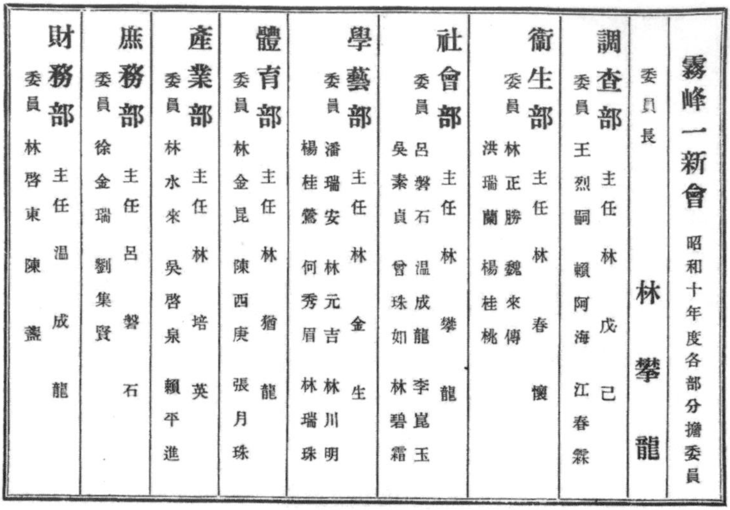

部	委員長／主任	委員
霧峰一新會（昭和十年度各部分擔委員）	委員長 林攀龍	
調查部	主任 林戊己	王烈嗣、賴阿海、江春霖
衛生部	主任 林春懷	林正勝、魏來傳、楊桂桃
社會部	主任 林攀龍	吳素貞、呂磐石、溫成龍、曾珠如、李崑玉、林碧霜
學藝部	主任 林金生	楊桂鶯、潘瑞安、何秀眉、林川明、林瑞珠
體育部	主任 林猶龍	林金昆、陳西庚、張月珠
產業部	主任 林培英	林水來、吳啓泉、賴平進
庶務部	主任 呂磐石	徐金瑞、劉集賢
財務部	主任 溫成龍	林啓東、陳盧

圖8-1
說明：霧峰一新會各部負責委員表(1935)。

於改善方法、提高生產、宣導新知等。[45]

我們從資料上看得到的活動大抵由社會部、學藝部和體育部籌辦。一新會五年內舉辦的活動，約可分為三類：其一，每週固定舉行的例會，其二，非定期的各種活動，其三，慶祝週年的紀念活動。以下先介紹一九三二年的活動。第一年最主要的例會是每週一次的演講會。一新會成立之後，首次舉辦的演講在四月一日[46]，那天是星期五(金曜日)，四月九日星期六(土曜日)再次舉辦演講，以後即固定在星期六晚間七時半或八時半舉行，稱為「土曜講座」，一九三三年六月十一日起改在星期天(日曜日)舉行，稱為「日曜講座」[47]。這個每週

45　霧峰一新會，《霧峰一新會事業實施要綱》，發行年份不明。
46　《灌園先生日記(五)一九三二年》，3月28日，頁141；4月1日，頁148。
47　日後一新會編《一新會日曜講座演題目錄》時並未把第一會計算在

一次的演講會，持續進行，不輕易取消。[48] 一九三五年春，一新會編有《一新會日曜講座演題目錄》，收錄一百五十回演講題目，其後又增編至二百回。[49] 根據此一目錄，日曜講座一直持續進行到一九三六年二月二十三日，當日舉辦第二百回演講，由楊桂鶯講「日曜講座二百回感言」、林攀龍講「生活之把持與深化」。[50] 從第一回演講（1932年4月9日）至此將近四年。由於印二百回演題目錄之時，日曜講座似仍持續進行，因此，一新會應該舉辦二百回以上的講演才是。以民間之社團而言，一週一次的演講能持續舉辦約四年之久，不能不令人歎為觀止。事實上，一新會一開始即是懷抱著「永續經營」的態度舉辦演講。創辦人自期「雖再繼十年可也。三十年亦可也。」[51]

定期演講之外，一新會活動的名目很多，以下根據林獻堂日記，將第一年的活動整理表列於下。不過，這並非全貌，因為林獻堂不在霧峰時，一新會的活動未必登錄在日記中。如所周知，這個期間林獻堂仍致力於臺灣議會設置請願運動，為此奔走島內外；他同時也是

(續)─────────────

內。見《灌園先生日記(五)一九三二年》圖版部分，未標頁碼。

48 如1933年10月18日溫成龍和呂磐石提議取消11月12日那天的日曜講座，理由是當天舉行運動會，執事者定必疲累。林獻堂認為「執事之人不過十餘人，豈可因小數(按，少數)之疲倦而停止大多數人之聽眾，且講演之時間不過一時餘，雖疲倦當亦能忍耐」，請他們「切勿發此無勇氣之言」，拒絕所請。1933年最後一次土曜講座在12月31日。《灌園先生日記(六)一九三三年》，10月18日，頁404。

49 本文在期刊發表時未得見《一新會日曜講座演題目錄》，2010年6月承蒙朝陽科技大學王振勳教授惠賜影印本，謹此致謝。此一目錄前有1935年春灌園寫的序，一五○回至頁33，其後有一空白頁，接著是一五一回至二○○回(頁34-43)，看似從一五○回目錄之末頁增補，並未重新製版。

50 《一新會日曜講座演題目錄》，頁43。

51 灌園(林獻堂)，〈一新會日曜講座演題目錄〉，《一新會日曜講座演題目錄》，未標頁碼。

《臺灣新民報》的董事，出錢出力，《臺灣新民報》於該年四月十五日發行日刊，他為此幾度上臺北。根據此表，一新會一個月平均大約舉辦三、四項活動，加上每週一次的例行演講，活動可說相當頻繁緊湊，若非投注大量的人力和心力是無法做到的。

一新會注重婦女和兒童，成立後不到一年就舉辦三次兒童親愛會(6月26日、9月25日，以及11月30日)。霧峰三保、四保的兒童計有180餘人[52]，第一次有140餘人參加，第二次人數不詳(林獻堂不在霧峰，日記未記)，第三次170-180人，可以說附近的兒童幾乎都來參加了。在此值得一提的是十一月十九、二十日的「文化劇」。所謂文化劇指受西方影響的話劇，第一天演出三齣，即〈犧牲〉和〈召集令〉、〈復活玫瑰〉；第二天演出四齣，即〈摘星之女〉、〈噫無情〉、〈笑劇〉，以及〈可憐閨裡月〉。文獻不足，我們無法盡知七齣戲的內容，惟「犧牲」是林幼春三子林太平所作；〈噫無情〉即雨果的《悲慘世界》，林猶龍在該劇中扮演裁判長。[53] 演劇是一新會學藝部負責籌畫的，從構想到演出至少花五個半月以上[54]，可見一新會事有分工，準備充分，非倉促成軍。

運動會也是一新會一項重要的活動。一新會殘留的文獻中有「霧峰一新會第一回運動」的節目單(プログラム，program；見圖二)，節目豐富多樣，除了一般運動競技之外，最後還有「假裝行列」，亦即化妝遊行。從參加者有1,500-1,600人之多，可想見其盛況。林獻堂日記云：「婦女之參加運動者約近三十人；自朝至暮之觀眾亦是婦女

52　根據《灌園先生日記(五)一九三二年》，6月26日，頁260。

53　筆者記得幼小時聽閩南語廣播劇，《悲慘世界》就叫做《啊無情》，姑記於此，供研究日治至戰後之「跨時代」戲劇、廣播者參考。

54　《灌園先生日記(五)一九三二年》，5月31日，頁230；6月5日，頁236。

表8-1　1932年霧峰一新會之活動（3月19日—12月31日）

月／日	活動名稱	參與／出席人數	備　註
03/31	葉書(歐美)展覽會		葉書：明信片；是否於03/31開展，存疑
04/06	婦人茶話會	25人(女20，男5)	
04/08-12	林獻堂赴臺北、臺南		
04/15-18	林獻堂赴臺北		
04/26-29	林獻堂赴水長流		
05/02	第一回婦人會	100餘人	地點：菜園
05/03	演講會		地點：北溝坑靈山寺
05/14	老人慰安會	103人(婦人占2/3)	
05/15	球競技會		
05/20	演講		地點：萬斗六
06/12	書畫展覽會		展品一百件
05/22-29	林獻堂赴關子嶺		
06/14	通俗演講		地點：戲園
06/24	兒童親愛會	140餘人(男70餘，女60餘)	
06/28	辯論會	近200人	地點：青年會館 題目：產兒制限之可否
07/03-06	林獻堂赴臺北		
07/13	通俗講演		地點：戲園
07/26	留學生懇親會	60餘人	
07下旬	辯論會		根據06/29-30、07/02日記，是否舉行不詳
08/10	通俗講演		根據08/08日記，當日未見紀錄
08/14-09/18	林獻堂赴日		
09/21-10/07	林獻堂赴關子嶺		
09/25	兒童親愛會		根據09/24日記；林獻堂在關子嶺，未參加
10/23	第一回運動會	1,500-1,600人(婦女占大多數)	

月／日	活動名稱	參與／出席人數	備　　註
10/28-11/01		林獻堂赴臺北	
11/19	文化劇		地點：戲園；三齣
11/20	文化劇		地點：戲園；四齣
11/21	婦女親睦會	70餘人(婦女近50，男子10餘人，小孩10餘人)	
11/26	演劇批評會	20餘人	
11/30	兒童親愛會	170-180人	地點：禮拜堂
12/04	黃竹坑遠足	27人	
12/28	送年懇親會		

占大多數，是為此回運動會之特色。萱場校長，柳澤警部補亦參加競走。末後之最有趣使人永久不忘者，則假裝行列，及團體對抗リレー也。猶龍、春懷、成龍外，男子四人、婦女四人作假裝行列，其滑稽真是使人絕倒。團體對抗リレー，第一回巡查、組合、壯丁、檢查所，壯丁獲得第一。第二回林家、革新青年會、北溝詰所、役場、學校，林家獲得第一。……」[55]萱長是霧峰公學校校長萱長三郎，柳澤警部補是臺中州大屯郡役所警察課警部補柳澤道太郎。「團體對抗リレー」是團體接力賽(リレー為リレーレース〔relay race〕之略稱，即接力賽)，組合指霧峰信用組合；壯丁是霧峰壯丁團。就參加的個人和團體來看，說是霧峰全庄的運動會，並不為過。真有家族辦社會之概。

從參加一新會活動的人數可以看出，一新會受到霧峰庄民眾的肯定。每週一次的土曜講座也頗受歡迎。根據林獻堂日記，四月一日第

55 《灌園先生日記(五)一九三二年》，10月23日，頁433。

圖8-2

說明：霧峰一新會第一屆運動會節目單封面及內頁節目表。

一次的演講聽眾有300-400人[56]，眞可說一炮打響。其後聽眾大約維持百人以上，如五月十四日，楊水心和蔡培火的日曜講座吸引約二百名聽眾[57]；十二月十日，林獻堂和夫人聯袂演講，「聽眾百餘人皆肅靜傾耳」。[58] 如果一百人以下，林獻堂則會流露一絲失望，在日記上寫道：「聽眾不滿百人」、「聽眾尚有約近百人之多，差爲可喜」、「聽眾約近百人而已」等。[59]（就我聞見所及，中央研究院人文各所舉辦研討會，若有一百人以上參加〔實際出席〕，就稱得上人氣旺盛了。）

56　《灌園先生日記(五)一九三二年》，4月1日，頁148。

57　《灌園先生日記(五)一九三二年》，5月14日，頁207。楊水心的講題是「香港旅行談」，蔡培火講「清新之氣再造臺灣」。

58　《灌園先生日記(五)一九三二年》，12月10日，頁495。楊水心的講題是「婦人與文化」，林獻堂的講題是「社會奉仕之精神」。

59　《灌園先生日記(五)一九三二年》，7月2日，頁268；7月16日，頁290；12月17日，頁502。

圖8-3

說明：霧峰一新會會旗。(郭双富提供)

　　一九三二年是一新會重要的起頭，運動會節目單印著「第一回運動」，預示著主辦單位心中存著「第二回、第三回……」的想法。一新會的作法處處流露出「永續經營」的用意。這年年底一新會會歌和會期也誕生了。一新會的會旗在十一月九日「出世」(林獻堂語)，會旗藍地三角形，中一赤心。[60]

　　一新會會歌的「出世」則比較曲折，原先一新會曾徵募會歌，確切的日期無法得知。六月十七日劉集賢來獻上他所作的一新會會歌，四句連二十四首。[61]六月二十五日蔡培火也朗誦他所作的一新會會歌，林獻堂和莊伊若略加批評。[62]七月二日林獻堂和林攀龍一起選擇一新會會歌，二十八首中沒適當者。其中有二首附有譜，兩人到林階堂(林獻堂的弟弟)處請在林家當西席的鋼琴家高錦花彈奏，也不覺得

60　《灌園先生日記(五)一九三二年》，11月9日，頁459。

61　《灌園先生日記(五)一九三二年》，6月17日，頁249。

62　《灌園先生日記(五)一九三二年》，6月25日，頁258。

好，因此又到詩人林幼春(林資修，林獻堂堂姪)處，請他另作。[63] 這件事似乎一直擱著，一直到十一月六日才決定採用蔡培火作的會歌。十一月三日蔡培火在林猶龍住處舉辦的音樂會中唱一新會會歌；五日又在土曜講座唱一新會會歌。[64] 根據蔡培火十一月六日的日記，一新會公募會歌，他也是審查員，但沒找到合適的，最後林攀龍請蔡培火教一新會會員唱他所作的歌。[65] 該日林獻堂日記也提及這件事，並且抄錄三節的歌詞。[66] 至此，一新會會歌總算大致決定下來。

然而，林獻堂似乎還寄望林幼春的歌詞，十一月九日，他囑託蔡培火為林幼春所作的一新會會歌作譜，但由於歌詞文白相間，「歌唱頗為不便」，他和蔡培火一起去和林幼春會面，囑咐他修改。次日，林獻堂和蔡培火又再度和林幼春見面，商量修改一新會會歌。[67] 最後林幼春的會歌似乎不了了之。十一月十八日，林獻堂和攀龍、猶龍夫妻、林資彬夫妻訪遊後壠仔愼齋堂時，兩個小孩獻唱霧峰一新會歌。這是一新會會員張月珠教他們的。[68] 可見蔡培火的一新會會歌很快取得地位，並且傳布開來。愼齋堂是歷史悠久的齋堂，當時由張月珠的祖母主持；張月珠是林資彬的親戚。[69] 此後，唱會歌成為一新會活動不可缺的一環。[70] 三紀之後，吳素貞(林資彬妻)回憶一新會時，說：

63　《灌園先生日記(五)一九三二年》，7月2日，頁268。高錦花即鋼琴家宋如音女士的外祖母；宋泉盛牧師的岳母。
64　《灌園先生日記(五)一九三二年》，11月3日，頁450；11月5日，頁454。
65　張漢裕主編，《蔡培火全集》一《家世生平與交友》(臺北：財團法人吳三連臺灣史料基金會，2000)，頁237-238。
66　《灌園先生日記(五)一九三二年》，11月6日，頁455。
67　《灌園先生日記(五)一九三二年》，11月9日至10日，頁459-460。
68　《灌園先生日記(五)一九三二年》，11月18日，頁470。
69　林吳帖，《我的記述》，頁14-15、126。
70　11月21日一新會主辦婦女親睦會，會中合唱會歌，並由張月珠獨唱一

「每當我們在一起高唱會歌時，那激昂聑勉之詞口心相應，大家生氣勃勃，該感謝蔡培火先生的創作，……。」[71]

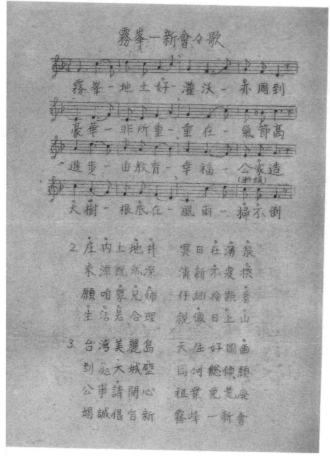

圖8-4
說明：霧峰一新會會歌。

有了會旗與會歌，霧峰一新會在十二月二十八日舉辦「送年懇親會」，送走了充滿活力與希望的一年。

四、當局刁難下創立的一新義塾
——兼談教育家林獻堂

林獻堂長年從事政治活動，站在臺灣人的立場爭取殖民地自治，因此他的一舉一動都是臺灣總督府深切注目的對象。一九三二年夏秋之際他為臺米制限問題上京請願。他們一行十二人，包括陳炘、郭廷俊、黃純青、劉明哲、鄭鴻源等人，抵達神戶之後，只有他和陳炘受到「尾行」(跟蹤)，每到一驛必有特務來交班(換班)。[72] 這不是御用紳士辜顯榮和郭廷俊之輩「一體均霑」的待遇。雖然此行是為了米穀問題，林獻堂拜會日本政治人物(包括首相、拓相等)時，不忘一再提出兩點主張：一、臺灣必須實施自治制，二、義務教育不可緩，公學校漢文須為必修科(當時為隨意科)。[73] 林獻堂返回臺灣拜訪臺灣總督中川健藏時，仍重申地方自治、義務教育等主張。[74]

漢文教育是林獻堂當時的兩大關心之一。林獻堂主張公學校漢文為必修科，在遊說、爭取日本當道支持時，公開提出的理由卑之無甚高，如「漢文為隨意科，實與全廢無異，故兒童卒業後不能寫淺白之書信，凡欲作事每以此為苦」。[75] 除了這些說得出來的實際考慮之

---

72 《灌園先生日記(五)一九三二年》，8月19日，頁340。
73 《灌園先生日記(五)一九三二年》，9月7日，頁370；9月8日，頁372；9月9日，頁374。
74 《灌園先生日記(五)一九三二年》，9月16日，頁383。
75 《灌園先生日記(五)一九三二年》，9月7日，頁370。

外，林獻堂對漢文，以及漢文背後所承載的文化傳統和民族特徵，有很深的感情和認同，這是可以從他積極參與櫟社活動，以及其他日常行事和作爲中推知的。

一新會成立的前一年，亦即一九三一年，頗有山雨欲來風滿樓的詭譎氣氛。九月十八日滿洲事變(九一八事件)發生，這是日後日本歷史學者所謂的日本「十五年戰爭」的起頭，軍國主義抬頭，右派氣焰高張。滿洲事變對殖民地的影響是具體而深遠的。在臺灣，這些影響顯現於多方面，林獻堂至爲關心的漢文教學逐漸受到波及，不少公學校停教漢文，書房也開始遭受取締。一九三二年十一月十八日，林獻堂在日記中寫道：「臺中市前月禁止漢文書房，今朝新聞又揭載高雄州禁止漢文書房四十八處，學生約有二千餘人，於此二千餘人之學生無處求學，四十八名之教師無處就職，豈不可哀哉。」[76]該年八、九月間，方才上京遊說公學校漢文課改爲必教，誰知旋踵間漢文教學竟淪爲禁止的對象。

林獻堂原組有漢文研究會，以高薪聘莊伊若當講師，開班授徒，分男子部和婦女部。[77]在書房相繼被取締之際，林家漢文研究會也開始受到注目。一九三二年秋天，一新會成立後七個多月，霧峰派出所增加一名巡查金澤信雄(林獻堂在日記稱他爲特務)，十月二十六日柳澤警部補帶他來拜訪林獻堂，林獻堂在日記中寫道：「當局視霧峰較

---

76 《灌園先生日記(五)一九三二年》，11月18日，頁470。

77 關於漢文研究會，林獻堂日記著墨不多，莊伊若年薪八百円，見林獻堂著，許雪姬編，《灌園先生日記(四)一九三一年》(臺北：中央研究院臺灣史研究所籌備處、中央研究院近代史研究所，2001)，12月28日，頁409；《灌園先生日記(五)一九三二年》，1月22日，頁36；1月25日，頁43；1月29日，頁49。

前更重,或云為一新會,未知然否。」[78]從事後一新會舉辦活動時總
多出固定的旁聽者來看,此為一新會而增設殆無疑義。十二月初,柳
澤警部補對林猶龍說:漢文研究會須要提出認可,他於前月曾解散北
溝之書房云云。眾人一起商量,有人認為以一新會之會員而研究學
術,無申請認可之必要,且擔心萬一提出申請認可而被拒絕,即不能
再開會,遂決定不提出申請,並決定明年把研究會移到一新會館。[79]

　　一九三三年一月十七日,漢文研究會婦女部和男子部分別舉行結
業式,全年無缺席者,男女各一人。[80] 二月二十日改由一新會主辦的
漢文國語研究會舉行開會式,教師為莊伊若(漢文)和潘瑞安(國語);
學生不用交學費,女子限六十名,男子限三十名。女子白天上課,全
無漢文、國語之素養的女子,上午教以國、漢各一個鐘頭;稍識國
語、漢文之女子,下午國、漢各一個鐘頭。男子由於多有職業,夜間
上課。[81] 這是承襲漢文研究會而來的,鑑於時勢加上「國語」(日語)
二字。沒幾天,二月二十四日柳澤警部補來命令漢文國語研究會中
止,理由是未申請認可。該晚林獻堂「聞之甚不快」,與人下棋時
「甚感無聊,終夜不能成寐」。[82] 從此開始長達兩個多月、一波多折
的申請認可過程。

　　由於從高層得知國語漢文研究會必須按照書房的申請手續辦理申
請,三月四日林獻堂、莊伊若、林攀龍以及溫成龍決定將書房定名為
「一新義塾」,並決定修業年限四年,以及場所、教科書、學生數、

78　《灌園先生日記(五)一九三二年》,10月26日,頁437。
79　《灌園先生日記(五)一九三二年》,11月14日,頁499。
80　《灌園先生日記(六)一九三三年》,1月17日,頁25。
81　《灌園先生日記(六)一九三三年》,2月20日,頁70;2月25日,頁78。
82　《灌園先生日記(六)一九三三年》,2月24日,頁76。

費用等事宜。[83] 為省篇幅，我們無法細述申請認可的經過，總之在官方不斷拖延之下，五月九日終於獲得認可。[84] 林獻堂「聞之甚喜」，認為「霧峰文化因是而助長不少，此義塾亦是一新會之一大事業也。」[85] 如果我們把這件事放到大的時代背景中予以考察，當更能了解其意義之非凡。在公學校陸續放棄漢文課，各地書房接二連三關閉之時，霧峰林家竟然堅持申請設立新書房，當局之不輕易許可，乃是當然之事；而其終能成立，且成為一新會之一大事業，不能不說有如沙漠中出現綠洲一樣，令人興奮、驚歎。

在申請認可過程中，官方非常在意一新義塾每週是否確實教授國語（日語）十六鐘頭。[86] 五月十二日林獻堂和相關人士決定一新義塾的教授時間，以及男女分為四組之配置。漢文方面，女子第一組上《六百字篇》尺牘，第二組上尺牘，第三、四組高等漢文讀本。男子第一組尺牘，第二組四書，第三、四組古文析義。五月十二日分組的結果，女子四組都有學生，男子僅第二、第四組有學生。共計一二六人申請入學。[87]

五月十五日一新義塾舉行開塾式。學生一百二十餘人，女子七十餘名，男子四十餘名。（如果讀者記得漢文國語研究會被禁止之時，男女學生以九十名為限，這是不減反增了！）參加典禮的來賓、一新

83　《灌園先生日記（六）一九三三年》，3月2日，頁88；3月4日，頁91。

84　申請過程見《灌園先生日記（六）一九三三年》，2月25日，頁78；3月2日，頁88；3月3日，頁89；3月4日，頁91；3月12日，頁103；3月17日，頁110；3月22日，頁116；3月31日，頁130；4月7日，頁141；4月22日，頁168；5月2日，頁182；5月8日，頁191。

85　《灌園先生日記（六）一九三三年》，5月9日，頁192。

86　《灌園先生日記（六）一九三三年》，4月7日，頁141。

87　《灌園先生日記（六）一九三三年》，5月12日，頁196。

會會員、學生共計一百六十餘人，場面熱絡。[88] 第二天九時一新義塾正式開始上課。林獻堂早上九時餘到義塾看潘瑞安教國語、漢文；午後二時四十分往義塾看莊伊若教授漢文；晚上八時半又往義塾看莊伊若教男學生漢文。[89] 林獻堂是義塾的創立者，第一天來考察上課情況，以求改進之道，乃是常情。但是，從一新義塾開設以來，看學生上課成為林獻堂一天中非常重要的事情。在林獻堂日記中，一位天生的教育者的身影逐漸浮現出來。

如果我們翻閱一九三三年五月十五日以後的林獻堂日記，我們將發現，林獻堂幾乎每天都到義塾看莊伊若教授漢文——對於教授國語（日文）的情況，他的興趣似乎比較低。由於三組學生下午有兩個鐘頭一起上課，情況頗為混亂，當學生讀音和理解有錯誤時，莊伊若無法一一給予訂正，林獻堂於是主動提議星期天替學生復習。時間訂在下午二時，他的複習方法有五：一、讀，二、解說，三、試驗（考試），四、質問，五、讀書所感。當天他指定四位女學生（包括張月珠）下個星期天報告讀書所感。[90] 這是霧峰頂厝大家長當起書房的助教了。當莊伊若缺席時，他甚至代他上課。[91] 由於學生分上、下午和晚間上課，他有時一天巡兩次。其實林獻堂很好學，晚間教《四書》、《古文析義》時，他經常去聽講解，有時還找大人楊水心一起去。[92] 直到

88 眾人「各執會期唱會歌，行列而往萊園，至考槃軒環立，猶龍教演五分鐘體操，然後休憩、搜寶遊戲約二十分間，乃復整列返會館攝影紀念。三唱一新義塾萬歲，然後散會。」《灌園先生日記(六)一九三三年》，5月15日，頁201。
89 《灌園先生日記(六)一九三三年》，5月16日，頁202。
90 《灌園先生日記(六)一九三三年》，5月21日，頁207。
91 《灌園先生日記(六)一九三三年》，5月29日，頁217；7月15日，頁277。
92 《灌園先生日記(六)一九三三年》，5月30日，頁219；5月31日，頁220；6月2日，頁224；6月16日，頁240；秋天聽講《孟子》，《灌園先生日記

此時，一新會的演講都在星期六(土曜日)舉行，由於義塾學生也想來聽演講，因此改爲星期天(日曜日)。[93] 這就是土曜講座變成日曜講座的原因，也就是遷就一新義塾之故。他「教復習」一直持續到七月九日，由於天氣漸熱，暫時停止。[94] 至此，林獻堂總共教了七次。來跟他復習的學生不少，有次「因前刻降雨，出席者不滿二十名」[95]，因此，平常人數應多於此。

我們可以想像這個時期的林獻堂，每天稍有空閒就散步到一新會館，看教漢文，晚上若有時間自己也去聽講。到了星期天，下午二時到義塾「教復習」，晚上則出席日曜講座。在他，應該是既忙碌又充實吧。雖然那年秋天林獻堂未繼續「教復習」，翌年(1934)林獻堂仍然經常到義塾看教漢文和國語，當莊伊若缺席時，代他教過幾次課。[96] 該年六月二十九日，因爲某個契機，林獻堂替一新會義塾女學生改日記，接下來的三天，他繼續替女學生改日記。[97] 或許有鑑於漢文寫作的重要性，七月七日他和林資瑞、林金生討論改義塾學生的作文一事。[98] 之後我們看到他開始改學生的日記和作文。這些女學生包括未來的媳婦曾珠如。[99]

(續)────────────────────
　　　(六)一九三三年》，9月5日，頁342；9月7日，頁345；9月9日，頁348。

93　《灌園先生日記(六)一九三三年》，6月18日，頁243。

94　《灌園先生日記(六)一九三三年》，7月9日，頁269。

95　《灌園先生日記(六)一九三三年》，6月18日，頁243。

96　《灌園先生日記(七)一九三四年》，6月18日，頁244；9月12日，頁353；
　　　9月14日，頁355。

97　《灌園先生日記(七)一九三四年》，6月29日，頁256；6月30日，頁257；
　　　7月1日，頁258；7月2日，頁259。

98　《灌園先生日記(七)一九三四年》，7月7日，頁266。

99　《灌園先生日記(七)一九三四年》，7月10日，頁271；7月12日，頁173；
　　　7月17日，頁279；7月19日，頁283；8月1日，頁298。根據日記，林資
　　　瑞也負責改一部分的作文。見《灌園先生日記(七)一九三四年》，7月

　　一新義塾雖然有部分學生是林家的族人或親戚，也有來自外面的毫無關係者。這可從林獻堂等人商託保正募集一新義塾男女學生，以及曾對學生進行家庭訪問中得知。[100] 因此，讓我們假想：你是一位外人，來到一新義塾求學，同學中有林家的奶奶、小姐、媳婦，也時常可以看到身穿長衫，腳著黑頭鞋的獻堂仔舍來到教室，觀看大家上課。在一新會館的圖書室，你也時常可以遇見他，因為他不是一個人來讀書，就是帶人來參觀，而且他喜歡和塾生談話。這位阿舍雖然不苟言笑，卻非常熱心替你復習功課，訓練你當眾發表讀書心得，並且替你改日記和作文，交還時還詳加說明其中未妥之處。當你畢業了，他還怕大家散掉，組織了一新塾友會(1935年3月11日)。[101] 塾友會原本預定一年開一次總會，他又擔心「凡學問不進則退，卒業後能繼續研究者甚鮮，雖欲研究者若遇不識之處亦無人可問」，建議每週聚會一次，以此而「友誼親善、學問精進兩者皆可達也」。他的建議獲得滿座贊成，於是從該年四月十六日起每個星期二(火曜)聚會一次。[102] 他是塾友會的「準講師」，只要有空，他在下午四時到圖書室，和塾友討論學問，回答問題。[103] 你想這位名聞全島，交接日本政要、名士的阿舍有多少時間？星期二塾友會，星期四讀書會，星期天日曜講座，而他都不輕易缺席，且經常披掛上陣。這樣的阿

<hr>

(續)
　　　16日，頁278。
100 《灌園先生日記(七)一九三四年》，3月12日，頁99；9月9日，頁349。
　　　《灌園先生日記(八)一九三五年》，2月24日，頁72。
101 《灌園先生日記(八)一九三五年》，3月11日，頁88。
102 《灌園先生日記(八)一九三五年》，4月5日，頁120。
103 《灌園先生日記(八)一九三五年》，6月18日，頁215；7月2日，頁229。
　　　可惜火曜塾友會無法持續，可能由於塾友出席不熱烈所致。七月二日那一次(最後一次？)，因為下雨，只來了三位塾友，包括講師莊伊若、潘瑞安，以及準講師林獻堂，共六人。

舍，似乎不易找到可比之人！

　　過去我們從政治運動及相關文獻中認識到的林獻堂，是政治的林
獻堂；林獻堂日記讓我們有機會認識文化的林獻堂。日記中有關一新
義塾的紀錄，更讓我們認識教育家林獻堂。林獻堂將一新義塾當成一
新會的一大事業，而一新會自成立以來，便是他整個生活的重心。他
所投注的心力和精神，讓七十年後反覆翻閱他的日記的筆者，感到不
可思議之外，還是不可思議。然而，林獻堂和林攀龍視爲永久事業的
一新會，卻終將「無疾而終」。它的解消不來自於內部——如果沒有
外在原因，具有執拗之生命力的一新會不會輕易中止，已經突破二百
回的日曜講座沒有理由停止；截至一九三五年年底已經舉辦八十三回
的讀書會也沒有理由結束。但這一切都將爲外力所摧毀，這是最令人
扼腕之處。

五、一新會從榮盛到解消

　　一新會自創立以後，蓬勃發展，活動數量多，內容豐富。一直到
一九三五年年底，活力十足，然而，一九三六年間突然許多活動叫
停，彷彿冰解一樣，消失得無影無蹤。

　　如前所述，霧峰一新會舉辦過二百回以上的日曜講座，在日曜講
座持續進行的時候，一九三四年五月七日讀書會在一新會館圖書室舉
行成立會。[104] 這也是每週一次的聚會，會員就所讀的書發表心得，
和講演會有明顯的區隔。會員分正會員、特別會員，並有旁聽員。這

---

104 林獻堂自述的組織讀書會的動機爲：一、非有互相勉勵之機關不能進
　　步，二、際此思想混沌吾人將何適從，自非研究不可，三、準備將來
　　爲我同胞盡力。《灌園先生日記(七)一九三四年》，5月7日，頁189。

個活動最初固定在星期一(月曜日)舉行。舉辦三回之後，警部補高嶺
信夫和巡查奧隆表示想來參加讀書會，結果允許他們來旁聽，但拒絕
他們成爲會員。[105] 毋庸說，他們的用意在監視讀書會之進行。林獻
堂在日記中一向稱跟蹤、監視他的警察爲「特務」。(讀書會用閩南
語進行，也眞虧他們了。)奧隆時常來旁聽，有時換其他巡查來，也
有兩位一起來的情況。有次巡查沒來，林獻堂在日記上寫道：「今夜
巡查不來旁聽，想爲無暇也。」[106]

讀書會除了介紹自己所讀的書，發表心得之外，有時訂有議題，
供大家討論，如「討論婚姻問題，父母選擇與自由選擇二者之優劣，
吾人當何所是從」。[107] 十一月二十六日是第三十回讀書會，舉辦三
十回紀念活動，方式是「抽籤演講」，先準備講題，以抽籤方式決定
講者，抽到者得作即席演講，共十四個題目，林獻堂的題目是「映
畫」(電影)。[108] 十二月二十七日起，讀書會改在星期四(木曜日)舉
行。[109] 讀書會的講題新舊東西雜陳，非常有意思，如林獻堂曾介紹
《倫理學原理》，並多次發表研究《史記》本紀的心得，林培英講
「羅素的幸福論」，林攀龍講「印度甘地自傳」，林猶龍講《帝國主
義下之臺灣》等。[110] 一九三五年十二月十九日，一新會舉行第八十

105 《灌園先生日記(七)一九三四年》，5月7日，頁189；5月14日，頁197；
　　5月22日，頁207。高嶺信夫，臺中州大屯郡役所警察課警部補(頁1，
　　註1)；奧隆爲同一單位之巡查。
106 《灌園先生日記(八)一九三五年》，6月13日，頁208。
107 《灌園先生日記(七)一九三四年》，10月1日，頁376。
108 《灌園先生日記(七)一九三四年》，11月26日，頁445。
109 《灌園先生日記(七)一九三四年》，12月27日，頁476。
110 《灌園先生日記(七)一九三四年》，7月16日，頁278；《史記》，見8月
　　27日，頁335；9月3日，頁344；9月10日，頁350；9月17日，頁358；9
　　月24日，頁368；10月1日，頁376；10月8日，頁384；10月15日，頁

三回讀書會,這是此年日記中關於讀書會的最後紀載。翌年(1936)讀書會應該還繼續進行,但也就在這一年讀書會結束了;由於欠缺此年日記,我們無法得知何時終止。在這一年間,一新會許多活動都無法照往常的方式進行。可惜的是,我們無法知道讀書會是否突破一百回。

　　日曜講座、一新義塾教學,以及讀書會,是一新會持續最久的三項例行活動。另外,一九三五年十月二十六日一新詩文會成立,方式是出詩題,限韻賦詩,由詞宗評定優劣。似乎每月一次。[111]茲將一新會常設活動簡示如下:

表8-2　霧峰一新會常設活動簡表

```
1932.........1933.........1934.........1935.........1936.........1937......
日曜講座04/09----------------------------------------------------------？
　　一新義塾05/15--------------------------------------------------------10/04
　　　　讀書會05/07-------------------------？
　　　　　　詩文會10/26-----------？
```

　　一新義塾週一到週六上課,日曜講座和讀書會每週一次。我們知道林家婦女中頗有若干人,如吳素貞、張月珠、曾珠如等,既在義塾上漢文,也參加日曜講座和讀書會。他們的日子可以說非常緊湊、充實。林獻堂想必更是忙得不亦樂乎。

(續)────────────────

　　　395;10月22日,頁403;10月29日,頁412;「羅素幸福觀」見《灌園先生日記(八)一九三五年》,3月7日,頁83;「印度甘地自傳」,3月14日,頁92;《帝國主義下之臺灣》,見4月11日,頁128;4月25日,頁144。

111 《灌園先生日記(八)一九三五年》,10月19日,頁371;10月26日,頁377;11月9日,頁399;12月23日,頁450。

　　一新會的另一項創舉是舉辦夏季講習會。共舉行兩屆：一九三三年八月十二日至二十三日，共十二日；一九三四年八月六日至八月十六日，共十一天。主要以講演為主。這兩次夏季講習會申請許可時很不順利，官方一再刁難拖延。一九三三年夏季講習會原預訂八月十日舉行，我們不知道最初提出申請在哪一天，只知道七月二十四日申請書被駁回，理由是缺講師經歷書。八月三日林獻堂命溫成龍往教育課催促講習會之認可，得知還在警務部調查中。八月八日，林獻堂等人決定：若第二天獲得許可，將於十日舉行講習會。八月九日，大屯郡視學長嶺朝良表示：夏季講習會若去除講師葉榮鐘，則第二天便予以批准。又說：一新會必須加入教化團體(關於此一問題，詳後)。林獻堂與林攀龍、蔡培火商量，決定將葉榮鐘從名單中刪除，但加入教化聯盟的事以後再協議。(葉榮鐘預定講的科目是新聞學。)八月十日，溫成龍拿著刪掉葉榮鐘的申請書，再度到郡役所。過午歸來說，明日認可書方能發下。因此，一新會決定十二日舉行講習會，將通知書一齊發出。[112] 換句話說，時間非常緊迫，萬一第二天又生變，通知都發出去了，不知如何收拾。八月十一日，溫成龍再度往郡役所催促批准講習會，午後歸來說：昨天已經認可了，但因手續上的關係，不能即時取回認可書。林獻堂忍不住感嘆：「噫！一講習會之認可如是重難也。」[113]

　　一九三四年夏季講習會預定八月六日舉行，申請過程同樣困難重重。七月四日一新會提出申請，八月三日得知還沒到教育課長之手，林獻堂命溫成龍去催促。郡庶務課長表示：夏季講習會之認可所以遲

---

112 《灌園先生日記(六)一九三三年》，7月24日，頁288；8月3日，頁300；8月8日，頁306；8月9日，頁307。8月10日，頁308。

113 《灌園先生日記(六)一九三三年》，8月11日，頁310。

延的原因，乃是因爲一新會不加入教化聯盟，建議明日速即加入。林
獻堂等人認爲，一新會是否加入教化聯盟是另外的問題，決不能與夏
季講習會之認可作交換條件。[114] 八月四日，中尾教育課長和郡守貞
方平一郎表示：一新會加入教化聯盟才能批准夏季講習會。林獻堂在
日記中寫道：「余甚不快作此無理之交換條件，蓋教化聯盟與一新會
皆爲教化團體，受壓逼而加入，精神上已莫大之損害矣，是斷不能加
入。」後經陳炘從中與竹下知事、中田內務部長交涉，中尾教育課長
才決定認可，把加入教化聯盟當成另一個問題。[115] 但是，一直到八
月五日的晚上，也就是預定舉行的前一天晚上，貞方郡守方才通知
批准了。[116] 一九三五年一新會未舉辦夏季講習會，或許和申請困難
重重有關。

　　一新會的活動頗具連貫性，也顯示會員的季節感。一九三二年一
新會舉行第一回運動會，一九三四年十一月十九日舉行第二回運動
會，盛況勝於第一回，「蓋因增加義塾諸生徒也」。[117] 一九三四
年，一新會與霧峰庄體育會、霧峰公學校舉行聯合大運動會。[118] 其
他比較小規模的活動，如婦女懇親會[119]、留學生懇親會[120]、庄人慰
安會[121]、外地演講等[122]，也都大致延續第一年的作法，或是在精神

114 《灌園先生日記(七)一九三四年》，8月3日，頁300。
115 《灌園先生日記(七)一九三四年》，8月4日，頁302。
116 《灌園先生日記(七)一九三四年》，8月6日，頁306。
117 《灌園先生日記(六)一九三三年》，11月19日，頁443。
118 《灌園先生日記(七)一九三四年》，11月3日，頁418。
119 《灌園先生日記(六)一九三三年》，10月27日，頁416。八十餘人參加。
120 《灌園先生日記(六)一九三三年》，8月1日，頁297。約四十人參加。
121 《灌園先生日記(六)一九三三年》，12月26日，頁493。約千餘人參加。
122 如1933年10月至柳樹湳、12月至坑口演講，見《灌園先生日記(六)一
　　九三三年》，10月31日，頁420；12月1日，頁460。1934年6月有「巡

上有相通之處。此外，一新會主辦有益於學習的外出參觀活動，如參觀刑務所、變電所等。[123] 訪問刑務所那一次有二百二十餘人參加，不能不說「頗爲盛況」（按，林獻堂慣用語）。

一新會在夏天舉行「納涼會」之類的活動。第一次納涼會在一九三三年八月十九日晚間八時半舉行，地點是林獻堂自宅庭院，有林猶龍、高錦花、香珍、松基等唱歌，炳文、啓昌、添丁、金瑞等奏漢樂，又有少女十餘人之歌舞，末了作活動寫眞(電影)。一新會員來參觀者二百餘人。[124] 一九三四年八月十四日的納涼音樂會，八時開始，有林猶龍、林惠美、林雙眉、香珍、義塾男女口琴團、日高兒童劇團等演出，觀眾四、五百人，頗稱盛況，十時半方閉會。[125] 一九三五年的納涼會，於八月二十四日晚間八時在霧峰劇場舉行，「人眾擁擠，幾無立錐之地。音樂、唱歌、舞踊、演劇四者皆備，最後一劇曰『父歸』，……頗博觀眾唱彩。十一時閉會。」[126]納涼會可以說規模愈來愈盛大，觀眾愈來愈多。

在一新會諸多活動中，最膾炙人口的可能是週年紀念會——用現代的話來說，就是「週年慶」了。創立的那一年(1932)六月十二日，一新會舉辦書畫展覽會，展出一百件作品。林獻堂和林攀龍一家人非常看重藝術，我們從林獻堂日記中得知參觀畫展(並且買畫)是他的生

(續)——————

　　迴講演會」，9月至坑口演講，見《灌園先生日記(七)一九三四年》，6月23日，頁249；9月21日，頁365。

123　參觀刑務所，《灌園先生日記(六)一九三三年》，5月5日，頁186；林獻堂率義塾學生七十餘人，及其他約十人，參觀變電所，見《灌園先生日記(七)一九三四年》，8月27日，頁335。

124　《灌園先生日記(六)一九三三年》，8月19日，頁320。

125　《灌園先生日記(七)一九三四年》，8月14日，頁314。

126　《灌園先生日記(八)一九三五年》，8月24日，頁293。

活的一部分，到日本訪問也一樣。林獻堂曾以各種方式資助過許多年輕的音樂家、美術家、文學家等。畫家顏水龍是其中一位，他也是林攀龍的摯友。一九三一年顏水龍的兩幅畫入選法國巴黎秋季美術沙龍展時，林攀龍寫了一篇參觀感言，登在《臺灣新民報》。文字中透露出他對藝術的深切喜愛，以及與有榮焉的無上喜悅。文章末了他引馬修‧阿諾德(Matthew Arnold)的話作結[127]：

讚美優秀的東西是僅次於那件東西的好事情。

這是何等高貴的禮讚！林攀龍和林獻堂等人不也經常在做那僅次於優秀東西的好事情嗎？從一新會一週年紀念會開始，書畫展覽會成為未來幾次週年慶的固定節目。

一九三三年三月十九日是一新會創立一週年紀念日。書畫手藝展覽會在會館開幕，一週年祝賀會於午後二時半在大花廳舉行，晚上在大花廳開講演會。閉會後，在會館前放烟火，「人眾千餘，道路為之擁塞」。第二天，在一新會館植紀念樹，左右各種兩棵木蓮和銀杏。來觀書畫手藝展覽會者絡繹不絕，人造花幾乎全部賣完。林獻堂寫了一幅字，因為不想賣，所以定了高價(十円)，卻被吳素貞買走。展覽會六時結束，當天晚上在大花廳放映兩部電影《非洲猛獸》和《緋紅文字》，觀眾千餘人。《緋紅文字》即 "Scarlet Letter"，改編自美國

---

127 「優秀なるものを讚美るのはそのものに次いでよい事である。」林攀龍，〈顏水龍的畫入選巴黎秋季美術沙龍展〉（葉笛譯），收於林博正編，《人生隨筆及其他——林攀龍先生百年誕辰紀念集》，頁274。日文原文刊載於《臺灣新民報》第391號，1931年11月21日。

小說家霍桑的作品。電影第二天再放映一次。[128]一週年紀念活動共計兩個白天，三個晚上。

一九三四年三月十九日二週年紀念日，舉行書畫手工品展覽會，下午二時半在大花廳舉行祝賀會，晚上在會館舉行提燈遊行，環庄一周，有一百餘人參加；之後於大花廳放映電影。第二天晚上，在大花廳舉行音樂跳舞會，觀眾七百至八百人。我們不清楚第三天是否還有節目，因為林獻堂一早就起身收拾行李，準備出發到日本。[129]我們不禁想，他特地等到週年慶祝活動結束才離開霧峰。

一九三五年三月十九日，一新會舉行三週年紀念會，九時會員三十餘人在會館合唱會歌、放炮，植紀念樹一對。當天舉辦茶會，曾珠如等人負責賣茶部，林阿選負責賣吃茶券。書畫手藝展覽會同時開幕，觀眾絡繹不絕。到喫茶室喝茶的有十之二、三，賣掉喫茶券四百八十餘枚。紀念祝賀會二時半在戲園召開，由一新會委員長林攀龍敘禮，來賓致祝辭，並讀祝電、祝詩等。一新會仿照去年之例，舉行提燈遊行，但被命令中止；準備的花燈遂一概無用。第二天書畫手藝展覽會繼續開放，六時林攀龍向工作人員致謝辭，接著大家合唱會歌，三唱「一新會萬歲」後閉會。七時半在戲園放映電影。[130]這是一新會週年活動首次遭受官方干涉，預示著時局愈來愈緊，更嚴重的還等在後頭。

以上三次的週年紀念活動，不只是雅人雅集，參與的群眾非常熱烈，動則千人左右。在此，筆者不禁想起齠齡之年，物質貧乏，娛樂甚少，我居住的小鎮偶遇有在空地放映免費電影，總是人頭鑽動。七

---

128 《灌園先生日記（六）一九三三年》，3月19日—3月21日，頁112-115。
129 《灌園先生日記（七）一九三四年》，3月19日—3月21日，頁110-111。
130 《灌園先生日記（八）一九三五年》，3月19日—3月20日，頁98-100。

林獻堂先生遺墨

圖8-5
說明：林獻堂先生遺墨。

十年前的霧峰，時光更要倒退好幾紀，為時兩天的一新會週年活動，
放映電影只是節目之一，書畫手藝展覽、音樂舞蹈、提燈遊行等等，
不知要讓多少庄人嘆為觀止，有如魚龍之幻！至於茶會，恐怕更動人
聽聞。年近古稀時，吳素貞回憶道：「紀念大會〔二週年紀念會〕那

一天全省遠近扶老攜幼來參加者非常擁擠,又以園遊會中飲食部的那些臨時賣店中的茶餚,點心,都是婦女會員的精心傑作,主持販賣和招待的人手由霧峰官家奶奶小姐們擔任,在那封建社會下,讓貴婦閨秀拋頭露面空前大膽的創舉,最受注目和欣賞,生意特別興隆。」[131]

　　當一新會會員興高采烈經營他們的小小世界時,大環境已經起了很大的變化,他們的努力終將如夢幻泡影,消散於無形。一九三六年六月十七日,林獻堂參加在臺中公園舉行的臺灣始政紀念日慶祝遊園會,被一位叫做賣間善兵衛的日本人當眾揮拳掌摑。這件事對林獻堂衝擊很大。賣間掌摑林獻堂,一般稱為「祖國事件」。事情起因於該年二月,林獻堂和弟弟林階堂、林猶龍參加臺灣新民報組織的華南考察團,歷遊廈門、福州、汕頭、香港、廣東、上海各地。在上海接受華僑團體歡迎時,席上致辭,林獻堂有「林某歸來祖國」之語。這件事為特務獲悉,轉報臺灣軍部,五月《臺灣日日新報》報導此事,對林獻堂大加鞭伐。[132]據悉,六月十七日那天,賣間在園遊會中尋見林獻堂,即由懷中掏出勸告狀,內容略謂林氏在上海之言動是非國民的,大不應該,如有悔悟當即辭去公職,誓言今後不參加一切之社會政治運動。林獻堂回答:上海之言動是新聞誤報,至於對貴下之勸告,歸後當熟慮善處之。(按,很像林獻堂的行事風格)賣間即說:事屬至明,無再熟慮之必要。言畢拳頭並至,幸得楊肇嘉在旁阻住,只受兩下而得脫。[133]雖然林獻堂對於遭毆打一事當時反應相當冷靜,

---

131 林吳帖,《我的記述》,頁28。附帶一提,吳素貞的回憶錄是事後追憶的,有些細節可能不正確,例如這裡提及的週年紀念活動應該是三週年,不是二週年。
132 葉榮鐘編,《林獻堂先生紀念集》卷一《林獻堂先生年譜》,頁60b。
133 張漢裕主編,《蔡培火全集》一《家世生平與交友》,「日記」1936年6月22日,頁375。

但這件事對他打擊非常大。官派媒體大力聲援賣間；林獻堂決定辭掉一切公職，即臺灣總督府評議員、臺灣地方自治聯盟顧問、東亞共榮協會顧問，以及《臺灣新民報》取締役(董事)。最令林獻堂灰心喪志的恐怕是某些同志趁機落井下石吧。[134] 可惜這一年的林獻堂日記不復可見。

讓我們回頭看看一新會的情況吧。一九三六年一新會如何慶祝創立四週年呢？從一九三七年的日記，我們得知四週年紀念會仍有書畫展覽會，但「因懸敕語於不適當之處而生問題」。我們不知道到底出了什麼問題。總之，一九三七年一月下旬，一新會開委員會討論五週年活動時，鑑於歷年花灯遭受警察干涉，又有敕語掛錯地方的問題，因此，決定五週年祝賀會廢止花燈和書畫展覽，時間也縮短。[135]三月十九日那天，「一新會五週年紀念會，因時局之關係廢止演講、書畫展覽、バーザー、花燈、食茶店諸行事。」バーザー(バザー，bazaar)，即義賣會。三時半舉行紀念祝賀會，參加者共八十餘名。晚間八時半在義塾第一教室開懇親音樂會。演奏結束，食大麵、摸彩(抽福引)，十時餘散會。這是一新會從創立以來最寒酸的一次週年慶。非不爲也，時不我予也。

殖民政府的壓逼無處不在。我們前面提到，臺中州政府一直要一新會加入教化聯盟，從一九三三年四月十日開始，林獻堂和林攀龍抵擋了一年多，最後一新會委員會在一九三四年八月二十日終於決議加入教化聯盟。[136] 此時林攀龍人在日本，若在霧峰，不知他將持何種

134 張漢裕主編，《蔡培火全集》一《家世生平與交友》，「日記」1936
　　年6月27日、7月8日、7月22日，頁375、378-379。
135 《灌園先生日記(九)一九三七年》，1月26日，頁37。
136 《灌園先生日記(七)一九三四年》，8月20日，頁322；8月21日，頁324。

態度？約一年前，他認爲「官民合作之教化事業皆無有終之美」，而斷然拒絕之。[137]

林獻堂極端重視日曜講座，就算他人在關子嶺，或遠在日本，公私兩忙之際，仍不忘在日記登錄此日在霧峰舉行的日曜講座的講題和講師。(我們不知道他是事後補記，還是隨時有人特地通報。無論何者，都顯示他對日曜講座的看重。)日曜講座在一九三六年某個時刻結束了。他自己參與甚深的讀書會，也在一九三六年某個時刻終止了。唯一剩下的是一新義塾。

一九三七年一月一日新曆元旦，林獻堂和夫人，以及溫成龍到一新義塾，九時舉行〔新年〕祝賀式。出席者共二十九人。先唱國歌，林猶龍以代理塾主身分致訓辭、林春懷以來賓身分致祝辭，之後唱「新年歌」，然後閉會。[138] 讓我們看看一新義塾成立後第一個元旦是怎麼過的。一九三四年一月一日，九時半在一新義塾舉行元旦祝賀式，男女學生出席者六十至七十人。塾主林攀龍、林獻堂、李昆玉述新年祝賀辭。先唱國歌，後唱會歌，閉會式之後各贈與手巾一條，唱三聲一新會萬歲，然後寫書畫帖以作紀念。[139] 眞可說好景不再。尤有甚者，這天(1937/01/01)下午四時，陸軍病院臺中分院長窪田精四郎穿著大尉的正式服裝來拜訪林獻堂。他很同情林獻堂遭人誤解(指祖國事件)，他要林獻堂留意(原文「注意」)三件事：一、要樹門松(可見林獻堂沒做)，二、一新義塾當以國語爲主，不宜與漢文並行，三、庄役場書記當採用內地人(此時霧峰庄長是林雲龍)。[140]一位新

137 《灌園先生日記(六)一九三三年》，8月17日，頁317。
138 《灌園先生日記(九)一九三七年》，1月1日，頁1。
139 《灌園先生日記(七)一九三四年》，1月1日，頁1。
140 《灌園先生日記(九)一九三七年》，1月1日，頁1。

年的訪客(還要在林家用晚餐),憑什麼要林獻堂「注意」這三點?未免太失禮了。他所憑藉的是「時局」,而且是出於好意。

　　從林獻堂日記,我們得知一九三七年一新義塾的學生人數較前減少很多。這個時候,學習或使用漢文已經嚴重違反潮流。一月下旬,《臺灣新民報》也受到來自軍方的壓逼,羅萬俥認為廢止漢文一事,「時機至此已不能復再抵抗矣」。[141] 根據三月五日的日記,林獻堂認為一新義塾的男女學生「多無熱心讀書,漸次減少,三組女子甚至無有出席者」。這是他第一次流露不滿意學生的學習態度。他於是和溫成龍、潘瑞安討論「鼓舞之法及募集新學生。」他寫道:「義塾經費每年須一千五百円以上,而成績不佳,實為殘念(遺憾)。」[142]這幾句話讓我們感覺他很捨不得——不是捨不得錢,而是捨不得那曾經有過的熱烈的讀書氣氛。三月二十七日,一新義塾舉行畢業典禮。林雪香和林燕四年全勤,賞與手錶各一只;王萬金三年全勤,賞與《和漢大辭典》一部。另有四名獲得精勤獎。典禮中,王萬金和李緞代表畢業生致答辭。李緞述感謝惜別之意,聲淚俱下,林獻堂大為感動。下午按照慣例,一新塾友會歡迎畢業生入會,並開總會。[143] 這是最後一次總會。根據日記,此時一新義塾大約維持五十餘名學生。[144]

　　一九三七年五月十五日是一新義塾四週年紀念日,九時舉行祝賀式。典禮之後開學藝會,有二十位學生參加演出,用國語(日語)與臺語各半。第二天,林獻堂赴臺中向相關人士辭行。十七日,林獻堂帶

---

141 《灌園先生日記(九)一九三七年》,1月27日,頁38。

142 《灌園先生日記(九)一九三七年》,3月5日,頁86。

143 《灌園先生日記(九)一九三七年》,3月27日,頁115。

144 《灌園先生日記(九)一九三七年》,4月29日,頁159。

著二媳婦(林愛子)、三位孫子,以及管家一行七人啓程赴日。[145] 據悉林獻堂此行有長住日本的打算。[146] 十月某日,林獻堂接到楊水心的來信,他於十二日回復曰:「一新義塾於十月四日廢止漢文教授,順應時機,善於措置,余決定在此靜養,暫不歸臺。」[147]

一新義塾廢止漢文教學,正式爲霧峰一新會畫上休止符。

六、女性與霧峰一新會

霧峰一新會成立的經緯、活動內容、地方殖民政府的逼壓,以及最後的解消,我們在上面幾節已經交代了。到此,關於一新會的介紹應該可以告一段落。但是,如果我們就此結束,我們將忽略一新會一個非常重要的特色,因而辜負了林攀龍、林獻堂等人的一番苦心。那麼,這個特色是什麼呢?

一新會的一大特色是講求男女平等、提倡女性走入社會,實際上該會女性的參與非常深。[148] 如果我們從一新會的活動中把女性抽離出來,那麼,日曜講座就要垮一半,一新義塾要垮三分之二,讀書會也要減少一些生氣。究實而言,這不是人數的問題,這是一新會核心精神之所在,抽掉女性,一新會不是垮一半不一半的問題,而是不再成其爲一新會。

重視女性的公共角色,主張男女平等,這和林獻堂、林攀龍父子

---

145 《灌園先生日記(九)一九三七年》,5月15日,頁177;5月17日,頁180。

146 秦賢次編,〈林攀龍(南陽)先生年表〉,頁321。

147 《灌園先生日記(九)一九三七年》,10月12日,頁354。

148 許雪姬亦將之列爲一新會五大特色之一,見氏著,〈霧峰「一新會」的成立及其意義〉,頁15。

的人生閱歷與視野息息相關,但是,可貴的不是一個「知」字,而是身體力行。如前所述,霧峰一新會首次演講在一九三二年四月一日舉行(其後發展為土曜講座、日曜講座;講座第一回從四月九日那一次算起)。這一回的「辯士」(講演者)是廖德聰、林金生、林攀龍、林以義、溫成龍,以及吳素貞。楊水心致開會辭,林愛子致閉會辭。聽眾三百至四百人,「於盛會中散會」。[149] 這場演講會,有如火車的機關頭,啟動了未來二百餘場的演講,極具指標作用。在這麼重要的首場演講會中,我們看到三位女性擔綱,由女性開頭(開會辭),一位講演,最後又由女性作結(閉會辭)。這樣的安排,不是偶然。我們可以從一些零星的記載中,窺其一斑。例如,四月六日,一新會舉辦婦女茶話會,參與者女性二十人,男子五人,林獻堂日記云:「席間談話皆以婦人進出沒〔莫〕落男子之後以鼓舞之,頗動她等之聽聞。」[150]「進出」是日文漢字的用法,意思是「走入」,在這裡是說:「婦人要走入社會,不要落後於男子」。這樣的主張打動了在座的婦女。

在一九三〇年代,對於深居閨闈之內的女性而言,公開演講絕非容易之事。(即便對男性而言,何嘗容易。)公開演講面對的是一群聽眾,講者是在公共場域發言,不論是議題或儀態,都得從日常的「私的關係」中掙脫出來。婦女如何「進出」公眾世界是一大挑戰。顯然林獻堂、林攀龍等人對女性的能力具有信心。一新會的土曜講座(後稱日曜講座),定例每次二人演講,一位男士,一位女士。這個原則一直持續到最後。以下是土曜講座最初四回的講題和講者[151]:

---

149 《灌園先生日記(五)一九三二年》,4月1日,頁148。
150 《灌園先生日記(五)一九三二年》,4月6日,頁156。
151 《一新會日曜講座演題目錄》,頁3。

第一回（1932/04/09）

就社會事業而言　　　　　　　　　　　　林攀龍

促進婦人之精神　　　　　　　　　　　　張氏月珠

第二回（1932/04/16）

臺灣新民報日刊發行所感　　　　　　　　林猶龍

就新聞事業而言（新聞與社會之關係）　　葉榮鐘

產婦及初生兒之衛生　　　　　　　　　　王氏水

第三回（1932/04/23）

嬰兒死亡之原因及豫防法　　　　　　　　洪氏瑞蘭

何以謂之人生與人生觀　　　　　　　　　林獻堂

第四回（1932/04/30）

新時代婦人之正道　　　　　　　　　　　林氏素英

談目下之財界事情　　　　　　　　　　　陳炘

雖然這只是二百餘回中的最初四回，卻是很好的樣本。《一新會日曜講座演題目錄》顯示，每回演講通常有兩個講題，講者男女各一，先女士，後男士。基本上，女性演講者所談論的大抵和女性議題或專業知識有關。

　　女性講者對公開演講是認真的。吳素貞為了在四月一日發表為時甚短的演講，事先準備演說稿，三月二十八日拿給林獻堂過目，題目是「迷信打破」，約有二百餘言。林獻堂日記云：「雖非透徹之議論，亦頗有可取之處。」[152]張月珠是土曜講座首場的講者之一。我們無法得知她們的表現如何，但是顯然她們很看重此事，很想改進演

講的技巧。四月二十三日，林獻堂將往一新會圖書室讀書，剛好陳薄燕(林輯堂之妾)、吳素貞、張月珠、林阿選來找他，他遂招她們一起到一新會館，在圖書室座談數十分鐘，張月珠提議開一研究會以養成女辯士。林獻堂「甚贊成其說」，認為「非如是不足以動聽眾之觀念」。[153] 所謂「動聽眾之觀念」自然是指改變一般人對婦女及其地位等看法。五月一日，一新會舉辦第一回婦人會，這個會的主持人、致開會辭和閉會辭的都是女性。六位演講者有二位男士(林獻堂、林攀龍)，四位女性。林獻堂的題目是「演說之方法」，這是應張月珠和吳素貞之要求而講的。[154] 顯然女辯士們熱切希望得到指點，而林獻堂也樂於教導。

1935年3月6日，林獻堂日記記載[155]：

> 日曜講座自千九百三十二年四月九日創設至三月十日，計百五十回。講師男子四十一人〔內英人一，日人三〕，女子四十五人〔英人二〕。講演回數余與攀龍、成龍、月珠各十一回，猶龍十回，金生九回，崑玉、水心、素貞、瑞蘭各八回，水來、培英、磐石、桂鶯、碧霜各七回，培火、遂性、榮鐘、春懷、碧霞各六回，少聰、戊己、戊鉾、專真、時喜、桂桃、珠如各五回，以下不錄，預定贈與紀念品。

第二天，他又想五回以下還是應該記錄下來，「以作將來之參考」。

---

153 《灌園先生日記(五)一九三二年》，4月24日，頁182。
154 《灌園先生日記(五)一九三二年》，5月2日，頁194。林獻堂在日記中記下演說方法的要點。
155 《灌園先生日記(五)一九三二年》，3月6日，頁82。

於是又花了篇幅一一記錄下來。[156] 由此可見，日曜講座女性講員人數甚至多於男性(雖然男性給的演講總回數比女性多)。不要說在當時，就是二十一世紀初的今天，能夠做到這一點，少之又少。

三月十日，一新會舉辦日曜講座一百五十回紀念演講，曾珠如講「自由與責任」，林攀龍講「日曜講座百五十回之感想」，「聽眾百數十人，自始至終皆傾耳靜聽」。[157] 曾珠如的題目相當抽象，想必不好講，很可惜我們無法得知內容。[158] 對熟悉林家歷史的人而言，這場紀念演講格外有意思。因為，這一年二月十八日林攀龍決定和曾珠如結婚。[159] 這是林攀龍經過一九三四年一段不如意的戀情之後[160]，在父母的期待下和曾珠如締結婚姻。曾珠如是一新會年輕的核心分子，也是林獻堂和夫人楊水心看中的媳婦。一新會委員長兼一新義塾塾主林攀龍和活躍的會員曾珠如結婚，是一新會的大喜事。一百五十回紀念演講會是曾珠如婚前最後一次演講，搭檔是未來的公公——曾經替他改作文的頂厝大老爺。附帶一提，四月三日林攀龍、曾珠如結婚當天，二十位義塾女生加入「親迎」行列，引導花轎。結婚後第三天，林攀龍招待一新會會員五百十餘名，義塾學生一百五十餘名，公

---

156 《灌園先生日記(五)一九三二年》，3月7日，頁83。附帶一提，日曜講座講演六回以上才有講師待遇的資格。(日記1934/07/18，頁281)

157 《灌園先生日記(五)一九三二年》，3月10日，頁87。

158 林獻堂有意將一百五十回的演講原稿彙集起來，付諸剞劂，但茲事繁複，因此先印演題和目錄。演講原稿似乎未見付梓，誠可惜也。

159 林吳帖，《我的記述》，頁21、28。

160 1934年年初，抱獨身主義的林攀龍和堂妹林雙吉戀愛，決定結婚，由於同姓，又是近親，林獻堂和楊水心「心中如壓大石，苦悶異常，蓋恐其堅執不捨，必致家庭破裂，而政治運動、社會教化諸事業則從此已矣。」(日記1933/03/06，頁92)。經過一番激烈的衝突，兩天之後，林攀龍同意不跟林雙吉結婚。其後林雙吉在林獻堂大力資助之下，回到中國唸書，林攀龍則到日本東京研究學問，停留七個月之久。

學校、派出所並親友及使用人約二百人，在霧峰戲園觀賞日高跳舞團表演，並看電影。由此可見，一新會在林攀龍心目中的地位。

　　活躍於一新會的女性會員不少，除了林獻堂的妻子、媳婦以及前面提過的張月珠、吳素貞之外，還有洪浣翠(林瑞騰妾)、楊桂鶯、林碧霜、林阿選等人。在這裡讓我們介紹一下首場演講會披掛上陣的吳素貞。吳素貞是林資彬的繼室，出身彰化望族，是前清貢生吳德功的姪女。吳德功著有《戴施兩案紀略》、《讓臺記》、《彰化節孝冊》、《觀光日記》等書。吳家恪守舊規，相信女子無才便是德，不讓女子拋頭露面。偏偏吳素貞喜好讀書，個性又強，從幼年開始為了爭取讀書的機會，吃了不少苦頭。吳素貞沒有正式的學歷，但舊學有根柢。她和林資彬的婚姻不幸福，一新會成立之後，她全力投入，也報名一新義塾，到處看得到她的身影。一新會對他的影響非常深遠。光復後，她競選第一屆國民大會代表，成功當選，走上女性參政之路，並主持臺中市婦女會。在回憶錄《我的記述》中，吳素貞寫了〈我加入了一新會〉，對她所參與的一新會活動，如演講、辯論，有詳細的描述。在她的回憶中，一新會「揭櫫以改革社會風氣，提高女權為宗旨」，並說「一新會倡導女權」云云。雖然，我們在一新會的文獻中並未看到「提高女權」這樣的字眼，吳素貞的現身說法證明了一新會的女性立場。戰後，吳素貞之有能力選擇這樣的人生路徑，可以說是一新會的餘蔭(heritage)。

　　張月珠也是一新會非常活躍的女性會員。林獻堂對她寄予厚望，曾「勸其勉強學問，將來為婦女界之指導者」。日記云：「她雖不敢以此自負，亦頗以余言為適合。」[161]一九三四年八月七日，在一新

---

161 《灌園先生日記(六)一九三三年》，8月5日，頁302。

會夏季講習會中，張月珠擔任學生懇親會的主持人，林獻堂認爲她「指揮頗得其宜」[162]，流露出欣賞之意。可惜筆者尚未蒐集到有關張月珠的資料，不知她在光復後的出處情況。是否不負林獻堂之所期，成爲婦女界的指導者呢？

一新會雖未標榜我們今天熟悉的口號，如「提倡女權」、「男女平權」等，其所作所爲其實就是要提高女性地位，而且這是奠基在男女平等的堅實信念之上。林獻堂確確實實相信男女平等。有一次陳槐庭在土曜講座講「男女不平等」，內容「引古來男女不平等爲當然，又言女性嫉妒而好虛榮」。林獻堂恐聽眾誤解，乃急爲說明：男女不平等皆由制度，習俗使然，非智能之不能平等；其次說明制度平等、機會平等，以闡明平等原則……。[163] 這樣的觀念——尤其是相信男女智能平等——即使在今天都還無法深入人心。我們從林獻堂日記看出他非常注重女子教育，毫無男女之別。至於林攀龍，他欣賞西歐文化，曾指出「女性地位之提高是西歐文化的緣故」[164]，無疑也是相信男女平等。當大戶人家恨不得把自家婦女局限在私領域，楊水心、林愛子、林關關卻一再拋頭露面，還到處巡迴演講。[165] 光復後，林攀龍鼓勵曾珠如參與婦女會活動，獲選爲臺灣省婦女會理事長，並以最高票當選爲中華民國第一屆國民大會代表。[166] 在這裡，我們看到

---

162 《灌園先生日記(七)一九三四年》，8月7日，頁307。

163 《灌園先生日記(六)一九三三年》，3月25日，頁120。

164 「婦人の地位を引き上げたのは西歐文化の所爲である事を思はなくてはならない。」林攀龍，〈歐洲文化の優越性(上)〉，《臺灣民報》第241號，1929年1月1日，頁15。

165 《灌園先生日記(六)一九三三年》，12月1日，頁460；《灌園先生日記(七)一九三四年》，6月23日，頁249。

166 秦賢次編，〈林攀龍(南陽)先生年表〉，頁321。

信念的一貫性，以及知行之間的可貴結合。

小　結

　　林攀龍不欣賞東方文學中「人世悲慨」的美學傳統。我們在第二節引過他的句子：「……東洋詩人大體上都享受自然，而殊少感受其恩惠，其大多數都是於娑羅雙樹的花色裡感受著盛者必衰之理的人們。大多為『叢雲遮月，風吹花』之類的詞藻。」筆者很同意他的看法，因此在寫作過程盡量壓抑個人的感覺，以免墮入「人世悲慨」的俗套裡。然而，每當讀到一新會活力十足的活動一項項中止、消失，很難不悵然若有所失。一新會的消失，不來自內部的自我敗壞，而是來自外部的壓力。

　　從祖國事件以來，林獻堂承受許多壓力，這些壓力除了政治的、社會的、經濟的，一九三七年地方殖民當局還對他的族人林資彬、林松齡、林鶴年「開刀」，以達到「殺雞儆猴」的威嚇效果。[167] 諸如這類事情都是造成林獻堂走避日本內地的原因。在這裡，我們必須了解殖民地統治的一個特色：一般而言，殖民地子民在殖民地感受到的壓迫和歧視往往比人在內地時嚴重，在內地甚至可以享受到和母國人民一樣的法律保障。這是殖民統治弔詭的地方。總之，林獻堂於一九三七年五月十七日——參加了一新義塾四週年祝賀式之後，攜帶部分家人赴日，他這一住要到一九三八年十二月十一日才離開東京[168]，返回臺灣。

167　細節不及詳述，有興趣者可參考《灌園先生日記(九)一九三七年》前幾個月的記載，如2月13日、2月17日、2月20日等。

168　《灌園先生日記(十)一九三八年》，12月11日，頁321。

　　一九三〇年代中期以後，日本軍國主義抬頭，右派勢力囂張，這個時候日本本身知名的自由派知識分子都難以自保，或轉向，或僅以身免(如矢內原忠雄)，何況在殖民地從事政治社會運動者？如果我們從這個角度來看，林獻堂之遭受壓逼、一新會之所以煙消雲散，乃係無可如何之事。

　　關於霧峰一新會，值得深入分析的地方很多。我這篇文章只是先整理個大概，進一步的探討留待將來。最後，我想談一下臺灣史史料大量出現對臺灣史研究所起的作用。一九九四年，筆者從旅居一紀之久的異鄉返回臺灣。當時臺灣史已經開始受到重視，許多史料陸續「出土」。臺灣史的許多史料是在社會給予相當的注意之下，才出現在「正式」的場景。如果再晚十年臺灣史才受到重視，我相信這其間將有个少史料湮滅於不知不覺中。約三十年前，當我開始從事臺灣史研究時，可以利用的史料非常貧乏，有些史料就算知道，也很難入手。我之所以提及前塵往事，只要是想說明一個社會重不重視某種(某類)歷史，對該歷史的相關史料的存歿具有極大的影響。林獻堂日記之所以能殘存到一九九〇年代，又能夠經過整理註解而公諸於世，這是要多大的運氣和多少相關人士的努力才能獲致！透過林獻堂日記，歷史向我們展示我們所不曾認識的過去；至少若無林獻堂日記，一新會的存在將只剩下幾張照片和零星的記載。林獻堂日記每天記的內容不多(大抵不超過一頁)，而且林獻堂的寫作風格要言不煩，粗看之下似乎鮮少可觀之處，但他持之有恆，日繼一日，如果我們仔細檢讀，反復對照，將從中獲致綿綿不絕的訊息。

　　一新會代表臺灣曾有過的健康的、向上的、陽光般的社群自新運動。雖然那樣的精神和世界早已離我們遠去，且和臺灣目前的文化格調風馬牛不相及，最後還是讓我們以一新會會歌的兩句話作結：「進

步由教育，幸福公家造」，「生活若合理，親像日上山」。

原發表於《臺灣風物》第56卷第4期（2006年12月），頁39-89。
2010年8月修訂。

第九章

想像的民族風——
試論江文也文字作品中的臺灣與中國

前言

　　江文也是出身臺灣的作曲家，才華洋溢，一九三〇年代後半到一九四五年活躍於日本和北京音樂界，意氣風發，然而由於特殊的個人和時代因素，他的後半生遭遇極慘，聲名淹晦不彰，直至纏綿病榻、意識不清之時，方才有故鄉之人遠來探望。那已經是一九八〇年代初期了，而他也終於在出生地臺灣「出土」了。然而，由於種種原因，以及歷史認知上的局限，我們往往根據自己的關懷和思考方式來理解他，不惟把他從他所屬的時代脈絡中抽離出來，也忽略音樂家個人藝術性格的內在邏輯。本文是將江文也還諸歷史、還諸他個人的一個小小嘗試。

　　本文以江文也一九四五年以前的文字作品爲核心材料，整理分析江文也有關臺灣和中國的表述及其意涵。由於江文也的生平對某些讀者來說，可能還是有點陌生，因此，第一節先簡單介紹江文也一生的梗概，以及截至目前爲止的相關研究。其次討論故鄉臺灣的意象對他的藝術創作所起的關鍵性作用。第三節則試圖從藝術家個人的創作與思惟邏輯，理解他的北京之行及其後寓居北京的「選擇」。第四節利用難得的江文也日記和書信，呈示藝術家個人關於一夕成名的感受與

省思。第五節主要從他的文字作品中釐出他的中國想像的梗概。最後，關於一九三八年至一九四五年間江文也的某些引人訾議的音樂活動與作為，筆者試圖從歷史的脈絡予以理解；不是要為江文也辯護，而是要挽救江文也於「悖離時代」的民族主義式的解讀。

一、生平與相關研究

江文也原名江文彬，一九一〇年生於日本統治下的臺灣，戶籍地在臺北州淡水郡三芝庄[1]；父親江長生，母親鄭閨，江文彬是次男，長男江文鍾生於一九〇八年，三男江文光生於一九一三年。江家雖然戶籍設在三芝，根據戶籍資料，居住地主要在大稻埕一帶，江文也很可能生在大稻埕。[2] 江長生經商，可能於一九一六年，江文也六歲時，舉家移居中國福建廈門。[3] 此時的福建是列強瓜分下日本的「勢

1　臺北州淡水郡三芝庄新小基隆字埔頭坑五番地。此係1920(大正9)年10月1日改稱，原地名為：臺北廳芝蘭三堡小基隆新庄土名埔頭坑五番地。

2　目前有關江文也的相關論著大都以江文也生於淡水三芝，可能不正確。根據三芝鄉戶政事務所戶籍資料，江長生和他的兄弟在1906(明治39)年3月9日全戶從艋舺遷居三芝，以三芝為戶籍地，當時的戶長是江永生(江長生的二哥)。江永生於1906年5月7日去世，戶長由江長生繼承，但該年10月江長生即「寄留」於大稻埕，「寄留」指居住於非戶籍所在之住所。其後江長生數度更改「寄留」地址，但1922年以前都在大稻埕一帶，因此，江文也很可能生於大稻埕，而非戶籍地三芝。江長生於1933(昭和8)年1月24日過世，戶長由江文鍾繼承，此後江文也和他的妻子，以及四位女兒的戶籍都在江文鍾這一戶之下。江文也全家並不住在三芝，他們的「寄留地」是東京市大森區南千束町四十六番地。

3　江長生於何年遷居廈門，戶籍資料並未顯示，此係根據俞玉滋〈江文也年譜〉，收於劉靖之主編，《江文也研討會論文集》〔民族音樂研

力範圍」。如所周知，一八九六年日本取得廈門、福州等租界，一八
九八年日本獲得清朝總理衙門不將福建沿海讓租他國的認可；亦即由
日本取得優先權益。海外的臺灣人在當時是所謂的「臺灣籍民」，亦
即擁有日本國籍而居留於日本本土與殖民地之外的臺灣人，特別指居
住於福建和東南亞等地的臺灣人。[4] 在福建的日本人(含臺灣籍民)享
有諸多特權，包括治外法權以及免繳各種稅捐等優惠。[5] 江長生的三
哥江保生(即江文也的三伯父)於一九〇七年從臺灣到廈門創辦《全閩
新日報》，該報是日本廈門領事館的外圍組織，江保生活躍於臺灣人
社群，與日本駐外單位關係密切。[6] 江文也的父親江長生從臺灣移居
廈門應和江保生有關。

　　江文也約於一九一七年進入廈門旭瀛書院就讀。旭瀛書院是臺灣

(續)───────

　　　究第三輯〕(香港：香港大學亞洲研究中心、香港民族音樂學會，
　　　1992)，頁29。是否確實無誤，待攷。

4　關於居住於廈門的臺灣籍民及其問題，可參考鍾淑敏，〈日治時期在
　　廈門的臺灣人〉，「江文也先生逝世二十週年紀念學術研討會」會議
　　論文(臺北：中央研究院臺灣史研究所籌備處，2003年10月24日)；以
　　及鍾淑敏，〈日治時期臺灣人在廈門的活動及其相關問題(1895-
　　1938)〉，收於走向近代編輯小組，《走向近代：國史發展與區域動
　　向》(臺北：東華書局，2004)，頁399-451。

5　參見梁華璜，〈臺灣總督府與廈門旭瀛書院〉，收於氏著，《臺灣總
　　督府的「對岸」政策研究──日據時代臺閩關係史》(臺北：稻鄉出版
　　社，2001)，頁106。

6　廈門臺灣居留民會編，《廈門臺灣居留民會報》〔廈門臺灣公會三十
　　週年紀念〕(廈門：編者印行，1936)，頁1-2、152。根據此份資料，
　　江文也長兄江文鍾(原文作「鐘」)在1930年代也活躍於廈門臺灣人社
　　群，擔任廈門臺灣居留民會的議員；江保生當時是參議，位階在會
　　長、副會長之下(頁58)。在此之前，江保生曾擔任廈門臺灣公會副會
　　長；廈門臺灣公會即廈門臺灣居留民會之前身。根據此份資料，江保
　　生的職業是雜貨(仁昌洋行)，江文鍾是貸地業(即地主之意)，見頁
　　157。可惜筆者尚未查到直接與江長生有關的資料。

總督府爲臺灣人子弟創辦的初等教育機構，雖名爲書院，實則是以臺
灣初等教育設施爲準據而創設的，相當於臺灣公學校。[7] 一九二三年
八月四日，江文也的母親過世，同月二十六日江文也和長兄江文鍾離
開廈門，到日本信州（長野縣）留學。江文也先進入上田南尋常小學校
六年級就讀，翌年春進入上田中學校就讀。[8] 一九二八年中學畢業
後，考入東京武藏野高等工業學校，就讀電器科，一九三二年畢業。
江文也缺乏正統的音樂教育，但他在上課之餘致力於音樂的學習，於
一九三二年以聲樂嶄露頭角，其後更以作曲崛起日本樂壇，一九三〇
年代後半期至一九四〇年代上半期，名噪一時。一九三八年，江文也
赴北京就任教職，往來東京與北京之間，這是他一生最風光、文學與
音樂創作最豐富的時期。一九四五年日本戰敗投降後，該年冬天江文
也遭當局以「漢奸」之名逮捕，繫獄十個半月後獲釋 [9]，從此滯留北
京。從一九五七年的反右運動到文化大革命，江文也慘遭清算、下鄉
等命運。一九七八年獲得「平反」，一九八三年十月二十三日逝世於
北京。

　　根據以上簡單的生平輪廓，我們可以得知江文也的人生和東亞歷

7　廈門旭瀛書院創立於1910年，類似的設施，福州有東瀛學堂(1908)，
　　汕頭有東瀛學校(1915)，見臺灣教育會編，《臺灣教育沿革誌》（臺
　　北：臺灣教育會，1939），頁509-515。關於旭瀛書院的創立和學校建
　　置，可參考《廈門旭瀛書院要覽》（臺北：廈門旭瀛書院，1918；附
　　注：此書印於臺北）。《要覽》出版時，江文也已經入學，可惜書中並
　　無學生名單。根據該書的統計，就讀旭瀛書院的中國籍學童高達一半
　　之多。關於旭瀛書院的研究，可參考梁華璜，〈臺灣總督府與廈門旭
　　瀛書院〉，頁101-130。

8　根據江文也日記，轉引自井田敏，《まぼろしの五線譜　江文也とい
　　う「日本人」》（東京：白水社，1999），頁23、28。

9　此段經歷，見吳韻眞，〈伴隨文也的回憶〉，收於劉靖之主編，《江
　　文也研討會論文集》，頁13-14。

史的巨變有很深的糾葛，他個人的生命捲入時代翻雲覆雨的變化中。他的前半生多彩多姿，後半生備遭摧殘，前後有如天壤之別，就連他如何在故鄉臺灣「出土」（從隱晦禁絕到重新為人所知），也是個時代故事。由於一九四九年冬天江文也未隨中華民國政府遷臺，他和其他許多留在中國大陸的文學家、藝術家，以及學者，成為「陷匪人士」，他們的作品在國民黨統治下的臺灣遭受查禁。因此，江文也的名字只流傳於極小的音樂圈中，絕大多數在國民黨統治下成長的臺灣人從未聽過他的名字，遑論其作品了。臺灣媒體公開討論江文也在一九八一年，再過兩年他就去世了。

　　一九八一年，江文也的名聲從海外華人社群傳回臺灣，這一年，三位在美國的江文也的「隔代知音」分別在臺灣的報章雜誌發表有關江文也的文章，依時間之序為：張己任〈才高命舛的作曲家〉（《中國時報》，1981年3月13日）、謝里法〈故土的呼喚——臥病北平的臺灣鄉土音樂家江文也〉（《聯合報》，1981年5月8日），以及韓國鐄〈江文也的生平與作品〉（《臺灣文藝》革新號19期〔1981年5月〕）。這三篇文章發表後，立刻引來音樂界的熱烈反應，其中最具代表性的是郭芝苑的〈中國現代民族音樂的先驅者江文也〉（《音樂生活》24期〔1981年7月10日〕）；郭芝苑年輕時曾幾度拜訪江文也，深為仰慕。此後到一九八三年之間，有不少有關江文也的文章發表於各個地方。[10]

　　江文也在臺灣「出土」之後，開始有所謂的「江文也熱」，也帶

10　以上參考何義麟，〈追尋東方的那一顆星——1980年代江文也出土現象的文化分析〉，「江文也先生逝世二十週年紀念學術研討會」會議論文（臺北：中央研究院臺灣史研究所籌備處，2003年10月24日），頁2。

動江文也研究。江文也熱在一九九二年臺北縣政府舉辦「江文也紀念研討會」時，可說達到最高點。配合該研討會，主辦單位在國立臺灣師範大學禮堂舉行一場「江文也紀念音樂會」。《江文也紀念研討會論文集》是此一階段的研究集成。[11] 綜觀一九八一年到一九九二年的相關文字，大抵可歸類為三種：一、紀念性文字；二、生平與作品的整理；三、以研討會為契機而集結的研究論著。在這一階段的江文也研究，無論海內外，基本上限於音樂界人士，這當然是極為自然的事。此後雖然偶有零星的論著出現，江文也研究似乎進入停頓期，一直要到二〇〇三年十月，中央研究院臺灣史研究所籌備處舉辦「江文也先生逝世二十週年紀念學術研討會」，才又活絡起來。[12] 該次研討會最大的不同在於由歷史研究者主導。就江文也研究來說，這是歷史學界和音樂界第一次的合作，別具意義。[13]

　　音樂界人士首開江文也研究之先河，功勞甚大。然而，像江文也這樣和時局變化糾葛甚深的音樂家，歷史的了解很重要。何況日本殖民統治時期的臺灣歷史，對大多數人來說還是相當陌生的(1940年代至1960年代之間出生的多數人大抵對臺灣史欠缺系統性的了解)，而

11　張己任編，《江文也紀念研討會論文集》(臺北：臺北縣立文化中心，1992)。

12　配合此一研討會，臺灣史研究所籌備處籌劃兩場「江文也逝世二十週年紀念音樂會」，一為「聲樂和鋼琴作品」，前半場由陳威光演唱聲樂作品，後半場由宋如音(J. Y. Song)彈奏鋼琴曲(2003年10月23日於國家音樂廳演奏廳；曹永和文教基金會贊助)。另一為「管弦樂曲」，由江靖波指揮國立臺灣交響樂團演出(2003年10月24日於中央研究院學術活動中心大禮堂，中央研究院藝文活動推動委員會舉辦)。

13　此一研討會九位論文報告人中，音樂界有研究江文也卓然有成的張己任教授、蘇夏教授(中國)、後起之秀劉麟玉女士(日本)，以及兩位來自日本的楢崎洋子教授與仲萬美子女士。歷史研究者則為(敬稱略)：何義麟、周婉窈、許雪姬、鍾淑敏。

殖民地情境的錯綜複雜又往往不是能「想當然耳」。此外，江文也的
文字作品絕大多數以日文撰寫，臺灣音樂界人士，除了接受日本教育
的前輩(如郭芝苑、許常惠)外，大抵無法直接閱讀原始材料，造成研
究上的盲點。私意以為，截至目前為止，江文也研究比較欠缺的是歷
史的深度，如何把江文也放回他所身處的時代，予以了解，予以詮
釋，是今後應該努力的目標。

　　江文也除了是音樂家之外，多才多藝，很有文學寫作的才分，留
下不少文字資料。自江文也「出土」之後，他的文化認同與身分認
定，以及因此而衍生出來的「民族認同」(national identity)，可說是最
吸引人的議題，不少人從「民族主義」的觀點來解釋他——或強調他
的中國認同，或強調他的臺灣(鄉土)認同，甚至有人以他為背負「臺
灣人原罪」的代表人物。[14] 也有人把他在一九三八年選擇到中國任
教，看成民族主義的抉擇，如說他「放棄在日本的名氣和地位」、
「回歸祖國」。[15] 實際上果真如此嗎？綜觀江文也的一生，臺灣和中
國都是他的重要創作泉源。臺灣和中國，在江文也的心中到底占著怎
樣的地位？二者的關係為何？相信對關心江文也的人而言，這是令人
困惑的問題。這篇文章主要想透過江文也的文字作品和相關材料，試
圖探究他所表述的臺灣和中國的內容、其間的關係，及其意涵。

14　典型的說法，見謝里法，〈斷層下的老藤——我所找到的江文也〉，
　　收於韓國鐄、林衡哲等著，《音樂大師江文也》(高雄：敦里出版社，
　　1984)，頁116-120。

15　許常惠，《臺灣音樂史初稿》(臺北：全音樂譜出版社，1991)，頁
　　371。謝里法也說：「一九三八年，江文也毅然決定放棄東京優越的生
　　活環境，……回到祖國。」見謝里法，〈故土的呼喚——記臥病北平
　　的臺灣鄉土音樂家江文也〉，收於韓國鐄、林衡哲等著，《音樂大師
　　江文也》，頁34。

　　以下的分析主要根據已出版的江文也的文字作品(含手稿本)。然而，保存於江文也夫人江乃ぶ(中譯爲「江信」；文獻或作「江のぶ子」、「江信子」)女士東京寓所的江文也日記，至今尚未公諸於世；這是江文也從十三歲到二十八歲之間的日記[16]，冊數甚夥。關於日記的內容，一般只能從轉載中的斷簡殘篇中略窺一斑。所幸的是，江乃ぶ女士曾惠贈筆者一篇江文也日記(1936年12月27日)打字本，以及一封江文也寫給她的家書(1936年9月8日)影本，是難能可貴的資料[17]，讓我們得以直接感受音樂家的思緒和心情。附帶一提，江文也的文字作品絕大部分是日文，本文所採用之中譯，若是引用既有之翻譯，則於註解中注明，未加注明者均出自筆者之手。

二、「始於故鄉，終於故鄉」的臺灣想像

　　如前節所述，二十四年前(1981)江文也在臺灣「出土」，端賴三位有心人士——張己任、謝里法和韓國鐄。張己任和韓國鐄是音樂家，謝里法是畫家，也是臺灣美術史研究者。謝里法的文章標題是〈故土的呼喚——臥病北平的臺灣鄉土音樂家江文也〉。[18]「故土的呼喚」在謝里法的用法裡，指故鄉臺灣對江文也的呼喚。臺灣作爲江

16　1938年，江文也旅居北京之後，是否繼續寫日記，不得而知。1939年，江文也和中國學生吳韻眞認識，之後同居，他們之間的第一個小孩生於1941年新曆除夕。此事江文也一直瞞著妻子江乃ぶ，雖然此一期間，江乃ぶ仍帶著女兒往來東京、北京之間。據悉，江乃ぶ和四個女兒在戰爭結束後，方才輾轉得知此事。

17　在此謹向惠賜資料的江夫人和江庸子女士(江文也次女)致上深謝之意。

18　《聯合報》「聯合副刊」，1981年4月16日。

文也的故鄉，對他一直有著重大的意義。他在一九三六年夏天以管弦
樂曲《臺灣舞曲》獲得柏林奧林匹克藝術競賽的選外佳作認可獎，確
立他在日本樂壇的地位，又由於他的樂曲在歐洲受到演奏，使他成為
當時日本國內少數的「國際」作曲家。此外，從一九七八年獲得「平
反」，到臥病不起的短短幾年內，他致力於管弦樂曲《阿里山的歌
聲》的寫作，終因病情轉劇，無法完成。我們於是可以說，江文也的
音樂創作主題始於臺灣，也終於臺灣。

　　如果我們細看他的創作過程，那麼這個「始於臺灣」就要更加確
鑿了。江文也在日本樂壇最先以聲樂起家。他在一九三二年(22歲)以
本名江文彬參加日本時事新報社舉辦的第一屆音樂大賽聲樂組，獲得
「入選」；翌年，以江文也之名參加第二屆音樂大賽聲樂組，獲得
「入選」。第一屆競賽分為聲樂、鋼琴、小提琴、作曲四個項目，第
二屆競賽項目增加大提琴一項。等次有「大賞」、「賞」、「次席」
與「入選」等名目，每個項目情況不一。就江文也所參加的聲樂組而
言，兩屆都只給出「賞」和「入選」，前者只取一名，後者則錄取多
名。江文也在第一屆的聲樂入選名單中排名第二(共三名)，第二屆則
領頭銜，入選者共八名。[19] 對一位初出茅廬的年輕人而言，這算是崛
起得相當快，但江文也不以此自限，第一次入選聲樂項目時，即表示
將來想當作曲家。[20] 一九三四年，江文也參加第三回音樂大賽作曲
組，此屆等次有第一名、第二名、入選之分。江文也和箕作秋吉

19　音樂コンクール三十年編纂事務局編，《音樂コンクール三十年1932-
　　1961》(東京：每日新聞社、日本放送協會，1962)，頁33。

20　劉麟玉，〈臺灣人作曲家江文也の日本における音樂活動年表〉，收
　　於重永哲也編，《創立五十周年記念論文集》(香川縣：四國學院文化
　　學會，2000)，頁274。

(1895-1971)同爲第二名，排名在後。[21] 讓江文也實現當作曲家之心願的作品是《來自南方島嶼的交響曲素描》。「南方島嶼」無疑地就是臺灣。他以這首曲子的兩個樂章〈白鷺鷥的幻想〉和〈城內之夜〉，參加作曲組比賽。[22] 後者是鋼琴曲《臺灣舞曲》和管弦樂曲《臺灣舞曲》的前身。[23] 可見臺灣這個南方島嶼，在在激發江文也的藝術想像。

江文也以聲樂起家，《生番四歌曲》是他重要的聲樂作品之一，四首歌曲分別爲：〈祭首之宴〉、〈戀慕之歌〉、〈原野上〉、〈搖籃曲〉。他本人似乎很喜歡這首獨唱曲。一九三六年初夏，他首次訪問北京，在航往中國的客船上舉辦過兩次無伴奏獨唱會，在節目中演唱這組歌曲的〈祭首之宴〉。抵達北京當天晚上，他隨同俄國作曲家齊爾品(Alexander Tcherepnin, 1899-1977)參加化妝舞會，打扮成臺灣原住民頭目(原文作「生蕃の首長」，日文生蕃即中文生番之意)在音樂會中演唱《生番四歌曲》，齊爾品是他的鋼琴伴奏。[24] 此一作品曾於一九三七年在巴黎萬國博覽會中演出。[25] 臺灣原住民是江文也喜愛

---

21 音樂コンクール三十年編纂事務局編，《音樂コンクール三十年 1932-1961》，頁33。
22 1934年，江文也參加第三回音樂大賽作曲組的比賽，順利通過預賽，在決賽中獲得第二名。得獎的作品是從《來自南方島嶼的交響曲素描》中選出的兩個樂章——第二樂章〈白鷺鷥的幻想〉和第四樂章〈城內之夜〉。見劉麟玉，〈從戰前日本音樂雜誌考證江文也旅日時期之音樂活動〉，《中央音樂學院學報》1996年1期(北京)，頁5-6。
23 張己任，《江文也——荊棘中的孤挺花》(臺北：時報文化出版企業股份有限公司，2002)，頁106-109。
24 江文也，〈北京から上海へ〉，《月刊樂譜》25卷9月號(1936年9月)，頁31、33；中文翻譯見江文也著，劉麟玉譯，〈白鷺鷥的詩篇《從北平到上海》1〉，《聯合報》「聯合副刊」，1995年7月29日。
25 井田敏，《まぼろしの五線譜　江文也という「日本人」》，頁123。

的主題之一，他最後未完成的作品管弦樂曲《阿里山的歌聲》，也是以此爲主題，分爲五個樂章：一、出草，二、山歌，三、豐收，四、月夜(日月潭)，五、酒宴。此外，江文也在一九四六至一九六五年之間，爲臺灣民謠譜曲，約一百首。[26] 這些歌曲包括〈一支扁擔走遍天下〉、〈遠相思〉、〈搖子歌〉、〈行船仔之歌〉、〈要哭驚人聽〉、〈收酒矸〉等。[27] 總而言之，臺灣可以說是江文也重要的創作主題。

　　江文也的父母在他幼年時舉家移居廈門，一九二三年他和長兄一起到日本讀書，到他以聲樂在日本成名之前，可能曾多次路經臺灣。[28] 但他成名後，訪問臺灣兩次，停留時間不長。[29] 以這麼淺短的「臺灣經驗」而創作如此美好的音樂作品，不能不令人感到驚訝。然

(續)─────

　　　此書作者曾看過江文也日記，書中引用了一小部分，不過江家並未公布這些資料，而此書因爲某種原因，無法在市面流通。

26　現手稿僅存三十首。見江小韻，〈有關江文也的資料〉，收於劉靖之編，《江文也研討會論文集》，頁254-268。江小韻是江文也和吳韻眞的女兒，現居北京。

27　見張己任編，《江文也手稿作品集》(臺北：臺北縣立文化中心，1992)，頁353-364、365-370、371-379、401-406、415-420、431-424。這些曲子皆標明「文光採譜」，文光是江文也的弟弟。以上六首依序分別屬於「臺灣民歌」、「臺灣民間情歌」、「臺灣民間歌曲」、「臺灣歌仔戲曲調」、「臺灣民間情歌」，以及「臺灣民間小唱」。

28　曹永坤先生在東京造訪江夫人乃ぶ女士時，曾略略看過日記，留有江文也經常訪問臺灣的印象。當時由日本到廈門的定期船班，途中靠泊基隆港；換句話說，江文也往返廈門、日本之間，途經臺灣基隆。事實如何，若得閱日記，即可了然。

29　江文也於一九三四年參加「鄉土訪問音樂團」，返臺演唱。根據江文也的文章〈「白鷺への幻想」の生い立ち〉，《音樂世界》6卷11號(1934年6月)，頁110，他預計兩個月後再度返臺，但似乎未成行。根據轉引的日記，一九三六年二月五日，江文也曾在林熊徵的好意相邀下，返回臺灣，寓居臺中楊肇嘉邸所一週，然而「毫無所得」。見井田敏，《まぼろしの五線譜　江文也という「日本人」》，頁112。

而，臺灣在他，是怎樣的存在呢？

就實際而言，臺灣激發江文也強烈的創作意念。一九三四年，江文也以聲樂家的身分參加第二回「鄉土訪問音樂團」，和其他旅日年輕音樂學子返臺表演。該團於八月五日抵達臺北。江文也在〈白鷺鷥的幻想產生過程〉一文中交代這首曲子的產生過程。文章起頭寫道：「水田真是翠綠。在靜寂中，從透明的空氣中，只有若干白鷺鷥飛了下來。於是，我站立在父親的額頭般的大地、母親的瞳孔般的黑土上。」故鄉美麗的風景大大感動了江文也，他感覺有一組詩、一群音在他的體內開始流動。他寫道：「說不定古代亞細亞深邃的智慧在我的靈魂中甦醒。這樣的觀念逐漸進展，最後形成一個龐大的塊狀物，在我的內心浮動，以此，狂亂異常。」他於是開始感受到這樣的苦惱，在處理好一些事情之後，隨即搭船返回日本。船出港後，江文也馬上找來餐廳的鋼琴，但鋼琴琴音不準，無法使用。在四天三夜的臺日航路中，他心中那個龐大的觀念依然狂亂，依然惱苦，毫無辦法。江文也說：「實際上，當時的我，如果說精神狀態近乎狂亂，也不為過。」於是一抵達東京，江文也一氣呵成，譜成《來自南方島嶼的交響曲素描》。[30]〈白鷺鷥的幻想產生過程〉這篇文章是作曲家對創作歷程的描述，十分寶貴，也證明故鄉之旅對江文也由聲樂家轉為作曲家起了關鍵性的作用。對讀者而言，一個感情豐沛無比、創作力澎湃的青年江文也則生動地浮現出來。

《來自南方島嶼的交響曲素描》有四個樂章：

30　江文也，〈「白鷺への幻想」の生立ち〉，頁108-109；郭芝苑，〈中國現代民族音樂的先驅者江文也〉，收於韓國鐄、林衡哲等著，《音樂大師江文也》，頁58-59。

第一樂章　牧歌風格的前奏曲
第二樂章　白鷺鷥的幻想
第三樂章　如果聽到生番的故事
第四樂章　城內之夜

第四樂章〈城內之夜〉是江文也成名作《臺灣舞曲》的前身，在他要
送出參加奧林匹克藝術競賽前改題為《臺灣舞曲》。[31] 奧林匹克藝術
競賽規定，作品必須「與廣義的奧林匹克觀念有關者」，例如「適合
合唱隊、管弦樂隊、舞蹈等行進曲、歌、合唱……。」[32] 是否為了符
合要求，江文也才把〈城內之夜〉改題為《臺灣舞曲》呢？

　　由於此曲稱為《臺灣舞曲》，於是引發一些推想。當時的日本音
樂界顯然有人認為和臺灣原住民舞蹈有關，郭芝苑回憶說：「某作曲
家說曲中有使用高山族民謠，還有日本的音樂評論家久保田公平也說
要像臺灣風格的舞曲那樣演的粗野才是臺灣舞曲，但我卻沒有聽到使
用高山族民謠，相反的這是純粹的創作旋律……。」[33] 顯然郭芝苑不
認為和原住民音樂有何關係。

　　管弦樂曲《臺灣舞曲》的總譜扉頁有江文也的題詞（標點一如原
文）[34]：

31　根據江文也1936年2月4日日記，載於井田敏，《まぼろしの五線譜
　　江文也という「日本人」》，頁109。

32　轉引自井田敏，《まぼろしの五線譜　江文也という「日本人」》，
　　頁102-103。

33　郭芝苑，〈中國現代民族音樂的先驅者江文也〉，頁60-61。

34　根據劉麟玉的翻譯，略加修改，見周婉窈編，《江文也逝世二十週年
　　紀念音樂會》手冊（2003年10月23日）〔臺北：中央研究院臺灣史研究
　　所籌備處，2003〕，頁4。

『……………在那裡我看到了華麗至極的殿堂　看到了極
其莊嚴的樓閣　看到了圍繞於深邃叢林中的演舞場和祖廟但
是　它們宣告這一切都結束了它們皆化作精靈融入微妙的空
間裡　就如幻想消逝一般　渴望集神與人子之寵愛於一身的
它們。啊一！在那裡我看到了退潮的沙洲上留下的兩、三點
泡沫的景象……………』（一九三四年八月）

卻又暗示描述的對象是個廢墟，似乎指赤崁樓。[35] 我們是否有足夠的
理由說，赤崁樓——或是荷蘭人留下的荒城，才是江文也這首樂曲的
意象？希望將來有進一步的資料可以作出確論。

　　不論是原住民舞蹈或荷蘭荒城，郭芝苑認為這首樂曲「優雅、崇
嚴、華麗，有如夢想中桃源境界的臺灣」。[36] 在這裡，「有如夢想
中」說中了要點。江文也才華洋溢，臺灣這個故里激發他的創作慾
念，也是他的音樂想像的最初對象。事實證明，他的確有揮灑不盡的
想像力與創造力。

　　江文也在一九三四年八月參加「鄉土訪問音樂團」時，曾利用這
個機會，和弟弟文光一起採集臺灣各地民謠和傳統音樂。在現在殘留
的樂譜中，有「文光採譜」、「文光整理」的注記。[37] 我們不知道這
些採集的音樂是否包括原住民音樂。江文也的《生番四歌曲》是以原
住民為主題，此歌歌詞是用羅馬字寫成的。茲將第一首〈祭首之宴〉
的歌詞迻錄於下：

35　由於此曲的前身是〈城內之夜〉，樂評家曹永坤先生認為「城內」指
　　臺北城內。
36　郭芝苑，〈中國現代民族音樂的先驅者江文也〉，頁61。
37　井田敏，《まぼろしの五線譜　江文也という「日本人」》，頁82。

Ho a ha e yai, en hon yan ho a en yai, ho a ha e yai, en hon yan
ho a en yai, o ya o i yo, e hai ya ha, ei hon yan ho, o a en yai, o
ya o i yo, e hai ya ha, i yan ho en ya;
en ya en ya en ya en ya en ya en ya en ya en ya en ya.

這個拉丁化的「歌詞」應不屬於臺灣原住民任何一族的語言，而是江
文也擬想出來的。郭芝苑說《生蕃之歌》（生番四歌曲）「都沒有採用
高山民歌的風格創作的旋律與歌詞（歌詞，沒有表達什麼意想只是語
音而已）」[38]，明白點出想像的成分。

　　作為臺灣史研究者，我忍不住要懷疑：江文也很可能只具有籠統
的「生番」概念，對於「生番」是否分為若干族，各族有各族的語
言、風俗和習慣，可能不甚了了。這四首像「天書」一樣的拉丁化歌
詞，充分顯示江文也想像力的豐富。

　　江文也在附在《生番四歌曲集》的說明中說[39]：

　　本歌曲集的歌詞只需以羅馬字母串連的發音來演唱。各個單
　　語並無特別的意思，而是作為和旋律一起直接表現情緒的工
　　具。歌曲的順序由歌者自由決定。若要說明每首歌曲的內容
　　大意，則可以表現如下。

在此茲迻錄第四首江文也自己「翻譯」的歌詞，以為參考。其餘三

38　郭芝苑，〈江文也的回想〉，收於張己任編，《江文也紀念研討會論
　　文集》，頁97。
39　採用劉麟玉的翻譯，見周婉窈編，《江文也逝世二十週年紀念音樂
　　會》手冊，頁11。

首,請看附錄一。[40]

> 四、搖籃曲
> 靜靜地滑行吧!
> 我的愛兒。
> 向大海出船吧!
> 去吧!
> 既無鯨魚,也無鬼怪。
> 一搖一搖地,
> 我的愛兒,
> 靜靜地滑行吧!

這四首「歌詞」很有意思,顯示江文也對臺灣土著民族並無深入的認知。如果我們逐字檢證,問題很大。別的不說,〈搖籃曲〉是道地的「想像」——想像「大海」、「出船」、「鯨魚」和「鬼怪」是原住民精神世界的意象。雖然海洋及其相關意象,主要存在於達悟、阿美、卑南和排灣等原住民的世界,但並非為所有土著民族所共有。江文也似乎將「生番」看成一個同質的群體。

在這裡,我想藉機提出我對日本殖民統治下臺灣知識界的一點觀察。我們都知道,關於臺灣原住民的學術研究,日本人首奠其基,今天我們還在利用他們龐大的調查和研究成果。然而,在日本統治時期,這些知識基本上局限在日本和臺灣的日本人學術圈內,並未普及

40　採用劉麟玉的翻譯,見周婉窈編,《江文也逝世二十週年紀念音樂會》手冊,頁11。

到臺灣人的文化知識社群，一般人更不用說了。因此，漢人系臺灣人
對島內土著民族的了解，可以說很籠統，很浮面。不過，如果我們回
頭想想一、二十年前，臺灣一般知識分子對臺灣原住民族的認識情
況，大概也和江文也時代的臺灣漢人差不了太多吧。這裡牽涉到的不
只是知識的普及問題，而是戰前戰後兩種不同歷史情境導致的結果——
—結果巧合，因素卻是相當歧異複雜。日本殖民統治時期，學術研究
成果的傳布牽涉到殖民地的問題，臺灣人和日本人知識社群的隔離，
是癥結之一。[41] 我們在此無意(也不應該)批評江文也欠缺這方面的知
識，因為這類的欠缺是時代使然，不是他一個人的問題。我要指出的
是，可能由於這種認知上的欠缺，江文也擁有更大的創作空間、更自
由的想像。(我很好奇他打扮的「生番頭目」是哪一族？或者這樣的
問題在他並不存在。)

　　有趣的是，一九三六年九月音樂雜誌《月刊樂譜》刊載江文也的
文章〈從北京到上海〉(北京から上海へ)[42]，同一雜誌從該年十月開
始連載有關臺灣番歌的調查報告，一直到第二年十二月為止，共十三

41　臺灣人和日本人知識社群的隔離，導致知識傳布上的偏頗。在此我想
　　舉一個例子來說明這個現象。林茂生(1887-1947)在日本殖民統治時期
　　畢業於東京帝國大學，並且赴美就讀哥倫比亞大學，獲得博士學位，
　　是當時臺灣人中學歷最高的。他在1929年取得哥倫比亞大學博士學
　　位，論文以臺灣的殖民地教育為研究對象，其第二章第二節介紹臺灣
　　歷史，頗有些錯誤。如果林茂生熟悉當時日本人的臺灣史研究，當能
　　減少錯誤，但顯然他與此是有所隔閡的。私意以為，若不是因為臺灣
　　是殖民地，同一社會的知識菁英在歷史認知上應不至於有這麼大的落
　　差。林茂生的博士論文 "Public Education in Formosa under the Japanese
　　Administration," 現有中譯本，林茂生著，林詠梅譯，《日本統治下臺
　　灣的學校教育——其發展及有關文化之歷史分析與探討》(臺北：新自
　　然主義股份有限公司，2000)。
42　江文也，〈北京から上海へ〉，頁30-43。

回。作者是竹中重雄，題目爲〈到臺灣內山尋訪番歌〉(蕃歌を尋ね
て臺灣の奧地へ)，以泰雅族爲調查對象。[43] 這篇文章很長，實際的
調查、採譜工作費時頗久，成果顯著。私意以爲，這是重建泰雅族歌
曲的珍貴材料。然而，生活在同一個時空的江文也似乎無視於這類的
調查和採譜，或許在他，臺灣以及臺灣的土著民族，不是研究的對
象，而是想像和愛情的對象。

許常惠說：「他〔江文也〕的作品，有一件事情我不明白：寫了
不少有關臺灣的標題音樂，例如『臺灣舞曲』、『白鷺的幻想』、
『生蕃四歌』、『臺灣高山地帶』，但我們卻聽不出臺灣音樂的素
材。也許那些標題只屬於幻想的鄉愁，他離開臺灣太久了。」[44]他
又說：「〔我〕研究臺灣民間音樂三十年，我竟認不出其中的歌
調。」[45]郭芝苑說《臺灣舞曲》是江文也「幻想的臺灣」。[46]誠是的
論。熱情而浪漫的江文也，用音樂將他摯愛的臺灣表現成桃花源一
般，有豐富的色彩，而且豪華。[47]

三、追尋東方的文化奧源

江文也在一九三〇年代中期崛起日本音樂界，他的作品得到熱烈

---

43 竹中重雄，〈蕃歌を尋ねて臺灣の奧地へ〉(一)至(十三)，《月刊樂
    譜》25卷10-12月號；26卷1-6月號、9-12月號(1936年10-12月，1937年
    1-6月、9-12月)。

44 許常惠，《臺灣音樂史初稿》，頁372。

45 許常惠，《音樂史論述稿(一)》(臺北：全音樂譜出版社，1994)，頁
    46。

46 郭芝苑，〈江文也的回想〉，頁96。

47 郭芝苑，〈江文也的回想〉，頁90。

的反應，如前衛的現代舞者江口隆哉(1900-1977)、宮操子(1902-2009)表演他的作品《一人與六人》[48]；著名鋼琴家井上園子(1915-1986)幾度在節目中演奏他的作品。[49]青年江文也意氣風發的情況由此可揣知一二。江文也的作曲技巧不夠純熟，但作品有鮮明的色彩和個性。「個性」是他個人的一個重要的藝術判準。[50]他在二十世紀日本音樂史上的重要性在於「前衛」，在於和歐洲現代音樂接軌。關於音樂，事涉專門，以下僅就歷史資料所顯示的，試圖了解他在創作上選擇的路徑。

　　江文也是個勇於追尋、勇於自我突破的藝術家。他在一九三八年選擇到北京工作，應該是很多因素湊合的結果，目前日記看不到，我們無法分析各種原因的主從關係，不過，就藝術創作上的考慮，是有其邏輯可循的。根據郭芝苑的觀察，江文也「重視創作上的根源與整個文化的思想」[51]，他熱愛各種形式的藝術，他說：「我不是所謂的作曲專門家。不過是在對繪畫、雕刻、詩、文學、哲學和科學的無限憧憬中，最終發現了音樂。」[52]換句話說，他最後選擇音樂作為主要的表達方式。[53]

48　編輯部調，〈音樂・舞踊會消息〉，《音樂新潮》13卷11月號(1936年11月)，頁104。

49　1936年11月27日，井上園子於鋼琴獨奏會中彈奏江文也的《臺灣舞曲》，特地注明「第十一屆世界奧林匹克藝術競技入選作」，見編輯部調，〈音樂・舞踊會消息〉，頁109。井上園子生於1915年，七歲跟隨旅日西洋名師學琴，其後渡洋就讀於維也納國立音樂學校。1937年歸國後，演出緊湊，極受歡迎。參考村田武雄監修，《演奏家大事典》I(東京：財團法人音樂鑑賞教育振興會，1982)，頁712。

50　郭芝苑，〈江文也的回想〉，頁90-91。

51　郭芝苑，〈江文也的回想〉，頁89。

52　江文也，〈「白鷺への幻想」の生立ち〉，頁111。

53　附帶一提，江文也具有繪畫才分，至今他的日本夫人江乃ぶ女士還保

　　重視個性和原創性的江文也，對這個表達方式的走向有他自己的看法。江文也不是活在眞空狀態，他的思考多少反映了一九三〇年代日本音樂界對西洋現代音樂的思考。臺灣音樂界大抵知道作曲家齊爾品影響江文也的音樂寫作思想很深[54]，實則這樣的影響應該放到齊爾品和日本音樂界的交涉脈絡來考慮，才更能掌握整個圖像。齊爾品強調音樂應該具有民族性，深信「歐亞合璧」(Eurasia)在世界文化藝術音樂上的可能性。[55] 他本人的音樂受到俄國喬治亞和東方民謠的影響。在此，我們有必要了解他對日本音樂界的刺激與影響。齊爾品出身俄國，一九二一年求學巴黎，以鋼琴家身分揚名國際，一九二三年開始譜寫芭蕾舞劇，展開作曲家的生涯。他對於日本和中國的音樂抱持濃厚興趣，曾於一九三四至三七年之間多次訪問日本和中國，熱心指點當地的年輕音樂家。齊爾品的「東方之旅」在日本留下深長的迴響。

　　一九三四年六月，齊爾品訪問日本，寓居箱根宮之下，爲他的第三齣歌劇《結婚》譜曲(果戈理作詞)。九月底，他主動舉辦一個爲時兩天的座談會，日本作曲家攜來作品請他指導。清瀨保二(1900-1981)是小提琴和鋼琴演奏者，但更重要的身分是作曲家，他和松平賴則(1907-2001)等人組織「新興作曲家聯盟」。該聯盟於一九三〇年成立，一九三四年改稱「近代日本作曲家聯盟」，一九三五年改稱「日本現代作曲家聯盟」，一九四〇年十一月因應時局而解散，是日

(續)───────────

　　　　留他青少年時期的繪畫。已故樂評家曹永坤先生曾至東京訪問江夫
　　　　人，親眼看過江文也的美術作品，給予非常高的評價。繪畫之外，文
　　　　字作爲藝術的一種表達方式，在江文也是相當重要的。
54　關於此點，可參考張己任，《江文也──荊棘中的孤挺花》，頁30-
　　　31、68。
55　張己任，《江文也──荊棘中的孤挺花》，頁68。

本近代音樂發展史上極爲重要的團體。它的成員除了上述的松平賴則、清瀬保二之外，還包括山田耕筰(1886-1965)、伊福部昭(1914-2006)、諸井三郎(1903-1977)、箕作秋吉(1895-1971)、早坂文雄(1914-1955)、伊藤昇(1902-1993)等人，可說囊括了一時之俊彥。[56] 當時清瀬保二和一些新進音樂家正在思考、摸索日本西洋音樂的未來走向，因此，對齊爾品可能給予的教示期望甚殷，誇張一點來說，有如大旱之望雲霓。清瀬保二在該年十一月的《音樂新潮》發表一篇文章，題爲〈齊爾品講話——吾等之路〉(チエレプニンは語る——われ等の道——)。他首先點出，以活躍於西方作曲界的人物而言，繼湯斯曼[57]訪日而連著數夜舉辦作品發表會之後，齊爾品是第二次。「這樣的機會對我等來說，給予非常大的刺激。遠離世界音樂中心、一面和多重困難奮鬥而迷惘著的我們的音樂界，這實在是大事件……。」[58] 在這裡，我們看到「遠離世界音樂中心」是清瀬等人對日本音樂界的自我界定，也透露出從事西洋音樂創作工作的這群人的集體焦慮。在非西方的日本，到底要創作怎樣的音樂？需要到西洋取經嗎？關於留洋一事，齊爾品直率地說：「留洋沒有必要，倒不如就在箱根聽聽民謠。」他又說：「歐洲音樂停滯不前。無論如何非得藉助於東方之力，以爲己糧而再生不可。」他甚至認爲，歐洲畢竟無法

---

56 見該聯盟1940年解散前之會員名單，〔國立音樂大學附屬圖書館・現音ドキュメント作成グループ〕染谷周子、杉岡わか子、三宅巖編，《ドキュメンタリー新興作曲家連盟——戰前の作曲家たち　1930-1940》(東京：國立音樂大學附屬圖書館，1999)，頁404。

57 湯斯曼(Aleksander Tansman, 1897-1986)，波蘭作曲家、鋼琴家，1919年定居巴黎。湯斯曼於1933年春訪問日本，見船越正邦，〈タンスマン氏の來朝に際して〉，《音樂新潮》10卷3月號(1933年3月)，頁20-21。

58 清瀬保二，〈チエレプニンは語る——われ等の道——〉，《音樂新潮》11卷11月號(1934年11月)，頁42。

走出歐洲以上的東西。[59] 這種強調東方本身就是音樂創作的泉源，且不看好歐洲的論點，給日本音樂家很大的鼓勵。清瀨保二自己的作品受到齊爾品的青睞，興奮之情形於筆墨，他最後寫道：「我的作曲的態度方法完全和他所說的一致。我剛作曲時，時常有人勸我放洋，但從一開始就已經非其時機了，無法立足於吾等自身而吸收的話，則有失掉自己的危險，認識彼我一事反倒也是困難的事——我強烈地如此感覺。以此，我幾乎是自學而至於今天，全然進步很慢，而努力於寫出自己的東西。」[60]

我們不知道江文也是否參加一九三四年九月舉行的座談會，也就是在這個時候，江文也因為受到故鄉臺灣的感動而譜成了他的處女曲。即使江文也錯過這次的座談會，他很快就有機會認識齊爾品，而且受到齊爾品賞識。該年十一月，江文也獲得作曲競賽第二名，十二月受邀加入「近代日本作曲家聯盟」，成為正會員。[61] 該聯盟會員不多，受邀入會是相當難得的殊榮。[62] 翌年(1935)二月十四日，聯盟在日本樂器會社舉辦齊爾品先生歡迎會(チェレプニン氏懇親會)，江文也不惟出席該會，他的作品〈城內之夜〉也在演奏之列。[63] 聯盟舉辦例會相當頻繁，日期訂在每個月的第二個星期日，會中必有演奏節目，是會員發表新作品、互相切磋的極佳場合。根據該聯盟的內部紀錄，一九三五、三六年之間，江文也相當積極參與聯盟的活動，幾乎

59　清瀨保二，〈チェレプニンは語る——われ等の道——〉，頁43。

60　清瀨保二，〈チェレプニンは語る——われ等の道——〉，頁46。

61　染谷周子、杉岡わか子、三宅巖編，《ドキユメンタリー新興作曲家連盟——戦前の作曲家たち　1930-1940》，頁61。

62　江文也加入時會員約四十名，1940年會員增為六十六名。

63　染谷周子、杉岡わか子、三宅巖編，《ドキユメンタリー新興作曲家連盟——戦前の作曲家たち　1930-1940》，頁65、69。

無會不與。他曾擔任演唱者以及鋼琴演奏者，他的新作品幾乎都在例會發表，且經常被該會選為對外演出的代表曲子。[64] 換句話說，江文也成為清瀨保二、松平賴則等人領導下的前衛音樂社群的活躍分子。從這個角度來看，齊爾品對江文也的影響不能看成孤立的一件事。

　　一九三六年八月，《音樂新潮》刊登了一篇齊爾品的文章，由湯淺永年譯成日文，題目是〈給日本年輕作曲家〉（日本の若き作曲家に）。[65] 在這篇文章中，齊爾品先介紹俄國音樂的發展歷史。他指出，十八世紀初開始，俄羅斯努力學習西歐文化，在音樂方面，由於是義大利領風騷，因此處處以義大利為師。以此，俄羅斯忘記了固有的音樂，並將之視為下等之物。直到格林卡（Mikhail Glinka, 1804-1857）出現，才創立了俄羅斯民族音樂。他認為技巧和創造是不可分離的，「新的觀念要求新的技巧，各個正確的國民音樂創造正確的國民技巧。」就俄羅斯作曲家的技巧而言，穆索爾斯基（Modest Mussorgsky, 1839-1881）是最具有獨創性的了。到了他（齊爾品）的父親時代，俄羅斯系統的音樂教育得以實現，因此才能發展到斯特拉文斯基（Igor Stravinsky, 1882-1971）和普羅科菲耶夫（Sergei Prokofiev, 1891-1953）等人新的里程碑。他本人是「俄羅斯主義所生育者」。此刻的日本就如同十九世紀的俄羅斯，是外國音樂文化的大輸入市場，音樂教育也是西洋風，外國的「技巧」是作曲家完成音樂教育必要的。然而，齊爾品認為日本也和俄羅斯一樣，將有「大日本國民音樂

64　染谷周子、杉岡わか子、三宅巌編，《ドキュメンタリー新興作曲家連盟──戰前の作曲家たち　1930-1940》，頁64-65、67、69-71、76-77、81-84。

65　アレキサンダー・チエレプニン，〈日本の若き作曲家に〉，《音樂新潮》13卷8月號（1936年8月），頁2-4。

的『誕生』」。他呼籲:「日本作曲家諸君!在諸君的手中,有世界民間傳說的豐富寶藏。」「首先忠實於己國、努力忠實於自己的文化,再把自己的民族生活表現於音樂吧!把諸君的民間傳說作爲靈感的無盡泉源,以民族文化爲牢固的基礎,保存日本民謠和日本器樂,以此,根據某種方法而予以發展之際,諸君就是建設正確的日本國民音樂吧。」「諸君的音樂作品只要是國民的,就能增加其國際的價值吧。」總而言之,立足於自己的文化音樂傳統而從事創作,是齊爾品給日本年輕作曲家的忠告。

一九三六年十月五日、七日,以及十日,齊爾品在東京主辦「近代音樂節」(近代音樂祭)。第一夜以齊爾品的作品爲主,有他的《中國月琴》,另有江文也、松平賴則、太田忠作,以及清瀨保二的作品各一首;江文也的作品是《小素描》。第二夜主要以齊爾品的作品爲主,第五個節目是「近代中國鋼琴曲」(近代支那ピアノ曲),演奏賀綠汀《牧童之笛》和老志誠的《牧童之樂》。第三夜除了演奏普羅科菲耶夫、斯特拉文斯基、齊爾品的作品之外,以日本作曲家爲主,包括清瀨保二、江文也(《三首小品》)、伊福部昭、松平賴則、小船幸次郎(1907-1982)的作品,以及江文也的聲樂作品《生蕃四歌曲》(生番四歌曲)。[66]在這個難得的音樂節中,江文也是唯一有三部作品演出的日本作曲家。

翌月,清瀨保二在《音樂新潮》介紹這個音樂節時,論及會場演奏的江文也作品。關於江文也的《三首小品》,他寫道:「雖然是近作,但此作品卻嘗試用小品的、單純化效果來表現,而且成功地達到

---

66 久志卓眞,〈チエレプニン氏主催の「近代音樂祭」〉,《音樂新潮》13卷11月號(1936年11月),頁16-19。

了這個目的。而在五聲音階的用法上則和齊爾品一致，完全是中國式的而非日本式的。雖然他的《小素描》非常的日本式，個人不喜歡這樣的取向，但《小素描》可說是他最初的鋼琴作品，而且又是個成功的作品，因此還是很值得紀念的。」[67]清瀬保二欣賞江文也的《三首小品》，說「完全是中國式的而非日本式的」，而《小素描》則「非常的日本式，個人不喜歡這樣的取向」。顯然他認爲「中國式」更適合江文也，而江文也的「日本式」風格，在他看來多少是有點負面。這是非常值得注意的評價角度。這些受到齊爾品賞識的日本作曲家的作品，是具有民族風格的──或正在摸索融合之道；日本傳統音樂是他們的創作泉源。但是，具有中國血緣的江文也，似乎被認爲更適合走中國民族風格的路，而他自己也終於選擇了這樣的一條路。這個情況有點類似美國的華裔作家，雖然生於美國、長於美國，十足是個美國人，但人們並不期望他們寫「眞正的白人」生活，讀者感興趣的是具有少數族裔色彩的作品。

　　清瀬保二、松平賴則以及伊福部昭屬於民族主義作風派音樂家[68]，戰後繼續活躍於日本音樂界，受到日本社會的肯定，載譽載榮，在日本音樂史上占據很重要的地位。一九八一年，日本的福井謙一獲得諾貝爾化學獎，他在瑞典接受頒獎時，主辦單位安排的背景音樂就是清瀬保二的〈日本祭禮舞曲〉，此曲被認爲是日本傳統曲調的

67　清瀬保二，〈近代音樂祭〉，《音樂新潮》13卷11月號(1934年11月)，頁14；譯文採用劉麟玉的翻譯，見氏著，〈從戰前日本音樂雜誌考證江文也旅日時期之音樂活動〉，頁8-9。

68　關於日本民族主義派音樂，可以參考楢崎洋子，〈1930年代の日本の民族主義と江文也〉，「江文也先生逝世二十週年紀念學術研討會」會議論文(臺北：中央研究院臺灣史研究所籌備處，2003年10月24日)，頁1-6。

代表作。雖然清瀨被認爲是日本民族主義作風的代表，他並非直接以民謠爲素材，而是追求傳統與創新之間的連結。[69] 松平賴則出身德川將軍家，從日本西洋音樂的黎明期到二十一世紀初，是日本現代音樂的掌舵者之一，工作至死方已，後世對他的評價之一是：「摸索可以結合西洋音樂和日本固有音樂傳統而足稱爲日本作曲家〔之路〕。」[70]松平賴則的摸索或許提供我們一個探測江文也之摸索方向的線索。伊福部昭於一九八〇年受贈紫綬褒章，一九八七年受贈勳三等瑞寶章，二〇〇三年被選爲文化功勞者，可以說是三人中最受到日本國家肯定的作曲家。他的音樂非常具有獨創性，但這不是日本固有的民族性，而是「某種殖民地的」民族性，所謂「殖民地的」是指「多民族雜居的、雜種的、混血的……」，包括愛奴、北亞等亞洲諸民族的要素。[71]以上三人創作生命非常長，他們在戰前結成「新興作曲家聯盟」，戰後又組成「新作曲派協會」，執日本西洋音樂的牛耳。(我們不禁要問道：同樣受到齊爾品賞識的江文也，如果繼續留在日本，也該有近似的成就吧？)總而言之，他們可以說走了一條「日本民族音樂」的路線，這不能不說很大程度受到齊爾品的影響。

　　一九三〇年代是日本作曲界飛躍的年代，作曲家輩出，具有日本「identity」的作品，以及抱持這樣的意識的作曲家逐漸抬頭，和師法德奧音樂的社群，儼然形成兩大團體，互相頡頏，而領風騷的是民

69　淺香淳等編集，《新音樂辭典　人名》(東京：音樂之友社，1982)，頁140。

70　「日本の作曲家らしく西洋音樂と日本固有の音樂の傳統を結びつけようと摸索した」，見碟片之說明書，《日本作曲家選輯・松平賴則》(高關鍵指揮、大阪センチユリー交響樂團、野平一郎鋼琴，2001)。

71　《音樂藝術別冊　日本の作曲20世紀》(東京：音樂之友社，1999)，頁139-140。

族音樂派。[72] 清瀨、伊福部等人選擇走一條具有民族音樂風格的創作路線，江文也也是這個音樂大動向的一環，只是他選擇的「民族」不同。江文也不是「真正」的日本人，十三歲才到內地(日本本土)唸書，對日本古典文化的掌握自然無法和同時代的日本文化人相提並論，如果他要結合西洋音樂和什麼固有的東西的話，他所擁有的選擇就只剩下臺灣和中國，或一個相對於西洋的抽象的東方，而不是他所無法深入堂奧的具體的日本。以此，如果我們把江文也揚棄「日本式」音樂直接看成政治意味的民族、文化認同，可能失之淺率。影響、提攜江文也的齊爾品對東方有濃厚的興趣，他的作品《中國月琴》在當時頗受到日本作曲家的喜愛。齊爾品對東方的興趣或許適時地提供江文也一個思考的方向。早在一九三四年當江文也回到故鄉臺灣時，他就已感覺到「說不定古代亞細亞深邃的智慧在我的靈魂中甦醒」。[73] 「東方」作為一個和西方對立的概念，已隱然若現。隨著時間的推移，他的思索的結果是擁抱東方，對西方的發展則不抱樂觀。一九四三年，他跟來自臺灣的留日學生郭芝苑說：「西洋藝術文化已經碰壁了，他們已經離開西洋的合理主義而追求東方非合理性的世界。」[74] 換句話說，他認為東方的世界是人們未來要追求的——他則先發一步。

　　他心儀的東方是神秘的，它的神秘和深邃深深吸引著他。日本自然也是東方的一部分，但是日本是他在成長過程中認識的世界，或許太熟悉了，缺乏神秘的色彩。在此我們要注意的是，當時日本國力雖然比中國強大，但在文化上，許多知識分子和文化人仍非常崇尚中國

72　楢崎洋子，〈1930年代の日本の民族主義と江文也〉，頁1-2。

73　江文也，〈「白鷺への幻想」の生立ち〉，頁109。

74　郭芝苑，〈江文也的回想〉，頁89。

文化；不少日本的藝術家對歷史悠久的中國充滿憧憬。在藝術上，如果想追尋足以和西洋抗衡的古老文化體系，在當時非中國莫屬。

一九三六年九月，江文也在《月刊樂譜》發表〈從北京到上海〉，記述他初次訪問北京和上海的感想。在這篇文章中，他說他原本有維也納之行，但方向變了，「理由極簡單。對我而言（去維也納）還太早，而且更想知道東方的某些重要的部分。」（這不讓我們想起清瀨保二關於放洋的看法嗎？）另外一個實際的因素是，到歐洲的航路擁擠〔買不到票〕。[75]換句話說，江文也原本有歐洲的藝術朝聖之旅，但因緣際會，行程改變了。

江文也似乎一直沒有放棄「渡歐」的想法。一九三七年十二月，《音樂新潮》刊登江文也〈黑白放談〉[76]的最後一回，編輯在後記中說江文也預定來春早日渡歐[77]，可為佐證。然而，來春（1938）他未如預期地渡歐，這一年，他接受中國國立北平師範大學（今之北京師範大學前身）音樂系主任柯政和（柯丁丑，1889-1979）的邀請，擔任該系作曲和聲樂教師。柯政和是臺灣人，一九二一年到中國北京，教授音樂，一九三八年國立北平師範大學成立音樂系，由他擔任系主任。[78]

75　江文也，〈北京から上海へ〉，頁30。1995年7月劉麟玉的中文翻譯刊登於《聯合報》「聯合副刊」時，江文也原文中的「北京」，編輯一概改為「北平」，這個更動不僅多餘，也是不正確的，造成引用上的問題。當時一般日本人不用「北平」一詞，如果江文也稱「北京」為「北平」，那麼我們可以說他採取了特定的中國人的立場；但事實上他沒有。文獻的用語往往具有深層的歷史意涵，不能隨意更動。

76　〈黑白放談〉共六回，分別見於《音樂新潮》14卷7-12月號（1937年7月-12月），頁24-27；25-28；25-28；40-43；13-15；14-18。此文有劉麟玉的中文翻譯，惜非全貌。見江文也著，劉麟玉譯，〈黑白放談〉，《聯合報》「聯合副刊」，1996年6月11、12日。

77　〈編輯室より〉，《音樂新潮》14卷12月號（1937年12月），頁120。

78　柯政和簡單的生平介紹，見許雪姬，〈1937-1945年在北京的臺灣

於此，我們必須謹記在心，江文也選擇工作的北京已經爲日本人控制，日本扶植的中華民國臨時政府早在一九三七年十二月十四日成立，而北平師範大學一部分師生也於盧溝橋事變後遷往西安，一九三八年春天成爲國立西北聯合大學教育學院。我們或可推測，柯政和是在這個時局所創造出來的空隙中獲得比較大的活動空間。當時臺灣人到北京工作，就如同臺灣人到滿洲國工作一樣；不管個人主觀意願如何，客觀來講，不能不說是隨著日本人的勢力而前進的。

　　選擇到中國北京教書，在當時對日本音樂界新起之星江文也而言，不是我們日後習慣想成的「二選一」。他到中國工作主要是爲了尋找創作的泉源；實際上，他並沒有放棄日本。他的選擇，在這個階段，很可能類似著名的畫家梅原龍三郎(1888-1986)，梅原龍三郎曾數年間如候鳥般到北京作畫，爲的是汲取藝術的泉源。更早之前，日本天才作家芥川龍之介(1892-1927)，曾在一九二一年以《大阪每日新聞》海外視察員的身分訪問中國，停留四個多月，返日後不久寫了〈上海游記〉一文。[79]一九三六年，江文也第一次在北京觀賞平劇，他事後寫道：「舞臺就如同芥川龍之介在〈上海遊記〉中所描寫的那般，……。」[80]江文也一進到中國京劇戲院，即想起芥川龍之介所描寫的上海戲臺，可見他平日頗注意有關中國的報導。歷史悠久的中國，儘管國勢頹敗，對日本文學家和美術家具有一定的魅力，以此，

(續)————————————————————

　　　人〉，「江文也先生逝世二十週年紀念學術研討會」會議論文(臺北：中央研究院臺灣史研究所籌備處，2003年10月24日)，頁24(附錄)。

79　芥川龍之介的中國之旅如右：三月抵達上海，從上海到江南，溯長江而登廬山，訪武漢，橫洞庭湖而至長沙，北上抵北京，觀大同石佛，經朝鮮而於七月末返回東京。見《芥川龍之介集》(東京：筑摩書房，1953)，〈年譜〉，頁455；〈上海游記〉，頁345-365。

80　江文也，〈北京から上海へ〉，頁33。

江文也在崛起日本樂壇之後決定到中國尋求創作泉源，恐怕也不得不放到這樣的脈絡中予以考慮。一九四三年，郭芝苑第二度拜訪江文也時，曾問他爲何選擇到北京。江文也回答說：「我非常渴望中國文化而去北京，北京是東方的巴黎，它會激發我的創作，但我整部作品都能在東京發表。」[81]換言之，江文也選擇北京是爲了追尋藝術創作的泉源，他沒有放棄東京，東京是他發表的場域。我們的音樂家是抱著這樣的「如意算盤」來到北京的，事實也證明北京大大刺激他的創作力，而東京仍然是他發表音樂和文學作品的地方。

一九四五年八月十五日日本戰敗投降之前，江文也譜出他一生中最重要的多數作品，如管弦樂《孔廟大晟樂章》、《一宇同光》，舞劇《香妃傳》，以及鋼琴曲《第一鋼琴協奏曲》等。此外，他譜有九首合唱曲，以及中國民歌、唐詩宋詞和白話詩詞曲等獨唱曲。[82] 他的重要文字作品《北京銘》、《大同石佛頌》，以及《上代支那正樂考——孔子の音樂考》也都完成於這段期間，這三部作品同一年(1942)在東京出版，前二者由青梧堂，後者由三省堂出版。這可以說是他一生創作最豐沛、意氣最風發的一段歲月。對照他後來被剝奪一切、打入牛棚的慘狀，真有如天壤之別。

四、一夕成名的心境：音樂家的自述

江文也於一九三八年到北京工作，如上一節所分析，不能不當成時代脈動的一環來看，而且，東京與北京並非「互斥」的選擇，反而

81　郭芝苑，〈江文也的回想〉，頁91。

82　參考江小韻，〈有關江文也的資料〉，頁257-268。

可以「兼美」。我們對江文也移居北京固然不能隨意讀出民族主義的
含意，但就藝術家來說，個人的喜惡感覺可能也是重要的原因之一。
江文也對日本音樂界有所不滿，有被排擠之感。另外，他不是音樂本
科出身，北平師範大學給他音樂教授的位置，這是他在凡事按規章來
的日本，所無法獲致的。北京除了是藝術靈感的泉源之地，大學教授
的身分與地位，也應該深深吸引著自學成功的江文也。在北京，他不
受人排擠，反而可以回過頭來讓那些排擠他的人刮目相看。

　　由於江文也的日記尚未公開，我們無法一日挨一日地具體了解他
的想法，所幸的是，有一篇完整的至關緊要的日記可參考，加上其他
零散的篇章，我們可以比較貼近真實地捕捉江文也的情緒和思想。這
是一九三六年十二月二十七日的日記，是江文也夫人江信女士惠贈筆
者的。由於資料珍貴，且這一天的日記內容特別，因此我把全篇迻譯
於下，未加剪裁，惟按照文脈插入必要的說明。

　　這篇日記寫於一九三六年快結束時。該年夏天江文也的管弦樂曲
《臺灣舞曲》獲得奧林匹克運動會藝術部競賽管弦樂的「等外佳作」
（認可獎）。雖然是「等外」，亦即不在頭三名之內，但當時日本送出
五部作品，包括鼎鼎大名的作曲家山田耕筰，卻只有江文也的作品入
選。在當時，西方之認可決定一位作曲家的「國際性」，因此，這是
非常難得的殊榮。江文也可說一夕成名，用他自己當時告訴妻子的
話，被當成「半個偶像」！[83] 一歲將暮，江文也在日記中回顧這一年
的際遇：

83　原文爲「コッチではオリムビックに等外佳作でもタッター點の音樂
　　日章旗といふので、樂壇こぞってオレを半偶像にして仕舞って居
　　る。」見江文也致江信子信，1936年9月8日。

一九三六年十二月二十七日

一九三六年只剩下四、五日就過去了。想說才迎接這一年呢，此刻又不得不送走了。

三五(1935)年何其暗澹，而痛苦地到悲愴之地步的一年呢。和三六年相比，你受難的三五年度噢！竟然忍耐過來，想來真不可思議。

實質上，一點也沒有不同，在人人的眼中，爲何看成這麼的不同呢！

啊！新聞報導(journalism)唷！你又也握有著這樣的力量——能輕而易舉地把昨天的天才當成今日的白痴而大書特書。

因此，大眾唷、時流唷！俺[84]不違悖諸君，同樣地也不作諂媚的事！

乘著新聞報導之波也好，不乘也可以！

在乎也好、不在乎也好！

*　　　*　　　*

再怎麼說，今年是在外形上和在物質上有所得的收穫之年。

暗澹地開始的今年的正月，俺正在爲應募奧林匹克(在柏林的第十一回)的作曲而費盡心血。

基於俗謠的四個旋律

一、滿帆(采自《素描集》)

二、《三舞曲》采取其二

三、《三舞曲》采取其一

84　江文也的文體和當時許多日本文人一樣，大量使用漢字，此處的「俺」係江文也自己的用法，非譯自假名「おれ」。

四、《三舞曲》采取其三

以此四章爲鋼琴獨奏曲而提出，其次，把〈城內之夜〉改題
爲《臺灣舞曲》作爲管弦曲而提出。

以上是日記開頭的部分。奧林匹克的藝術競賽過程漫長，一九三五年
先有預賽。根據江文也一九三五年的日記，這個夏天他埋頭寫作應募
的曲子，八月六日裝訂完成，八月八日寄出。當時江文也手邊連兩元
的郵費都沒有。[85] 在這裡，他回憶預賽通過後，第二年二月寫作正式
樂曲的經過。他接著寫道：

> 爲了改寫這個管弦曲，通勤於目黑日吉坂的圖書館，正巧是
> 二月三日或四日，入選森永製菓的社歌的作曲，在銀座的日
> 本樂器〔行〕唱給該社的幹部們聽，還有圖書館來了電話而
> 外出。這個晚上，是五十年來的大雪，從銀座抱著裝訂好的
> 管弦樂譜，直走到品川，然後搭公車來到旗之丘，等著因雪
> 而不通的池上電車而回到家，在昏暗的蠟燭下，徹夜寫上管
> 弦樂剩餘的部分。
> 雪狂亂地狂舞，甚至俺一切的不幸都染成這樣的潔白了吧——
> ——俺這樣想著。
> 雪。　五十年來罕見之事，直到胸前一片潔白。現在想起
> 來，好像這個雪救了我！
> 翌日二月五日　作曲截止日。

85　井田敏，《まぼろしの五線譜　江文也という「日本人」》，頁106-
108。

　　　　長靴走起來「噗嗤」作響，於「丸大樓」的體育協會提出
　　　　〔參選的〕樂曲。
　　　　幸？或不幸？應募的作品，很少。
　　　　然而提出參選的作品一首勝過一首。根據該月二十日左右所
　　　　發表的〔入選作品〕：
　　　　山田耕筰　　進行曲(行進曲)
　　　　諸井三郎　　來自奧林匹克的斷片　二章
　　　　(オリムピックよりの斷片　二章)
　　　　箕作秋吉　　盛夏(盛んな夏)
　　　　伊藤　昇　　運動日本(スポーツ日本)
　　　　江　文也　　臺灣舞曲(臺灣の舞曲)
　　　　審　查　員　　山田氏、信時氏、諸井氏。[86]

　　這裡寫的大雪是一九三六年日本受到大寒流侵襲，東京下大雪，由於
大雪的關係，奧林匹克的應募作品大爲減少[87]，因此，江文也才說
「好像這個雪救了我」。入選的其他四位是山田耕筰、諸井三郎、箕
作秋吉，以及伊藤昇。如前所述，他們都是作曲家聯盟的會員，是江
文也所屬音樂社群的同仁。山田耕筰算是江文也的老師，在當時是大
師級人物，齊爾品曾把他比擬成日本的格林卡。[88]山田耕筰曾留學德

86　審查員依序爲：山田耕筰、信時潔、諸井三郎。審查員自己提出的參
　　選作品是「無審查」，亦即不須經過審查，因此諸井三郎和山田耕筰
　　的作品是「無審查」。見染谷周子、杉岡わか子、三宅嚴編，《ドキ
　　ユメンタリー新興作曲家連盟──戰前の作曲家たち　1930-1940》，
　　頁108-109。
87　井田敏，《まぼろしの五線譜　江文也という「日本人」》，頁110。
88　「……我在山田耕筰的姿影中看到日本的格林卡」，見アレキサンダ

國，創作許多大規模的樂曲，但一般日本人最熟悉的是他譜的歌謠，只要聽到他的名字，耳邊自然響起《紅蜻蜓》（赤とんぼ）、《這條路》（この道）等曲調。諸井三郎，留學德國，受到德奧古典音樂的影響很深。箕作秋吉，也是物理學者，他在一九三七年寫作的〈芭蕉紀行集〉入選一九五〇年「國際當代音樂協會」（ISCM）音樂節而名噪一時。伊藤昇師事山田耕筰，一九三四年之後活躍於電影配樂。這四位當中，山田耕筰是師長輩，其他三人年紀都比江文也大，最年輕的諸井三郎也大江文也七歲。結果統統敗給二十六歲新冒出的年輕人。諸井三郎身兼三職：既提出作品參選，也是日本方面的審查員，又是奧林匹克委員，對江文也的得獎，他的態度如何呢？

> 俺很信賴諸井氏，把他當作高尚的紳士而尊敬著。然而作為奧林匹克委員而到柏林以來的一切態度卻……
> 江文也的《臺灣舞曲》以選外佳作而入選為五等或四等一事，完全沒給予通知，僅僅只是九月一日在朝日〔新聞〕的文藝欄，平淡地寫著而已。
> 於是其後的奧林匹克座談會或一切的集會上，其口吻幾乎都是主張〔把它〕當成不足為奇的，是什麼價值也無的東西，且這類的作品不過是有賴好奇心而已……
> 沒錯！確實這是好奇心。這確實如此！俺的作品統統發著奇妙之響，那是確實的吧！
> 於是，諸君把它看做廉價的異國趣味而加以輕蔑了吧。能怎樣大大予以忽視的話，就忽視看看吧！

（續）—————————————
　一・チエレプニン，〈日本の若き作曲家に〉，頁4。

白遼士[89]的音樂、貝多芬中期的音樂、比才[90]的音樂、法雅[91]的音樂、拉威爾的音樂、夏布里埃[92]、德布希、穆索爾斯基。他們的音樂若無好奇心，能夠存在嗎？如果有達到那樣高程度的好奇心，何以不行？作品若達不到那樣的程度，說有怎樣奇怪地與眾不同的地方，不也是無濟於事嗎！作爲作品，到達那種程度的話，不管在怎樣的世界，都是我們衷心所追求的。

諸井三郎的態度相當冷淡，似乎故意輕描淡寫，而且把江文也得獎歸諸「好奇心」的蔭庇——他自己走的音樂路線和江文也不同。可能由於諸井三郎的導引，於是「諸君把它看做廉價的異國趣味而加以輕蔑」。江文也對此相當不滿。從江文也所舉的音樂家來看，他顯然認爲自己的音樂也是具有某種民族色彩的，也就是臺灣的色彩——擬想的臺灣色彩。在他，這不是廉價的異國趣味，而是達到了某種高水平的東西。就算音樂界反應冷淡，新聞界卻是熱烈的；他的故鄉臺灣，早在他的作品列入參選名單時，就已大肆報導了。

這個奧林匹克的事情，簡直占據了今年俺的存在的所有一切。

89　白遼士(Hector Berlioz, 1803-1869)，法國作曲家、指揮家、評論家。

90　比才(Georges Bizet, 1838-1875)，法國作曲家，最有名的作品是歌劇《卡門》。

91　法雅(Manuel de Falla, 1876-1946)，西班牙作曲家、鋼琴家，受到西班牙民歌影響很深。

92　夏布里埃(Emmanuel Chabrier, 1841-1894)，法國作曲家、鋼琴家、指揮家。仰慕並宣傳華格納的作品。

三月臺灣的各個新聞等等，頗把它當作特別消息來報導。於
是，九月七日或八日，從柏林送來極爲絢爛的證書的那個晚
上，俺有如作夢般歡喜(確實如此)。於是我拿給東京日日
〔新報〕的篠原氏看，大概是十一日吧，在早報以占五欄大
的超級特別消息來報導。圍在獎狀和獎牌中，俺雙眉緊鎖的
照片在正中央鄭重其事地刊出

技術者的歌手江文也君……

連樂譜的一部分也作爲插圖而使用。[93]

昔時，拜倫「一覺醒來發現自己成爲名士」云云。這樣的心
情的確很能了解。

這種血液沸騰、肌肉跳躍般的興奮，給人生塗上了色彩！如
此的驚慄之遇(thrill)給了人生別具意味的刺激！

約一個月後，此一管弦曲刊行樂譜之後，終於了解到：竟然
這樣的作品和世界的巨匠並排在一起。歡喜的夢多少冷卻下
來，但畢竟是一件大事，錯不了的！

他在接受新聞訪問時，拋出了「否定西歐」這樣的大膽議題：

這個新聞被報導時，俺講出了這樣的話：否定西歐的一切理
論，想建設得以對抗於此的理論和作品。……除了新進的作
曲家之外，的確無法從西歐的理論中逃脫出來……。這實在

93　見報在9月13日，標題分四行，云：「音樂オリムピアに／臺灣の舞曲
　　四等入選／きのふ突然賞狀と賞牌屆く／技術家の歌手江文也君」。
　　報紙圖影，見井田敏，《まぼろしの五線譜　江文也という「日本
　　人」》，頁6。

是谿出去了的宣戰布告。這像是把自己放到危險線的最前頭般。本來誰也不注意的,一度「日本式的音樂」有如麻雀般地喧囂起來。不管哪個雜誌也都撿起這個問題。於是,予以否定。

心想議論要開始吧,卻無戰火。頗為高明的論文,有二、三篇。然而,無論哪篇都沒提及俺的名字,矛頭朝向〔和我〕同個方向的作家(對俺而言,沒什麼大不了的)。

就是這樣吧。如此一來比較安全!避開俺嗎?還是無視於〔俺〕嗎?

這應該是其中之一。總之,俺確實惹起大的波紋。然後,幾乎所有的人都不給我認真地考慮,卻好像關心著別的地方一樣。同時引來大的反感。

眾人虎視眈眈正等著伏擊俺!一定要讓〔俺〕翻倒到這樣可怕的地步,〔他們〕正等待著這樣的機會。

這樣是好的。不管發生什麼事,俺正覺悟著呢。

＊　　　＊　　　＊

俺寫著寫著一勁兒寫著,直到無法寫時才停止。

就這樣!

江文也挑起了關於「日本式的音樂」的論爭,但人們有意「忽視」他,連他的名字都不願一提。這位一夕成名的青年音樂家感到遭到音樂界的嚴重忽視,而且有受「圍剿」之感。

雖然如此,江文也畢竟是成名了。當時日本「以洋為師」的風氣很盛,西方的認可勝過一切。前面提過的泰斗級作曲家伊福部昭,他的小傳中幾乎都會提到:他的管弦樂曲《日本狂詩曲》(1935)入選一

九三六年齊爾品賞第一名,他的處女作《鋼琴組曲》(1933)入選一九三八年「威尼斯國際現代音樂節」等等。[94] 以這個邏輯來推斷,江文也的樂曲入選奧林匹克的藝術部門,是莫大的肯定,他也隨之躋身國際作曲家之列——他的作品將在歐洲演出。他本人都有難以置信、飄飄然之感。他在九月八日給妻子的信中提到,這個曲子預定由史托科夫斯基(Leopold Stokowski, 1882-1977)指揮費城交響樂團演出而錄製成唱片。[95] 他說「小彬」[96]的曲子能和勝利(Victor)紅色標籤唱盤的史托科夫斯基,以及世界有名的費城交響樂團連結在一起,「這樣早就來到,究竟誰能想像得到呢?」去年這個時候,他回答某雜誌時還說,夢想著自己的交響曲能放入二流的歐曼第(Eugene Ormandy, 1899-1985)指揮明尼亞波里交響樂團的演奏中。「回憶起〔這個答話〕,獨自兒竊笑著。」而一年之後,竟然是地位更高的費城交響樂團!他沒想到竟然在三十歲以前自己滿意的大曲就在世界登場了。「對俺本身而言,這雖是習作,無論如何是受到賞識的了。」[97]

　　《臺灣舞曲》讓江文也一舉成名,或許更堅定了他走「民族風」的音樂路線。關於江文也何以能在柏林藝術競賽脫穎而出,伊福部昭如是解說:「山田先生、諸井先生都留學德國,諸井先生大抵是硬梆梆的德國派作曲,因此沒有理由入選柏林〔的競賽〕。箕作先生是理學博士,是學者。伊藤昇先生本人也是半個業餘家。是這樣的原因

94　如淺香淳等編集,《新音樂辭典 人名》,頁44。

95　根據《音樂新潮》的報導,此曲將由史托科夫斯基指揮柏林愛樂或費城交響樂團灌製成唱片,由勝利(Victor)唱片公司作為聖誕節唱片發行,見該刊13卷10月號(1936年10月)。唱片是否發行,待考。

96　「このビン」,江文也(江文彬)少年時期和瀧澤信子交往時的親暱自稱,結婚後繼續使用。

97　以上引文係根據一九三八年九月八日江文也致妻子江信子之書信。

吧。江先生的曲子，怎麼說呢，這是具有不同的風土性的東西，因而引人注目吧。我如此認為。」[98]

何以某些人對江文也的獲獎反應如此冷漠？是因為他不是「真正的日本人」？一個出身殖民地臺灣的年輕小伙子？資料不足徵，我們無法算這筆老帳──據說江文也對在日本音樂界參加比賽老是拿「第二名」很不滿。[99] 我們一般只知道江文也在一九三四年獲得時事新報音樂競賽作曲第二名，實際上他繼續參加作曲項目的比賽，一九三五年獲得入選(三名之外)，一九三六年獲得第二名，一九三七年獲得第二名[100]，的確總是和第一名無緣。儘管如此，音樂界少數人的漠視，並無法壓抑江文也蓬勃的人氣與豐沛的創作力。而且就他所屬的音樂社群──作曲家聯盟──來說，該聯盟對他的作品是相當重視的，在與西歐國家交流時，江文也的作品往往在甄選之列，彷彿是一張不可或缺的「國際牌」。例如，入選「國際現代音樂協會音樂節」(1937，巴黎)、日德作品交換演奏會、日法作品交換音樂會、國際現代音樂節(1940)等。[101] 即使一九三八年秋天他到北京就任教職，他仍一直維持會員的資格，直至該聯盟於一九四○年年底解散為止。[102]

一九三六年的奧林匹克運動會藝術競賽確定了江文也的作曲家地位。從一九三七年起，我們看到江文也活躍於日本的音樂界，他的文

---

98 引自井田敏，《まぼろしの五線譜　江文也という「日本人」》，頁120。
99 參見井田敏，《まぼろしの五線譜　江文也という「日本人」》，頁111。
100 音樂コンクール三十年編纂事務局編，《音樂コンクール三十年1932-1961》，頁34-35。
101 染谷周子、杉岡わか子、三宅嚴編，《ドキュメンタリー新興作曲家連盟──戰前の作曲家たち1930-1940》，頁132-133、168-170、176、203-204、236。
102 染谷周子、杉岡わか子、三宅嚴編，《ドキュメンタリー新興作曲家連盟──戰前の作曲家たち1930-1940》，頁404。

章在音樂雜誌上刊登，編輯給他很大的篇幅，任他「黑白放談」（他在《音樂新潮》的專欄名稱）。如果《臺灣舞曲》的民族色彩實現了他三十歲以前想達成的夢想，那麼在這之後，他要創造怎樣的音樂才能更上一層樓呢？

五、浪漫的中國想像

江文也個性浪漫，情感澎湃，郭芝苑說他是「一位Romantist（浪漫者）」。[103] 他為了追尋創作的泉源，為了探尋中國古老文化的精髓，一九三八年移住中國北京，最後由於種種原因（時局的、個人的）而定居下來。

江文也第一次到北京在一九三六年六月中。如前所述，他原來有計畫到維也納，但因緣際會改到北京。當時齊爾品在北京，在齊爾品的邀請下，他來到北京。從他事後寫的旅遊經過和感想，我們可以看出他對北京充滿憧憬，而且懷有許多「先入為主」的浪漫想像。所以當他來到北京，有著按捺不住的興奮[104]：

> 又怯又喜，北京！北京！我反覆地唸著這個名字，讓那可使心臟絞碎般的興奮與瘋狂駕馭著。
> 我好似與戀人相會般，因殷切地盼望而心亂，魂魄火紅地熾燒著。

---

103 郭芝苑，〈中國現代民族音樂的先驅者江文也〉，頁46。
104 江文也，〈北京から上海へ〉，頁33。

這樣容易感動、興奮，像戀人一樣心亂的江文也，和當年返回臺灣的
江文也，呈現相當的一致性。如前所述，他一踏上臺灣，因著能站立
在「父親的額頭般的大地、母親的瞳孔般的黑土上」，而感極欲泣。
他因身心脹滿創作的欲念而譜成了〈白鷺鷥的幻想〉，這是他自己非
常喜愛的作品，他說「我因戀愛而熱狂，恍恍惚惚地，因著這作品而
極度苦惱。我像愛著戀人般地，熱愛著這個作品。」[105]透過他自己
的文字，我們看到一位心中多麼容易燃起熾熱之戀火的藝術家！

　　抵達北京的當天晚上，江文也和齊爾品、維克小姐等人一起參加
以外交團體為中心的化妝舞會。齊爾品裝扮成民國的大官，維克小姐
扮印度公主，江文也扮成生番頭目。[106] 舞會之後有小型音樂會，在
蕭邦的華爾滋和兩首女高音二重唱之後，演奏現代日本音樂，有清瀨
保二的《春之丘》和江文也的《小素描》，之後是聲樂曲，由齊爾品
伴奏，江文也穿著生番頭目的服裝演唱《生番四歌曲》。

　　在北京，江文也聽了平劇，寫道：「我痛切地感受到了！在那上
頭演著的不就是你所想知道的全部嗎？」[107]他參觀了慈禧太后的行
宮(頤和園)、天壇、孔子廟、喇嘛廟。端午節過後，他和齊爾品一家
人搭乘萬國國際夜車到上海，他在上海音樂學校，由齊爾品伴奏，演

105　江文也，〈「白鷺への幻想」の生立ち〉，頁111。
106　江文也，〈北京から上海へ〉，頁33。原文作「生蕃首長」，見江文
　　　也，〈北京から上海へ〉，頁33。「首長」是個錯誤的用法，竹中重
　　　雄在〈蕃歌を尋ねて臺灣の奧地へ〉一文中特地說明，臺灣蕃社的領
　　　導者叫「頭目」，不是「首長」，他說他在哪裡，很可能就是《月刊
　　　樂譜》，看到這種錯誤的用法。由於江文也的文章就刊登在前一期的
　　　《月刊樂譜》，說不定他看到的就是江文也的用法，不以為然而特地
　　　拈出來談，但又不好直接說出名字。見竹中重雄，〈蕃歌を尋ねて臺
　　　灣の奧地へ〉(二)，《月刊樂譜》25卷11月號(1936年11月)，頁11。
107　江文也，〈北京から上海へ〉，頁34。

唱《生番四歌曲》，也彈奏《小素描》和《滿帆》。[108]

　　江文也的北京、上海之行，讓他深受刺激。北京給他很深的印象，這些印象舉其要有三。其一，是中國的遼闊——對他而言，中國「以兩萬倍、三萬倍兀自悠然地廣袤著，無視於我的感覺，漠然地站立著」。[109]其二，是中國的「大沉睡」狀態，在北京「所有的事物都在大規模的狀態下沉睡著」。[110]最後，是外國勢力和中國環境的「違和」（不諧調、扞格）。

　　在此先談第三點。端午節北京放假一天，江文也看到旅館廣場前舉行分列式，那些軍隊不是民國的軍隊，他感到喇叭的聲音和北京不協調。晚上看晚報，得知舉行分列式的國家有兩名紳士受了重傷。他為此感到很痛苦，自思：「就音樂來說，你的體內不也和這北京一樣，駐紮著世界各國的軍隊嗎？先是德國、法國、俄國、義大利、匈牙利、美國……這樣的你究竟在做什麼？」[111]日後江文也追求純粹的「中國的」音樂，不能不說以此為先兆。他和齊爾品一家人搭乘萬國國際夜車，這是掛有寢室的豪華列車，但他覺得「這〔車〕的存在恐怕和民國的大眾無法取得平衡」。[112]江文也顯然對列國侵華，有某種強烈的反感。但是，我們是否可以把這種感覺直接等同於站在中國本位看事情，還有待商榷。日本用以號召東亞人民（主要是知識人）的理念是東亞各國間的「協和」，用來對抗西洋力量的入侵。這個由日本領導的邁向「東亞和平之路」的論述，頗贏得日本一些知識分子

108　江文也，〈北京から上海へ〉，頁39、41。
109　江文也，〈北京から上海へ〉，頁42。
110　江文也，〈北京から上海へ〉，頁39。
111　江文也，〈北京から上海へ〉，頁38。
112　江文也，〈北京から上海へ〉，頁39。

的支持。我認為，從這個角度入手，或許更能幫助我們理解江文也在一九四五年以前的一些作為；否則，我們無法了解對列強懷著如此激烈情緒的江文也，何以不批評日本，日後且為日本的宣傳片「東亞和平之路」（東和商事，1938）配樂，為北京的「新民會」譜曲。

中國的遼闊和文化遺產的龐大，把江文也「壓得扁扁的」。在他，這個兀自存在著的中國，讓他在「睇視遙遠的地平線上的積雨雲時，卻在彼端發現了貧弱的自己。」[113]江文也的感動是深刻的，這是無可否認的。不過，如果我們了解江文也獨特的感性（sensitivity）方式，我們說不定會有「啊，這就是典型的江文也」的感覺。讓我們回頭看看，他在一九三四年〈白鷺鷥的幻想〉一文中，如何描寫面對來自大地的感動，他自己的無能之感——無法淋漓盡致表達那巨大的感動：「……雖然幾度抹削、增添，利用所謂的作曲技巧等等，辛苦地嘗試，處理在我心中浮動的那個龐大的觀念，不得不痛感地上的形式的過於貧弱。」[114]「地上的形式」指既有的藝術表達工具或方式。在北京，我們彷彿聽到四年前江文也來到南方島嶼所發出的聲音的回響。天地(或文化體)之龐大與己身之貧弱的對比，是江文也思考的主題之一。

一九三八年，江文也到北京就任教職後，除了教書、作曲、演出之外，致力於研究孔子和孔廟音樂，寫成《古代中國正樂考——孔子的音樂考》（上代支那正樂考——孔子の音樂考）[115]，一九四二年在

---

113 江文也，〈北京から上海へ〉，頁43。

114 江文也，〈「白鷺への幻想」の生立ち〉，頁110。

115 此書中譯本，江文也著，陳光輝譯，《孔子音樂論》，收於張己任編，《江文也文字作品集》（臺北：臺北縣立文化中心，1992），頁7-150。此書另有一中譯本，江文也著，楊儒賓譯，《孔子的樂論》（臺北：喜瑪拉雅研究發展基金會，2003）。

東京出版。江文也以音樂家的敏銳感覺，從有關孔子的各種文獻中，整理出孔子的音樂思想、孔子的音樂素養，以及音樂在孔子生活中扮演的角色。江文也豐富的想像力在此發揮得淋漓盡致，寫活了愛樂者孔子。

在此，限於篇幅和題旨，筆者不擬討論這本論著的內容和材料。不過，須特別指出的是，江文也固然懷抱著無比的熱情研究孔子和音樂的關係，我們不能孤立看待這件事。日本知識界(包括藝文界)對中國文化向來就抱持濃厚的興趣，和江文也同時代的美術史研究者兼樂評家久志卓眞，以中國諸子和音樂的關係爲主題，寫過不少文章，包括〈墨子與音樂〉、〈荀子與音樂〉、〈論語與音樂〉、〈透過論語看孔子的音樂思想〉、〈呂氏春秋與音樂〉等。[116] 這些文章都是刊登在江文也投稿的《音樂新潮》上，甚至和他的文章同期刊出，因此，我們可以假設江文也知悉這些文章，且很可能翻讀過。總而言之，如果將江文也放回他所屬於的幾個歷史脈絡，相信會增進我們對他的認識。

《古代中國正樂考——孔子的音樂考》之外，江文也最重要的作品是日文詩集《北京銘》和《大同石佛頌》，以及中文詩集《賦天壇》。[117] 這些作品充分顯示江文也的文學才分，不過本文的目的不

116　〈論語を通して見た孔子の音樂思想〉(上)，《音樂新潮》13卷5月號(1936年5月)；〈論語と音樂〉，《音樂新潮》13卷6月號(1936年6月)；〈墨子と音樂〉，《音樂新潮》13卷8月號(1936年8月)；〈荀子と音樂〉(上)、(下)，《音樂新潮》13卷9、10月號(1936年9月、10月)；〈呂氏春秋と音樂〉，《音樂新潮》14卷9月號(1937年9月)。

117　張己任編的《江文也文字作品集》收有《北京銘》和《大同石佛頌》的中譯本，以及《賦天壇》的鉛排本。兩本日文詩集皆由廖興彰翻譯。《北京銘》另有葉笛的中譯本，江文也著，葉笛譯，《北京銘——江文也詩集》(臺北：臺北縣政府文化局，2002)。

在於從文學的角度來討論他的作品，而是試圖從內容上了解他所呈示的中國意象。

《北京銘》是自由詩，不是日本傳統的和歌(俳句、短歌)，共分為四部，基本上按照季節推展，因此四部依序描寫春夏秋冬的北京。所謂「銘」，他在序詩中說[118]：

> 我要把要刻在
> 一百個石碑和
> 一百個銅鼎的
> 這些刻在我這個肉體上

這也是相當典型的江文也語法。這個詩句至少有兩層意思，其一，北京的本質是永恆的，只有石碑和銅鼎才能擔得起這種永恆。其次，我會敗壞的肉體雖然無法承受永恆，但我的感動是這麼深刻，因此我要用我的肉體來體受，讓它們像刻在石碑和銅鼎一樣刻入我的肉體中。如何刻入肉體呢？其實，江文也告訴我們：用文字。這就是《北京銘》的創作目的。

《北京銘》最先的三首〈要凝視的　其一〉、〈要凝視的　其二〉和〈要凝視的　其三〉可以說是寫他對北京的總印象，這裡是「不用看的東西　不是看得見嗎？」，「這裡的美　瞎眼喲　說著更加燒灼我了」，北京是充滿光的，「我　被這光暈眩了」。[119]

---

118 江文也，《北京銘》(東京：青梧堂，1942)，首頁，未標頁碼；中譯文根據葉笛的翻譯，見江文也著，葉笛譯，《北京銘──江文也詩集》，頁2。

119 中譯採用葉笛之譯文，見江文也著，葉笛譯，《北京銘──江文也詩

「光」是《北京銘》一個重要意象。此外,石頭、黃土、龍也是他喜歡用的意象。《北京銘》最大宗的詩以北京的名勝古蹟爲題,是江文也記錄拜訪這些地方的所思所感,可以稱之爲「紀遊詩」。他遊歷了大成殿、國子監、喇嘛廟、昆明湖、萬壽山、北海瓊華島、景山、太廟、圓明園、白塔寺、大安殿、十刹海、現歡喜園、五龍亭、祈年殿、天壇、圓丘壇、中南海瀛臺等。許多地方他一訪再訪。這些詩內容多樣,茲舉〈於國子監〉一詩以爲例示[120]:

> 石頭 石頭 石頭
> 雕刻在那裡的十三經
> 周遭鳥兒鳴囀 漂浮著文字濃醇的香氣
> 噢 快樂的古典的化石的森林 現在我來了

此外,他也描寫「老」北京生活的點點滴滴,如〈胡同〉、〈胡同的音樂家們〉、〈癢〉、〈賣酸梅湯的來了〉、〈磨刀匠吹著喇叭經過〉、〈洋車夫〉等。[121] 由於江文也當時設定的讀者是日文讀者,並非中文讀者,書的印刷發行也在日本,因此,我們是否也可以從日本紀行文學的角度來理解他的作品呢?這時的北京,對江文也而言,就像對畫家梅原龍三郎一樣,是個充滿魅力的古都,是令人愛戀的「他者」,只是這個「他者」在江文也又多了一層「血緣的」關係,

　　集》,頁10-15。
120 江文也,〈國子監にて〉,《北京銘》,頁17;根據葉笛譯文,略加
　　修改,見江文也著,葉笛譯,《北京銘──江文也詩集》,頁22。
121 分見江文也著,葉笛譯,《北京銘──江文也詩集》,頁28、32、
　　38、90、92、176。

讓他在感情上更有資格「據爲己有」。

　　江文也於一九三八年來到北京，時年二十八；第二年(1939)，五十一歲的梅原龍三郎也來到北京。梅原龍三郎當時已經是著名的油畫家，他於一九三三年初次訪問臺灣，其後接連著三年來臺灣擔任臺灣美術展覽會的審查(1934-1936)。一九三九年，梅原龍三郎受邀到滿洲，擔任滿洲國美術展覽會的審查，之後他從大連搭飛機前往北京訪問。這是他第一次訪問北京，他年輕時曾遊過上海、杭州、西湖。北京的景觀大大感動他，他停留一個月餘，畫了《雲中天壇》和《姑娘》等作品(「姑娘」指中國女性，他前後畫了不少幅以此爲題的油畫)。從這一年開始，他每年都到北京停留一段時間，一九四三年是最後一次，這之後由於戰雲密布，他遂不再來。[122] 梅原龍三郎旅居北京時，繪製許多以北京爲對象的油畫，如《天壇》(1939)、《紫禁城》(1940，兩幅)、《長安街》(1940)、《北京長安街》(1941)、《北京秋天》(1942)、《天壇遠望》(1942)、《春之長安街》(1943)等。[123]就我所知，至今不少日本人一想到他，大都會聯想起他筆下的北京，尤其是天壇。

　　如果北京大大感動了梅原龍三郎，作爲中國文化中心的北京毫無疑問地征服了江文也──這個在「巨大的」、「遼闊的」什麼的之前總是五體投地的江文也。北京就是連空氣也是令人眷念的[124]：

122　島田康寬編，〈梅原龍三郎‧年譜〉，收於河北倫明監修，〔生誕百年記念〕《梅原龍三郎》(東京：集英社，1988)，頁173-174。

123　以上油畫，見河北倫明編修，《梅原龍三郎》一書圖版。

124　江文也，〈無題〉，《北京銘》，頁114；江文也著，葉笛譯，《北京銘──江文也詩集》，頁210。

　　　　空氣本身　已然令人眷念的北京喲

　　　　對所謂文明物　毫無關係似的

　　　　也許那是對的

　　　　如今　一切　對你來說

　　　　顯得像欺騙孩子一般吧

因為北京太美麗,「……／無法只是看著／所以渴望進入你的內裡去／就是進去　還不能滿足／所以像這樣　把一切變成你的空無了」。[125] 是的,在美之前,他只有投入的份[126]:

　　　　美麗的人　只是沒入對象　按照所想地描畫

　　　　但　每當為對象魅住　我是醜的

　　　　啊　該折筆了

　　　　說來我是非更深地沒入對象不可的

詩集完稿於「一九四一年十二月三十一日　在除夕鐘聲的鳴響中」。他在「結尾」的那首詩的末句寫著:「銘喲　放心跟這個肉體一起蒸吧」。[127]

　　《北京銘》見證了江文也的浪漫情懷和文學才華。從詩中很難看出江文也的北京和當時中國面臨的戰亂有何關係。換句話說,它是

125　江文也,〈必然〉,《北京銘》,頁115;江文也著,葉笛譯,《北京銘——江文也詩集》,頁212。

126　江文也,〈追求〉,《北京銘》,頁117;江文也著,葉笛譯,《北京銘——江文也詩集》,頁216。

127　江文也著,葉笛譯,《北京銘——江文也詩集》,頁224。

「超現實的」，那個令江文也迷惑的北京是永恆的存在，不是現世的。北京令人著迷的是「天下無事」[128]：

　　這聰明的靜寂
　　噢　深邃的叡智
　　這蓮花的馨香　漣漪　要是連陽光都沒用
　　那麼　你也用生銹的釣鈎垂釣吧

多麼遠離現實和非政治的！

　　《大同石佛頌》是日文長篇自由詩[129]，以山西大同石窟的佛像爲對象，是江文也追求「法悅」境界的詩集。詩中有不少二元對立相互抵銷(或深層統一)的語言，如「無有感覺／無無感覺的天」、「似一切／非一切」、「的確　此可也／非此亦可」、「那非是／現在存有而在未來無有者／那亦非是／現在無有而在未來存有者」等句。[130]這些深含「禪機」的語言充滿整本詩集，由於和我們的題旨較無關係，姑不細論。在此僅指出，在這本詩集中，我們還是看到「典型的」江文也。面對石佛的他，「……在此一瞬間／我　變得醜陋不堪／且感覺到極端的無助可憐」。[131]他和往常一樣，是很投入的——[132]

128 江文也，〈天下無事〉，《北京銘》，頁58；江文也著，葉笛譯，《北京銘——江文也詩集》，頁102。
129 江文也，《大同石佛頌》(東京：青梧堂，1942)。
130 江文也著，廖興彰譯註，《大同石佛頌》，收於張己任編，《江文也文字作品集》，頁230、231、243、253。
131 江文也著，廖興彰譯註，《大同石佛頌》，頁210。
132 江文也，《大同石佛頌》，頁24-25；江文也著，廖興彰譯註，《大同石佛頌》，頁216-217。

實在的

自己如此被吸入

一切的一切皆被吸入了

何者是自己

何者是石佛

無內

無外

祇是難於言說

......

面對這種難以言說的巨大世界[133]，

已經無法思考任何事的我

如何把讚歌獻給您啊

終於　終於

這樣的我

已然

一無所知

藝術在他，是永遠無法充分表達他的感動的。在這裡，我們看到不管身在何處，江文也的感性是頗為一致的。

《賦天壇》是江文也用中文撰寫的詩集，作於一九四四年十月，

---

133 江文也，《大同石佛頌》，頁96-97；根據廖興彰的譯文略加修改，見江文也著，廖興彰譯註，《大同石佛頌》，頁257。

生前未出版，一九九二年在臺灣出版。[134] 詩句顯示江文也此時中文
還不夠純熟。詩中表達他的「天」觀，是讚頌「天」的詩。詩集中有
個段落是江文也首次提及「時代」[135]：

> 是的！
>
> 這裡的時間　是絢爛地像一箇結晶
>
> 這裡的空間　無疑地是真空似的極星
>
> 於是
>
> 大時代的掙扎在那裡
>
> 大民族的苦惱是什麼
>
> 黃河的流水啊！
>
> 黃帝的子孫啊！
>
> 唉！　依然
>
> 還是
>
> 「前不見古人
>
> 後不見來者」

我們如何解讀這個段落？通篇讀來，彷彿時代的掙扎和民族的苦惱都
將在「豐饒底光」[136]中消失。

　　「光」是江文也很重要的一個意象，貫串了三本詩集。在《賦天
壇》中更是重要，和天壇簡直是一體的，「光芒萬層 / 大日輪 / 壇向

134　江文也，《賦天壇》，收於張己任編，《江文也文字作品集》。
135　江文也，《賦天壇》，頁270-271。
136　江文也，《賦天壇》，頁273。

天昇」[137]；「於是　光搖醒了光／光呼應了光」[138]。在光的世界裡，我們發現了江文也———一個沒身在光中，卻仍想以文字和音樂捕捉那天地間豐饒之光的藝術家。

北京豐饒的光——或者更擴大來說，中國豐饒的光，激發江文也的創造力，一九三八年到一九四五年日本戰敗爲止，除了文字作品之外，江文也的音樂創作成果豐碩。在這段期間內，他寫出許多重要作品，在管弦樂方面有《孔廟大晟樂章》、《第一交響樂》、《爲世紀神話的頌歌》、《碧空中鳴響的鴿笛》、《第二交響樂》，以及《一宇同光》；舞劇有《大地之歌》、《香妃傳》；歌劇有《西施復圓記》；鋼琴曲有《小奏鳴曲》、《第一鋼琴協奏曲》、《根據琵琶古曲「潯陽月夜」而作的鋼琴敘事詩》、《第三鋼琴奏鳴曲「江南風光」》；室內樂曲有《大提琴組曲》；合唱曲有《萬里關山》、《鳳陽花鼓》、《清平調》等。在這段期間，江文也對中國古典詩詞產生濃厚的興趣，他爲唐詩宋詞譜了爲數甚夥的獨唱曲，如《唐詩　五言絕句》、《唐詩　七言絕句》、《宋詞　李後主篇》等。[139] 張己任對江文也的聲樂曲，評價很高，他說：「他的鋼琴伴奏與詩詞配合得十分精妙，在歌聲已了之後，鋼琴仍然能夠引領聽者的情緒，大有詩韻猶存之感，顯示出鋼琴的獨立性。在中國大量的藝術歌曲作者中，能像江文也這樣細緻的處理聲樂曲中聲樂與鋼琴的作曲家，實在寥寥無幾。」[140]

137　江文也，《賦天壇》，頁300。

138　江文也，《賦天壇》，頁265。

139　江文也作品目錄，見江小韻，〈有關江文也的資料〉，頁254-268；部分曲名之寫法，以張己任編，《江文也手稿作品集》爲準。

140　張己任，〈江文也與中國近代音樂〉，《當代》171期（2001年11月），頁130。

如果說江文也對中國充滿浪漫的想像，他在北京創作的以中國爲題材的音樂則比他的「臺灣音樂」實際多了。他的中國音樂稱得上「腳踏實地」，是在親身體驗之上加以創作的，他的《孔廟大晟樂章》更是文獻研究與田野采風的精妙結晶。關於江文也音樂中的「中國」成分或想像，也是將來值得研究的面向。

六、一個非民族主義式的解讀

當我開始閱讀江文也的作品時，我的出發點是想了解他的「臺灣觀」和「中國觀」。我曾被他的一些用語深深困惑住，不知道如何理解。如果我曾預設什麼的，那麼，最後我不得不予以捨棄。

江文也熱愛臺灣，也熱愛中國文化。這是形諸文字，難以否認的。但是，他基本上是個情感澎湃、想像力非常豐富的人。僅僅青綠水田飛下的白鷺鷥，就可以把他逼得近乎瘋狂，非得譜出樂曲來捕捉它的美麗不可；不必親抵北京，他對它已經是充滿愛意了。如果我們仔細閱讀江文也前後的作品，有個通盤的了解，我們將發現其間有很大的一致性。如果他的臺灣是想像的，那麼，他的中國也是想像的。不管是臺灣或中國，在他都不是科學的對象，他追求東方的神秘世界，拒絕「把一切改置爲幾何字的清晰與／力學的平衡」。[141] 如果我們把他那些關於北京的戀人般的囈語賦予民族主義的意涵，我想我們將很難了解一九三八年至一九四五年間江文也的一些作爲。更何況這裡頭除了藝術家的個人性格之外，是和時代糾葛夾纏不清的。

過去我們對江文也的了解往往是「超時代的」，也就是說，我們

---

141 江文也著，廖興彰譯註，《大同石佛頌》，頁244。

把江文也從他所屬的時空抽離出來，孤立地去看他的作品和作爲。那是一廂情願的理解。反過來說，由於我們嚴重欠缺對他所屬之時代的歷史性了解，就算主觀不願做這樣的「抽離」，實際上也不得不然。江文也從一九三二年崛起日本樂壇，到日本戰敗投降爲止，正好活躍於後來日本一派學者所界定的十五年戰爭(1931-1945)的時代中。根據劉麟玉初步的研究，在一九三七年以前，江文也和戰爭時局有關的音樂活動似乎只有一椿，也就是灌製創作歌謠《肉彈三勇士》。[142]「肉彈三勇士」是戰爭期間流布於日本本土以及日本殖民地的「戰爭美談」，背景是一九三二年上海廟行鎮中國和日本軍隊之間的戰役；此役在中國稱爲「一二八淞滬抗戰」。當時日軍無法突破中國軍隊高築的鐵絲網以進行突擊戰，屢攻屢敗，遂決定由三位工兵抱著點燃的爆破筒衝開鐵絲網，這三位工兵達成目標，但卻犧牲了，就像以人身做的炸彈(日文「肉彈」之意)一樣。此事傳回日本，引起一片讚頌稱揚之聲，三人博得「肉彈三勇士」的美稱。當時興起一股「肉彈三勇士」熱，詩歌、電影、歌舞伎、繪畫、雕刻等爭相以此爲題材。這個故事也編入戰時初等教育的「國語」(日語)讀本；不少接受日本教育的老一輩臺灣人還記得這個本事。[143] 江文也主唱的《肉彈三勇士》，由中野力作詞，山田耕筰作曲，是「東京大阪兩朝日新聞社懸賞一等當選歌」，由哥倫比亞唱片公司於一九三二年三月二十五日發賣，可說是搶在「肉彈三勇士」的熱潮中推出。山田耕筰是作曲界大

---

142 劉麟玉，〈日本戰時體制下的江文也之初探——以1937-45年間江文也音樂作品與時局關係爲中心〉，「江文也先生逝世二十週年紀念學術研討會」會議論文(臺北：中央研究院臺灣史研究所籌備處，2003年10月24日)，頁1-2。

143 臺灣的課文，見《初等科國語》(臺北：臺灣總督府，1944)，卷二第二十課〈三勇士〉，頁102-110。

家。當時，江文也二十二歲，是新出道的歌手，能灌錄這樣的唱盤，自然是難能可貴的機會。[144] 此一歌曲後來被視爲廣義的軍歌。揆諸個人和時代情況，灌製這樣的唱片實在很難逕指爲爲戰爭服務，然而，一九三八年到了中國土地生活的江文也似乎也並未站在中國人的民族立場看待中日戰爭。

江文也到北京就任教職一事，除了他個人所宣稱的藝術目的之外，一些周邊的線索顯示和日本軍方的動員有某種關連，具體來說，可能是爲了海陸軍全面支援的文化電影《北京》（東寶映畫，1938）配樂。[145] 由於文獻不足徵，我們無法做出確論。考諸實際的作爲，一九三七年至一九四五年日本戰敗爲止，江文也的音樂活動和戰爭時局的關連，零星的不算，大抵可分兩方面，其一是爲文化電影配樂，其二爲北京新民會譜曲。江文也爲日本電影配樂大約有七部之多，劉麟玉曾根據收集到的資料介紹其中的四部：《南京》、《東亞和平之路》、《北京》，以及《陸軍航空戰記緬甸篇》。江文也曾將《南京》的配樂改寫成管弦樂《賦格序曲》；劉麟玉懷疑舞劇《東亞之歌》或許出自於電影《東亞和平之路》、管弦樂《北京點點》出自電影《北京》的配樂。此外，她指出江文也一九四〇年的《第一交響曲日本》直接贊美日本，一九四三年管弦樂《一宇同光》的「一宇」出

---

144 日本哥倫比亞株式會社曾發行一大套「戰後50週年企畫：歌謠で辿る昭和の痕跡」《軍歌戰時歌謠大全集》（東京：日本コロムビア株式會社，1995），筆者購得數張，其中一張「戰時歌謠（一）」收有江文也唱的〈肉彈三勇士〉，由山田耕筰指揮、哥倫比亞管樂隊伴奏。

145 劉麟玉，〈日本戰時體制下的江文也之初探〉，頁3、10。筆者曾從曹永坤先生處間接得知：江文也的日本家人認爲，江文也到北京和日本軍方關係密切，他的女兒懷疑他受到軍方控制，有身不由己之處。此係家人的推斷，缺乏明證，姑記於此。

自「八紘一宇」一詞。[146] 諸如此類的關係，都是值得我們深思的。附帶一提，電影《東亞和平之路》日文名稱為《東洋平和の道》，是第一部日本人拍攝的影片中中國人角色由中國影星扮演；導演鈴木重吉，男主角徐聰，女主角白光、李明。

　　除了為日本的宣傳影片配樂之外，江文也和北京新民會也有頗為不淺的關係。新民會成立於一九三七年十二月二十四日，是日軍扶植的中華民國臨時政府成立(1937年12月14日)之後，仿照滿洲國協和會而組織的所謂的「民眾團體」。新民會的綱領是：一、護持新政權，以圖暢達民意；二、開發地產，以安民生；三、發揚東方之文化道德；四、於剿共滅黨旗幟下，參加反共戰線；五、促進友鄰締盟之實現，以貢獻人類之和平。[147] 柯政和是新民會幹部，可能由於這層關係，雖然江文也不是會員，但和新民會頗多接觸，他的許多音樂作品，尤其是詩詞合唱曲，大都由北京新民音樂書局出版。他也為新民會譜曲，一九四一年北京新民音樂書局出版《新民會會歌》，有九首江文也譜曲的作品。[148] 筆者手邊有江文也作曲的〈新民會會歌〉、〈新民少年歌〉，以及〈新民少女歌〉詞譜的影本，茲附於文末(附

146　劉麟玉，〈日本戰時體制下的江文也之初探〉，頁7-8、10。劉麟玉在該研討會中曾放映《陸軍航空戰記緬甸篇》一片的片頭，由江文也配樂，片頭打出「音樂　江文也」五個字。

147　曾業英，〈略論日偽新民會〉，《近代史研究》67期(1992年1月)，頁253-254。

148　劉麟玉，〈日本戰時體制下的江文也之初探〉，頁9、15。這九首曲子分別是：〈新民會會歌〉、〈新民會會旗歌〉、〈新民青年歌〉、〈新民婦女歌〉、〈新民少女歌〉、〈新民少年歌〉、〈新民勞動合作歌〉、〈新民運動合作歌〉、〈新民愛鄉歌〉。以上消息承蒙劉麟玉女士賜告，謹此致謝。

錄二),以供參考。[149] 歌詞是繆斌所作,非出於江文也之手。繆斌是
新民會重要人物,早期新民會以中央領導部為領導機關,由繆斌任部
長,次長是日本人;一九三九年,繆斌擔任新民會副會長。[150] 新民
會強調發揚東方之文化道德,標榜王道,這些和江文也的思想頗相契
合。讓我們來看看他所譜何曲。〈新民會會歌〉歌詞云[151]:

天無私覆　地無私藏　惠我新民　無偏無黨

春夏秋冬　四季運行　惠我新民　順天者昌

東方文化　如日之光　惠我新民　共圖發揚

亞洲兄弟　聯盟乃強　惠我新民　振起八荒

〈新民少年歌〉則有如下的詞句:「青春的少年啊……青春的少年啊
看　亞細亞的兄弟相親相愛　哪」、「青春的少年啊……青春的少年
啊　看　太平洋的時代向我們來　哪」、「努力吧……壯志在四方
東方的文明要發揚」。這種強調東亞協和、標榜東方文明的論述,和
江文也表現於文字作品中的思想,似乎沒有「違和」之處。

　　新民會的關係使得江文也在戰後遭受牢獄之災,就目前所知,

---

149 英國劍橋大學聖約翰學院周紹明(Joseph McDermott)教授惠示一本他收
　　集的新民會反共宣傳品《白紅餅》(北京:新民會出版部,1938),收
　　有以上三首歌的詞譜。本文文末附錄二之詞譜,係影印自McDermott教
　　授的收藏,謹此申謝。
150 曾業英,〈略論日偽新民會〉,頁256、259。
151 以下歌詞係根據本文附錄二之歌譜影本,然原件有錯字,「惠我新
　　民」一概作「會我新民」,「四季」誤作「四秋」。詞學大家葉嘉瑩
　　教授出身北京世家,抗戰八年繼續住在北京,完成中學和大學教育。
　　筆者於2005年3月26日因事訪問葉嘉瑩先生時,曾將此一歌譜拿給葉先
　　生看,葉先生說她在學校學唱過此歌,並指出排版的錯字。

江文也的罪名是以音樂家的身分爲華北的「奴化教育」團體新民會
譜〈新民會會歌〉、〈新民會會旗歌〉，以及〈大東亞民族進行
曲〉。[152]十個半月後，江文也幸得獲釋。然而，聘請他到北京任教
的柯政和，由於是新民會的幹部，以戰犯身分解送南京，一九四九年
出獄，文革期間遭受批鬥，送往寧夏回族自治區；一九六八年雙目失
明，全身癱瘓，一九七九年過世。[153]江文也就算逃過「漢奸罪」這
一關[154]，終究逃不過反右運動的清算，以及文化大革命的浩劫。

　　最後，我們不應該忘記：在一九四五年八月十五日日本戰敗以
前，江文也的國籍是日本，他的戶籍一直在臺北淡水三芝，一九三三
年父親過世後，戶長是長兄江文鍾。他的日本妻子江乃ぶ(舊姓瀧澤)
和四位女兒的戶口都登記於此。[155]他在北京的身分是日本人，不是
中國人。不管他如何熱愛、渴慕中國文化，他的作品並未揭示或透露
出在中日戰局中，他是站在中國人的民族立場上的。或許在某個時
點，他轉換了立場，但我們實在不清楚是在哪個時點。果若有此事，
很可能在一九四三年以後。據他的中國妻子吳韻眞說，日本戰敗投降
後，臺灣歸還中國，「文也認爲自己眞的成爲一個堂堂正正的中國人

152　許雪姬，〈1937-1945年在北京的臺灣人〉，頁18。

153　許雪姬，〈1937-1945年在北京的臺灣人〉，頁24。

154　中日戰爭一結束，在中國地區的臺灣人立刻面臨被以「漢奸」入罪的
　　危機，臺灣人抗辯說，漢奸條例最初頒布於1938年，當時臺灣人不是
　　中華民國籍，因此不能判以漢奸罪。1946年11月，中央政府通知各
　　省，對被日本人徵用的臺灣人不能治以漢奸罪，但如在戰時利用汪僞
　　勢力妨害他人權益，經受害人指證者，仍應交由軍法或司法予以議
　　處。見許雪姬，〈1937-1945年在北京的臺灣人〉，頁18。江文也於
　　1945年冬天遭逮捕，十個月半後獲釋，在時間上和上述有關「漢奸」
　　之界定的通知若合符節。

155　戶口名簿部分寫眞，見張己任，《江文也──荊棘中的孤挺花》，頁18。

了。興奮、歡愉得立刻把一九三九年完成的《孔廟大晟樂章》總譜，讓我郵寄北平行轅主任李宗仁轉呈蔣介石總統，以表示一個臺灣人回歸祖國的敬意。數日，收到了一個寫著『樂譜已收到閱覽，現已將此譜收藏於國家文史館中』的收據。」[156]

結語

　　如何把江文也放回歷史的脈絡中去了解，是很大的挑戰。然而，這個努力是必須的，唯有通過歷史的了解，我們才能還給這個浪漫的音樂家一個真面目。例如，當時有不少日本音樂家也寫散文，那是日本「Renaissance Man」最後的年代。江文也固然才華洋溢，沒有那樣的時代氛圍，哪來「放談」的空間。當然，他的風格的確獨樹一幟，《音樂新潮》的編輯說，他和清瀨保二同樣被看成「異色」（前衛、新潮、獨特），但兩人風格截然不同，清瀨保二的文章〈雨的音樂〉是「沉穩的」，江文也則在〈黑白放談〉作豪語，像快射砲般發砲，寫出他的憤懣和希望。[157] 他愛傾吐藝術的「鬱憤」，是有名的。[158] 從時代和個性入手，並設法掌握他的思維與感情邏輯，或許更能幫助我們了解江文也。

　　私意以為，一個歷史的、非民族主義式的了解，應該是可能的。透過這樣的研究取徑，我們或許更能將江文也的音樂放回他所屬的時代脈絡中，探知其複雜性，而同時也能欣賞他對故鄉和中國「非政治性」的熱愛。就算是臺灣和中國都是音樂家的想像，又有何關係呢？

156　吳韻真，〈伴隨文也的回憶〉，頁13。
157　〈編輯室より〉，《音樂新潮》14卷7月號(1937年7月)，頁114。
158　〈編輯室より〉，《音樂新潮》14卷8月號(1937年8月)，頁124。

關於「作曲」，江文也寫道[159]：

> 沒錯！作曲學也是一種說謊的學問。當然作品本身事實上也
> 是一種可愛的謊言……
> 雖然如此，在各式各樣的謊話裡，作曲好像還算是比較不虛
> 假的謊言。

藝術的謊言何嘗不是另一種真實？江文也的好作品即使是謊言，不也
是說得蠻可愛的謊言？值得一聽再聽的。

　　最後讓我們以江文也的一首日文詩作結，這首詩很可能寫於「平
反」之後到發病臥床之前[160]，也就是我們的音樂家‧詩人對故鄉的
最後告白：

	中譯：
島の記憶を	島嶼的記憶
朝夕撫て磨く	朝夕撫磨
善くも惡くても	善也好惡也好
島よ！ありがとう！	島嶼啊！謝謝您！

原刊登於《臺大歷史學報》第35期（2005年6月），頁127-180。
2010年8月修訂。

159　江文也，〈黑白放談〉（三），《音樂新潮》14卷10月號（1937年10月），頁40。
160　轉引自吳韻真，〈先夫江文也〉，收於張己任編，《江文也紀念研討
　　會論文集》，頁152。

附錄一

《生番四歌曲集》所附說明云：

　　本歌曲集的歌詞只需以羅馬字母串連的發音來演唱。各個單語並無特別的意思，而是作為和旋律一起直接表現情緒的工具。歌曲的順序由歌者自由決定。若要說明每首歌曲的內容大意，則可以表現如下。

一、祭首之宴

首級！首級！這是獻給咱們祖先的寶玉！金色的寶玉！

來！倒酒吧！

可要一口乾盡！

嚐其滋味一口乾盡！

這可是多年來的大收穫，

檳榔樹也結果了，

Enya！Enya！

二、戀慕之歌

沒有結果，

沒有結果，

身體好似被詛咒的火燒的焦灼。

啊！啊！

沒有結果，

沒有結果！

三、原野上
白鷺鷥兩尾，
蜈蚣也兩尾，
是那人還不出現，
光線都已重疊且顫抖著了。

四、搖籃曲
靜靜地滑行吧！
我的愛兒。
向大海出船吧！
去吧！
既無鯨魚，也無鬼怪。
一搖一搖地，
我的愛兒，
靜靜地滑行吧！
（根據劉麟玉的翻譯）

附錄二　新民會歌曲三首(影本)

其一

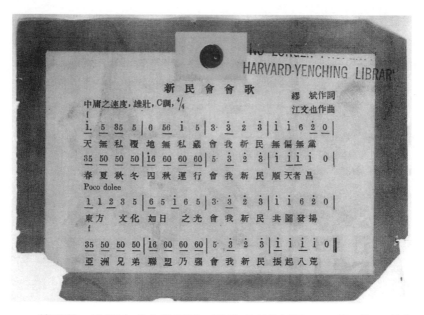

筆者按：歌詞中「會我新民」應爲「惠我新民」，「四秋」應爲「四季」之誤。

其二

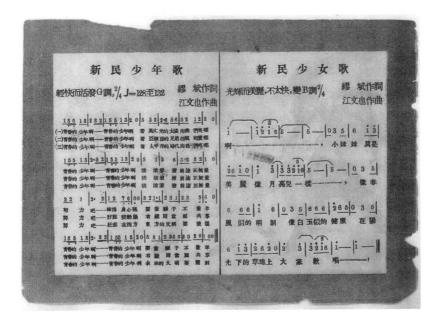

第十章

寫實與規範之間——
公學校國語讀本插畫中的臺灣人形象

前言

　　一八九五年清廷與日本締結馬關條約,將臺灣割讓給日本,臺灣遂成為日本模仿西方列強取得的第一個殖民地。日本統治臺灣之初,即積極著手殖民地教育工作,不數年建立近代學校教育制度,致力於普及初等教育。關於殖民地初等教育的內容與影響,近年來頗受研究者注目。筆者過去以公學校「國語」(亦即日語;由於是歷史用語,以下行文恕不另加引號)讀本、修身書、歷史用書為分析對象,撰寫數篇論文。在研讀這些為數不寡的教科書時,常常被書中的插畫所吸引,有時盯著插畫,失神良久。我忍不住暗思,當初使用這些教科書的孩童,也應該深深被吸引吧?對學童來說,說不定插畫所傳達的訊息比文字更深入他們的內心。

　　由於對插畫產生興趣,過去數年來,我曾將手邊擁有的五期國語讀本的插畫一一整理出來,略作排比,我發現其中蘊含豐富有趣的訊息,值得深入探討。二○○三年春節左右我曾在中央研究院歷史語言研究所舉辦的「歷史研習營」發表過一點心得,可惜當時收集的教科書不全,未窺全貌,無法寫定。二○○四年初夏,經過筆者和臺灣教育史研究會三位同仁前後五年的努力,全五期的國語讀本終於由南天

書局重刊問世。[1] 有了完整的讀本,我於是以插畫中的臺灣人形象爲
主題,重新整理這些圖片。我發現國語讀本中的插畫,整體來說具有
兩個面向,一則反映歷史現場的臺灣,再則往往顯示統治者明顯的規
範意圖;兩者之間的比重消長因時代而有所不同。私意以爲透過教科
書插畫可以探討的問題很多,本文僅從插畫所呈現的臺灣人形象來加
以探討,並未涉及插畫的製作、畫風等美術史議題。但願這篇文章能
引發更多人從不同的角度來抉發殖民地教科書插畫的多重意涵。

附帶一提,使用於臺灣公學校的國語讀本和使用於日本本土的國
語讀本,在內容方面頗有重疊之處,重疊的情況依發行之版本而有所
不同,插畫最初各自繪製,即使課文內容相同,亦分別製作,到了太
平洋戰爭後,發行最後一期時,方出現同一課文的插畫採用同一圖版
的情況。[2] 然而,這些有類似或相同插畫的課文大抵和日本的神話、
歷史與文化有關,至於本文擬討論的臺灣人形象的插畫,則是配合以
臺灣學童爲對象的課文而繪製的,與日本本土讀本的插畫不相干涉。

1　臺灣教育史研究會策畫,《日治時期臺灣公學校與國民學校國語讀
　　本》(臺北:南天書局,2003 / 實際發行2004),全五期60冊。

2　一九四五年之前日本文部省總共發行過五期國定國語教科書(1903-
　　1945),收於海後宗臣編纂,《日本教科書大系·近代編》第6-8卷(東
　　京:講談社,1964)。臺灣公學校讀本共發行過五次(分期見正文第一
　　節),從第二期開始,在編排上大抵以同期的日本國定國語讀本爲範
　　本,課文有一定程度的重疊。根據筆者初步的比對,臺灣公學校第
　　二、第三期讀本,和同期日本讀本的課文,題材近似或內容相同時,
　　插畫則略有不同,顯然是在臺灣繪製的。第四期(1937-1942)開始,如
　　果內容相同,臺灣讀本的插畫明顯可以看出以日本本土的插畫爲範
　　本,幾乎等同摹寫,然非套用;到了第五期(1942-1944),課文相同
　　時,臺灣讀本的插畫則直接採用日本讀本的圖版。

一、五期國語讀本的插畫概述

在日本統治臺灣的五十年內，臺灣總督府總共發行過五個版本的
國語讀本，茲沿用戰前日本本土國定國語教科書的分法，分為五期。
臺灣公學校五期讀本出版年份、書名、卷數如下：

第一期(1901-1903)臺灣教科用書國民讀本　卷一至十二
第二期(1913-1914)公學校用國民讀本　卷一至十二
第三期(1923-1926)公學校用國語讀本　卷一至十二
第四期(1937-1942)公學校用國語讀本　卷一至十二
第五期(1942-1944)コクゴ　一　二、こくご　三　四、
　　　　　　　　　初等科國語　一至八

第一期採用竹子紙(以桂竹為材料的手工紙)對摺，四孔穿單線裝
訂，是所謂的「和本」四目裝幀，採活版印刷，由於紙質優良，百年
後狀況仍相當良好。第二期開始改採工業造量產印書紙印製，打釘裝
訂，鉛字印刷。第一至第三期插圖全部為黑白印刷。第四期卷一至卷
五的插畫是彩色印刷，餘為黑白；黑白插圖中首次使用照相製版。第
五期卷一至卷四的插圖為彩色印刷，餘為黑白。附帶一提，第四期讀
本是五期中印製最精緻的一期，紙張非常結實，彩圖精美。[3]

從第一期和裝本《臺灣教科用書國民讀本》開始，每期讀本都有
為數甚夥的插圖。第一期國語讀本十二卷各卷之插畫與頁數之比例依
序為：20/28、24/36、32/42、28/50、22/56、23/64、18/68、17/76、

3　關於五期國語讀本的裝幀與印刷，詳見魏德文，〈從重刊《日治時期
　　臺灣公學校與國民學校國語讀本》看教材印製史與景印始末記〉，
　　《臺灣教育史研究會通訊》第30期(2003年12月)，頁31-33。

17/82、17/90、20/90、18/96。[4] 據此，低年級圖文的比例頗接近，幾乎每頁都有插畫。卷四以後比例降低，不過，即使到了高年級讀本，每卷仍維持十七至二十組的插畫。

隨著殖民地教育的進展，第一期以後的讀本文字分量越來越重。一般而言，低年級讀本的插圖數量頗多，高年級讀本插圖的比例則減低。限於篇幅，在此僅以最後一期卷一，卷五，以及卷十二提出抽樣統計，供讀者參考。第五期《コクゴ》一，課文共八十二頁，除了最後三頁的片假名表和漢字表之外，每頁皆有彩色插圖，兩面都是圖無文字者占十八頁，跨頁圖七幅，不能不說相當豪華。剛入學的兒童一拿到新書，翻開一看，想必印象深刻——前十頁全部是彩色圖繪，其中一張學校的跨頁圖，兩張村莊鳥瞰的跨頁圖，若說圖勝於文，實不為過；有文字的地方，圖約占一半的空間，和文字平分秋色。以戰爭結束前的社會經濟條件來說，整本充滿圖繪的課本，應可令孩童，尤其是鄉間的孩童，愛不釋手。《初等科國語》一（也就是第三學年用，等同於其他期讀本的卷五）共一四二頁，有四十六組黑白插畫，幾乎等於每三頁就有一組插畫，和第一期卷五圖文的比例差不多。《初等科國語》八（等同卷十二，最後一冊）共一五五頁，有黑白插繪十七幅，大多以最新的照相製版技術印製。

綜而言之，插畫是國語讀本非常重要的構成要素，尤其是低年級用讀本。那麼，五期讀本的插畫有何特色呢？五期讀本的使用時間橫跨日本殖民統治的四十五年（1901-1945），每期讀本的修訂各有其獨

4　讀本中的插畫時常出現一個畫面有一幅以上的圖，如卷十二第一課〈景色〉一文，嚴島、天橋立，以及松島三景畫在同一畫面，很難分開計算，姑且算作一組。類似的情況頗多，基本上緊鄰而在同一畫面者視為一組。若以單幅計算，超過上列數目。

特的因素，課文內容包羅萬象，配合課文的插畫也因此林林總總，要從中整理出一個脈絡，誠屬不易。雖然如此，由於國語讀本橫跨的時間頗長，以時間為縱軸，或可看出一些有意義的現象。

使用於臺灣的國語讀本，在低年級用書中，往往從兒童日常生活教起，插畫配合課文內容，大抵以兒童為主角。以兒童作為課文的主人翁，乃是希望兒童對書中人物(虛擬人物)產生認同，因認同而效法，以達到教育的目標。以此，教科書如何呈現兒童形象，相當程度形塑了兒童的「自我認知」。此外，兒童所隸屬的社群在教科書中如何被呈現，也是近代教育興起之後，社群「自我形象」的一個重要來源。在殖民地，這樣的形象，不是單純的教育問題，實則牽涉到統治者如何呈現被統治者，以及如何規範被統治者的問題。

二、與舊慣溫存的早期插畫

如所周知，日本統治臺灣，從領臺之初的兵馬倥傯到最後發動太平洋戰爭而失敗投降為止，臺灣的社會經濟結構和文化生活都起了極大的變化。時代的變化反映於教科書中嗎？讓我們逐期分析比對國語讀本中有關臺灣人的插畫。

第一期《臺灣教科用書國民讀本》全十二卷發行於一九○一至一九○三年之間，距日本領有臺灣才七至九年，此時絕大多數的臺灣人還維持傳統的生活方式。臺灣公學校制度實施(1898)之後，第一套國語讀本如何處理臺灣人的形象呢？想解答這個問題，必須探究第一期國語讀本插畫是否有既定的繪製原則。一八九八年(明治31年)九月十八日，以小川尚義為首，十餘位學者和教育者在艋舺祖師廟召開「國語教授研究會」第一回會議，至一八九九年(明治32年)五月二十七

日，共召開十二回「國語教授研究會」。會議的決議就是日後《臺灣教科用書國民讀本》的編纂綱領。[5] 根據第十二回「國語教授研究會」的記錄，其中一項是關於插畫的備忘，云：「插畫以容易引發學生之同情的本島事物爲始。」[6] 在此，「同情」的意思，用今天的話語來說，就是「親切的認同」。

　　首先簡單介紹此期國語讀本的內容編排。這一期從卷一到卷四，也就是低年級用書，每課的組成是：課文、應用、土語讀方。應用是課文內容的應用之意，土語讀方意爲方言的讀法，以片假名標注臺灣話(閩南語)的方式，教授臺語。卷一課文除了「五十音字」等表外，附有標注閩南語音的「符號字」與「八聲符號」表。卷五卷六，應用和土語讀方交叉出現，卷七以後則以「新用語」取代應用，土語讀方出現的頻率逐漸減低。《臺灣教科用書國民讀本》卷一第一課，課文曰：「男孩子起床了。」插畫畫著一位穿肚兜的臺灣孩童正在起床。應用曰：「女孩子寫了字。」其下畫著一位梳髻纏足的小姐，手上拿著一張毛筆字練習紙。土語讀方作：「囝仔起來了。」[7](書影見圖10-1)觀此插畫，不能不說確實體現了「以容易引發學生之同情的本島事物爲始」的原則。[8]

5　《臺灣教科用書國民讀本》的編纂原則，除了「國語教授研究會」的決議外，還參考國語學校第一附屬學校的實驗結果，見《臺灣總督府公文類纂》第539冊，第7號，〈公學校讀本卷二審查委員會二付託及同會報告〉。

6　吉野秀公，《臺灣教育史》(臺北：吉野秀公，1927；臺北：南天書局，1997)，頁177。

7　I-1-1，4b-5a。(I表第一期國語讀本，其次之1表卷一，再其次之1表第一課，後爲頁碼；以下注記依此類推。)

8　此期讀本在內容上注重「與學生之日常思想一致」、「本島風俗的採用」等，見《臺灣總督府公文類纂》第539冊，第7號，〈公學校讀本

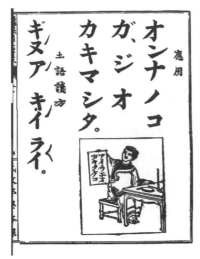

圖10-1

　　此期國語讀本中的臺灣人幾乎清一色以傳統服飾出現。爲了比較
有系統呈現這些插畫的臺灣人形象，讓我們由幼及老，先男後女，予
以說明，並取樣置於附圖中。此時臺灣人穿著清朝服裝，日後相對於
西服與和服，有稱之爲臺灣衫褲的；以下行文有時也用臺灣衫褲來指
稱臺灣人所穿著的清朝服裝。圖10-2-1的幼童，坐在翻倒過來橫擺的
竹凳中，作勢抓蝴蝶。身上穿著簡單的汗衫汗褲，頭上剃光，只留下
頭頂一小撮頭髮，紮個小髮辮；插畫中也有髮上紮三個小辮子的幼童
（圖10-2-2右下）。[9] 年齡稍大一點的男童的典型裝扮是，穿傳統衫

（續）────────────

卷二審查委員會二付託及同會報告〉。
9　圖10-2-1，I-3-12[2]（即第一期國語讀本卷3第12課，第2幅插畫；[2]
　　表同一課插圖中的第二幅，以下注記依此類推）。圖10-2-2，I-1-
　　7[2]。另一年紀稍大仍紮一撮小髮辮的小孩，見I-4-4[2]。

褲、剃髮紮小辮子；他們工作或玩耍時，往往把髮辮盤繞在額頭上
(圖10-3-1、10-3-2)。[10] 他們所穿的上衫，最多見的是大襟衫(第一鈕
扣在喉際，二三鈕扣在右肩窩，第四鈕扣在腋下)，但也有對襟衫(領
口直下扣一排鈕)，俗稱「對襟仔」。大多數兒童穿著簡單的臺灣衫
褲，赤腳的居多，但也有穿對襟背心、戴小帽(瓜皮帽)、穿布鞋的
正式打扮(圖10-4)。[11] 成人男性一般穿著簡單的臺灣衫褲，但也見
得到相當正式的穿著，如圖10-5所示，一戴紅緯帽(官帽)，著長袍，
一戴小帽，長袍外罩對襟馬褂，兩人皆穿黑包鞋。[12] 值得注意的是，
插畫中也有打光脖的男佣人造型(男佣人日文稱為「下男」)。[13]

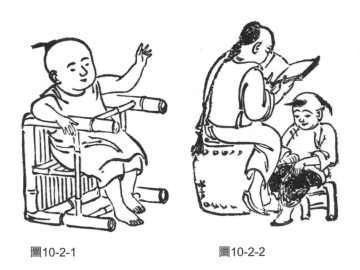

圖10-2-1   圖10-2-2

10　圖10-3-1，I-2-2；圖10-3-2，I-2-12[1]。
11　I-4-2[2]。
12　I-6-8。
13　I-4-4[1]。

圖10-3-1

圖10-3-2

圖10-4

圖10-5

　　年紀尚小的女孩留「鵶角」(圖10-6-1)，稍大一點的女孩，有前額留瀏海、紮髮辮的(圖10-6-2)，但更多時候梳髮髻、戴眉勒簪花；她們身穿大襟衫褲(圖10-6-3、10-6-4)。[14] 小姐則大抵梳髻，且顯然

14　圖10-6-1，I-3-6；圖10-6-2，I-2-8；圖10-6-3，I-2-4；圖10-6-4，I-3-11[2]。

看得出纏足(圖10-7)。[15] 婦人纏足，梳髻簪花，著寬袖大襟衫褲，外出的打扮給人華麗的感覺(圖10-8-1、10-8-2)。[16] 打光腳、沒纏足的是女傭人(下女)，穿著寒素(圖10-9-1、10-9-2)。[17]

圖10-6-1   圖10-6-2

圖10-6-3   圖10-6-4

---

15   I-1-2[1]。

16   圖10-8-1，I-2-9；圖10-8-2，I-2-5[1]。

17   圖10-9-1，I-4-6[1]；圖10-9-2，I-4-9。

圖10-7

圖10-8-1　　　　　　　　　　圖10-8-2

　　此期讀本插畫中的主人翁以男童爲數最多，女子不論是幼童、少
女或小姐相對地少。這或許和當時殖民統治者預期女性學童就學率低
有關，教科書的編寫因此以男童爲主要對象。插畫中的男童人人辮
髮，可說相當寫實。臺灣第一位醫學博士杜聰明(1893-1986)屬於最

圖10-9-1　　　　　　　　　　　圖10-9-2

早就讀公學校的第一批臺灣人,他在一九〇三年十一月初至一九〇九年三月底之間就讀滬尾公學校,也就是這套教科書使用期間。杜聰明晚年參加公學校同年級晚餐會時,曾賦一首七言絕句,詩云:「竹馬相交六十年,各垂辮子共窗前。」[18]生動地寫出公學校男學童腦杓上人各一辮的光景。

　　此套讀本編纂時,臺灣漢人(尤其是閩人)纏足風氣很盛,就是在讀本使用時期(1901-1912),纏足風氣尚未消退。根據統計,一九〇五年纏足的臺灣婦女占女性人口的56.93%,降至一九一〇年代,公學校纏足的女學生仍為數不少,有舊照片可為明證,如一張題為「明治四十三年三月二十日午前八時過後於國語學校第二附屬學校生徒寄宿舍攝影」的照片所示,前排十位女學生中有六位明顯看得出纏足。[19]明治四十三年是西元一九一〇年,因此,此期插畫中的婦女大

18　杜聰明〈出席滬尾公學校同級晚餐會〉詩,見杜聰明,《回憶錄　臺灣首位醫學博士杜聰明》(臺北:龍文出版社,2001),頁34。杜聰明於就讀臺灣總督府醫學校本科第二學年時斷髮,也就是1911年。

19　照片刊載於高本莉,《臺灣早期服飾圖錄》(臺北:南天書局,1995),頁42。

抵作纏足模樣，可說頗爲寫實。但是，如果我們仔細比對，將會發現插畫中年紀小的女孩並未纏足。[20] 這可就不怎麼寫實了，教育和規範的用心昭然若揭，也就是希望女學童以不纏足爲自我形象。事實上，這一期卷九有以「纏足」爲題目的課文，教導兒童纏足的壞處，並指出「近頃的兒童漸漸不纏足了，這誠然是好的事情」。[21]明白顯示以教育移風易俗的用心。

　　就女性服飾而言，此期插畫所呈現的頗具現實的根據。一般而言，有清一朝滿人婦女服飾，早期偏於瘦長，袖口亦小，晚期變化極大，變寬變大，重層累綴。[22] 降至同治光緒年間，流行上著寬袖衫、下束裙，光緒中葉流行穿寬袖衫、下著寬筒褲，光緒末年以上著窄袖加套袖衫、下束裙爲時尚。[23] 臺灣婦女的流行服飾也是此一潮流的支脈。根據服飾方面的研究，臺灣婦女於一八七〇至一八九〇年之間流行寬袖大襟衫束裙，一八九〇至一九〇〇年之間流行寬袖大襟衫著褲，一九〇〇至一九一〇年流行窄袖大襟衫束裙。[24] 第一期國語讀本編纂時(1899-1901之間)[25]，也就是臺灣婦女流行寬袖大襟衫著褲之

20　如I-2-4、I-2-8、I-3-2。

21　I-9-13，頁32。

22　沈從文，《中國古代服飾研究》（臺北：南天書局，1988），頁465-466。沈從文認爲清初滿人婦女服飾受到明代南方地主文化的影響，偏於瘦長，袖口亦小，衣著配色極調和典雅；晚期變化極大，「由頭到腳，和個暴發戶相差不多」（頁465）。

23　袁杰英編著，《中國歷代服飾史》（北京：高等教育出版社，1994），頁202；周錫保，《中國古代服飾史》（臺北：南天書局，1989/1992），頁496。

24　高本莉，《臺灣早期服飾圖錄》，頁66。此一流行服飾的分期或有待進一步修正。如果以女學生的裝扮來說，1910年仍流行窄袖過膝大襟衫，下著窄筒褲，而非束裙。

25　根據臺灣總督府，《公學校用國民讀本編纂趣意書》（臺北：同編者，

時，而且此時的寬筒褲以呼應對襟的多層鑲滾為尚。以此，第一期讀本中的婦女可說穿著當時最時新的服裝。此外，光緒年間婦女十分流行戴眉勒，以後大抵只有年老的婦女才戴。(老人常用青黑色，俗稱烏巾箍。)[26]插畫中的女孩和小姐大都戴眉勒簪花，因此也是當時流行的裝扮。同一時期婦女的時新打扮在霧峰林家以及不少舊照片中可窺其一斑。[27]

　　除了傳統服飾之外，插圖描繪臺灣孩童生活的各個面相，可說鉅細靡遺，從早晨穿著肚兜起床、穿衣、洗臉、吃飯、掃地、上課、玩耍、放學、幫忙家務、餵雞、睡前點燈點蚊香，到脫鞋上床睡覺，都一一入畫。[28]使用這套讀本的臺灣學童應能從這些圖繪中看到自己的影子。臺灣人日常生活的器物，也到處可見，如四方有帷幕的「眠床」、長方形有夾層的木板飯桌和條凳、高腳洗臉架(圖10-10-1、10-10-2、10-10-3)等。[29]臺灣農村發展迅速，這些家具大多已消失殆盡，在二十一世紀的今天算是骨董了。此外，描繪鄉村景觀和生活的插畫，數量極多，頗有民俗畫的味道，限於篇幅，無法一一列舉。這些插畫顯示插畫作者對臺灣傳統生活細節的熟悉和關心，讓我們不得

(續)───────────────

　　　　1914)，頁1，此期編纂於明治32年(1899)至34年(1901)之間。

26　高本莉，《臺灣早期服飾圖錄》，頁170。

27　高本莉，《臺灣早期服飾圖錄》所收照片大抵注明年代，可以用來比照。霧峰林家照片，可參考賴志彰編撰，《臺灣霧峰林家留眞集──近‧現代史上的活動1897-1947》(臺北：自立報系文化出版部，1989)。

28　早晨穿著肚兜起床(I-1-1-[1])、起床穿衣(I-2-1-[1])、洗臉(I-1-3-[1]；I-2-2)、吃飯(I-1-5[1])、掃地(I-1-4-[1]；I-3-3)、上課(I-3-8)、玩耍(I-2-13)、放學(I-4-17[2])、幫忙家務(I-2-8)、餵雞(I-3-4)、睡前點燈點蚊香(I-3-17[1])、脫鞋上床睡覺(I-3-17[2])。

29　圖10-10-1，I-3-17[2]；圖10-10-2，I-3-6[1](局部)；圖10-10-3，I-1-3[1]。

不懷疑作者對他所描繪的對象有某種程度的感情投入。例如圖10-7裏
小腳的小姐，對鏡理裝，體態婀娜，與其說顯示對舊慣的批評，毋寧
說流露出一種賞悅的心情。

圖10-10-2

圖10-10-1

圖10-10-3

　　一九三七年，臺灣總督府編修課長加藤春城曾說這一期讀本是「立足於本島之事情的特異之物。」[30]從事後（三十年後）的眼光來看，這套讀本本土色彩相當濃厚，是個奇怪的存在——但當時人並不覺得奇怪。就此期插畫中的臺灣人形象來說，雖然傳統，卻不會引起不好的觀感；孩童的意象也稱得上可愛。此期讀本編纂時正是後藤新平（1857-1929）擔任臺灣總督府民政長官時期（1898-1906），後藤新平在文教方面採取「舊慣溫存」政策，所謂舊慣溫存就是對臺灣人原有的風俗習慣予以適度的尊重。然而，官方予以適度尊重的舊慣是選擇性的，「吸食鴉片」不在此內，因此，我們在插畫中看不到當時很普遍的吸食鴉片的情景。實則，如同纏足，此期有一篇課文題為〈阿片〉，教授吸食鴉片對人體的毒害。[31]綜而言之，如果說此期的插畫富有「舊慣溫存」的精神，應不為過。

　　本土色彩之外，在此必須附帶討論讀本中的「日本色彩」插畫。所謂日本色彩，指事物的特徵具有容易辨識為屬於日本者，如和服、木屐、榻榻米等。如所周知，臺灣殖民地教育的開創者是臺灣總督府第一任學務部長伊澤修二（1851-1917），伊澤在領臺之初即主張殖民地教育之長期目標在於將臺灣日本化（臺湾を日本化する）。[32]臺灣的殖民地教育基本上遵循此一大原則，惟五十一年間不同時段內各有其特色和具體方針。以此，透過教育教導臺灣人認識日本、學習日本的歷史文化，極為重要。國語讀本中和日本有關的課文隨著年級上升，

30　加藤春城，〈公學校用國語讀本卷一、卷二編纂要旨（上）〉，《臺灣教育》第419號（1937年6月），頁4。

31　I-8-16。

32　伊澤修二，〈國家教育社第六回定會演說〉，收於伊澤修二，《伊澤修二選集》（長野：信濃教育會，1958），頁593。

分量愈來愈重。第一期國語讀本中有〈桃太郎〉（日本童話）、〈我國的歷史一〉（日本神話）、〈井上傳〉（日本人物）、〈仁德天皇〉（日本歷史），〈織花蘭草蓆子〉（日本文物)等課文，配合這些課文的插畫自然是日本色彩的。這類插畫基本上沿襲日本尋常小學校讀本的插畫，有一定的畫法，如「神代」（神武天皇即位前，神所統治的時代）人物的衣著髮飾等，非能任意為之。由於探究其沿革實屬另一範疇的研究[33]，如果放入本文來討論，勢必過於龐雜，因此，在此擬分析的，不是這些在定義上就必然是日本色彩的插畫，而是那些低年級課文中常見的虛擬人物及相關情境的插畫。所謂虛擬人物，是指課文擬想的非眞實存在的主人翁，有時有名字，有時沒有。低年級讀本往往稱他為「孩童」（コドモ）、「這個小孩」（コノコ）；有時直接說「兄」、「弟」、「姊」、「妹」如何如何，這裡隱而不見的「我」就是使用此一讀本的孩童自身。

　　此期卷一即有日本人的插畫，共四幅，占插畫的五分之一。前三幅分別是穿和服的男童讀書、洗手、寫字的模樣，最後一幅是男孩出門上學前向父母跪地行禮的模樣(圖10-11)。[34]它們是「應用」的插畫，不是正文的插畫；正文的主人翁一概是臺灣孩童。卷二中穿和服的日本人也都出現在「應用」，其中雜有穿西服者，理論上也是日本人（圖10-12）[35]，它們獨立成圖，和以臺灣孩童為主的插畫明顯區隔開來。卷三開始在課文中出現一位穿西服的學童，由於課文只稱主人

33　關於日本尋常小學校國語讀本插畫研究，可參考芳野作市，《國語讀本插畫の精神及其解說》（東京：明治圖書會社，1926）。

34　I-1-2[2]、I-1-3[2]、I-1-4[2]；圖10-11，I-1-10[2]。

35　I-2-5[2]、I-2-10[2]、I-2-11[2]、I-2-12[2] 、I-2-14[2]；I-3-10[2]。圖10-12，I-2-5[2]。

翁為「這個學生」（コノセイト），無法從文字判斷他是日本人還是臺
灣人。這位學生穿著深色高領學生服、戴學生帽、著及膝短褲、穿長
襪、短靴（圖10-13）[36]，對當時普遍穿臺灣衫褲的臺灣學童而言，這
副嶄新的打扮大概只能想成日本人。其他如哥哥穿西服，妹妹穿和
服，自然非日本人莫屬[37]。當課文的主人翁開始有名字時，我們發現
這位令人眼熟的學生叫做「太郎」，他的弟弟叫做「次郎」；太郎有
時穿西服，有時穿和服。[38]總之，我們從插畫中歸納出：插畫中穿和
服和西服的是日本人。相對於臺灣衫褲，和服是日本人的表徵，而西
服是進步的象徵；插畫中可以交互穿和服與西服的日本人，代表著進
步。

圖10-11

圖10-12

---

36   I-3-7[1]。
37   I-3-12。
38   I-3-8、I-3-10、I-5-16。

圖10-13

　　通觀第一期讀本，日本人和臺灣人出現在同一場域的插畫很少，除了來家裡訪問、上下學途中外[39]，只限於市場、銀行和節日慶典等場所。[40] 因此，我們可以說，此期插畫所呈現的臺灣人和日本人形象截然不同，服飾標誌著民族的不同；而臺灣人社群和日本人社群，基本上是隔離的，不相干涉的。

三、男斷髮女不纏足的新形象

　　第二期《公學校用國民讀本》於一九一三至一九一四年之間發

39　I-2-9、I-3-5、I-3-10。
40　I-10-7〈商業〉、I-10-6〈貯金〉、I-6-8〈天長節〉、I-6-15〈一月一日〉。

行，距第一期讀本之發行恰有一紀之隔。兩期讀本從裝幀到內容編排
都有顯著的不同，插畫在題材和繪畫風格上，也有很大的差別。就題
材而言，第一期讀本有大量描繪臺灣人傳統生活的插畫，是以人為中
心的；第二期讀本則以知識性插畫為大宗，包括動植物、器物、地
圖、景觀等，以人為主角的插畫相對減少。雖然如此，透過人物圖
繪，我們還是能明確地看出殖民統治者選擇呈現的臺灣人形象。

　　剪掉辮子，蓄短髮，在當時稱為「斷髮」。首先，這一期插畫
中的男學童一概斷髮，剪極短的頭髮，類似今天的三分頭，他們穿
臺灣衫褲，或戴帽(學生帽)或不戴帽(圖10-14)。[41]青年和成人男子
也都穿臺灣衫褲，青年戴西式草帽，成人外出戴西洋禮帽(圖10-15-
1、10-15-2)。[42]女童的典型打扮是留瀏海、腦後梳辮，著臺灣衫褲
(圖10-16-1、10-16-2)。[43]根據一九一○年國語學校附屬學校師生合
影照片，這是當時女學生的標準打扮。[44]稍大的女孩留瀏海、梳
髻；婦人服飾趨於簡樸(圖10-17)。[45]值得注意的是，婦女不分老
少，一概不纏足。她們的服裝較前修長，上衫過膝，袖口和褲管趨
於窄小。此期不再看到梳髻、戴眉勒簪花的女孩，也沒有穿寬袖大
襟衫的盛裝婦女。[46]

41　II-2-6。
42　圖10-15-1，II-3-4；圖10-15-2，II-1-p18(由於低年級讀本一開始往往不
　　分課，因此在課次的地方代以頁碼，以p18表第18頁，以下依此類
　　推)。另外戴草帽的青年見II-1-p28、I-1-p31。
43　如II-1-p27、II-2-10。
44　照片可參考高本莉，《臺灣早期服飾圖錄》，頁42兩張圖版。
45　II-2-14。
46　II-2-3、II-2-14。

圖10-14

圖10-15-1

圖10-15-2

圖10-16-1

圖10-16-2

圖10-17

　　由於第二期插畫中的男女都還穿著傳統的臺灣衫褲，因此，和第
一期相比，此期臺灣人形象的最大「變革」是：男斷髮，女不纏足。
這個「變革」反映當時的臺灣社會景況嗎？在進一步討論這個問題之
前，讓我們先了解第二期國語讀本插畫是否有提綱挈領的原則可循。
臺灣總督府發行的《公學校用國民讀本編纂趣意書》，關於此期插
畫，有如下的說明[47]：

> 插畫以給予兒童適確印象爲主要著眼點，隨著進階到上級，
> 漸次減少其數量。又當描繪人物、衣服、家屋等之時，盡可
> 能注意適合占人民之多數之中流以下之社會實況，另一方面
> 則期推察時勢世運之趨向，並接近帝國之風尚，不採辮髮纏
> 足等。且就插入文中之位置而言，力求有上下左右之變化。

據此，除了技術性問題(圖文比例和配圖位置)之外，插畫的繪製以寫
實爲原則，亦即描繪〔臺灣〕人物、衣服和家屋等，須盡量適合中下
流社會的實況；但在另一方面，爲了適應時代和世界潮流，並且接近
日本的風尚，不畫辮髮和纏足。用概念性的語言來說，「不採辮髮纏
足」的理由在於追求「近代化」和「日本化」。換句話說，插畫的寫
實風格在臺灣人辮髮纏足這一點上，出於特別的考量，是打折扣的。

　　日本領臺之初，殖民當局將吸食鴉片、辮髮、纏足視爲臺灣「三
大陋習」，亟思革除。然而，鑑於風俗改變不易，臺灣人武裝抵抗正
風起雲湧，因此對禁革這些習俗抱持審愼態度，不希望因遽行禁革而

47　臺灣總督府，《公學校用國民讀本編纂趣意書》(臺北：同編者，
　　1914)，頁22-23。

刺激臺灣人。就辮髮和纏足而言，殖民當局採取漸禁政策，不明令禁纏斷髮。雖然如此，臺灣總督府透過各種管道(如學校教育和新聞媒體)，積極鼓勵誘導臺灣人斷髮放足。一九〇〇年，以黃玉階為首的臺灣紳商於臺北大稻埕成立「天然足會」，開始推動「解纏足運動」(「解纏足」即放足、小腳放大之意)。然而「天然足會」成立後的前幾年，放足運動成效不大。如前所述，一九〇五年臺灣纏足婦女的比例高達56.93%，不過，其中十六歲以下的女子纏足比例顯著減少，放足者也增加。放足運動要到一九一一年以後方才蓬勃發展。一九一五年四月，在臺灣士紳的籲求下，臺灣總督府終於在「保甲規約」中加入禁止纏足的條例，正式透過公權力以求達成革除纏足習俗的目標。根據統計，一九一五年纏足婦女降為百分之17.36%。[48]

　　第二期國語讀本於一九一三至一九一四年之間發行，也就是在放足運動蓬勃發展之後，此時臺灣婦女纏足人口正大幅度降低。就年齡層而言，一九一五年十歲以下纏足百分比是0.30%，十一至十五歲是3.48%。[49] 女學童不纏足的情況愈趨普遍，一九一四年之際，臺北國語學校附屬女學校一百十餘名學生中已無人纏足[50]，因此，使用這套讀本的女學童和插畫中的女學童形象大致符合，然而，此期讀本於一九一二(明治45)年四月以後開始進入編纂階段[51]，在這個時點，纏足

48　吳文星，《日據時期臺灣社會領導階層之研究》(臺北：正中書局，1992)，頁248-252、256-264、269-272、294-296；洪郁如，《近代臺灣女性史——日本の植民統治と「新女性」の誕生》(東京：勁草書房，2001)，頁28-30、71。

49　一九〇五與一九一五年年齡別纏足統計表，見洪郁如，《近代臺灣女性史——日本の植民統治と「新女性」の誕生》，頁71。

50　吳文星，《日據時期臺灣社會領導階層之研究》，頁266。

51　臺灣總督府，《公學校用國民讀本編纂趣意書》，頁1。

的女性成人仍多，插畫一概作不纏足，是不寫實的。

臺灣男子斷髮的普及，比起女子放足，可說後發先至。日本統治之初，斷髮人數極少，殖民政府只能從官僚和教育機構入手，大力宣傳並鼓勵斷髮。臺灣斷髮風氣的興起以學校為中心。一九一〇年年底，臺灣兩大最高學府國語學校與醫學校的學生爭相剪髮，前者斷髮者約四分之一，後者則有半數斷髮；影響所及，公學校學生斷髮者亦日增。在這同時，一九一〇年以後，中國因受革命影響而興起剪辮之風；韓國併入日本(1910)之後，韓人亦爭斷結髮，以此為背景，臺灣遂有組織性的斷髮運動。從舊照片中，我們可以看出，一九一〇年霧峰林家子弟(包括林獻堂)都還留辮子。[52] 一九一一年初，謝汝銓與黃玉階共同發起「斷髮不改裝會」，積極推動斷髮運動。組織性斷髮運動展開之後，不久即在全島各地獲得熱烈的響應，一年之間臺灣社會中、上流階層及學生大多已斷髮。[53] 換句話說，一九一一到一九一二年間，臺灣男子斷髮蔚為風潮。以此，編纂於一八九九至一九一三年之間的第二期國語讀本，插畫中的男性一概剪短髮，不能不說既走在時代之前，又符合時代的脈動。

除了斷髮與不纏足之外，第二期插畫中的臺灣人服飾，比起第一期簡樸多了，不再有盛裝的婦女和穿長袍馬褂的男性，也看不到女僕人和男僕人，可以說踐行了插畫的原則：「當描繪人物、衣服、家屋等之時，盡可能注意適合占人民多數之中流以下之社會實況。」畢竟只有上流家族的婦女(如霧峰林家)才穿得起多道鑲滾的華麗衫褲，也只有上流家族才雇得起女傭男僕，遠非中流以下之社會實況。

52　賴志彰編撰，《臺灣霧峰林家留真集——近‧現代史上的活動1897-1947》，頁74-75圖版005。

53　吳文星，《日據時期臺灣社會領導階層之研究》，頁265-269。

　　此期雖然不若第一期有大量的傳統臺灣式生活插畫，但課文的呈現方式仍頗具本土色彩。如前所述，第一期課文中的主人翁大抵是「孩童」、「這個小孩」，或隱而不見的「我」及其兄弟姊妹等。到了第二期，主人翁堂堂以臺灣人習見的小名出現，他們是阿仁、阿福、阿信、阿秀、阿玉等。因此，雖然插畫的臺灣孩童數量較第一期少，課文可是充滿臺灣色彩。

　　在日本色彩方面，這一期有若干值得注意的地方。首先，此期讀本從單字教起，中性的單字也有配以日本色彩的插畫的。其一為單字「旗」，插畫是日本國旗和軍旗；其二為單字「風箏」，畫著五張風箏，一張以日本軍旗為圖案，其餘大抵為日本風格。[54] 雖然如此，低年級用讀本插畫中的主人翁，幾乎清一色是臺灣學童，唯一例外是卷一第二十八頁的插畫，畫有觀看烏龜的兩位男孩，一位著臺灣衫褲，一位穿和服，兩人皆戴西式草帽。卷三第一課畫著兩位男孩一起看日出，一位著臺灣衫，一位著水手領的西服，戴學生帽。從課文看不出民族別，用意或在於顯示(或期望)臺灣人和日本人可以沒隔閡地生活在一起。另外，卷五兩幅插畫中的兒童穿和服，根據課文，我們知道主人翁是「次郎」，是日本人。[55] 雖然有少數的日本人，此期課文的主人翁(或虛擬人物)還是以臺灣兒童為主體。值得注意的是卷二第四課的插畫。該課課文如下：

　　　「你的名字叫做甚麼？」「我的名字叫做林阿仁。」「幾歲
　　　呢？」「八歲。」「幾年級？」「一年級。」

54　II-1-p2-3。

55　II-5-10、II-5-16。

插畫中和林阿仁走在一起的成人男性，穿和服、戴西洋禮帽。也就是說，林阿仁在上學途中遇到一位日本人，開始以上的對談。這是此期第一次，也是唯一一次，出現臺灣孩童和日本成人對談的插畫。除此之外，插畫中臺灣人和日本人一起出現的場域，就只限於市場和車站的公共空間。[56]

綜而言之，第二期插畫中的臺灣人和日本人，基本上是可以用服飾來加以區別的，臺灣人和日本人之間的接觸也相當有限。這個情況和第一期頗為類似。

四、改裝與內地風的加強

第三期《公學校用國語讀本》於一九二三至一九二六年間發行，這是使用期限最久（使用至1936年），且影響最深遠的一套讀本。此期發行時距第二期發行恰滿十年。首先讓我們來看看此期插畫繪製的準則。臺灣總督府發行的編纂趣意書云[57]：

> 修正讀本比舊讀本增加插畫之數量，且盡可能使之具有活力且合乎兒童之性情。而期畫中之人物、服裝、家屋等力求適合社會之實況，又且顯著增加內地風之事物。誠信此係公學校教育進步之自然道程也。

此處所謂修正讀本即第三期《公學校用國語讀本》，舊讀本即第二期

56　II-6-16〈停車場〉、II-8-8〈市場〉。

57　臺灣總督府，《公學校用國語讀本第一種編纂趣意書》（臺北：臺灣總督府，出版年不詳，可能是1922或1923），頁6。

《公學校用國民讀本》。首先，此期採取「兒童本位」主義，從兒童的立場出發，採用和兒童關係深切的教材[58]，插畫也因此力求能引發兒童的興趣，並合乎兒童的性情。其次，強調插畫中的人物、服裝、家屋等實物必須反映臺灣「社會之實況」。最後，也是第三期與前二期最大的不同，是「顯著增加內地風之事物」。何謂「內地風」？在日本帝國主義擴張時期，日本本國相對於殖民地自稱「內地」，所謂內地風，就是前面所說的日本色彩。根據趣意書，往內地風邁進被視為是公學校教育進步的必然之路。

那麼，此期臺灣人的形象如何呢？大抵來說和第二期差別不大，惟同中有異。男學童理短髮，雖然仍看得到穿布鈕扣的臺灣衫褲，但標準打扮是著立領前襟五鈕(或七鈕)上衣、長褲。[59] 圖10-18-1、10-18-2是第二、三期學生形象對照圖[60]，如用當時的用語來說，第二期是「斷髮不改裝」，第三期則是「斷髮改裝」——放棄傳統布鈕衫褲，改穿扣鈕鈕的西服。實際上，在這套教科書使用期間(1923-1936)，臺灣男學生的服裝並未如插畫中那麼齊一。一張一九三六年海墘厝公學校(今臺北縣八里國民小學)畢業照顯示，六位男學生皆戴學生帽，其中三位穿著傳統臺灣衫，亦即「斷髮不改裝」，另外三位穿五鈕立領或襯衫領上衣，新舊平分秋色。[61] 以此，此期讀本的插繪不能不說偏離編纂趣意書所宣稱的：「畫中之人物、服裝、家屋等力求適合社會之實況。」

58　加藤春城，〈公學校用國語讀本卷一、卷二編纂要旨(上)〉，頁7。

59　III-2-2、III-2-12。

60　圖10-18-1，II-1-p6；圖10-18-2，III-1-p5。

61　島嶼柿子文化館編著，《臺灣小學世紀風華——第一本臺灣孩子的百年校園紀事》(臺北：柿子文化，2004)，頁82。

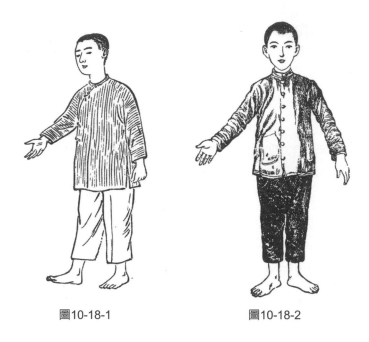

圖10-18-1   圖10-18-2

　　如果說此期插畫的男子「改裝」了，女子則如同清初「男改女不改」，一概還是穿著臺灣衫褲。插畫中女孩和婦人的服飾和第二期差別不大，惟衫較短、褲管較窄，顯得合身而俐落(圖10-19)。[62] 就流行趨勢而言，此時婦女服裝較前修長合身，插畫可說頗能反映時尚。圖10-20-1、10-20-2是第二、三期女孩形象的比照圖[63]，以今天的眼光來看，第三期顯得富有「新時代」氣息，圖中年紀小的女孩剪著短髮，有如民國六〇年代的「阿哥哥頭」，清爽而有朝氣。這是插畫中第一次出現剪短髮的女孩形象。[64] 值得注意的是，第三期插畫中祖母

62　III-6-16。
63　圖10-20-1，II-1-p22；圖10-20-2，III-1-p33。
64　同一髮型又出現在III-2-21、III-3-20。

級的婦人明白畫出纏足的模樣[65]，比起第二期，這毋寧比較寫實。或許此時纏足習俗已然革除，不再退轉，統治者具有信心，因此纏足形諸插畫亦無大礙。

圖10-19

圖10-20-1　　　　　　　　圖10-20-2

　　由於此套讀本使用時間長達十二年之久(1923-1936)，到了後期，臺灣婦女服飾起了大變化，而插畫中的女學童一概梳辮子、穿臺灣衫褲，其實已經落伍。容我們再拿前面提及的一九三六年海墘厝公

65　III-8-7[3]、[4]。

學校畢業照為例，六位女學生中，四位明顯剪短髮，兩位頭髮中分往後梳，看不出是否打辮子，也許只是用髮夾束在頸後。服裝方面，兩位穿白圓領長袖襯衫，外罩背心裙；兩位穿領口打蝴蝶結的長袖上衣，下著褶裙；另兩位上穿大襟衫，下著褶裙。[66] 兩兩成雙，正好構成三種不同的服裝樣式。換句話說，插畫中男學生的形象是走在時代前面(實際上還有人穿臺灣衫褲)，女學生的形象則落後於時代(實際上開始流行剪短髮、穿洋裝)。

校園外，女性的穿著如何？霧峰林家舊照片中有若干一新會的照片，一新會創立於一九三二年三月二十九日，該會自創立以來舉辦各種活動，有專門以婦女和兒童為對象的節目，因此，照片中頗多婦女，老少皆有。這些照片讓我們得以略窺當時婦女流行的正式穿著，其年代正是第三期國語讀本使用的最後幾年。照片中有穿洋服的女孩和年輕婦女，不過穿傳統服飾的仍占大多數，但所謂傳統服飾已經起大變化——衫裙或衫褲的兩截穿法已被連身袍取代。在照片中，不少女性穿下擺長及腳踝的旗袍，從小孩到小姐、少婦、老婦都有，可見當時流行的趨勢。雖然仍有一部分女性穿傳統衫，下束及膝裙，但裙子已經是西洋式樣。至於髮型，花樣頗多，有剪及耳短髮的、有梳垂肩髮型的，有綁辮子的，也有燙頭髮的。[67] 一九三〇年代初開始流行的長旗袍自然不可能顯現於編纂於一九二〇年代的讀本中。[68]

---

66 島嶼柿子文化館編著，《臺灣小學世紀風華——第一本臺灣孩子的百年校園紀事》，頁82。

67 賴志彰編撰，《臺灣霧峰林家留真集——近‧現代史上的活動1897-1947》，頁202圖版098、208-214圖版103-108、216-219圖版110-111，尤其是頁216-219兩幅跨頁大照片(圖版110、111)。

68 關於旗袍的出現及其長短變化，見周錫保，《中國古代服飾史》，頁567。

　　如果說第一期插畫充滿「舊慣溫存」的精神，第二期仍富有本土色彩，那麼，第三期則顯示內地風漸次向臺灣社會滲透。此期插畫，如同編纂趣意書所說的，確實「顯著增加內地風之事物」。首先，在單字方面，沿襲第二期，「旗」和「風箏」的插畫頗為雷同，都作內地風。新增單字「屋瓦」和「垣」的插畫是日本傳統建築的屋瓦和竹垣。[69]

　　單字之外，內地風主要顯示於課文主人翁的呈現方式。如前所述，第一、二期的主人翁絕大多數是臺灣學童，但第三期開始出現將虛擬的主人翁畫成日本生活情境中的兒童，所穿的服裝或是和服，或是洋裝。例如，卷一第三十頁的文句是「請你穿木屐。我穿鞋子。」其下的插畫是兄弟般的兩個男孩站在日本傳統木造屋的緣側[70]上，哥哥穿著水手領洋服、著高統襪，弟弟穿和服，緣側下的墊腳石上擺著一雙皮鞋、一雙木屐(圖10-21)。[71] 同卷第三十九頁的插圖則十足日本風，兄弟兩人都穿和服、木屐，哥哥戴學生帽。[72] 此一插圖的課文，卻全然不具「民族別」：「雨停了。太陽出來了。葉子的露珠發著亮光。」在第一、二期，插畫有明顯的「民族隔離」特性，但以上的插畫似乎把這種界線模糊掉了。理論上，「請你穿木屐。我穿鞋子。」中的「我」就是捧讀課文的學童，也就是臺灣學童。這個「我」住在典型的日本屋舍，穿洋服，像弟弟的小孩則穿和服。這個「我」又和弟弟一起看雨後閃閃發光的水珠，兩人都穿著和服。或許對當時少數相當日化的臺灣家庭而言，這是寫實的，但對絕大多數臺灣學童來

69　III-1-p2-3，III-1-p15。
70　緣側，日本傳統家屋鋪著木板面外的長廊，有石階可上下。
71　III-1-p30。
72　III-1-p39。

說，這樣的插畫無法反映他們所熟悉的社會實況。插畫中的形象或許能引發他們憧憬和遐想，但他們大抵無法從中看到自己的影子。

圖10-21

　　把主人翁畫成穿和服，是否具有要臺灣孩童逐漸以日本孩童的意象爲「自我形象」呢？讓我們比對第二期與第三期同樣題爲〈四方〉的插圖（圖10-22-1、10-22-2）。[73] 課文內容完全一樣：「太陽出來的方向是東，太陽下山的方向是西。面向朝日，把手伸開來看看。右手的方向是南，左手的方向是北。東西南北叫做四方。」主人翁由穿臺灣衫褲、布鞋，一變而爲穿藍底飛白花紋布（かすり〔絣〕）和服，足登人字形帶草屐（草履）。如果上一節所討論的插畫中穿和服的孩童仍可以看成日本人或日化的臺灣人，這裡穿和服的孩童則是課文的主人翁，是面向太陽伸開雙手學習認識四方的當事人，也就是使用讀本的兒童的自身。換句話說，這是兒童應該認同的「自我形象」。（如果我們把第一期同樣教「四方」的插圖放在一起考慮的話，這個意圖就

73　II-3-17、III-3-15。

更加明顯了，見圖10-22-3[74]；此圖的主人翁是「小孩」（子ども），文章的用字遣詞和上引第二、第三期稍有不同。）當然，第三期低年級課文中的主人翁，多數仍穿著可以辨識為臺灣孩童的服裝，但由於「內地風」的滲透，他們開始具有雙重的形象，可以是臺灣風的，也可以是內地風的，兩者不是截然區隔的，而是互通的、可變換的。這是插畫中「民族界線」的逐漸模糊化，學童再也無法由插畫中的服飾來區別臺灣人和日本人。

圖10-22-1

圖10-22-2

圖10-22-3

74　I-6-9[2]。此為該課的「應用」，內容為：「小孩現在面向旭日站著。這個小孩的前面是東，背面是西，右邊是南，左邊是北。」

　　隨著日本統治的深化，日本人在臺灣社會漸次增加其「能見度」，臺灣人和日本人雜處一處的情況也相對增多。此一「社會實況」如何呈現於第三期插畫中呢？第三期插畫中開始出現比較多臺灣孩童和穿著日本和服的孩童(或日本人，或日化臺灣人)一起遊玩的插畫，如玩球、放風箏、上課等。[75] 臺灣人和日本人一起出現的場域除了第一、二期也有的火車站和市場之外[76]，增加了街道和公園[77]。這當然是寫實的，然而，與其說這是反映社會實況，倒不如說是反映殖民統治者對「日臺融合」的期望。

五、規範意味濃厚的後二期插畫

　　臺灣總督府從一九三五年(昭和10年)年起著手編纂第四期《公學校用國語讀本》。這個時候，九一八事件(1931年9月18日，日本稱爲「滿洲事變」)已經發生，日本進入歷史上所謂的「十五年戰爭」階段(1931-1945)，對外侵略(尤其是對中國的侵略)意圖益趨明顯，對內以及對殖民地加強統制。在此一氣氛底下編纂的新國語讀本，內容有很大的改變，插畫指導原則也起了很大的變化。此期讀本卷一於一九三七年四月開始使用。茲將編纂要旨中有關插畫的部分迻譯於下[78]：

　　　　插畫至卷五爲止全部彩色印刷。插繪中，本島人的服裝採和
　　　　服或洋服，避免傳統的臺灣服。用意在於透過插繪以改良習

75　III-1-p40-41、III-2-12、III-2-17、III-4-2。

76　III-5-9〈テイシヤバ〉、III-6-12〈年のくれ〉、III-6-14〈市場〉。

77　III-3-19〈アマアガリ〉、III-3-20〈金魚〉、III-6-1〈公園〉。

78　加藤春城，〈公學校用國語讀本卷一、卷二編纂要旨(上)〉，頁12。

俗，或使同化於內地人風的感覺。

雖然不是插繪的問題，想附記於此的是本島人名字之事。在這次的讀本中，所有男孩女孩，變成像太郎、花子這樣的內地人風〔的名字〕。姓暫時如木下或山川等指內地人。最近的將來，社會情勢若有所變化的話，高學年用〔讀本〕說不定本島人連姓都改為內地式也說不定。

根據此一原則，新讀本插畫中的臺灣人不再穿著臺灣式服裝，而改成和服、洋裝。更值得注意的是，課文虛擬的主人翁一概使用日本人的名字——至此作為民族重要識別標記的名字遂失去識別的功能。在這裡，我們看到殖民統治者想從「形式」上泯除日臺人之間的民族分際，但這裡所謂的泯除民族分際是一面倒的，是要讓臺灣孩童把日本人的形象當成自我形象來學習。

此期插畫中男學童的標準形象是剃光頭，穿「霜降色」(雪花色，藍中雜白點)學生制服[79]，上為襯衫領直襟五鈕短衫、下為及膝短褲，著鞋，或戴學生帽，或戴運動帽；休閒時的服裝是短袖(或無袖)白上衣、深色短褲，或戴帽或不戴帽(圖10-23-1、10-23-2、10-23-3)[80]。小女孩剪短髮、穿圓領連身洋裝，洋裝形形色色[81]；年紀稍大的女生或剪短髮，或留長髮，上著水手服(水兵服)、下著裙，這是一九三○年代日本本土開始流行的女學生裝扮，也是當時臺灣許多公學

79　讀本彩色插畫的學生服是「霜降色」，不過，筆者曾向王世慶先生請教有關公學校制服的事情(2004年9月22日)，蒙王先生賜告霜降色是高等學校制服的顏色，公學校則採用「國防色」(草綠色)。茲記於此，待進一步查考。

80　IV-1-p47、IV-2-p4、IV-3-18；又見IV-1-p44、IV-3-9、IV-5-7。

81　小女孩各色洋裝見IV-2-p18-19跨頁圖。

校的女生制服(圖10-24)[82]。在髮型方面，值得特別一提的是，女孩的髮型有前額瀏海剪成一直線、頸上後髮剪齊至耳上一公分左右，有如頂個西瓜皮，在當時稱為「河童頭」(圖10-25)。[83] 母親家居時穿著簡單的衣裙，父親穿立領直襟排釦上衣、著長褲(圖10-26)。[84] 不過，母親有時穿和服[85]，父親也有打領帶穿吊帶褲的時候[86]。祖父母級的人物，穿著簡單的洋裝[87]，但樣式仍給人舊式的感覺。

圖10-23-1(原圖為彩色)　　　　圖10-23-2(原圖為彩色)

通觀此期插畫，如同編纂要旨說明的，再也看不到穿著傳統服飾的臺灣人。人物、服裝、家屋等，是否反映「社會實況」已經不再是編纂者關心所在。雖然皇民化運動的正式提出在一九三六年秋天，翌

82　IV-1-p29。

83　IV-1-p53。又見IV-2-p10，IV-2-p20。也有後髮剪至耳上的，如IV-2-p30。

84　IV-2-p42。

85　IV-4-11、IV-3-16。

86　IV-5-8。穿西裝打領帶的父親，見IV-10-8。

87　祖母裝扮見IV-5-21、IV-6-21、IV-7-5。祖父見IV-4-17。

圖10-23-3(局部，原圖為彩色)　　　圖10-24(原圖為彩色)

圖10-25(局部，原圖為彩色)　　　圖10-26(原圖為彩色)

年開始陸續落實於政策中，這套讀本的插畫卻已經先其開始了。如上
引文獻所說的，課文中的主人翁都改了日本名字。由於虛擬人物大抵
只有名字，不稱姓，因此，姓改不改毫無關係。在卷一中，最先出現
有名字的小女孩是「タマコ」(玉子)，若在第二、三期，她可能就叫

做「阿玉」。[88] 小男孩則是「マサヲサン」(正夫或正雄,我們姑且稱他爲正夫;此一讀本除了幼童稱「チャン」外,男女學生都稱「サン」)。玉子穿連身洋裝,足登日本人字形帶木屐。[89] 正夫的父親穿和服,戴西洋涼帽,腳上也是一雙木屐。[90] 正夫的生活是道地的日本式,並且相當「近代化」,如圖10-27八幅連環畫似的插圖所示:1、早上他身穿和式睡袍(寢卷き),從一人一舖墊的日本式被褥中起床。2、他用自來水擦身體。3、他跪坐在矮几前吃早飯。4、他跪坐在矮几前複習功課。5、他戴草帽出門找朋友トモキチ(友吉)。6、兩人一起捕蟬。7、他回到有緣側的日本式屋舍。8、他跪坐著吃點心——請注意,那是和菓子(日式甜點)的吃法。[91] 這位正夫是日本小孩還是臺灣小孩?由於主人翁的名字統一用日本名字,無由判斷。幸好現存文獻中留有關於此卷讀本頗爲詳細的編纂要旨,撰稿者指出:「雖然正夫サン的住屋模樣、生活樣式等是內地風,這是以本島兒童爲目標的。」(底線爲筆者所加)[92] 也就是說,正夫是臺灣小孩——在課文的設計上是要被當成臺灣小孩來理解的。如果同樣的插畫出現在第一、二期,臺灣學童很容易區分出「伊是日本囝仔」,到了第三期可能有點混淆,有時分得清楚,有時分不清楚,但到了這一期可就別無選擇了——「咱們都是日本囝仔」。

---

88 IV-1-p34。

89 IV-1-p34。

90 IV-1-p35。

91 IV-1-p40-41。

92 加藤春城,〈公學校用國語讀本卷一、卷二編纂要旨(中)〉,《臺灣教育》第420號(1937年7月),頁52。

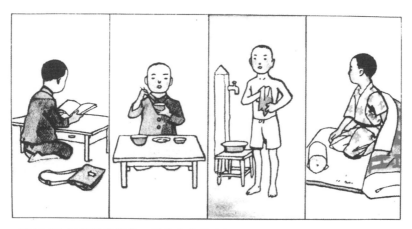

圖10-27-1（原圖爲彩色，圖序由右至左）

圖10-27-2（原圖爲彩色，圖序由右至左）

　　以正夫爲始，這期插畫具有相當強烈的規範意味，呈現出殖民統治者所期待於臺灣人的，因此這些意象往往是先於時代的。例如，卷一有主人翁和哥哥早上參拜神宮的插畫，主人翁穿著普通衣服，哥哥

則穿和服、戴洋帽。[93] 卷二有以「オマツリ」(廟會)為主題的課文。我們若回頭看第三期,課文中也有以「おまつり」(廟會)為題的課文,插畫是「大爺矮仔爺」出巡,道地的鄉土色彩(圖10-28-1)。[94]但是,第四期兩幅廟會的畫則極為不同,一幅畫神社的入口,鳥居前人來人往,有日本人和臺灣人;參道兩旁有攤販。另一幅畫著一群人抬神輿的樣子。神輿是日本神輿,上有鳳凰,抬神輿者上著號衣(法被)[95]、下著白短褲,多人手持「日の丸」(日本國旗)的扇子(圖10-28-2、10-28-3)[96]。讀本的編纂者坦白指出:「插繪的情景、本文的記事,如果和本島現在的實況相比的話,或許多少有走過頭的地方也說不定。但是,在各地競相建立神社、努力於隆興祭祀的今日,若說呈現這樣的情景的時期正往目前到來,也未嘗不可。」(底線為筆者所加)[97]也就是說,臺灣遲早會走向這個情況,教科書不過是先走一步罷了。

這一期插畫也先實施「正廳改善」。正廳改善是「臺灣人家庭正廳改善」的簡稱,是臺灣總督府推行臺灣宗教改革的一環,意在勸使臺灣人將供奉神像和祖先牌位的傳統神桌改成日本神道神龕(神棚)的陳設方式,以奉祀「神宮大麻」(象徵天照大神的神符)。[98]正廳改善

---

93 IV-1-p49。

94 III-5-15。

95 法被(はっぴ),藝匠、工匠等所穿,在領上或背後印有字號的日本式短外衣。

96 IV-2-p13-15。

97 加藤春城,〈公學校用國語讀本卷一、卷二編纂要旨(下)〉,《臺灣教育》第421號(1937年8月),頁7。

98 關於「正廳改善」運動,可參看蔡錦堂,〈日據時期的臺灣宗教政策研究──奉祀「神宮大麻」及發行《神宮曆》〉,收於鄭樑生主編,《第二屆中國政教關係國際學術研討會論文集》(臺北:淡江大學歷史學

圖10-28-1

圖10-28-2(原圖爲彩色)

圖10-28-3(原圖爲彩色，跨頁)

運動開始於一九三六年，這卷讀本編纂於此一運動開始之前後(1935-1937)，當時臺灣人家庭中設置神龕的爲數不多。圖26正廳的神桌上

(續)———————————————

系，1991)，頁313-322。

沒有傳統的公媽牌和神像，取而代之的是日本式神龕，兩只對瓶插著楊桐(榊〔さかき〕)，其後的掛軸寫著「誠」字。讀者若注意，兩邊的門上也繫著求自神社的稻草繩(注連繩〔しめなわ〕)。這是擬想的元旦景象。這樣的正廳再度出現在卷十二。卷十二於一九四二年八月發行，此時皇民化運動已如火如荼地進行，而此課以「皇民奉公會」為題，正廳非作此模樣不可了。[99]

第四期讀本的虛擬主人翁皆改採日本名字，如秋子、玉子、花子、正夫、太郎、次郎等，再也無法憑藉名字來區分彼我。然而，當不得不區分民族別時，例如擬強調「日臺融合」時，怎麼辦呢？卷二有一課描寫主人翁和好友木下君平日一起遊玩的情景。[100] 光看插畫當然看不出民族別，但課文給了線索——因為友人姓「木下」，所以是日本人。在民族分際殆已蕩然不存的插畫世界中，何以要特地造個「木下君」來呢？這是有原因的。編纂要旨寫道：「『木下君』是打算當成內地人兒童的。」課文描繪主人翁(我)和居家附近的內地人兒童一起滾鐵環(一種遊戲)、放風箏，下雨天，在友人的家中看圖畫書等情景。編纂者特地呈現臺灣孩童和日本孩童的友好交游，是「滿懷著暗地裡給內臺融合一助」的希望。[101] 真可說用心良苦！

雖然此期在人物、服裝、家屋方面，規範意味十分濃厚，遠離現實，但在其他方面則仍然維持著寫實求真的畫風。例如卷一第二十二頁云：「有豬在。是母豬和小豬。」插圖中的母豬和三隻小豬是「約克夏豬」(ヨークシャ)，肉白和尾巴捲的樣子是「質之於專家，根據

99 IV-12-20。
100 IV-1-p31-32。
101 加藤春城，〈公學校用國語讀本卷一、卷二編纂要旨(上)〉，頁9。

相片而繪製的」。[102]就是規範意味濃厚的「正廳改革」插畫，日本神龕安置的位置也頗為考究，是和臺灣總督府文教局社會課的人士商量得來的。[103] 卷三第十二課配合課文(こがね虫)(金龜子)有一幅跨頁插圖，金龜子一般停留在葡萄和相思樹的葉子上，這篇課文選擇畫葡萄棚。[104] 即使採用舊讀本的教材，插畫視情況也有所調整，如卷六第二課(稻刈)(割稻)，課文大致相同，二幅插畫則重新繪製，打稻穗的機器改採新式機型。[105] 總之，編纂者用心之細，令人歎服。

　　第四期讀本最後一冊於一九四二年八月發行。實際上，這一年三月新的國語讀本第一卷已經發行了，這就是第五期國語讀本，總共包括二卷《コクゴ》、二卷《こくご》，以及八卷《初等科國語》。第五期至一九四四年十月完成全十二冊之發行，而翌年八月十五日日本戰敗投降，結束在臺灣的殖民統治，因此這一期讀本使用的時期很短，前後四年。這一期教科書發行於日本發動太平洋戰爭(1941年12月8日)之後，此時日本對外征戰日趨激烈，在本土和殖民地進行如火如荼的戰爭動員，統制日趨嚴密，因此讀本內容具有濃厚的「戰時色彩」。關於此期的內容，已有研究可參考，茲不贅述。[106] 讓我們看

102 加藤春城，〈公學校用國語讀本卷一、卷二編纂要旨(中)〉，頁50。作者按，「約克夏豬」(Yorkshire pig)，豬的品種的一種。原產地英國約克郡。白色的優良種中有大、中、小三種。胸深厚、胴長、大腿肉發達、四肢短直。

103 加藤春城，〈公學校用國語讀本卷一、卷二編纂要旨(下)〉，頁11。

104 加藤春城，〈公學校用國語讀本卷三、卷四編纂要旨〉，《臺灣教育》第432號(1938年7月)，頁29。

105 加藤春城，〈公學校用國語讀本卷五卷六編纂要旨(二)〉，《臺灣教育》第444號(1939年7月)，頁9。舊讀本之圖在III-6-5，頁18。

106 見許佩賢，〈戰爭時期的「國語」讀本解說〉，收於吳文星等編著，《日治時期臺灣公學校與國民學校國語讀本解說・總目錄・索引》(臺北：南天書局，2003)，頁79-95。這篇文章將第四期和第五期讀本內容合

看在戰爭深刻化的一九四二年春天至一九四四年冬天之間，爲配合戰爭情勢而編纂的新國語讀本如何向臺灣學童呈現臺灣人的形象。

　　此期前四卷爲彩色印刷，比起第四期少了一冊彩色印刷。此期紙張品質低劣，偶見摻有甘蔗渣，反映戰爭時期物質極端匱乏的情況。[107]這一期的男學童理光頭，穿白色短袖上衣，卡基色短褲、束皮帶；冬天則外加卡基色長袖外衣，下著卡基色短褲。這是當時男學生的制服。他們穿鞋，帽子大致有學生帽、運動帽和圓頂圓沿帽三種（圖10-29-1、10-29-2）。[108]女孩穿鞋，著連身洋裝，或白上衫深色短裙，剪河童頭，有些插畫明顯畫出頸後推剃的髮青（圖10-30）。[109]插畫中的河童頭似乎比實際短很多。筆者將教科書的插畫拿給上過公學校的老一輩臺灣人看，他們異口同聲說：「沒那麼短。」一位還說：「畫得太誇張了。」和第四期相比，這一期最大的不同在於不再出現穿水手服的少女。母親穿洋裝，父親穿卡基色國民服，但也有穿卡基色西裝打領帶的（圖10-31-1、10-31-2）。[110]卡基色顯然是這一期的「主色」。祖父母的基本形象是穿高領有釦洋裝，樣式保守[111]，祖母的形象有時是戴眼鏡的。[112]

　　如果第四期的正夫過著是日本式的生活，那麼這一期的主人翁更是過著道地的日本式生活。正夫也是此期第一個出現的有名字的主

（續）
　　　起來討論。
　107　魏德文，〈從重刊《日治時期臺灣公學校與國民學校國語讀本》看教
　　　　材印製史與景印始末記〉，頁33。
　108　V-1-p28、V-2-p56-57。
　109　V-1-p38。
　110　V-初2-4[2]、V-3-16。
　111　V-1-p66。
　112　V-4-19、V-初4-7。

人翁，他穿著和服起床，端正地跪坐著(圖10-32)。[113] 另外，《コクゴ》一、二各有一幅彩色跨頁圖，沒有文字，一幅描繪主人翁的日常生活(圖10-33)，另一幅是過新年的樣子(圖10-34)。[114] 在這些連環畫似的意象中，參拜神社是一日中最首要的事，而女孩子穿和服、新年用毽子板(羽子板)拍羽毛毽也成為生活的一部分。這是教育上期望於臺灣兒童的，是理想的圖景，無庸說是遠離當時一般臺灣學童的生活的。圖繪中元旦母親穿和服，父親穿燕尾服，這裡所呈現的不是「中流以下的社會實況」，讓人想起第一期那些穿戴齊整，有富貴氣的臺灣傳統服飾。在戰局吃緊、物質日趨匱乏的一九四○年代，教科書中出現這種「上流」穿著，實在令人疑惑。由於欠缺相關文獻，無法遽下推斷。

圖10-29-1(局部，原圖為彩色)

113　V-1-p24。
114　V-1-p66-67、V-2-p46-47。

圖10-29-2(原圖為彩色，跨頁)

圖10-30(局部，原圖為彩色)　　　　　圖10-31-1

圖10-31-2(局部，原圖為彩色)　　　圖10-32(原圖為彩色)

圖10-33(原圖為彩色，跨頁)

　　女孩從戴眉勒簪花、穿衫褲，到剃河童頭、穿和服，婦女從穿大襟衫、綁小腳到穿和服、羽織(和服外褂)、草屐(草履)，是何等的變化！我們當然無法說在日本統治臺灣的最後階段，日化程度相當深的臺灣人家庭沒有婦女穿和服草屐的，但可能不多見──霧峰林家的夫人們似乎不時興穿和服。總而言之，臺灣婦女以這樣的形象出現在教科書中，規範的意義遠遠超過其他。臺灣人最後在教科書中完全日本化了。

六、小結：從寫實到規範

　　綜合五期讀本插畫中所呈現的臺灣人形象，我們可以歸納出一個

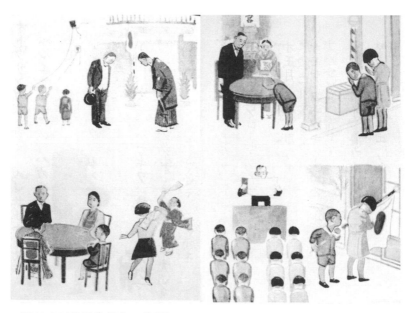

圖10-34(原圖爲彩色，跨頁)

主要的現象，就是愈是前期愈寫實，愈到後期規範意味愈濃厚，愈遠
離臺灣「社會之實況」。雖然如此，後期的插畫也多少反映了臺灣社
會的實際變化(如西服逐漸取代傳統服飾)，只是呈現的面相有所偏
頗。此外，服飾原先是民族的標誌，早期插畫中臺灣人和日本人服飾
各異，學童容易辨識彼我，到了後期則「融爲一體」，分不清彼我。
茲將五期插畫臺灣人形象之變化撮述如下。

　　第一期《臺灣教科用書國民讀本》的臺灣人形象寫實風格強烈，
男辮髮女纏足，臺灣人的傳統生活樣式一一呈現於插畫中，但其中亦
流露出移風易俗的教育用心，因此明明當時纏足女學童仍多，插畫中
的女學童則看不到纏足者。第二期插畫中的臺灣人形象最重要的變革
是男斷髮女不纏足，但仍穿著傳統服飾，惟較前簡樸。這兩期插畫中

的臺灣人和日本人基本上維持「民族隔離」狀態，兒童能輕易分辨「誰是誰」。第三期插畫中臺灣人最顯著的變化是「改裝」和「內地色」的加強。「改裝」限於男性，他們不再穿縫著布鈕的傳統服裝，人人改著西式剪裁的服裝。此外，低年級課文的插畫開始出現穿和服的主人翁，然而不同於第二期的，這個主人翁不是日本人，而是學童自身；換句話說，插畫中臺灣學童的自我形象是雙重的，可以是臺灣風格的，也可以是日本風格的。然而這種「雙重性」到了第四期則統一為「日本式」，臺灣人或著和服，或著西服，主人翁名字一概改為日本名字，也開始過起道地的日本式生活。在插畫中直到第三期仍能作為辨識彼我的民族標誌——服飾與名字，於焉消失殆盡。第五期編纂於戰爭時期皇民化運動如火如荼推行之際，插畫中的臺灣人徹底日本化，參拜神社、穿和服是生活的一部分，日本神龕也堂堂進駐臺灣人傳統家屋的正廳。這是承續第四期插畫的精神：雖然有點走過頭，但這樣的情景正在出現中；更確切地說，殖民當局希望並致力於使這樣的情景出現在臺灣社會。至此官方的規範意圖昭然若揭，寫實的風格喪失殆盡。

　　由於五期國語讀本有若干課文幾乎每期都出現，最後，讓我們來看看在這四十多年的時光裡，同一主題如何在插畫中呈現。首先，以「柱鬼」為題的課文出現在第一至第三期的讀本中，「柱鬼」(ハシラオニ)是一種遊戲，一人扮鬼，其他人各自抓住一根柱子或樹椏，鬼在眾人互換位置時搶柱子，柱子被搶走者當鬼(類似大風吹遊戲)。這三幅圖正好顯示了臺灣男學童由辮髮到斷髮，由不改裝到改裝的三階段變化(圖10-35-1、10-35-2、10-35-3)。[115]「洗濯」是五期讀本都

115　I-3-9[1]、II-3-8、III-3-10。

出現的主題，第二期插畫沒有人物，只有晾在竹竿上的衣服，其他四期畫有洗衣服的婦女，第五期第二幅也是晒竿，掛著和服。從洗衣服的婦女到晒竿上的衣服，國語讀本插畫世界中的「時代推移」，躍然眼前（圖10-36-1、10-36-2、10-36-3、10-36-4、10-36-5.1、10-36-5.2）。[116]「遠足」也是從第一期到第五期都有的課文。遠足是公學校學生校外活動的重要節目，就讀公學校的臺灣人對此大都留下很深的印象。根據筆者的問卷調查，一百二十七位填寫者中有一百零二位對遠足有印象，且絕大多數(九十五位)都能寫出一個到數個目的地。[117] 作爲課文的「遠足」在各期國語讀本中占有相當的分量，第一期分成兩課來教，有兩幅插畫。第二期課文比較簡單，有一幅插畫；第三期課文是詩歌，有六幅插畫；第四期有兩幅跨頁彩色插畫，頗爲豪華；第五期課文占兩頁，未標課名，有一幅跨頁彩色插圖。[118] 限於篇幅，無法一一於此排比呈現，姑記於此，以誌其別出心裁。

圖10-35-1　　　　　　　　　　圖10-35-2

116 I-4-16、II-3-11、III-3-16、IV-3-11、V-3-11[1]、V-3-11[2]。
117 根據「日本殖民統治時代臺灣公小學校教育問卷」項目之一「您對遠足有印象嗎」之統計結果；遠足目的地包括水源地、原住民部落、神社、公園、其他公學校，以及附近名勝等。
118 I-6-9、I-6-10；II-5-3；III-7-26；IV-3-7。

圖10-35-3

圖10-36-1

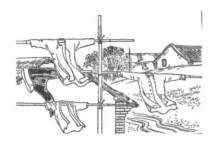

圖10-36-2

圖10-36-3

圖10-36-4（原圖爲彩色）

圖10-36-5.1（原圖爲彩色）

圖10-36-5.2（原圖為彩色）

　　臺灣公學校教科書由臺灣總督府直接編纂，殖民統治者希望臺灣人學習什麼，可說充分顯露在教科書的內容中，這些可以拿來和總督府的政策相比對，幫助我們更具體而微地了解日本在臺灣的殖民統治。五期國語讀本卷一發行年分間隔五至十五年，第一期編纂於軍憲鎮壓略定而改採所謂舊慣溫存政策之際，第二期編纂發行於大正之初，第三期編纂發行於大正末昭和初，第四期於日本發動蘆溝橋事件的一九三七年發行，第五期則於「大東亞戰爭」（史稱太平洋戰爭）「勃發」之後兩個多月發行，似乎和日本在臺殖民統治及其對外征戰的重大變化若合符節。作為殖民地教育首要科目的國語讀本，無疑提供一個歷史的橫切面，讓我們得以由內而外，由下而上，檢視驗證殖民統治的性質及其變化，並獲致底層的、實踐面的具體認知。例如，十餘年前我致力於皇民化運動之研究時，若有幸能利用這完整的五期國語讀本（當時這類材料有如天方夜譚），相信更能掌握時代更迭的徵

候。總之，五期國語讀本插畫，雖然只是插畫，實則具有超乎圖畫本身的豐富訊息，不能等閒視之。

　　臺灣總督府發行的五期國語讀本插畫中所呈現的臺灣人形象，不止反映了殖民統治者統治政策的變化，更以非常明確的意象呈現殖民者期待於被殖民者的形象。臺灣學童在受教育的過程中，透過教科書的文字與圖像，學習到自我的形象。這樣的自我形象是他塑的，是被殖民者所定義的，且愈到後期愈具規範意味。從早期的尊重本土傳統，到可臺可日的兩義性中期教育，到袪除傳統而以日本人為學童自我形象的後期殖民地教育，其間的變化是很大的，對不同世代的臺灣人起著不同的歷史作用。五十一年的日本殖民統治時期的研究，其困難與有趣的地方也就在此。

　　原刊登於《臺大歷史學報》第34期（2004年12月），頁87-147。

附錄一

楊英《先王實錄》所記「如新善開感等里」之我見

鄭成功的戶官楊英在鄭經時期,根據六科檔案以及他個人的聞見,編纂有《先王實錄》。這是有關鄭成功生平事蹟最直接、最珍貴的史料之一。此書在有清一代並未刊刻,目前就筆者所知,僅有兩個手抄本為世人所知。

第一個問世的手抄本是一九二七年泉州秦望山先生得之於鄭氏福建故里南安縣石井鄉,一九三一年中央研究院歷史語言研究所將之景印流傳。當時手抄本前後霉爛,書題四字脫漏,只有最後一字「錄」隱約可見,北京大學教授朱希祖先生根據實際內容,將書題訂為「延平王戶官楊英從征實錄」,並為該景印本寫篇很長的序文。三十餘年後,第二個手抄本出現了。一九六一年,廈門市人民政協丁乃揚先生和鄭成功紀念館陳游先生在泉州南安石井鄉發現了這本書的另一傳抄殘本。這是用一九二二年石井公立鰲峰小學紀事簿抄錄,字跡潦草,也已霉爛不堪,所記僅至永曆九年四月為止,不及全書之半。由於此一傳抄本的出現,我們得以確知原來本書的書名是《先王實錄》。以此,本文放棄朱希祖之命名,採用原稱《先王實錄》。

鰲峰小學紀事簿抄本出現之後,廈門大學鄭成功史料編纂委員會於是在一九六二年開始著手整理《先王實錄》,基本上以史語所景印本為底本,進行互校,並參考其他資料,對脫蛀字予以修訂補充。校

勘工作的具體成果是，一九八一年由福建人民出版社出版楊英著、陳
碧笙校注《先王實錄校注》一書。這個校注本對臺灣史的研究者——
尤其是明鄭臺灣史的學者——助益甚大。陳碧笙的校勘、補訂、註
釋，頗具水準，處處看得到用心。然而，關於臺灣史地理方面的註
解，有若干訛誤之處；如果我們考慮到此書出版是二十五年前的事
情，當時在臺灣學術界，臺灣史還不是歷史研究的一個領域，比較深
入的研究很少，也就無法苛責註解者了。

本文想從陳碧笙的一個註解出發，來做一個小小考證。這個問題
看似很瑣碎，但它所關連到的大圖景，或許並非那麼細小不足道。

中央研究院歷史語言研究所景印《延平王戶官楊英從征實錄》永
曆十五年辛丑(1661)四月初六條云[1]：

> ……各近社土番頭目俱來迎附如新善開感等里　藩令厚宴并
> 賜正副土官袍冒靴帶繇是南北路土社聞風歸附者接踵而至各
> 炤例宴賜之土社悉平懷服

這裡記載的是，鄭成功攻打赤崁城，赤崁城(普羅文西亞城)夷長貓難
實叮(Jacobus Valentijn)投降後第二天的事情。根據楊英的記載，鄭
成功大軍於四月一日經由鹿耳門進入臺江內海，初四貓難實叮投降，
鄭成功遣貓難實叮前往臺灣城(熱蘭遮城)招降揆一。初六這一天，鄭
成功很忙，先是和揆一談和平條件(談判破裂)，其次接見來歸附的土
著，並遣水師將停泊在幾個港口的荷蘭船擊潰，致使荷蘭船只好全部

1　楊英，《延平王戶官楊英從征實錄》(北平：中央研究院歷史語言研究
　　所，1931初版／臺北：原單位，1996景印一版)，頁151b。

集結到臺灣城下。這段引文就是講土著歸附的事情。我們先不加新式標點，是有用意的，因為標點如何標，有時不是中文文法的問題，而是牽涉到我們對內容的理解。

在進一步說明之前，我們必須先指出，楊英《先王實錄》遇「藩」（鄭成功）字有挪抬和平抬等寫法；上引原文挪抬（上空一格）照舊。其次，此書頗多避諱字，有避明皇室，也有避鄭氏三代之諱，在這段引文中「繇」是「由」的代字，避明思宗朱由檢等人之諱。又，楊英習慣把「照」寫成「炤」，這倒很像後來臺灣漢人契約中的用法。讓我們先看看陳碧笙如何斷句[2]，〔 〕中之字乃是筆者所加：

> 各近社土番頭目俱來迎附，如新善、開感等里，藩令厚宴并
> 賜正副土官袍冒〔帽〕靴帶。繇〔由〕是南北路土社聞風歸
> 附者接踵而至，各炤〔照〕例宴賜之，土社悉平懷服。

這條史料短短數十句卻透露若干珍貴訊息。首先，此時土著已經有了「正副土官」，其次，土著各社已經有南北路之分；這大抵承襲自荷蘭的統治。在這裡，為免旁支過多，我們對此不予深論。讓我們看看第一句。這裡的「如」不是「例如」，而當作「如同」解，意思是：各個附近的土番頭目都來歡迎〔王師〕，並且歸附，就如同新善開感等里。陳碧笙把「新善開感」理解成兩個「里」的名字，加新式標點作「新善、開感等里」。果真如此嗎？是否有其他可能？

我們先且不管「新善開感」何所指，在這裡至關緊要的是，

2　楊英著、陳碧笙校注，《先王實錄校注》（福州：福建人民出版社，
　　1981），頁250。

「里」是漢人聚落,更小者稱「庄」;熱鬧的市街,則稱為「坊」或
「街」。對稍稍熟悉清代臺灣文獻的人士而言,漢「里」番「社」
(或漢庄番社),是毫無疑義的。臺灣土著聚落稱「社」,目前我們看
到的文獻應該以陳第〈東番記〉為最早,該文曰:「東番夷人……種
類甚蕃,別為社。」[3]至於何以土著聚落稱「社」,非關本文題旨,
茲不論,不過,有個線索順便提出供讀者參考。福建鄉村里以下的社
群單位有稱「社」的情況,例如高雄縣湖內鄉(清初為文賢里,屬臺
灣縣),又名葉厝村,該村之葉氏開臺祖葉世映祖籍是福建泉州同安
縣白礁鄉十九都積善里充龍社。是否最初到臺灣的漢人,假借他們熟
悉的小聚落名稱「社」來稱呼土著聚落呢?充龍居民到大員很早,
〈東番記〉也提到「漳、泉之惠民,充龍、烈嶼諸澳,往往譯其語,
與貿易」。[4]姑捻出,待高明教之。讓我們回到問題本身,「新善開
感」既然是漢人聚落,那麼「新善開感」當作何解?讓我們看看以下
兩條史料:

蔣毓英《臺灣府志》卷一(原文之分行注文略)載[5]:

諸羅縣轄里四、社三十四
里:<u>善化里</u>、<u>新化里</u>、安定里、<u>開化里</u>
社:蕭壠社、麻荳社、新港社、大武壠社、目嘉溜灣社、倒

3　陳第〈東番記〉刻本原文,見方豪,《方豪六十自定稿》(臺北:方豪自
　　印,1969),頁835;本書第三章文末附有筆者重新標點的〈東番記〉。
4　見本書第三章文末所附陳第〈東番記〉。
5　蔣毓英修,《臺灣府志》,《臺灣府志三種》(北京:中華書局,1985
　　景印),卷1,頁11b/26。本文所標頁碼分別為刻本與景印本總頁碼。

咯嘓社、打貓社……（下略）

沈光文〈平臺灣序〉云[6]：

> 里有文賢、仁和、永寧、新昌、仁德、依仁、崇德、長治、
> 維新、嘉祥、仁壽、武定、廣儲、保大、新豐、歸仁、長
> 興、永康、永豐、<u>新化</u>、永定、<u>善化</u>、<u>感化</u>、<u>開化</u>諸里。坊
> 有東安、西定、寧南、鎮北四坊。

（上二條史料之底線爲筆者所加）

　　根據以上兩條史料，「新善開感等里」就不落空了，也就是指「新化、善化、開化、感化」等漢人聚落。

　　細心的讀者或要問：蔣毓英《臺灣府志》（以下簡稱蔣志）可並沒提到「感化里」。確實如此。蔣毓英是臺灣府第一任知府，康熙二十三年(1684)由泉州知府移任臺灣知府，二十六年任滿，被挽留一年，於二十八年遷江右觀察使，離開臺灣。蔣志是第一本臺灣府志，撰修於康熙二十四年至二十六年之間(1685-1687)，當時距離明鄭滅亡才二、三年之隔，所記明鄭事情可信度相當高。不過，此志留在臺灣的推斷只是「草稿」，並未付梓。我們目前看到的版本，大概是蔣毓英調任後，由其家屬在中國大陸刊行的。蔣志未見於臺灣，中國似乎也只有上海圖書館入藏，算是海內外孤本了。[7] 蔣志所記皆爲臺灣甫入

6　范咸等修，《重修臺灣府志》，《臺灣府志三種》，卷23「藝文四」，頁5a / 1655。

7　蔣毓英撰、陳碧笙校注，《臺灣府志校注》（廈門：廈門大學出版社，1985），「前言」，頁1-3。

清之情況，彌足珍貴。清朝將臺灣收入版圖後，設一府三縣，即臺灣府、臺灣縣、鳳山縣、諸羅縣。根據蔣志，臺灣府統轄坊四、里二十六、庄二、社四十六、鎮一、澎湖嶼三十六。以上是整個臺灣府的規模，若以縣來說，則臺灣縣轄四坊、十五里，加上澎湖三十六嶼；鳳山縣轄七里、二庄、十二社、一鎮(按即安平鎮)；諸羅縣則如引文所示，轄四里、三十四社。這是當時臺灣「坊里庄社鎮」的清單。蔣志分行注云：「各名號皆偽時所遺，今因之以從俗也」[8]，也就是說，這些名稱都是根據鄭氏統治時的用法。在臺灣府所轄二十六里中，我們的確找不到名爲「感化」的里。那麼，我們如何理解沈光文〈平臺灣序〉的訊息？

沈光文的經歷很特別，如果說在臺灣史上絕無僅有，大概說得過去。沈光文，字文開，一字斯菴，浙江鄞縣人。明末官至太常寺少卿，奉差廣東監軍。順治八年(1651)，從肇慶至潮州，由海道抵金門，拒絕閩督李率泰之招。翌年擬至泉州，船過圍頭洋時遇颶風，漂至臺灣，因此滯留臺灣。當時臺灣還在荷蘭東印度公司的治理之下。鄭成功攻克臺灣後，頗受禮遇，但鄭經繼位後，「頗改父之臣與父之政，軍亦日削」[9]，沈光文作賦有所諷刺，得罪鄭經，幾遭不測，於是變服爲僧，逃居羅漢門山，後於目加溜灣社教讀爲生，並且行醫。臺灣收入清版圖之後，沈光文和福建總督姚啓聖有舊，姚啓聖原擬資助沈光文返回故鄉，但後來姚啓聖過世，此事不了了之，沈光文遂永

---

8 蔣毓英修，《臺灣府志》，卷1，頁10a／23。
9 引自全祖望，〈沈太僕傳〉，《鮚埼亭集》(臺北：華世出版社，1977)，頁339。本文有關沈光文之生平，參考沈光文，〈東吟社序〉，收於范咸等修，《重修臺灣府志》卷22「藝文三」，頁3a-5a／2575-2579，以及全祖望，〈沈太僕傳〉，《鮚埼亭集》，頁338-340。

居臺灣；去世後葬在善化里東保。如果我們以「朝代」來表示不同的政權，那麼沈光文居臺三十餘年，可以說歷經三朝(荷、鄭、清)統治，親睹三世(成功、經、克塽)盛衰，洵為少見。

由於沈光文有這樣特殊的經歷，又曾在目加溜灣社教授生徒，他在臺灣入清之後，撰寫〈平臺灣序〉，是歌頌清朝「平定」臺灣的文章，內容翔實，記載了許多聞見所及之事，史料價值極高。他在〈平臺灣序〉中，描寫鄭成功攻克臺灣，除了提及土著諸社臣服之外，列舉明鄭時期的里、坊。如前面的引文所示，他提及里時，從文賢、仁和、永寧等里開始列舉，最後以新化、永定、善化、感化、開化作結。目加溜灣社故址一般認為在今天的善化，這是沈光文教讀和死後卜葬的地方，對於這一帶的地理人文，我們有理由相信他是很熟悉的。

沈光文〈平臺灣序〉所舉里名共二十四個。讓我們看看《臺灣府志》二十六里的名稱吧。它們分別是：武定、永康、廣儲東、廣儲西、長興、新豐、歸仁南、歸仁北、永豐、保大東、保大西、仁德、仁和、文賢、崇德(以上臺灣縣)、依仁、永寧、新昌、長治、嘉祥、維新、仁壽(以上鳳山縣)、善化、新化、安定、開化(以上諸羅縣)。[10] 相對照之下，我們發現沈文的里名和蔣志幾乎全部重疊，不同的是，沈文多出「永定」與「感化」兩里，蔣志則多出「安定」一里。何以出現無法對應的里名？有個可能是，「永定」與「感化」兩里入清之後(或在此之前)併為一里，改名「安定」。此外，鄭克塽投降至清朝領有臺灣之際，由於鄭氏文武官員將帥兵卒全遭遣送回大陸，臺灣人口銳減，作為徵稅人口的成年男子數目約減少四成(臺灣

10　蔣毓英修，《臺灣府志》，卷1，頁10a-11b／23-26。

府漢人丁口由21,320減為12,724，不含新招徠者）。[11]原先存在的漢人聚落因而消失，也是很有可能的。

記載於明鄭文獻的里名，如「新化」、「善化」、「開化」、「感化」云云，這些命名方式，帶有新王朝濃厚的「教化」與「儒家化」意味。我們無法確知這四個聚落何時命名；楊英《先王實錄》最後的編成很可能在永曆三十五年(1681)五月鄭經病歿之前，「新善開感」四里的名稱未必是歸附鄭成功時的舊稱，有可能是采用後來重新命名的名稱。

綜合以上的例證，我們得知鄭成功率大軍從鹿耳門水道登陸臺灣本島之後，漢人聚落，如新化、善化、開化、感化等里，馬上來歸附，不久之後，各里附近的土著也來歸附。因此，楊英在《先王實錄》中記載：「各近社土番頭目俱來迎附，如新、善、開、感等里」。

關於鄭成功攻打臺灣的經過，近年來最引人注目的史料是江樹生翻譯的《梅氏日記》，記載的具體與翔實程度，超乎想像。關於這一天，亦即永曆十五年四月初六，也就是西曆一六六一年五月五日，荷蘭土地測量師梅氏(Philippus Daniel Meij van Meijensteen)為了談和的事來見鄭成功，碰巧遇上了楊英筆下的歷史場景。梅氏寫道：「我們看見國姓爺帳幕前面的外邊，有十六個重要的原住民列成兩行，身上穿著用各色絲線和黃金刺繡的藍色官袍，腰圍著滾有金邊的藍色絲帶，頭上戴著如上所述〔按，該日記前面仔細描述過〕的帽子，也有一片狀如皇冠的金葉，但無白色羽毛，卻有像他〔國姓爺〕所有士兵常戴的紅毛；在我們的時代，他們是新港、蕭壠、麻豆、哆囉嘓和目

11　蔣毓英修，《臺灣府志》，卷7，頁1a-2b / 139-142。

加溜灣各社的長老。」[12]這真是再精彩不過的史料了，好像就是要替楊英的「賜正副土官袍冒(帽)靴帶」提供詳細的註解，而且我們也知道「各近社土番」包括新港、蕭壠、麻豆、哆囉嘓和目加溜灣等社。梅氏在臺灣住了十九年之久，熟悉土著，是不會弄錯的。

最後在文章結束前，我想提出一個「雙子星聚落」的概念來和讀者切磋。我們在推斷土著社址時，如果不區分「庄／里」、「社」，可能會掉進一個陷阱，將後來居上的漢人聚落(庄或里)直接等同於比鄰而居的土著社址，尤其當名稱一樣時，更容易產生誤會，例如，以為打貓庄的地理位置就在原來的打貓社上，其實早先是同時並存的，若有所併合(或吞併)，則是後來的事情了。蔣志所記諸羅縣善化、新化、安定、開化等漢人聚落應該大抵緊挨著番社而出現；但由於土著聚落(社)有遷移的現象，我們很難回到歷史現場一一指明某庄／里和某社在不同時間的相對位置，尤其是漢人較早開發的地區，從後來編修的地方志地圖已很難看到原初情況。雖然如此，一七一七年編纂的《諸羅縣志》「山川總圖」讓我們很清楚「里」、「社」在空間上是同時並存的，其中善化里緊挨著目加溜灣社，有如「雙子星」，仍是個典型的例子(見圖 附錄1-1)。這種漢人聚落和原住民聚落毗鄰共存的現象，在清朝統治初期，隨著漢人從諸羅縣往北開發，頗為明顯，有助於我們了解欠缺資料的明鄭時期。

12　江樹生譯註，《梅氏日記——荷蘭土地測量師看鄭成功》(臺北：漢聲雜誌社，2003)，頁39。

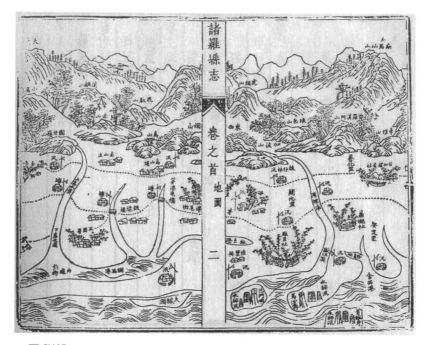

圖 附錄1-1
說明：諸羅縣的里社空間分布(局部)；目加溜灣社在圖之右緣靠中一帶。
輯自鍾瑄主修，《諸羅縣志》(1717)卷之首地圖。

　　高拱乾編纂而於康熙三十五年(1696)刊刻的《臺灣府志》在卷二
「規制志・坊里」羅列漢番聚落，當時諸羅縣同時有[13]：

　　　諸羅山社、諸羅山庄
　　　打貓社、打貓庄

13　高拱乾等修，《臺灣府志》，《臺灣府志三種》，卷2，頁14b-16b /
　　480-484。

　　他里霧社、他里霧庄

　　半線大肚社、半線庄

如果我們比對這些同名的社、庄距離府治的里數，我們將發現兩者是一樣的，例如打貓社「離府治一百九十里」，打貓庄也是「離府治一百九十里」，由此可見，這些同名社庄比鄰並存，聯袂出現。

　　康熙五十六年(1717)周鍾瑄修纂的《諸羅縣志》，再度證實我們的看法，當時在諸羅縣同時有[14]：

　　諸羅山社、諸羅山庄

　　大龜佛社、龜佛山庄

　　打貓社、打貓庄

　　他里霧社、他里霧庄

　　半線社、半線庄

如果文字敘述不夠具象，那麼讓我們看看地圖吧。約繪製於雍正元年至五年(1723-1727)間的《清雍正朝臺灣圖附澎湖群島圖》[15]，在圖面上我們可以看到成雙出現的「哆咯嘓庄、哆咯嘓社」，「打貓社、打貓庄」，以及「竹塹社、竹塹庄」等，其比翼連理的意象再鮮明不過的了。(見圖 附錄1-2-1、1-2-2、1-2-3)

14　周鍾瑄主修、陳夢林總纂，《諸羅縣誌》(臺北：成文出版公司，據清康熙五十六年序刊本影印，1983)，卷2，頁8a-9b／147-150。

15　國立故宮博物院藏／印製發行，《清雍正朝臺灣圖附澎湖群島圖》，圖面上也有「貓霧揀社、貓霧揀庄」與「中港庄、中港社」，但兩地的距離比正文所舉三例稍微遠些。

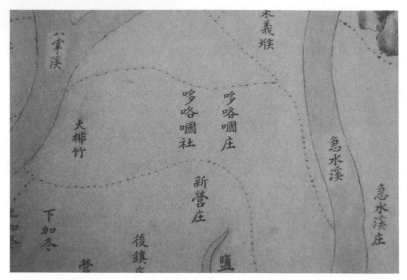

圖 附錄1-2-1

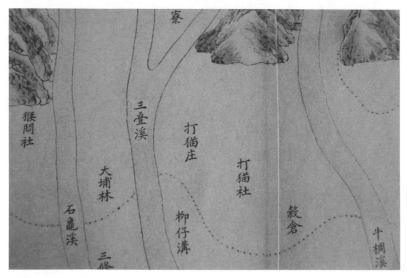

圖 附錄1-2-2

圖 附錄1-2-3
說明：相毗鄰的同名番漢「雙子星」聚落。
輯自《清雍正朝臺灣圖附澎湖群島圖》（約繪製於1723-1727）

如所周知，在漢人開發臺灣的過程中，漢番之間的權力關係是不平等的，「雙子星聚落」的社或遷移、或消失、或併入漢庄，最後只剩漢人聚落一枝獨秀，連名稱也獨占專享了。以此，我們在考訂土著社的原址時，不能被同名之漢庄所誤導，兩者雖近，空間則有所區隔。於是在歷史的最初場景，善化里非目加溜灣社所在地，其道理也就很清楚了。

楊英筆下的「新善開感」，無疑替我們揭開臺灣漢番聚落雙子星物語的第一頁。

原刊登於《歷史月刊》第229期（2007年1月），頁75-79。發表時未附腳註，2010年8月略加修訂，並恢復注釋格式。

附錄二

大林公學校的銅像哪裡去？

　　頃讀《臺灣教育史研究會通訊》第四十八期蔡錦堂教授大作〈二林公學校「楠木正成銅像」再現江湖〉一文[1]，由於和我關心的議題很接近，又且圖文並茂，讀來特別有意思。此文讓我想起母校大林國民學校前身大林公學校的銅像故事，想作點補充，另一方面也藉此作個更正——我的母校的前身不是彰化二林公學校，而是原臺南州嘉義郡大林庄大林公學校，現在屬於嘉義縣大林鎮。

　　大林鎮作為聚落，在臺灣漢人歷史中出現很早，舊名大埔林，載於古地圖和舊籍中。約繪製於雍正元年到五年(1723-1727)之間的《清雍正朝臺灣圖附澎湖群島圖》[2]標有大埔林，是當時南北通路所必經，位於三疊溪和石龜溪之間(見圖 附錄2-1)。根據多種資料綜合判斷，大埔林從一開始應該就是個純漢人聚落，附近似無土著。臺灣土著原本人口不多，散處各地，漢人來到時，有些地方的確是「荒埔」，因為各種自然人文條件形成聚落。當然更普見的是，漢人在土著聚落(社)附近聚集而居，形成村庄，出現了「漢庄番社」雙子星聚

1　蔡錦堂，〈二林公學校「楠木正成銅像」再現江湖〉，《臺灣教育史研究會通訊》第48期(2007年1月)，頁26-27。
2　國立故宮博物院收藏、印製，已出版。

圖 附錄2-1

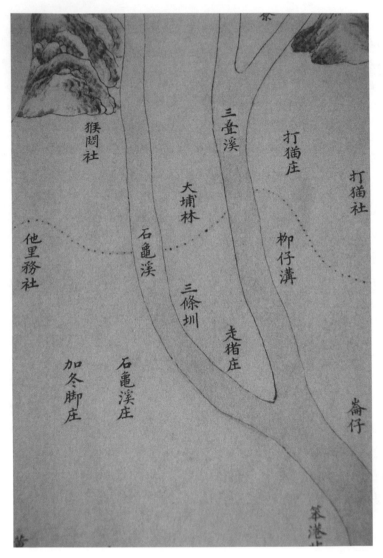

圖 附錄2-1
說明：清代地圖所見大埔林位置。
輯自《清雍正朝臺灣圖附澎湖群島圖》（約繪製於1723-1727）

落的現象。[3] 大埔林位於南北交通要道的地理優勢，一直沒改變，道光元年(1821)臺灣縣知縣姚瑩奉命兼代噶瑪蘭廳通判，他從臺灣府城(在今臺南市)出發赴任，一路記下沿途的城鄉和彼此的距離，經過大埔林時，寫道：「大埔林，居民稠密，有汛。」[4]「汛」是軍隊駐守單位。日本人修築南北縱貫鐵路，經過大林，並設站，可說其來有自。此外，值得一提的是，大埔林(此時或作大莆林)在乙未武裝抗日的過程中，有非常突出的英勇表現。

　　二○○六年十一月大林國民小學慶祝一百週年校慶，也算是老學校之一。大林公學校最初的名稱是大莆林公學校，創立於明治三十九年(1906)；該年十月十一日由嘉義廳長岡田信興以「嘉義廳告示第八十六號」發布設置認可之消息。在《臺灣總督府公文類纂》中可以找到此一告示資料[5]，是大林國民小學確定創校年分的根據。（見圖 附錄2-2-1與2-2-2。）

　　大莆林公學校的名稱因時代而異，一九二一年四月改稱「大林公學校」。一九四一年四月全島初等教育機構改制，不管公學校或小學校，都改稱「國民學校」。大林由於有糖廠，日本人不少，原本就有「大林尋常小學校」(1913創立)供日本學童就讀，改名時，大林尋常小學校改爲「大林國民學校」，大林公學校則改稱「大林南國民學校」。

3　關於漢番雙子星聚落的討論，可參考本書附錄一，〈楊英《先王實錄》所記「如新善開感等里」之我見〉。

4　姚瑩，〈臺北道里記〉，《東槎紀略》〔臺灣文獻叢刊第七種〕（臺北：臺灣銀行經濟研究室，1957），頁88。這裡的「臺北」不是指今天的臺北，是「臺灣北路」的省稱；臺灣北路指臺灣縣以北的地區，在道光元年指嘉義縣、彰化縣，以及淡水廳。

5　臺灣總督府公文類纂1183/67-2「第八十六號大莆林街二公學校設置ノ件」，明治39年(1906) 10月11日。

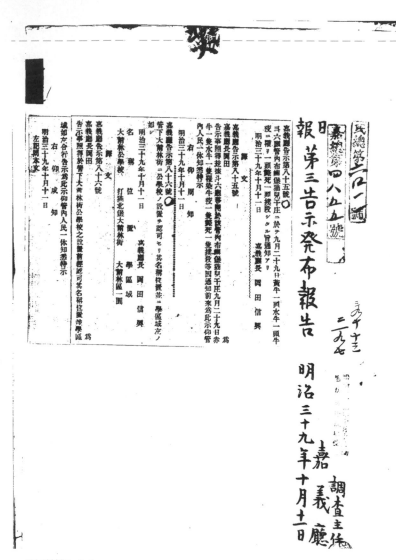

圖 附錄2-2-1

說明：有關大莆林公學校的嘉義廳告示第八十五號、第八十六號，告示本
　　　身附有中文譯文。

輯自《臺灣總督府公文類纂》民政局檔案。

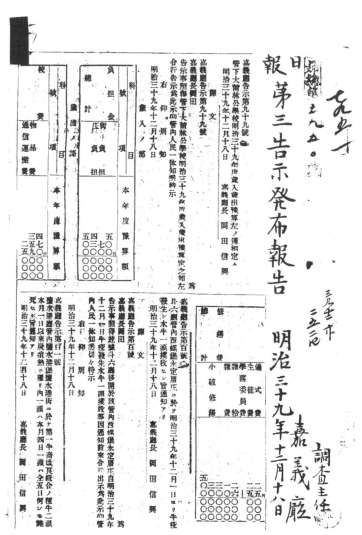

圖 附錄2-2-2

說明：有關大莆林公學校的嘉義廳告示第九十九號，附有中文譯文。
輯自《臺灣總督府公文類纂》民政局檔案。

戰後初期先是改爲「臺南縣大林鎮第一國民學校」(1945/10)，後改稱「臺南縣大林鎮大林國民學校」(1947/03)；一九五一年十月，由於行政區域改制，改稱「嘉義縣大林鎮大林國民學校」，這是我就讀時的名稱。一九六八年實施九年國民義務教育，相對於國民中學，改名爲「嘉義縣大林鎮大林國民小學」，也就是現在的校名。關於大林國民小學的沿革，有興趣的讀者可上該校網站瀏覽，在「本校簡介／校史」欄刊載退休老師劉萬來先生撰寫的一篇回憶文章[6]，內容具體生動，有助於我們了解日本統治時期的教育實況。以下爲行文方便起見，筆者母校戰前的前身一概稱爲「大林公學校」。

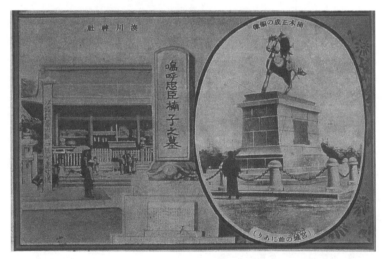

圖 附錄2-3
說明：戰前歷史補充讀物中有關楠木正成的插繪。
輯自《尋常小學國史學習附圖‧第五學年用》(東京‧大阪：駸駸堂，1929)

　　大林公學校校園原先有兩座銅像，一座是二宮尊德(原名金次郎)，一座是楠木正成。據家父周進國先生描述，二宮尊德應該就是一般常見的造型——孩童模樣，一面扛柴，一面看書；楠木正成也是典型的騎馬配劍形象。家父說楠木銅像「全身鍍金」，頗爲美觀。戰爭期間必須捐出金屬製品，該校老師捐出二宮尊德銅像，但不忍心捐出楠木正成銅像，把它藏在學校的倉庫。各位須知，此時的教師大多數是日本人，可見人們內心的某種情愫(美學的？念舊的？)與戰爭動員的要求顯然有所衝突。一九六〇年代後半葉，該校在拆除倉庫時，清出銅像來。當時的校長賴心晴先生(在職1966-1972)將銅像當成廢鐵賣掉，所得歸公。賴校長是外省人，想必不知道楠木正成何許人也。[7] 不過，在一九六、七〇年代，臺灣社會欠缺歷史感，不珍惜老舊的東西，對所謂殖民時代的事物更是「茫然不知如何想起」，因此，就算當時的校長是本地人，也沒有理由保留這座銅像吧？家父是大林國校老師，我家住在國校的日本舊宿舍，賴校長頗倚重家父，時常來「行踏」(kiân-tàh，走動)，在我印象中他是個相當不錯的父執輩。家父與賴校長都離開人間了，行文至此，腦海浮起故人音容，不禁感到有點難過。

　　大林公學校的舊照片中，還看得到二宮尊德和楠木正成的銅像，這兩座銅像安置在校園不同的地方。二宮尊德銅像在校門一進來的地方，現在是舊校門，立有孔子銅像；由於部分校地劃爲商店街，新大門移至另一邊，這背後有著臺灣小鎭普見的土地重劃問題，讓敏感的學童一生無法釋懷。楠木正成銅像安置在大禮堂旁邊的假山。當時師

7　此段故事，筆者寫在拙著《海行兮的年代——日本殖民統治末期臺灣史論集》(臺北：允晨文化，2003)的一個註裡，見該書頁352-353。雖然是抄自己的文章，還是說明一下，免得有「文抄公」之嫌。

圖 附錄2-4
說明：臺灣民間收藏家所藏楠木正成騎馬銅像。(蔡錦堂提供)

生合影留念常在銅像之前。據劉萬來老師說，大林公學校的大禮堂，
在當時是臺南州最美觀的，一九八○年代拆除，改成目前的水泥建
築。我趁某次返家過年時，翻閱《大林風情之映像》一書[8]，果然找
到兩張大林公學校的舊照片，分別有二宮尊德和楠木正成銅像，原想
掃瞄以饗讀者，但相片已是經過翻拍再印刷，很不清楚，若再掃瞄印
到《通訊》上，可能更縹不可見，遂作罷。這二尊銅像本身不大，也
非這兩張舊照相的主題，只約略有個輪廓。楠木銅像可能因鍍金曝光
過度，像mô·-sîn-á(魔神仔、魑魅、幽靈)，若非看者原本心中就有此

8　這是一本相片集，張立人、姚愛敏編，《大林風情之映像》(嘉義縣大
　　林鎮：財團法人獎賜生文化藝術基金會，2003)。二宮尊德銅像見第26
　　頁上半頁，楠木正成銅像見第48頁上半頁。

二尊銅像的形象，依形尋影，方才得見，一般人大概就「視而不見」
了。物之能爲人所見或不見，實在是一門大學問。

　　最後，容我把一張二宮尊德銅像照片揭載於此。二○○二年二月
嚴冬之際，我和吳文星教授、黃紹恆教授，以及檜山幸夫、広瀨順晧
等日本教授一起訪問日本北海道。當時広瀨教授帶到我們幾個人參觀
札幌市立豊水小學，在資料室看到二宮尊德銅像，欣喜之下趕緊拍下

圖 附錄2-5
說明：新竹州新竹第一學校(今新竹國民學校)二宮金次郎銅像。
輯自：洪惠冠編輯，《新竹國小老照片說故事》(新竹：新竹市立文化
　　　中心，1998)，頁59

來，當時還是用一般相機——在我，那還是「前數位相機時代」。這
張照片曾刊載在拙著《海行兮的年代》(頁336)，在此就不重複刊登
了。有興趣的讀者，可找來看。放在這裡的是新竹州第一公學(新竹
國民小學前身)校園中的二宮金次郎(尊德)銅像照片。這是二宮尊德
最典型的模樣，對父親這樣出身貧農家庭的孩童，我想，小二宮金次
郎曾大大激發他們的上進心吧。

原刊登於《臺灣教育史研究會通訊》第49期(2007年3月)，頁21-23。

本書所收論文原發表訊息(依本書篇章排序)

1. 〈山在瑤波碧浪中——總論明人的臺灣認識〉，《臺大歷史學報》第40期(2007年12月)，頁93-148。

2. 〈一五八二年美麗島船難餘生記〉，收於李毓中、吳伯錄、石文誠編，《艾爾摩莎：大航海時代的臺灣與西班牙》（展覽圖錄），頁25-38。臺北：國立臺灣博物館，2006。

3. 〈陳第〈東番記〉——十七世紀初臺灣西南地區的實地調查報告〉，《故宮文物月刊》第241期(2003年4月)，頁22-45。

4. 〈明清文獻中「臺灣非明版圖」例證〉，收於鄭欽仁教授榮退紀念論文集編輯委員會編，《鄭欽仁教授榮退紀念論文集》，頁267-293。臺北：稻鄉出版社，1999。

5. 〈臺灣公學校制度、教科與教科書總說〉，《臺灣風物》第53卷第4期(2003年12月)，頁119-145。

6. 〈殖民地臺灣初等教育修身書中的母國典範〉，發表於「日治時期臺灣教育學術研討會」，國史館臺灣文獻館、中央圖書館臺灣分館主辦。臺中，2005年10月27-18日。

7. 〈歷史的統合與建構——日本帝國圈內臺灣、朝鮮和滿洲的「國史」教育〉，《臺灣史研究》第10卷第1期(2003年6月)，頁33-83。

8. 〈「進步由教育 幸福公家造」——林獻堂與霧峰一新會〉，《臺灣風物》第56卷第4期(2006年12月)，頁39-89。

9. 〈想像的民族風──試論江文也文字作品中的臺灣與中國〉，
   《臺大歷史學報》第35期(2005年6月)，頁127-180。
10. 〈寫實與規範之間──公學校國語讀本插畫中的臺灣人形
    象〉，《臺大歷史學報》第34期(2004年12月)，頁87-147。

附錄

1. 〈楊英《先王實錄》所記「如新善開感等里」之我見〉，《歷
   史月刊》第229期(2007年1月)，頁75-79。
2. 〈大林公學校的銅像哪裡去？〉，《臺灣教育史研究會通訊》
   第49期(2007年3月)，頁21-23。

索引

二、地理名稱

（含洋面、島嶼、河流、區域、國名、行政區劃等）

外文

三、事項

(含機構、人群集體名稱)

一劃

二、地理名稱

(含洋面、島嶼、河流、區域、國名、行政區劃等)

三、事項
（含機構、人群集體名稱）

臺灣研究叢刊
海洋與殖民地臺灣論集

2012年3月初版　　　　　　　　　　　　　　　　　定價：新臺幣620元
有著作權・翻印必究
Printed in Taiwan.

		著　者	周	婉	窈
		發行人	林	載	爵

出　版　者	聯經出版事業股份有限公司	叢書主編	沙	淑	芬
地　　　址	台北市基隆路一段180號4樓	校　對	田	晨	新
編輯部地址	台北市基隆路一段180號4樓		沈	瑋	鴻
叢書主編電話	(02)87876242轉212		吳	欣	芳
台北聯經書房	台北市新生南路三段94號		陳	芷	柔
電　　　話	(02)23620308		黃	庭	碩
台中分公司	台中市健行路321號		廖	希	正
暨門市電話	(04)22371234ext.5		薛	翰	駿
郵政劃撥帳戶	第0100559-3號	封面設計	蔡	婕	岑
郵撥電話	(02)23620308				
印　刷　者	世和印製企業有限公司				
總　經　銷	聯合發行股份有限公司				
發　行　所	台北縣新店市寶橋路235巷6弄6號2樓				
電　　　話	(02)29178022				

行政院新聞局出版事業登記證局版臺業字第0130號

國家圖書館出版品預行編目資料

海洋與殖民地臺灣論集/周婉窈著．
初版．臺北市．聯經．2012年3月（民101年）．
560面．14.81×21公分（臺灣研究叢刊）
ISBN　978-957-08-3955-5（精裝）

1.臺灣史　2.殖民地　3.文集

733.2107　　　　　　　　　　　　　101000630